JN235805

日本語方言の表現法

中備後小野方言の世界

神部宏泰 著

和泉書院

位 置 図

島根
鳥取
美作
岡山
備後
備前
備中
小野
安芸
広島
山口

まえがき

　方言の記述的研究が、特定の地域の方言を、徹底して精査し、記録することから始まることは、多く言うまでもない。それも、方言を観察し、それをあるがままに記述するというのでは不十分である。真の客観は、真の主観に支えられている。ここで言う主観は、史的推移を凝視するところから生まれる。現前に存立する方言は、その史的推移の必然の帰結である。その史的背景を洞察することなくして、真の方言把握は困難である。

　方言は、それを用いる人間によって生きている。いわば、人間の生活に深く根ざしている。このことは、ここに改めて言うまでもなかろう。素朴な方言生活においては、言語と人間とは一体である。したがって、方言の真実の把握には、人とその生活の追究が必至である。人はどのように生活し、生活はどのような風土に支えられているか。方言の全的把握は、このような追究の立場に立つことが重要である。

　人もその生活も史的事実である。1つの生活現実が、史的推移や背景に関係なく、忽然として現前に現れるわけではない。方言も、このような事態に基づいている。方言は、たしかに現前の事実であるが、同時にまた、史的事実でもある。さて、現前の事実としての方言も、その生命力は、表現の現場に立つ具体相に認められる。表現態こそまぎれもない方言の現実相である。その現実相も、上述のとおり、史的生活相に支えられてのことである。いわば、方言は、現実と史実、換言すれば、共時と通時両面の統合された世界と言ってもよかろうか。方言研究にあたって、この視点は、きわめて重要であるように思われる。いわば、生活語学の見地である。

　人は、地域や風土に適応して生きてきた。当然ながら山間の農村には、その暮らしに適した生活があり、その生活に即したことばがある。そのことばを方言として把握し、また生活語として認識する。方言把握が方処性を重視するのに対して、生活語認識は人とその生活を重視する。研究の立場としてはいずれも重要である。が、ことばの表現と人の生活との両面を、統合の世

界において追究しようとする本書においては、しぜん、後者に比重を置くことになる。当該地域のことばとその表現の片ぺんに至るまで、それを支える人と生活と共に把握し、存立の必然を問題にするのが、本書の基本的な立場である。このような研究が、地域の文化とも、深いかかわりを持つものであることはむろんである。そしてその論理は、表現された言語事実を凝視し、深く洞察することによって生まれる。

　本書は、小野──広島県神石郡神石高原町小野（旧神石郡小野村）の方言について記述したものである。同地域は、いわば備後中部の東寄り（以後、中備後と言う）に位置する。東部は、隣県岡山の、備中に接している。見かたを変えれば、備国の中原地域と言えないこともない。が、実態は山間の孤立的な農村である。それでも、往時はここに800人の人が生活していた。が、近時は、山村の多くがたどったとおりの過疎地域で、人口も5分の1ほどに減少している。

　筆者は、この地域に出生し、幼・少年時代をここで過ごした。この地域のことばに関心を抱くようになったのは、むろん故郷を離れて、恩師、藤原与一先生の指導を受けるようになってからのことであるが、それにしても、はや50年を越えた。帰省の度に記録を重ねて今日に及び、その資料もかなりのものになった。すでに変色した粗紙の記録もあり、感慨深い。

　この研究の目的は、上に述べたとおり、表現と生活の統合的な把握をめざすことにあるが、筆者が当該地を故郷とすることは、その目的の遂行に有効であった。生活の多くを体験的に想起できるからである。言ってみれば、生活者の立場からする方言研究・生活語研究である。このことによって、記述に動的な厚みを加えることができたと信じている。その厚みとは、言うまでもなく、方言の史的生活・史的背景に他ならない。

　半世紀にわたるこの精査の道程は、たしかに根気を必要とした。が、なお討究しなければならない問題は多い。今後の課題である。

目　　次

まえがき ………………………………………………………………ⅰ

第一章　あいさつ表現法

はじめに ………………………………………………………………1
一、路上での出あい ……………………………………………………2
　1．朝のあいさつ表現 ………………………………………………2
　2．昼（日中）のあいさつ表現 ……………………………………3
　3．晩のあいさつ表現 ………………………………………………6
　4．路傍の農耕者に …………………………………………………7
二、訪　問 ………………………………………………………………8
　1．時刻にかかわるあいさつ表現 …………………………………8
　2．依頼のあいさつ表現 ……………………………………………10
　3．迎え入れ …………………………………………………………11
　4．辞　去 ……………………………………………………………12
　　(1) 別　辞 …………………………………………………………12
　　(2) 送　辞 …………………………………………………………13
三、接　待 ………………………………………………………………13
　1．客迎え ……………………………………………………………14
　2．宴　会 ……………………………………………………………14
　3．客送り ……………………………………………………………16
四、集　会 ………………………………………………………………17
五、慶　弔 ………………………………………………………………18
　1．慶　事 ……………………………………………………………18
　2．弔　事 ……………………………………………………………18

3．見舞い ……………………………………………20
　六、贈　答 ………………………………………………21
　七、謝辞・他 ……………………………………………23
　　結　び …………………………………………………24

第二章　敬語表現法

第1節　尊敬表現法
　はじめに …………………………………………………25
　一、「ナサル」類尊敬法 …………………………………26
　　1．「ナサル」の諸相 …………………………………26
　　2．「ナサル」の存立 …………………………………26
　　3．「ンサル」の存立 …………………………………29
　　　(1)　「ンサル」の生態 ……………………………29
　　　(2)　「ンサル」の成立と系脈 ……………………31
　　4．「ナル」の存立 ……………………………………33
　　　(1)　「ナル」の生態 ………………………………33
　　　(2)　「ナル」の成立と系脈 ………………………34
　　5．「ンヤル」の存立 …………………………………38
　　　(1)　「ンヤル」の生態 ……………………………38
　　　(2)　「ンヤル」の成立と系脈 ……………………39
　　6．統　括 ……………………………………………40
　二、「テジャ」尊敬法 ……………………………………41
　　1．「テジャ」形式の概要 ……………………………41
　　2．「テジャ」形式の存立 ……………………………42
　　　(1)　確認・判断形式 ………………………………42
　　　(2)　過去・完了形式 ………………………………44
　　　(3)　否定形式 ………………………………………46
　　　(4)　仮定形式 ………………………………………47

　　　　(5) 推量形式 ……………………………………48
　　　　(6) 特殊形式 ……………………………………49
　　　　(7) 統　括 ………………………………………51
　　3．「テジャ」形式の系脈 ………………………………52
　　結　び ……………………………………………………53
第2節　謙譲表現法
　　はじめに …………………………………………………55
　一、「ツカーサル」謙譲法 …………………………………55
　　1．「ツカーサル」の概要 ………………………………55
　　2．「ツカーサル」の存立 ………………………………55
　　　　(1) 命令形式 ……………………………………56
　　　　(2) 他の活用形式 ………………………………57
　　　　(3) 特殊形式 ……………………………………58
　　3．「ツカーサル」の分布 ………………………………59
　二、「オクレル」謙譲法 ……………………………………61
　　1．「オクレル」の概要 …………………………………61
　　2．「オクレル」の存立 …………………………………61
　　3．「オクレル」の分布 …………………………………62
　三、「マス」謙譲法 …………………………………………63
　　結　び …………………………………………………64
第3節　丁寧表現法
　　はじめに …………………………………………………65
　一、「ゴザンス」丁寧法 ……………………………………65
　　1．「ゴザンス」の存立 …………………………………65
　　2．「ゴザンス」の分布 …………………………………67
　二、「アリマス」丁寧法 ……………………………………68
　　1．「アリマス」の存立 …………………………………68
　　2．「アリマス」の分布 …………………………………69
　三、「マス」丁寧法 …………………………………………70

四、「デス」丁寧法 ……………………………………………71
　　　結　び ……………………………………………………73

第三章　特定文末表現法

第1節　呼びかけの表現
　　はじめに …………………………………………………75
　一、ナ行音文末詞による呼びかけの表現 ………………76
　　1．「ノ」の支える表現 …………………………………76
　　　(1)　呼びかけの表現を支える「ノ」 ………………77
　　　(2)　共感期待の表現を支える「ノ」 ………………78
　　　(3)　共鳴・共感の表現を支える「ノ」 ……………79
　　　(4)　陳思の表現を支える「ノ」 ……………………80
　　　(5)　訴えかけの表現を支える「ノ」 ………………80
　　　(6)　命令・依頼の表現を支える「ノ」 ……………81
　　　(7)　敬体の叙述にかかわる「ノ」 …………………82
　　　(8)　複合形の諸相 ……………………………………83
　　2．「ナ」の支える表現 …………………………………84
　　　(1)　呼びかけの表現を支える「ナ」 ………………84
　　　(2)　共感期待の表現を支える「ナ」 ………………84
　　　(3)　共鳴・共感の表現を支える「ナ」 ……………85
　　　(4)　陳思の表現を支える「ナ」 ……………………85
　　　(5)　訴えかけの表現を支える「ナ」 ………………85
　　　(6)　命令・依頼の表現を支える「ナ」 ……………86
　　　(7)　複合形の諸相 ……………………………………86
　　3．ナ行音文末詞統括 …………………………………86
　二、ヤ行音文末詞による呼びかけの表現 ………………88
　　1．「ヤ」の支える表現 …………………………………89
　　　(1)　呼びかけの表現を支える「ヤ」 ………………89

(2)　勧誘の表現を支える「ヤ」 ……………………………89
　　　(3)　勧奨の表現を支える「ヤ」 ……………………………90
　　　(4)　命令の表現を支える「ヤ」 ……………………………90
　　　(5)　依頼の表現を支える「ヤ」 ……………………………91
　　　(6)　複合形の諸相 …………………………………………91
　　2．「ヨ」の支える表現 …………………………………………92
　　　(1)　呼びかけの表現を支える「ヨ」 ……………………92
　　　(2)　命令（禁止）・依頼の表現を支える「ヨ」 …………93
　　　(3)　複合形の諸相 …………………………………………94
　　3．「ヤ」「ヨ」による呼びかけの表現統括 ……………………94
　　結　び …………………………………………………………95
　第2節　問いかけの表現
　　はじめに …………………………………………………………96
　　一、「カ」「カェー」による問いかけ表現 ……………………96
　　1．「カ」の用法 ………………………………………………96
　　　(1)　単純問いかけ …………………………………………97
　　　(2)　目睹問いかけ …………………………………………98
　　　(3)　要求問いかけ …………………………………………98
　　　(4)　勧誘問いかけ …………………………………………99
　　　(5)　自己問いかけ …………………………………………99
　　　(6)　納得問いかけ …………………………………………99
　　　(7)　詠嘆問いかけ …………………………………………100
　　　(8)　発見問いかけ …………………………………………100
　　　(9)　叱責問いかけ …………………………………………100
　　　(10)　反撥問いかけ …………………………………………101
　　　(11)　疑い問いかけ …………………………………………101
　　　(12)　統　括 …………………………………………………101
　　2．「カェー」の用法 …………………………………………102
　　　(1)　単純問いかけ …………………………………………102

　　　　（2）　反撥問いかけ ……………………………………… 102
　　　3．「カ」「カェー」の複合形 ……………………………… 103
　　　　（1）　「カナ」「カノ」 ……………………………………… 104
　　　　（2）　「カェーノー」「カェーナー」 …………………… 105
　　　　（3）　「モンカェー」 ……………………………………… 106
　二、「ヤ」による問いかけ表現 ……………………………… 106
　　　　（1）　単純問いかけ ……………………………………… 107
　　　　（2）　疑い問いかけ ……………………………………… 108
　　　　（3）　特殊問いかけ―その１― ……………………… 109
　　　　（4）　特殊問いかけ―その２― ……………………… 111
　三、「ナ」「ノ」による問いかけ表現 ……………………… 113
　　　1．「ナ」の用法 ……………………………………………… 114
　　　　（1）　単純問いかけ ……………………………………… 114
　　　　（2）　疑い問いかけ ……………………………………… 114
　　　2．「ノ」の用法 ……………………………………………… 115
　四、「ン」による問いかけ表現 ……………………………… 115
　　　結　び ………………………………………………………… 117
第３節　説明・告知の表現
　はじめに …………………………………………………………… 118
　一、「ヨ」の支える表現 ………………………………………… 118
　　　1．「ヨー」 ………………………………………………… 119
　　　2．「ヨナー」「ヨノー」 …………………………………… 119
　二、「ゾ」の支える表現 ………………………………………… 120
　三、「デ」の支える表現 ………………………………………… 122
　四、「ガ」の支える表現 ………………………………………… 123
　　　1．「ガ」 …………………………………………………… 123
　　　　（1）　事態・判断の告知 ……………………………… 123
　　　　（2）　双方の体験喚起 ………………………………… 125
　　　　（3）　推量持ちかけ …………………………………… 125

（4）敬体の告知 ……………………………………………… 126
　　２．「ガナ」「ガノ」「ガヤ」 ……………………………………… 127
　五、「ト」「テー」の支える表現 ……………………………………… 128
　結　び ……………………………………………………………………… 129
第4節　意思・思念の表現
　はじめに …………………………………………………………………… 130
　一、「ヨー」の支える表現 …………………………………………… 130
　　１．「ヨー」 ……………………………………………………… 131
　　２．「ヨナ」「ヨノ」「ネー」 …………………………………… 132
　二、「ゾ」の支える表現 ……………………………………………… 134
　三、「デ」の支える表現 ……………………………………………… 136
　四、「ニー」の支える表現 …………………………………………… 139
　五、「ジャ」の支える表現 …………………………………………… 140
　六、「ジャー」の支える表現 ………………………………………… 141
　七、「テー」「テヤ（チヤ）」の支える表現 ………………………… 143
　八、「わい」「ワー」の支える表現 ………………………………… 145
　　１．「ワェー」 …………………………………………………… 145
　　２．「ワー」 ……………………………………………………… 146
　　３．「わい」の陰在形式 ………………………………………… 146
　結　び ……………………………………………………………………… 147

第四章　文の特定成分とその表現法

第1節　文頭の指示成分とその表現
　はじめに …………………………………………………………………… 149
　一、コ系の指示作用 ………………………………………………… 149
　　１．基本的用法 …………………………………………………… 150
　　　（1）事物指示（コレ） ……………………………………… 150
　　　（2）場所指示（ココ） ……………………………………… 150

(3)　方向指示（コッチ）……………………………150
　　2．特殊用法 ……………………………………………150
　　　(1)　人物指示 …………………………………………150
　　　(2)　宅（家）指示 ……………………………………151
　　　(3)　事物提示 …………………………………………152
　　　(4)　恐　縮 ……………………………………………152
　　　(5)　呼びかけ・叱責 …………………………………153
　　　(6)　発始句 ……………………………………………153
二、ソ系の指示作用 ………………………………………154
　　1．基本的用法 …………………………………………154
　　　(1)　事物指示（ソレ）…………………………………154
　　　(2)　場所指示（ソコ）…………………………………155
　　　(3)　方向指示（ソッチ）………………………………155
　　2．特殊用法 ……………………………………………155
　　　(1)　接続用法 …………………………………………156
　　　(2)　称揚・ねぎらい …………………………………157
　　　(3)　強　調 ……………………………………………158
　　　(4)　かけ声 ……………………………………………158
　　　(5)　人物指示 …………………………………………158
三、ア系の指示作用 ………………………………………159
　　1．基本的用法 …………………………………………159
　　　(1)　事物指示（アレ）…………………………………159
　　　(2)　場所指示（アシコ）………………………………159
　　　(3)　方向指示（アッチ）………………………………160
　　2．特殊用法 ……………………………………………160
　　　(1)　人物指示 …………………………………………160
　　　(2)　事態指示 …………………………………………160
　　　(3)　不　審 ……………………………………………161
　　　(4)　発始文 ……………………………………………161

四、ド系の指示作用 …………………………………… 162
　　　1．基本的用法 ………………………………………… 162
　　　　(1)　事物指示（ドレ）……………………………… 162
　　　　(2)　場所指示（ドコ）……………………………… 162
　　　　(3)　方向指示（ドッチ）…………………………… 162
　　　2．特殊用法 …………………………………………… 163
　　　　(1)　人物指示 ……………………………………… 163
　　　　(2)　発始文 ………………………………………… 163
　　五、発始文再述 ………………………………………… 164
　　　　(1)　ナント（何と）………………………………… 164
　　　　(2)　ナニ（何）……………………………………… 165
　　　　(3)　ゲニ（実に）…………………………………… 165
　　　　(4)　サリャ（されば）……………………………… 166
　　結　び …………………………………………………… 167
第2節　文中の接続成分とその表現
　　はじめに ………………………………………………… 169
　一、順態接続 ……………………………………………… 169
　　1．確定接続の「ケー」………………………………… 169
　　　　(1)　判断の根拠・理由 …………………………… 169
　　　　(2)　持ちかけの根拠・理由 ……………………… 170
　　　　(3)　根拠・理由の補充 …………………………… 171
　　　　(4)　根拠・理由文 ………………………………… 172
　　　　(5)　分布と成立 …………………………………… 173
　　2．仮定接続の「〜ば」………………………………… 173
　　　　(1)　肯定形式の仮定 ……………………………… 173
　　　　(2)　否定形式の仮定 ……………………………… 174
　　　　(3)　断定法の仮定 ………………………………… 175
　　　　(4)　過去・完了法の仮定 ………………………… 176
　　3．特殊接続 …………………………………………… 176

二、逆態接続 …………………………………………… 178
　　　1．確定逆接の「ケード」 ………………………… 178
　　　2．確定逆接の「ガ」 ……………………………… 179
　　　3．確定逆接の「ノニ」 …………………………… 179
　　　4．仮定逆接の「テモ」 …………………………… 180
　　　結　び ……………………………………………… 181
　第3節　文末の断定成分とその表現
　　はじめに ……………………………………………… 182
　　一、言いきり形式とその用法 ……………………… 183
　　　1．体言＋ジャ ……………………………………… 183
　　　2．形式体言＋ジャ ………………………………… 184
　　　　(1)　〜モンジャ ………………………………… 184
　　　　(2)　〜コトジャ（コッチャ） ………………… 184
　　　3．〜準体助詞＋ジャ ……………………………… 184
　　　4．指示関係語＋ジャ ……………………………… 185
　　　5．「テジャ」尊敬法 ……………………………… 186
　　二、過去・未来形式とその用法 …………………… 186
　　　1．過去形式とその用法 …………………………… 186
　　　2．未来・推量形式とその用法 …………………… 187
　　三、断定「ジャ」の特殊用法 ……………………… 188
　　　1．疑問・詰問作用 ………………………………… 188
　　　2．告知作用 ………………………………………… 189
　　　3．感声作用 ………………………………………… 190
　　　4．文末詞化 ………………………………………… 190
　　　5．「ジャコトニ」（副助詞） …………………… 192
　　　6．「〜ジャー〜ジャー」（並立助詞） ………… 192
　　四、「ジャ」の関連事項 …………………………… 192
　　　結　び ……………………………………………… 193

第五章　述部叙法の諸相

はじめに …………………………………………………… 195
一、態（アスペクト） …………………………………… 195
　１．動作・作用の進行態（進行態）叙法 …………… 195
　２．動作・作用の結果態（継続態）叙法 …………… 198
二、受身と使役 …………………………………………… 200
　１．受身の叙法 ………………………………………… 200
　２．使役の叙法 ………………………………………… 201
三、可能の叙法 …………………………………………… 203
　１．能力可能 …………………………………………… 203
　２．状況可能 …………………………………………… 206
結　び ……………………………………………………… 208

第六章　否定表現法

はじめに …………………………………………………… 209
一、動作の否定法 ………………………………………… 209
　１．「〜ン」形式の否定法 …………………………… 210
　２．「〜ン」形式の慣用法 …………………………… 211
　　⑴「イケン」形式 …………………………………… 211
　　⑵「ヤレン」形式 …………………………………… 213
　　⑶「コタエン」形式 ………………………………… 215
　　⑷「ツマラン」「カノワン」形式 ………………… 215
　　⑸「シラン」「ワカラン」形式 …………………… 216
　　⑹「アワン」「ナラン」形式 ……………………… 216
　　⑺「〜ン」形式の特定慣用句 ……………………… 217
　３．「〜ズ」形式の否定法 …………………………… 218

二、状態の否定法 …………………………………………218
　　　1．状態の否定法 ………………………………………218
　　　　(1)「形容詞・ない」形式 ……………………………218
　　　　(2)「形容動詞・ない」形式 …………………………219
　　　2．状況の否定法 ………………………………………220
　　　　(1)「～ない」形式の慣用法—1— …………………220
　　　　(2)「～ない」形式の慣用法—2— …………………221
　　　　(3)「～ない」形式の慣用法—3— …………………221
　　三、断定判断の否定法 ………………………………………222
　　四、過去・未来の否定法 ……………………………………223
　　　1．過去の否定法 ………………………………………223
　　　　(1) 動作の過去否定法 ………………………………223
　　　　(2) 状態の過去否定法 ………………………………225
　　　2．未来の否定法 ………………………………………226
　　　　(1) 動作の未来否定法 ………………………………226
　　　　(2) 状態の未来否定法 ………………………………227
　　五、強調・反撥（反語）の否定法 …………………………228
　　　1．「～は　セン」形式の否定法 ……………………228
　　　2．「～カェー・モンカェー」形式の否定法 …………229
　　　　(1)「～カェー」形式 …………………………………229
　　　　(2)「～モンカェー」形式 ……………………………229
　　　3．「～ニー」形式の否定法 …………………………230
　　　4．「～Ｖｬー」形式の否定法 …………………………231
　　六、その他の否定法 …………………………………………232
　　　1．応答の否定法 ………………………………………232
　　　2．否定辞の立つ特定修飾部 …………………………232
　　　結　び ………………………………………………………234

第七章　音声―音変化の諸相

- はじめに ……………………………………………………………… 235
- 一、連語音上の連音節変化 ………………………………………… 235
  - １．前項語＋は ………………………………………………… 235
    - (1) 〜a＋wa ………………………………………………… 236
    - (2) 〜o＋wa ………………………………………………… 236
    - (3) 〜u＋wa ………………………………………………… 237
    - (4) 〜e＋wa ………………………………………………… 237
    - (5) 〜i＋wa ………………………………………………… 238
    - (6) 〜撥音＋wa …………………………………………… 238
    - (7) 〜長音＋wa …………………………………………… 238
  - ２．前項語＋を ………………………………………………… 239
    - (1) 〜a＋o …………………………………………………… 239
    - (2) 〜o＋o …………………………………………………… 239
    - (3) 〜u＋o …………………………………………………… 239
    - (4) 〜e＋o …………………………………………………… 240
    - (5) 〜i＋o …………………………………………………… 240
    - (6) 〜撥音＋o ……………………………………………… 240
    - (7) 〜長音＋o ……………………………………………… 241
  - ３．前項語＋へ・に …………………………………………… 241
    - (1) 〜i＋e …………………………………………………… 241
    - (2) 〜e＋e …………………………………………………… 241
    - (3) 〜u＋e …………………………………………………… 242
    - (4) 〜o＋e …………………………………………………… 242
    - (5) 〜a＋e …………………………………………………… 242
    - (6) 〜撥音＋e ……………………………………………… 243
    - (7) 〜長音＋e ……………………………………………… 243

4．活用語仮定形＋ば ……………………………………… 243
　　　(1)　動詞仮定形＋ba ……………………………………… 243
　　　(2)　形容詞仮定形＋ba …………………………………… 243
　　　(3)　助動詞仮定形＋ba …………………………………… 243
　　5．動詞連用形＋オル ……………………………………… 244
　　6．動詞「する」未然形＋ザッタ（否定助動詞過去形） …… 244
　　7．動詞連用形＋て＋動詞・助動詞 ……………………… 244
　　　(1)　〜テ＋オル ……………………………………………… 244
　　　(2)　〜テ＋アゲル …………………………………………… 245
　　　(3)　〜テ＋ヤル ……………………………………………… 245
　　　(4)　〜テ＋オクレル ………………………………………… 245
　　　(5)　〜テ＋ジャッタ ………………………………………… 245
二、語音上の連母音変化 ………………………………………… 246
　　1．ai 連母音 ………………………………………………… 246
　　　(1)　名詞上の ai …………………………………………… 246
　　　(2)　副詞上の ai …………………………………………… 247
　　　(3)　形容詞上の ai ………………………………………… 247
　　　(4)　動詞上の ai …………………………………………… 248
　　　(5)　助動詞上の ai ………………………………………… 249
　　　(6)　ai 連母音統括 ………………………………………… 250
　　2．oi 連母音 ………………………………………………… 252
　　3．ui 連母音 ………………………………………………… 253
　　　(1)　名詞上の ui …………………………………………… 253
　　　(2)　形容詞上の ui ………………………………………… 253
　　　(3)　動詞上の ui …………………………………………… 254
　　　(4)　副詞上の ui …………………………………………… 254
　　4．ei 連母音 ………………………………………………… 254
　　5．ii 連母音 ………………………………………………… 254
三、語音上の特色音節および音節変化 ………………………… 255

1．〔ʃe〕〔ʒe〕音 ……………………………………………… 255
2．撥　音 ………………………………………………………… 255
　(1)　撥音添加 ……………………………………………… 255
　(2)　撥音省略 ……………………………………………… 256
　(3)　ナ行音の撥音化 ……………………………………… 256
　(4)　長音〔o〕の撥音化 ………………………………… 257
　(5)　撥音の〔ɲi〕音化 …………………………………… 257
3．音節の母音交替 …………………………………………… 258
　(1)　Ca ＞ Co ……………………………………………… 258
　(2)　Ca ＞ Cu ……………………………………………… 258
　(3)　Co ＞ Ca ……………………………………………… 258
　(4)　Co ＞ Cu ……………………………………………… 258
　(5)　Ce ＞ Ci ……………………………………………… 258
　(6)　Ci ＞ Ce ……………………………………………… 259
　(7)　Ci ＞ Co ……………………………………………… 259
　(8)　Cu ＞ Co ……………………………………………… 259
　(9)　Cu ＞ Ci ……………………………………………… 259
　(10)　Ci ＞ Cu ……………………………………………… 259
　(11)　母音省略 ……………………………………………… 259
4．音節の子音交替 …………………………………………… 260
　(1)　kV ＞ gV ……………………………………………… 260
　(2)　sV ＞ hV ……………………………………………… 260
　(3)　dV ＞ zV ……………………………………………… 260
　(4)　mV ＞ bV ……………………………………………… 260
　(5)　その他 ………………………………………………… 261
結　び ……………………………………………………………… 261

第八章　語詞の世界

第1節　名詞分野
　　はじめに ……………………………………………… 263
　一、意味と生活 ………………………………………… 264
　　1．生活環境 ………………………………………… 264
　　　(1)　自然環境 …………………………………… 264
　　　(2)　天象季節等 ………………………………… 266
　　　(3)　動物・植物 ………………………………… 270
　　2．生　業 …………………………………………… 275
　　　(1)　稲　作 ……………………………………… 276
　　　(2)　畑　作 ……………………………………… 280
　　　(3)　山仕事 ……………………………………… 284
　　　(4)　牛飼い ……………………………………… 285
　　3．衣・食・住 ……………………………………… 286
　　　(1)　衣 …………………………………………… 286
　　　(2)　食 …………………………………………… 290
　　　(3)　住 …………………………………………… 296
　　4．生活者 …………………………………………… 299
　　　(1)　家　族 ……………………………………… 299
　　　(2)　近隣仲間 …………………………………… 300
　　　(3)　性　向 ……………………………………… 302
　　　(4)　性　行 ……………………………………… 303
　　　(5)　身　体 ……………………………………… 304
　　　(6)　子どもの遊び ……………………………… 307
　　5．交　際 …………………………………………… 308
　　　(1)　相互扶助 …………………………………… 308
　　　(2)　不　実 ……………………………………… 311

(3)　往来（道） ……………………………………… 312
　6．慶事・葬儀 ……………………………………………… 312
　　　(1)　正　月 …………………………………………… 312
　　　(2)　節　句 …………………………………………… 313
　　　(3)　盆 ………………………………………………… 314
　　　(4)　村祭り …………………………………………… 314
　　　(5)　婚　礼 …………………………………………… 316
　　　(6)　葬　儀 …………………………………………… 317
二、語形成 …………………………………………………………… 318
　1．単純語 …………………………………………………… 318
　　　(1)　単純名詞 ………………………………………… 318
　　　(2)　動詞連用形名詞 ………………………………… 319
　2．複合語 …………………………………………………… 319
　　　(1)　名詞＋動詞連用形 ……………………………… 319
　　　(2)　動詞連用形＋名詞 ……………………………… 320
　　　(3)　名詞＋名詞 ……………………………………… 321
　　　(4)　動詞連用形＋動詞連用形 ……………………… 322
　　　(5)　形容詞語幹＋名詞 ……………………………… 322
　　　(6)　名詞＋形容詞語幹 ……………………………… 323
　　　(7)　形容詞語幹＋形容詞語幹 ……………………… 323
　3．漢　語 …………………………………………………… 323
　　　(1)　生活環境分野 …………………………………… 323
　　　(2)　生業分野 ………………………………………… 324
　　　(3)　衣・食・住分野 ………………………………… 325
　　　(4)　生活者分野 ……………………………………… 326
　　　(5)　交際分野 ………………………………………… 326
　　　(6)　慶事・葬儀分野 ………………………………… 327
　結　　び ……………………………………………………………… 328

第2節　動詞分野
　　　はじめに ……………………………………………………… 329
　　一、意味と生活 ………………………………………………… 329
　　　１．動　作 …………………………………………………… 329
　　　　⑴　社会的行為 …………………………………………… 329
　　　　⑵　家庭的行為 …………………………………………… 332
　　　　⑶　個人的行為 …………………………………………… 335
　　　２．作　用 …………………………………………………… 339
　　　３．情　意 …………………………………………………… 340
　　　４．現　象 …………………………………………………… 341
　　　　⑴　土地・他 ……………………………………………… 341
　　　　⑵　植物・他 ……………………………………………… 342
　　　　⑶　家事・他 ……………………………………………… 343
　　二、形　成 ……………………………………………………… 345
　　　１．複合慣用句 ……………………………………………… 345
　　　　⑴　名詞〈を格〉＋動詞 ………………………………… 345
　　　　⑵　名詞〈に格〉＋動詞 ………………………………… 348
　　　２．接　辞 …………………………………………………… 348
　　　　⑴　接頭辞 ………………………………………………… 348
　　　　⑵　接中辞〈カ〉 ………………………………………… 349
　　　　⑶　接尾辞 ………………………………………………… 349
　　　３．活用の一態 ……………………………………………… 350
　　　　⑴　ナ行変格活用 ………………………………………… 350
　　　　⑵　サ行変格活用 ………………………………………… 350
　　　　⑶　ハ行四段動詞の音便形 ……………………………… 350
　　　　⑷　サ行四段動詞の音便形 ……………………………… 351
　　　結　び ………………………………………………………… 351
第3節　形容詞・形容動詞分野
　　　はじめに ……………………………………………………… 352

- 一、形容詞分野 …………………………………………………… 352
  - １．意味と用例 ………………………………………………… 352
    - (1) 心　情 ……………………………………………… 352
    - (2) 辛　労 ……………………………………………… 353
    - (3) 感　覚 ……………………………………………… 354
    - (4) 難　易 ……………………………………………… 354
    - (5) 性　向 ……………………………………………… 355
    - (6) 味 ……………………………………………………… 355
    - (7) 状　態 ……………………………………………… 356
  - ２．形　成 ……………………………………………………… 357
    - (1) 複合形容詞 ………………………………………… 357
    - (2) 複合慣用句 ………………………………………… 358
    - (3) 接頭辞 ……………………………………………… 359
    - (4) 活用の一態（カリ活用の残存）………………… 359
- 二、形容動詞分野 ………………………………………………… 360
  - １．意味と用例 ………………………………………………… 360
    - (1) 性　向 ……………………………………………… 360
    - (2) 心　情 ……………………………………………… 361
    - (3) 状　態 ……………………………………………… 362
  - ２．形成——活用の一態 ……………………………………… 363
  - 結　び …………………………………………………………… 364

第4節　副詞分野
- はじめに …………………………………………………………… 365
  - (1) 程　度 ……………………………………………… 365
  - (2) 分　量 ……………………………………………… 366
  - (3) 時　間 ……………………………………………… 368
  - (4) 状　態 ……………………………………………… 369
  - (5) 心　情 ……………………………………………… 370
  - (6) 判断・見解 ………………………………………… 372

(7) 疑問・推量 ……………………………………………… 373
　結　び ……………………………………………………………… 373

あとがき ……………………………………………………………… 375
事項索引 ……………………………………………………………… 377
語詞索引 ……………………………………………………………… 380

第一章　あいさつ表現法

はじめに

　あいさつは、人間関係を維持する根幹的な行為である。人間関係を穏やかなものにする潤滑油でもある。特に、村の社会生活、日常生活は、あいさつに始まり、あいさつに終わると言ってもよい。生活の要所や節目に、情意のあいさつ行為があり、あいさつことばがある。あいさつは、言うならば、村人の心を繋ぐきずなである。

　都会の生活にあっては、ともすれば、あいさつが軽視されがちであろう。形式に流れることもある。心の伴わないこともある。が、村にあっては、あいさつが生活の根幹を支える。

　大局的に見れば、村の生活の要所・節目は、たしかに類型的である。ここに行われるあいさつことばは、当然ながら慣習化し、形式化する。一方から言えば、形式化することが、あいさつことばの効用を高めてもいよう。気軽な交流から、重厚な儀礼まで、形式化されたあいさつことばは、それぞれの意味で、有効である。日常生活の個に留意すれば、たしかに、人びととの出会いと交流の、その場と心意はさまざまであろう。その多様性を類型化し、一定の形式として単純化したのがあいさつことばである。その一定形式化、単純形式化が、人間関係の潤滑油としての役割りを果たすのに有用であった。

　あいさつことばには、人びとの心が凝縮している。凝縮された心が生きている。あいさつことばは、一方で形式化しつつも、一方で、日びの現実の実際生活の世界から、不断に新しい生命を吸収してきたのである。その意味では、内面の充実した形式化であった。出自を図りかねるほど形式化したあいさつことばにも、そのことばに生きた人びとは、時代を越えて、つねに新しい息吹を盛りこんできたのである。その大概は、生活の平安を願う心であっ

たろう。今日の方言社会に行われるあいさつことばにも、そのような人びとの願いと祈りとが、史的な背景を成しているはずである。

　中備後の小野方言には、どのようなあいさつことばが行われているのか。その発想と表現とを、生活の実際のなかで、生活の心と共に討究し、問題にするのが、本稿の目的である。なお、以下の記述にあたっては、生活の要所や節目について分節し、その各おのの場面で行われるあいさつ表現を、詳細に取りあげることから進めていくことにしたい。

一、路上での出あい

1．朝のあいさつ表現

　早朝、路上で、土地人同士行きあったときのあいさつ表現は、次のようにあるのが一般である。

　　○オハヨー　ゴザンシタ。（お早ようございます。《中年男同士》）

このような朝のあいさつは、主として中年以上の男女においては、普通のことである。「〜ゴザンス」のように言う場合もあるが、「〜タ」どめの言いかたも多い。この完了態のほうがしぜんで、またていねいである。このような慣習的なあいさつに継いで、「キョーモ　アツー　ナリソーデス　ナー。（今日も暑くなりそうですねえ。）」のように言うこともある。こうあれば、言うまでもなくていねいなあいさつである。

　　○オハヨー　アリマス。（お早ようございます。）

とも言う。おおむね男性のあいさつことばである。この場合も、「〜アリマシタ。」のように、「〜タ」止めにすることも少なくない。急いですれちがう場合など、「オハヨー　アリマシター。」のように末尾をのばすこともある。こうあれば、青年らしい挙動と生気がみなぎる。

　友人同士、気らくに声をかけあう場合などは、

　　○オハヨー。（お早よう。）

である。学童などはこれである。なお、このあいさつに続けて、「モー　イクン　カー。（もう行くのかい。）」とか、「ドケー　ナ。（どこへ〈行く〉ね。）」

などと言うことも、時にあたり、場に臨んでの、しぜんの表出であり、交流である。こうあって、情意がいっそう細やかになる。

　○ハヤェー　ノー。(早いなあ。)

と、ことばを交わすこともある。続けて、「コレカラ　カー。(これから〈行くの〉かい。)」とか、「モー　イケン　カー。(もう行くのかい。)」などと言うことも、場の流れに従って、しぜんである。

　「早い」という、相手の勤勉を讃える発想は、一連の朝のあいさつの根底にある。慣習の「お早よう」は言うまでもないが、なお言いたりない思いが残れば、第２文で、重ねて相手の「早さ」を讃えることがある。

　○オハヨー　ゴザンス。キョーワ　ハヤェー　ナー。(お早ようございます。今日は早いねえ。《初老女が青年に》)

形式のあいさつことばの後、場に臨んでの率直な感想を、「肉声」でつけ加えた例である。相手の「早い」行動に対する感嘆は、なおいっそう深く、ここに表れているかのようである。

　○オハヨーッス。エラェー　ハヤェー　ナー。(お早ようございます。えらい早いねえ。《中年男同士》)

類例である。第２文の、いわゆるしぜんの肉声によって、相手との間の情意の交流が、いっそう深まる。

　上の「〜ッス」は、「〜ゴザンス」からのしぜんの変化形で、必ずしも一般的ではないが、次のような「ゴザンス」の変化形式も注意される。

　○オハヨー　ガシタ。(お早ようございました。)

かつて、ごく稀に古老から聞かれたものであるが、現在は衰滅しているか。なお、「ガス」は、西隣の安芸地域で盛んであるが、中備後の当域には、まず存しないと言ってよい。上の例も、慣習のあいさつことばに、化石的に残存していたものとみられよう。

2．昼（日中）のあいさつ表現

　日中、路上で、土地人同士行きあったときのあいさつ表現は、次のようにあるのが一般である。

○コンニチワ。(今日は。)　○コンニチワ。(今日は。)

これが、当域においても、全般に行われる、通常のあいさつことばである。それにしても、気心の知れた村人同士の間では、ややよそよそしい感がないでもない。学童など年少者が、年長者に対してするとすれば、これがもっともふさわしいか。成人の間でも、年長者に対してするのがふさわしかろう。ただ、それも、特別の敬意を必要とするような相手には用いにくい。「コンニチワ」自体が、敬語（敬語受けいれ）形式になっていないからである。そういう場合は、後文に、天候のことなど簡単なことばを継ぎ、展開させて、敬意や情意を補うのが普通である。

実のところ、出自の「今日は」が、敬意不在とは言えない。和語の「キョー」でなく、漢語の「コンニチ」であるところに、すでに何らかの改まり意識を見ることができる。事実、「コンニチ」は、改まったあいさつの口上などで行われるのが普通である（後述）。「今日は」の後の省略部分に、相手を祝福することばが続いたとする説もある（藤原　1962）。それにしても、慣用の久しい今日、そのような特別の意識は希薄になっている。

路上での出あいで、日常、よく行われるのは天候・気候に関するあいさつ表現である。しばらくその実例を見よう。

　○フラニャー　ヨー　ゴザンスガ　ノー。(降らねばようございますがなあ。《雲行きを案じて。近所の老女に。中年女》)
　○エー　ウリーデシタ　ナー。(よい雨でしたねえ。《近所の老女に。中年女》)
　○エーヤンベーニ　アガッタヨーナ　ノー。(いい按配に〈雨が〉あがったようだなあ。《中年男同士》)

いずれも、雨天が主題である。雨を避けたいのは、いずれの社会でも同様であるが、ただ、農村では、農作業や作物の成長ぐあいが気にかかる。雨を嫌い、あるいは雨を待つ心境には、いっそう深刻なものがあろう。それだけに行きずりのあいさつにも、この関心事が交わされやすい。

　○エー　テンキン　ナッタ　ナー。(いい天気になったねえ。《近所の、心安い中年女に。老女》)

○ナント　アチー　コッテス　ノー。(それにしても暑いことですなあ。《年
　　配の顔役に。中年男》)
　○アチー　ノーヤ。(暑いなあ。《気軽な呼びかけ。青年男同士》)
いずれも、夏の、昼下がりでのものである。1例目は、好天気の回復を祝福
し、喜びあったものであり、後2例は、夏の不快な天候をえんじている。共
に、相手の同感を期待した、日常普通のあいさつ表現である。
　○スズシュー　ナッタ　ナー。(涼しくなったねえ。)
　○マー　アサバンワ　サビーヨーナ　ガ。(まあ、朝晩は寒いようだよ。)
中年女同士の、路上行きずりの対話であって、これもあいさつ表現の1種で
あることに変わりはない。相手も、進んで同感している様が見られよう。季
節・気候の推移も、農民の重大な関心事である。
　○ヒノクレガ　ハヨー　ナッタ　ノー。(日の暮れが早くなったなあ。)
　○ウン。ダェーブン　ヒガ　ミジコー　ナッタ　テー。(うん。だいぶん日
　　が短くなったよ。)
ここでも、中年男同士、季節の推移を嘆じている。形式的なあいさつことば
の交換に見られない、思いの深さがあろう。「コンニチワ」の射程をはるか
に越えている。
　○キョーワ　サビー　ノー。(今日は寒いなあ。《青年男同士》)
冬の昼下がりで、足早の行きずりである。簡単に「サビー　ノー。」と言い
交わすこともある。ともかくも、一言、声をかけることが要諦である。
　　季節の推移を取りあげるのに、気候のことだけとは限らない。
　○ボニガ　キテェー　ナー。(盆が来たよねえ。《初老女同士》)
また盆がめぐって来たことを述べ、時の流れの早さを詠嘆しあっている。
　　天候・気候、あるいは季節に関するあいさつの他に、よく行われるのは相
手の行き先を尋ねることである。
　○ドケー　イキンサル　ナ。(どこへ行かれるの。《中年女》)
　○ドケー　イク　ン。(どこへ行くの。《小学生女同士》)
こう、声をかけたとしても、相手の行き先にたいした関心はない。相手も心
得て、「チョット　タニマデ。(ちょっと谷まで。)」とか、「マチマデ。(町ま

で。)」のように軽く受け流す。お互い、声をかけあうことが、この際、親愛の情を示す行為として大事なのである。形式化してはいないが、これも欠かせないあいさつことばである。相手が帰りと見れば、
　　○ドケー　イッタン。(どこへ行ったの。)
と呼びかける。この場合も、行き先には、たいして関心のないことが多い。
　路上での呼びかけやあいさつは、さまざまである。
　　○ヒサシブリジャ　ノー。オッツァン。(久しぶりだなあ。おじさん。《初老
　　　男に。中年女》)
のように、声をかけることもある。
　　○コノマェーワ　ドーモ　オシャーサンデシテ。(この前はどうもお世話さ
　　　までした。《近所の主婦に。青年男》)
　　○キニョーワ　ゴッツォーサンデシタ。(昨日はご馳走さまでした。《近所の
　　　当主に。中年男》)
のように、過日の礼を言うこともしばしばである。慶弔に関するあいさつやその謝礼、病気見舞いやその謝礼なども、路上のあいさつとして、落としてはならない項目である。
　ともかく、路上では、お互いに声をかけあうことが肝要である。親愛の情を交わせば目的を達するわけで、足を止めて交わすような、内容の濃いあいさつはふさわしくない。年少者など、互いに「ヤー。」とか「オー。」とか言いあっているが、これで十分あいさつの役割りを果しているのである。

3．晩のあいさつ表現

　夕方から夜にかけて、土地人同士行きあったときのあいさつ表現は、次のようにあるのが普通である。
　　○コンバンワ。(今晩は。)
これが、全般に行われる、もっとも一般的なあいさつことばである。学童など年少者にも、これには抵抗がない。「今晩は……」と、この形式も後が省略された言いかたなっている。本来はこの部分にも、相手の幸せを慶ぶ、あるいは祝福する言いかたが続いていたのか。が、今日では、形式化したご

く気軽なあいさつことばとなっていて、少なくとも当該方言では、相手祝福の気配はない。誰にでも声をかけられる、便利で素朴なあいさつことばである。ただ、これにも敬語がかかわらない。この点は、上項の「コンニチワ」の場合と同様である。年少者や女性であればともかく、成人の男性ともなれば、村の顔役など年長者には用いにくい。ところが、そのような場合にもふさわしい、有効なあいさつことばがある。
　○バンジマシター。(今晩は〈晩じました〉。《青年男》)
主として、成人の男性に行われる、敬意のあるあいさつ表現である。「～マシテ」とあることもある。このほうが余情があって、いっそうていねいか。老成した感じがある。あるいは、「今晩は」以前からのものか。「晩じる」は「晩めく」とか「晩らしくなりはじめる」といった意味のものであろう。ただし、「晩じる」そのものは存しない。夕方や宵の口のあいさつによく行われるが、夜に入ってからも用いられる。藤原(1992)は、出雲および岡山県下での類例をあげている。当該域を含めて、以前はもっと広い地域に分布していたものであろう。いずれも完了態のものである。
　　上のあいさつことばを継いで、次のように展開することもある。
　○バンジマシタ。ナント　ケーサー　ヒエマス　ナー。(今晩は。それにしても、今夜は冷えますねえ。《中年男》)
ここでも気候のことに触れている。こう展開して、いっそう情を深めようとする。類例は多い。なお、「ケーサ」は、「コ（今）＋ヨーサ（夜去り）」からのものであろう。古語残存の１例である。

4．路傍の農耕者に
　路傍の畠で働いている近所の人がいて、側を通るとき声をかける。それが朝であると、
　　○ハヨーカラ　セワー　ヤーテジャ　ノー。(朝早くから、ご精が出ますなあ。《中年男》)
などのように言って、その労働ぶりを讃える。
　　○モー　ナカウチ　ナ。(もう中耕仕事かな。)

○ヨー　デキトル　ノー。(よくできているなあ。)

などのように、仕事の内容を尋ねたり、作物のできぐあいを譽めたりすることも、このような場合の、類型的な発想と言ってもよい。仕事の内容を尋ねると言っても、現前に仕事は進行しているのである。理を言えば、それを聞くまでもない。が、こう呼びかけ、あいさつすることで、和合を図り、相手の仕事の早さを讚えるのである。時に、「ウチニャー　マダ　チットモ　シチャー　オラン。(俺のうちには、まだ少しもしてはいない。)」などのように言って、相手の仕事の手際よさをもちあげる。一連のやりとりの後、

　　○マー　ボツボツ　ヤリンサェー。(まあ、ぼつぼつ励みなさい。)

のように呼びかけて去っていく。無理のない労働を祈念するのである。

　夕方、まだ働いている人の側を通る時は、

　　○モー　シマオー　ヤ。(もうおしまいにしようよ。)
　　○ハヨー　オシマェーナサェー。(早くおしまいなさい。)

などのように声をかけて通り過ぎていく。一日の労働の無事の終息を、共に安堵する心意がのぞく。

二、訪　　問

　他家を訪問する場合、その時刻や用件はさまざまである。それを、いくらか整頓してみよう。

1．時刻にかかわるあいさつ表現

　朝・昼・晩の、時刻にかかわる訪問のあいさつの場合を取りあげよう。この場合も、上項で見た、路上でのあいさつと、大局は類似している。

　　○オハヨー　ゴザンシター。ツメテ　アリガトー　ゴザンシテ。(お早ようございます。いつもありがとうございます。《中年男》)

朝の、隣家訪問のあいさつである。「～ゴザンシタ」のような完了態止めについては、先項でも取りあげた。このほうがていねい感がある。慣習態に継いで、日頃の交誼の謝意を述べている。これが、普通の、訪問のあいさつ形

式である。家人は、
　　○オイデナサエー。サェーサェー　アリガトー　ゴザンシテ。(おいでなさい。度たび〈再さい〉ありがとうございます。)
のように応じるのが普通である。双方とも、日頃の交誼を謝している。この発想と形式は、欠くことのできないあいさつスタイルである。なお、訪問の場合のあいさつは、心安い間がらでも、改まることが多い。
　　昼(日中)の訪問では、やはり、
　　○コンニチワ。(今日は。)
が一般的である。この後に、例の、日頃の交誼を謝するあいさつが続く。
　　○コンニチワ。ツジーテ　オシャーサンデ　ゴザンシテ。(今日は。続いてお世話さまでございます。《中年女》)
この際、冒頭の「コンニチワ」は、とりあえず訪問の場を整える、有効な働きを果たしている。単純形式であることも、気軽な場の設定に効果的であろう。訪問の意図や目的などは、後を継ぐ第2文以下に託される。
　　なお、日頃の交誼を謝するあいさつことばは、おおむね「いつも・ありがとう」「いつも・お世話さま」の組合せになっているかのようである。「いつも」には「イツモ・ツメテ(詰めて)・ツジーテ(続いて)・サェーサェー(再さい)・サキニモ(先にも)・コナェーダー(この間は)」がある。
　　晩の訪問では、
　　○コンバンワ。(今晩は。)
　　○バンジマシタ。(今晩は。)
も普通に行われるが、老人男性に多いのは、
　　○オシマェーナサッタ　カ。(おしまいなさいましたか。)
　　○オーガンナサッタ　カ。(おあがりなさったか。)
であろう。下例は、食事がすんだかと問いかける、慣習的なあいさつことばである。実際に夕食がすんだかどうかには関係なく、入り口の外でこう声をかけ、表戸を開けながら入ってくることも多い。この場合も、土間に立ったまま、日頃の交誼を謝するあいさつことばが続くことは言うまでもない。
　　○ヤブンニ　アガリマシテ。(夜分に参上しまして〈すみません〉。)

と言うこともある。これは、やや新しいあいさつと言えようか。

2．依頼のあいさつ表現

頼みごとのために、隣家を訪ねることもしばしばである。頼みごとの内容もさまざまである。次は、その、冒頭のあいさつ例である。

　○ナント　ワシャー　ゴムシンニ　キテ　ミタンデスガ　ナー。(あの、私はお願い〈ご無心〉に来てみたんですがねえ。《中年男》)

「ご無心」は「頼みごと」のことである。これも伝統的な言いかたである。以下、これに続く頼みごとの文内容を、1つの例として掲げよう。例文中、aは訪問者、bは訪問先の主婦である。

　a………コレニャー　ノーリンニジューニゴーノ　タニョー　トットッチャ　アリマスマー。(お宅には、農林22号〈稲の品種〉の種を保存してはおられますまい。)

　b ナント　ワルー　ゴザンスガ　ウチニモ　ノロカラ　イットバー　カエーテ　モロータヨーナ　コトデ。ニサンジョーグラェーナラ　ソノウチカラ　オセワー　シテモ　エーンデスガ。(ほんとうに、悪いですがうちも野呂〈屋号〉から1斗ばかり換えて貰ったようなことで。2，3升ぐらいなら、そのうちからご用立てしてもいいんですけど。)

　a ハー、ヒチハッショーワ　オセワーシテ　モラヤー　オモーンデスガ。(はい、7，8升はお世話をして貰えばと思うんですけど。)

　b セージャー　ナント　ワルー　ゴザンスガ　ドガーモ　ナリマセンガ。(それでは、ほんとに悪いですけど、どうにもなりませんが。)

　a イヤ、マェーカラ　ユートラザッタンデスケー。コッチニ　ユーンガ　ムリデスケー。(いや、前から言っておかなかったんですから。こちらに言うのが無理ですから。)

　b ノロニャー　マダ　イッピョー　モットッテデシタケー　イッテ　ミナサリャー　アレデモ　マダ　アルカモ　シレマセンガ。(野呂には、まだ1俵持っておられましたから、行ってみられたら、ひょっとしてまだあるかも知れませんけど。)

a セージャー ノ ロノ ホーエー イッテ ミマショー。ドーモ ヨー オセーテ ツカーサッタ。アリガトー アリマシタ。(それでは野呂のほうへ行ってみましょう。どうもよく教えて下さった。ありがとうございました。)
   b ワルー ゴザンシタ ナー。マー キュー ツケテ オイデナサェー。(悪うございましたねえ。まあ、気をつけておいでなさい。)

頼みごとの1例である。近所同士であるにもかかわらず、双方とも、改まった、ていねいなことばづかいである。頼みごとという、一歩下がった物言いの性格にもよっていよう。それにしても、どこまでがあいさつなのか、判然としない。一連の流れ全体があいさつとも言える。村のあいさつは、こうでもあるのが実情である。特に、客人を迎えての双方のあいさつは、念入りで情も深い（後述）。

3．迎え入れ

　訪問してきた隣人が土間に入ってくると、家人は、それに応対する。
　○ヨー オイデンサッタ。(よくいらっしゃいました。)
などのようにあいさつを返して、歓迎の意を表す。継いで、
　○マー オカケナサェー。(まあ、おかけなさい。)
土間と茶の間の間の「上がりがまち」や小縁に、腰をかけるように勧める。訪問者は、「オカマェーナサンナ。(お構いなさるな。)」などと言って、謙退の気持ちを示す。もっともこれも、夜の訪問者の場合にほぼ限られる。日中は共に多忙で、ゆっくりと応接するいとまがないからである。
　訪問者によっては、家人は茶の間まで上がることを勧める。
　○マー コシテ ツカーサェー。(まあ、上がって下さい。)
などは、ていねいな請じ入れかたである。
　○マー ココマデ アガットクレー。(まあ、ここまで上がっておくれ。)
などとあれば、親しい隣人に対してのものである。
　それでも、上がることを固辞する人がある。次は、主婦 a と、固辞する訪問者の青年男 b との、応接のやりとりである。

a マー　チョット　オチャデモ。(まあ、ちょっとお茶でも。)
　　b ハイ。アリガトー　ゴザイマス。(はい。ありがとうございます。)
　　a セーデモ　チョット　マー。(それでもちょっと、まあ。)
　　b ヨロシーケー。ヨロシーデスケー。(よろしいから。よろしいですから。)
訪問者は、お茶の接待を、相変わらず固辞している。主婦は、やむを得ず、お茶を、訪問者が腰をかけている、上がりがまちまで運ぶ。
　　a コガーナ　トコロデ、マー。(こんな所で、まあ〈すみません〉。)
　　b マーマー　スミマセン。(まあまあ、すみません。)
　　a マー　オチャバーデ。ナンジャシ　ノーテ。(まあ、お茶ばかりで。何と
　　　いって〈茶請けが〉無くて〈すみません〉。)
訪問者迎え入れの一齣である。この実例の場合、訪問者の青年男は、かなり改まっている。ことばづかいも共通語ふうである。訪問の用件も気にかかるのか。主婦の、誠意の接待ぶりも興深い。むろん、迎え入れの1例である。
　　家人の請じ入れに応じて、茶の間に上がる訪問者もある。
　　○セージャー　マー　ソコマデー　アガラシテ　モライマショー。(それ
　　　ではまあ、そこまで上がらせていただきましょう。)
のようにあいさつして上がってくる。家人は、
　　○マー　ロクニ　シッツカーサェー。(まあ、楽〈陸〉にして下さい。)
などと、訪問者をねぎらう。あいさつのやりとりはかた苦しいが、雑談に入ると、双方うちとけた雰囲気で、日常体の会話がはずむ。
　　○サンチャー　ヒトツ。(お茶〈山茶・謙遜の言い〉をひとつ。)
などと言って、ありあわせの茶をふるまう。
　　訪問側も迎え入れ側も、相手がたの心意を尊重し、平常・安息の保持を心がけるのが、この種のあいさつ発想の基本である。

4. 辞　去
(1) 別　辞
　　訪問先から辞去するにあたっては、
　　○セージャー　マー、ドーモ　ナガシュー　オジャマシマシテ。(それで

はまあ、どうも長ながとおじゃましました。）
などは、ていねいなあいさつである。簡単には、
　　○オジャマー　シマシタ。（おじゃまをしました。）
　　○セージャー　ゴメンナサエー。（それではごめんなさい。）
のように言うことも多い。年少者などは、
　　○サヨーナラ。（さようなら。）
が一般的である。
　　時刻によっては、
　　○オヤスミナサエー。（お休みなさい。）
がよく行われる。また、
　　○ハヨー　オシマエーナサエー。（早くおしまいなさい。）
などが、継いで後続文に述べられることもある。
　謝意と安息祈念が、去りことばの基本である。その点、別辞として一般的な「サヨーナラ」は、この思いが希薄になっている。上述のとおり、形式的で素朴な点が、年少者などには好まれるとしても、すでに手厚い思いは盛りきれなくなっているかのようである。

(2) 送　辞

　訪問者が辞去する場合、家人は、これを見送って、家の入り口まで立つのが普通である。
　　○ヨージン　シナサエー。（用心しなさい。）
　　○ボツボツ　オカエーンナサエー。（ぼつぼつお帰りなさい。）
これが、普通の送辞である。上例は、また、「ゴヨージンナサエー。」とも「ヨージンシンサエー。」とも言う。相手の帰途の安全を気づかい、祈念するのが基本である。

三、接　　待

　祝いごと（収穫祝い、内祝い、快気祝い、小祭りなど）で、近所の人を招待し、接待をすることがある。招待された近所の人たちは、衣服を改め、気分

を変えて、時には手土産などを持って、定刻までに訪問してくる。土地ではこの接待を「人ごと（ヒトゴト）」とも言っている。

1．客迎え

招待された客人は、

○コンチャー　コレニャー　オマツリデ　ゴザイマシテ。オコトオユー　ゴザイマショー。ウチラェーモ　ゴネンノ　イリマシテ　アリガトー　ゴザイマス。マー　エンリョノー　ヨバレテ　キマシタ。（本日は〈今日は〉、お宅〈これ〉にはお祭りでございます。お忙しうございましょう。私のうちまでもご招待いただき〈ご念の入り〉ましてありがとうございます。ほんとにまあ、遠慮なく呼ばれて〈招待されて〉参上しました。）

などのような口上に継いで、過日の交誼を謝するあいさつが、入念に続く（前項の「訪問」参照）。このようなあいさつを受けて、招待側は、

○マー　デニキーノニ　ヨー　デテ　ツカーサッタ　ナー。ドーゾ　コシテ　ツカーサェー。（出づらい〈出にくい〉のに、よく出て下さったねえ。どうぞお上がり〈越して〉下さい。）

○コンチャー　オコトイーノニ　ヨー　デッツカーサッタ　ナー。（本日はお忙しい〈お事多い〉のによく出て下さったねえ。）

などのようにあいさつする。これには主婦のあたることが多い。多忙中にもかかわらず、招待に応じてくれた好意を謝すのが一般である。

気らくな訪問客に対しては、

○ヨー　キトクレタ　ナー。（よく来ておくれたねえ。）

のように言うこともある。

2．宴　会

招待客がそろうと、座敷（オーデー〈大出居〉）で宴会が始まる。始めに招待主が、一同の前であいさつをする。

○ドナタサンモ　ヨー　オイデテ　ツカーサッタ。セッカク　オイデテ　ツカーサッタノニ　ナンノ　エガオモ　アリマセンデ　ナー。マー　ゴ

ユックリ　オーガッテ　ツカーサェー。(どなたさまもよくおいで下さい
ました。せっかくおいで下さいましたのに、何のご馳走〈笑顔〉もござい
ませんでねえ。まあ、ごゆっくり召し上がって下さい。)

参集を謝し、不行きとどきを詫び、安息な時を願う。これが基本的なあいさ
つのタイプである。一同は膳を前にし、正座して、神妙に聞いている。

多人数の宴会には、「ザハェー（座配）」役がつく。座配は、参集者のうち
の、当家と親しい年長者に、当主から依頼する。座配役は、当主に代わって、
宴会の座の一切を取りしきる。開会のあいさつをすることもある。次はその
1例である。

○ミナサン。キョーワ　オイソガシーノニ　ヨー　オイデテ　ツカーサッ
タ。ナンジャシ　ノーテ　スミマセンノデスガ　サケホダー　ジューブ
ンニ　ゴザンスケー　マー　ヒトッ　ゴユックリ　オーガッテ　ツカー
サェー。(皆さん。今日はお忙しいのに、よくおいで下さいました。何とい
って〈ご馳走が〉無くてすみませんのですが、酒だけは十分にございます
から、まあひとつ、ごゆっくり召し上がって下さい。)

上例の、当主のあいさつに、ほぼ類似したタイプのものである。興味深いの
は、座配が、すっかり当主に成り代わっていることである。参集を謝し、不
手際を詫びる。「ナンジャシノーテ」などは、当主が聞いて、苦笑するとこ
ろであろう。つまり、こういう際のあいさつに、類型ができあがっていると
いうことでもある。さて、座配は、座の進行や盛行に気を配り、たしかに有
効な役割りを果たしている。

会の折りおりに、主婦なども、馳走を運び、酌をして、座に出入りする。

○ドーゾ　キコンナラ　オーガッテ　ツカーサェー。(どうぞお好み〈気好
み・藤原　2002〉でしたら召し上がって下さい。《主婦》)

○セージャー　チョット　ヨバレテ　ミュー。(それでは、ちょっといただ
いてみよう。《初老男》)

のようなやりとりも聞かれる。

○ゴゼンオ　カェーテ　ツカーサェー。(ご飯を換えて下さい。)

○オツユー　ソエナサェー。(おつゆを添えなさい。)

主婦は、あれこれと気を配っている。「ゴゼン」「オツユ」は改まった場にしか出てこない。平素は「メシ」「オツ」である。緊張の文表現も、特別の言いかたとして注意される。

　宴会も終わりに近づくと、座配は、
　　○ミ̄ナサン。ド̄ーモ　オス̄クノ̄ー　ゴザ̄ンシタ。（皆さん。どうもお少なうございました。）
と声をかけ、酒の無くなったことと、宴の終わりを告げる。

　なお、出された馳走類は、各自、家で待つ家族のために、包みにして持ち帰るのが普通である。家人が、各自の膳部に残った馳走を集めて、手際よく包みを作る。持ち帰りを予定して、始めから、汁もの以外には手をつけない人もある。また、家人も、持ち帰りに備えて、宴会の場には、別に、当座の飲食にふさわしいものを用意する。ただ、近来は、仕出し屋から取ることが多く、家庭で準備することが無くなった。

3．客送り

　宴が果てると、招待客は帰っていく。
　　○エ̄ラェ̄ー　ゴ̄ッツォ̄ーニ　ナ̄リマシテ　ナ̄ー。（たいへんご馳走になりましたねえ。《客の中年男》）
　　○イ̄ーエ　ナ̄ー。ナ̄ンノ　オカマェ̄ーモ　デ̄キマセンデ　ナ̄ー。ヨ̄ージンシテ　オカェ̄ーンナサェー。（どういたしまして。何のお構いもできませんでねえ。用心してお帰りなさい。《主婦》）
のようなあいさつが繰り返される。
　　○ナ̄ンノ　エ̄ガオモ　ゴ̄ザンセンデ。（何のもてなし〈笑顔〉もありませんで〈失礼しました〉。）
のようにも言う。客は過分のもてなしを謝し、招待側は不行きとどきを詫びるのが、双方の基本のあいさつ発想である。

四、集　　会

　集落で協議する問題が生じた場合、集落の責任者の家に集まって、集会（ヨリアェー〈寄り合い〉）を開くことがある。以前は常会とも言い、頻繁であった。農作業の関係で、夜の集会となる。関係の人びとは、定刻までに、場所となった家に集まる。まず、当家の主人または主婦にあいさつする。

　○バンジマシタ。サェーサェー　アリガトー　アリマス。コンバンワ　ゴムリュー　イーマシテ　オシャーサンデス。（今晩は。度たびありがとうございます。今晩はご無理を言いましてお世話さまです。）

　○オシマェーナサッタ　カ。コンバンワ　マタ　メンドーナ　コトー　イーマシテ。センダッテモ　ヤブン　オソーマデ　オジャマー　シマシテ　カラニ。（おしまいなさいましたか。今晩は、また、面倒なことを言いました。先日も夜分遅くまでおじゃまをしまして〈すみません〉。）

は、その１例である。当家の主婦は、

　○オイデナサェー。イツモ　アリガトー　ゴザイマシテ。ハヨー　オイデナサッタ　ナー。（いらっしゃい。いつもありがとうございます。早うい らっしゃったねえ。）

などのように応じる。当家へのあいさつをすませた後で、すでに集まっている人たちに向かい、

　○ドナタモ　ハヨー　オイデナサッタ。ゴクローサンデ　ゴザンシテ。（皆さんも、早くいらっしゃいました。ご苦労さんでございました。）

のように、一同に呼びかけ、一括してあいさつする。これがすむと、あとは私的な、平常の仲間同士である。「マダ　ハヤェーンジャ　ノー。ワシャー　オクレタ　オモーテ　トンデ　キタンジャガ。（まだ早いんだなあ。俺は遅れたと思って飛んで来たんだけど。）」と、不満顔である。「イチーキ　オクリョールケー　ヨー。（いつも遅れているからだよ。）」と仲間がまぜかえす。

　言うまでもないが、ある意味では公の立場で行われるあいさつは、村の秩序と、人の誠を保つための、伝統的で特別な言語行動なのである。いわば、

村の道徳律の根源と発現を、ここに見い出すことができる。

五、慶　　弔

慶弔に関しても、懇ろなあいさつが行われる。

1．慶　事

慶事に関しては、「おめでとう」とあいさつして、相手側の幸運を讃えるのが基本である。

　○キキマスリャー　コレニャー　オヨメサンオ　モラェーナサルソーデ　オメデトー　ゴザンス。オカーサンモ　クツロギンサッタ　ナー。
　　（お聞きしますと、お宅には、お嫁さんを貰われるそうで、おめでとうございます。お母さんも安心なさったねえ。）

これは、祝言に関するあいさつの１例である。形式的なあいさつに継いで、相手がたの喜びを推しはかる、情意・懇意のことばの展開が注意される。

慶事のあいさつは、特に形式的であることが多い。

　○コナェーダー　ゴアンザンデ　ゴザイマシタソーデ　オメデトー　ゴザイマス。ドッチモ　オマメナラ　ヨロシュー　ゴザイマス。ミンナ　ヨロシュー　モーシマシタ。（この間は、ご安産でございましたそうで、おめでとうございます。どちら〈母と子〉も、お元気〈まめ・忠実〉ならようございます。みんなよろしく申しました。）

安産を祝うあいさつの１例である。「ミヤスカッタソーデ、」とも言う。ここでも、慶事につきものの「おめでとう」が中心である。正月、祭、収穫、快気、新築、入学、入賞、卒業など、行事面でも個人面でも、慶事として祝すあいさつ行動は、繁簡さまざまであるが、相手の幸運と誉れを寿ぐあいさつことばは概して単純である。

2．弔　事

弔問となれば、そのあいさつもしめやかである。

第一章　あいさつ表現法　19

○キキマスリャー　コレニャー　オトーサンガ　イケザッタソーデ　ムッテンナ　コッテ　ゴザンシタ　ナー。マー　オチカラオトシデ　ゴザンショー。マー　アンガェーナ　コトデ　ナー。ホンニ　ビックリシマシタ。コノマェー　オータバーデ　ホンニ　ゲンキジャッタノニ　ナー。
（お聞きしますと、お宅〈これ〉には、お父さんが亡くなった〈いけざった〉そうで、とんでもない〈無点な〉ことでございましたねえ。まあお力落としでございましょう。まあ思いがけないことでねえ。ほんとに驚きました。この前、逢ったばかりで、ほんとにお元気だったのにねえ。）

お悔やみのあいさつの1例である。遺族の悲しみを思い、同情するのが、あいさつの趣旨である。後半は、私情を述べ、故人の生前を偲んでいる。冒頭の「キキマスリャー」（聞きますれば）は、こういうあいさつの場合の、1形式である。「ムッテンナ」「ムテンナ」（無点な）も、あいさつことばに行われるのが普通の、化石的な古語である。

○マー　コノタビャー　コレニャー　ゴフコーデ　ゴザイマシテ　オキノドクデゴザイマシタ。オチカラオトシデ　ゴザイマショー。（まあ、この度は、お宅には、ご不幸でございまして、お気のどくでございました。お力落としでございましょう。）

○マー　オトーサンニャー　ナー。ゴヨージョーガ　カナェーマセンデムテンナ　コッテ　ゴザンシタ　ナー。オチカラオトシデ　ゴザンショー。（まあ、お父さんにはねえ。ご養生が叶いませんで、とんでもないことでございましたねえ。お力落としでございましょう。）

弔問のあいさつの類例である。「オチカラオトシ」（お力落とし）は、類型化していよう。「ヨージョーガカナワナイ」（養生が叶わない）も、一般にはよく行われるあいさつことばである。全般に、形式化された口上である。

ちなみに、命日の法事での、参列者のあいさつ例を掲げておこう。

○コンチャー　オバーサンノ　ムカワリデ　ゴザイマシテ。トーブンノヨーニ　ゴザイマショー。（本日は、おばあさんの一周忌でございます。〈亡くなった〉当時〈当分〉のように〈悲しう〉ございましょう。）

1例である。「トーブンノヨーニ」（当分のように）が注意される。むろん慣

習的なあいさつことばである。
　○……。シダェーニ　オサベシュー　ゴザイマショー。(……。しだいにお
　　淋しうございましょう。)
とも言う。これも、当該の場で行われる、慣習的なあいさつことばである。
　あいさつことばは、上来、見てきたように、慣習的で形式化されたものが基本であるが、冠婚葬祭にかかわるあいさつは、特に、この傾向が顕著であるかのようである。口上に過不足があってはならない、緊張した場面でもある。たしかに、場面は特定化しており、慣習の形式によるのが無難である。ただ、そういう慣例のなかで、しきたりのあいさつ形式を踏めない人間は、笑い者にされるのが通常である。少なくとも、その社会の住人であれば、最低、心得ておかねばならない社会儀礼であり、道徳律なのである。

3．見舞い

　病気見舞いも懇ろである。
　○オバーサンドマー　ムテンナ　コッテ　ゴザンシタ　ナー。ドガーニ　アリマスヤラ。ハヨー　ノズカニャー　イケザッタノニ　エンニンシトリマシテ　ナー。(おばあさんは、とんでもないことでしたねえ。いかがでございますか。早くお伺いし〈覗か〉なければならなかったのに失礼〈延引〉していまして〈すみません〉ねえ。)

1例である。ここでも、「ムテンナ」(無点な) が用いられている。「ノズク」(覗く) も、あいさつことばとして行われれば、自己の行動を軽めて言う効果がある。また、「エンニン」(延引) も、自己の行動に関して、詫びのあいさつに用いられる、特定の慣用語である。総じて、あいさつことばには、平常は見られない、慣用の古語・漢語が、一種の格式をもって行われることが多い。次は、隣家の主婦aが見舞った例である。応対は当家の主婦bである。
　a　オトーサンワ　ソノゴ　ドガーナデス　カェーノー。チーター　エケリャー　ヨー　ゴザンスガ。(お父さんはその後いかがですかねえ。少しはよければようございますけど。)
　b　アリガトー　ゴザンス。オカゲサマデ　イマー　オリョートリマスケー。

ゴシンパェーオ オカケシマシテ、ホンニ。(ありがとうございます。お
かげさまで、今は安らかにし〈折りあう〉ていますから。ご心配をおかけ
しました、ほんとに。)
a ソリャー ヨー ゴザンシタ。マー キュー ツケテ アゲテ ツカー
サェー ヨー。ナンズ スル コトガ アリマシタラ ナー。ナンデモ
ユーテ ツカーサェー ヨー。(それはようございました。まあ、気を
つけてあげて下さいよ。何かすることがありましたらねえ。何でも言って
下さいよ。)
b アリガトー ゴザンス。マタ ヨロシュー オタノモーシマス。(あり
がとうございます。また、よろしうお願い〈お頼み〉します。)
a ネーサンモ ナー。クタブレガ デンヨーニ ヤケーナサェー ヨー。
(お姉さん〈あなた〉もねえ。〈看病の〉お疲れが出ないように、大事に
〈憩う〉なさいよ。)

病気見舞いの、一連のやりとりである。病状の説明など、長ながと続く場合
もある。細やかな情の表れた見舞い行為であることが見てとれよう。「オリ
ヨートル」(折りあっている)は、病気の小康状態を言う、慣用的な言いかた
である。「病気と折りあいをつけている」ということであろうか。なお、病
人が出れば、集落の各戸が、もれなく見舞うのが慣例である。

六、贈　　答

　何か珍しい食べ物を作ったり、貰ったり、また畠や山の初物を収穫したり
すると、まず隣家におすそわけするのが、しぜんの習わしであった。隣家も
そのお返しをする。互いにやりとりをして、近所との交流を深め、また善意
を確かめあったのである。
a コリャー マー ダンダガ ヒトツデス ガ。オバーサンニ アゲテ
ツカーサェー。(これは、まあ、だんごがひとつですのよ。おばあさんに
あげて下さい。)
b マタ シナーモノー ギョーサンモナェーコト ツカーサッテ ナー。

　　　　（まあ、数少ない〈足し無い〉ものを、たくさん下さってねえ。）
　　a イーエ　ナー。タッタ　ヒトッデ　スミマセンケード　ナー。（どうい
　　　たしまして。たったひとつですみませんけどねえ。）

その１例である。「ダンダ」は「団子」の幼児語ふうの言いかたであるが、「餅」でも、自分がたの贈りものを卑下してこういうことがある。

　　a コリャー　マー　ナバガ　タッタ　ヒトッデス　ガ。メズラシューモ
　　　アリマスマェーケード。（これは、まあ、茸がたったひとつですのよ。珍
　　　しくもないでしょうけれど。）
　　b マー　コガーナ　コトー　シテ　モローチャー　イケマセン　ガ。マー
　　　エットモナェーコト。イツモイツモ　モラウバーデ。（まあ、こんなこ
　　　とをして貰っては困りますよ。まあ、たくさんに。いつもいつもいただく
　　　ばかりで。）
　　a イーエ　ナー。コドモダマシノヨーナ　コッテ　ソガーニ　ユーテ　モ
　　　ラウホドン　コトジャー　ナェーデス　ガー。（どういたしまして。子ど
　　　も騙しのようなことで、そんなに言って下さるほどのことではありません
　　　よ。）

主婦同士の贈答例である。山で採取した茸を、さっそく隣へ贈っている。贈る側は、「タッタヒトツ」（たったひとつ）と言い、「コドモダマシ」（子ども騙し）と言って、贈り物を卑下する。受ける側は、「タシナーモノ」（足し無いもの）と、品物の希少価値を言い、「ギョーサン」（仰山）、「エット」（たくさん）と、その量を言って、相手の奇特な行為を称揚し、当方の法外な幸運を強調する。いずれも贈答の際の、慣習的な言いかたである。　なお、贈り物を入れて運んだ籠や器に、当座の返礼として、手元にある小品を、「トビ」（とび・返礼の品）として入れておくのが慣例である。

　贈答の礼は、後のちの出あいのあいさつなどに、度たび出てくる。
　　○マー　コナェーダー　ケッコーナ　モノー　イタダキマシテ。イツモイ
　　　ツモ　モラウバーデ　ホンマニ。アリガトー　ゴザンシテ。（まあ、こ
　　　の間は、結構なものをいただきまして。いつもいつも貰うばかりで、ほん
　　　とに。ありがとうございました。）

は、その１例である。あいさつ行為の手厚さが知られよう。

七、謝 辞・他

　謝辞は「ありがとう」であって、これまでにもしばしば取りあげた。
　　○アリガトー　ゴザッタ。（ありがとうござった。）
と言う老人があったが、すでにこの世を去った。老人と言えば、
　　○タェーガタェー。（堪えがたい〈ありがたい〉。）
と言う個人があったが、これもすでに過去の人である。厚意を得た相手に向かって言うのではなく、ほとんどつぶやくように、また自ら堪えきれないかのように独白するのである。
　　○メンタシ。（ありがとう。）
「めでたし」であろう。これもほとんど死語である。幼児語になっているかも知れない。幼児が菓子でも貰ったときに、傍の者が、「メンタシ　シンサェー。（メンタシをしなさい。）」と言って促すことがある。幼児は頭をちょこんと下げる。そういう動作が「メンタシ」なのである。

　相手の、格別の厚情に対して、
　　○ゴネンノ　イリマシテ。（ありがとうございます〈お心づかい痛み入ります〉。）
と、丁重に謝意を表すこともある。「ご念の入りまして」であろう。大人の物言いである。

　久闊を叙するあいさつに、
　　○コリャー　マー　ゴブイン　シトリマシテ　ナー。（これは、まあ、ごぶさた〈無音〉をしておりましてねえ。）
がある。「ゴブイン」は「ゴブニン」とも言っている。このほうが多いか。こういう場に限って行われる特別な言いかたで、化石的である。
　　○オマメナラ　ヨロシュー　ゴザイマス。（お元気ならようございます。）
この言いかたも慣習的である。すでに先項でも触れた。「マメ」は「忠実」ともされ、むろん古語である。これも化石的な特定語である。

結　び

　以上、中備後小野方言のあいさつ表現法について討究してきた。相手の安息を願い、勤勉を讃えて、社会関係、日常生活の穏和化を図る、しぜんの人間行為である。当然ながら、思いを浄化した、改まり意識のもとでのいとなみであった。いわば、村の道徳律の、日びの具体的な実現とも言える。

　その行為は慣習的であり、表現も形式化しがちである。特に、日常的な、軽い出あいのあいさつともなれば、いっそう形の形式化が進んだであろう。それはそれで、集団や人びとの望む方向のものであったに違いない。急ぎの場にふさわしい、ほどよい効用を目指しての、相互作用でもあった。が、あいさつは、言うまでもなく、日常出あいのものばかりではない。冠婚葬祭のあいさつに代表されるような、儀礼的で丁重な口上もある。この場合でも、おのずからに形式化は図られた。ただそれは、発想の類型化とでも言えるものが、主であったかのようである。類型化、形式化されることが、あいさつことばの宿命であるとしても、そのあいさつことばも、伝統を生きた折おりの生活語から、不断に活力を得続けてきたことを見落としてはならない。

　改まったあいさつの類型化、形式化は、そのことばに、かなりの古語、漢語を、化石的に保存することにもなった。伝統がもたらした、一種のタイムカプセルと言えようか。ここにも、あいさつことばの、生活と時間を超えた生命を思わないわけにはいかないのである。

文　献

藤原与一（1962）「方言の発想法」『国文学攷』28
藤原与一（2002）『日本語史と方言』（武蔵野書院）
藤原与一（1992）『あいさつことばの世界』（武蔵野書院）
広島大学方言研究会（1963）『方言研究年報』6
神鳥武彦（2001）『共時方言学攷』（清文堂）
神部宏泰（1978）『隠岐方言の研究』（風間書房）

第二章　敬語表現法

第1節　尊敬表現法

はじめに

　対話・会話の表現は、話し手の、現場認識と相手把握の実際に基づいて行われる。現場と相手とを高いレベルにおいて認識し、把握すれば、表現はおのずからに高い待遇度を表すことになる。いわば話し手のこの認識・把握に応じて、さまざまなレベルの待遇表現が行われることになる。

　敬語は、対話・会話の現場で、敬意表現のために頻用される特定の心意と形式を、一定の類型として単純化した語詞と解してよい。本来、敬語そのものは、その成立と社会、形式と用法等に関する史的背景を持っており、単純には論じることのできない領域である。が、今日、方言の世界で行われる敬語は、基本形式本位に見れば概して単純でも、その言語生活に適応した「親愛語」とも言うべきものを多彩に分化せしめている。いわゆる敬語の存しない方言社会もある。

　本節では、中備後小野方言における「尊敬表現法」を取りあげる。当方言社会にあっては、行われる尊敬法形式は、大局的に見れば、「ナサル」類形式と「テジャ」形式とである。ちなみに、中国方言全般においても、その尊敬法はこの両形式を中核とする。さて、基本形式は単純でも、分化形式とその用法の心意は微妙である。本節では、特にこの面の把握を重視し、成立の経緯にも留意して記述したい。

一、「ナサル」類尊敬法

1．「ナサル」の諸相

　「ナサル」敬語の成立は、遠く中世の頃とされる。以来、この敬語は全国に広く流布して行われた。対話の敬意表現に頃あいの、また地域の生活にもなじみやすい敬語であったらしい。頻用の一方では、地域の実情に応じて敬意の程度を加減した、親愛語ふうな多くの異形・略形を生んだ。

　当該地域においても、古来、「ナサル」敬語がよく行われてきたようである。その分化・改変の形式もあり、「ナサル」をはじめ、「ンサル」「ンヤル」「ナル」などの諸形式が指摘される。これら各おのの形式の、当該地域における運用にも、当然ながら盛衰にかかわる史的前後関係がある。その実情は、以下の記述よって明らかになるであろう。

　当域の尊敬法を取りあげるにあたって、なお問題にしなければならないのは、上項でも指摘した「テジャ」形式の尊敬法（先生ガ来テジャ。）である。両者は、待遇の深いところで相補的な役割を担っており、いわば相関の妙を見せている。「ナサル」類の記述の終結も、「テジャ」形式との相関の実情を明らかにすることが必須である。さらには、いわゆる謙譲、丁寧の諸形式その他との関連・共存の実情もある。待遇の生活的事態として、これら諸形式を大きく総括的に把握することが重要であり、本論の最終の目標でもある。

2．「ナサル」の存立

　「ナサル」は、希薄ではあるがたしかに存立する。それも、共通語ふうの敬語として意識されているかのようである。今日、いわゆる東京語としての「ナサル」は、その命令形を除いては、全般にかなり衰微していようか。用法も限られてきている。が、当該地域においては、共通語ふうの「ナサル」の意識が生きている。換言すれば、通常の言語生活のレベルを越えた、特別の改まり意識の下にあり、その使用の場面もかなり限られている。

　「ナサル」の行われる1場面である。

〇アル̄キョーッテ　コ̄ケンヨーニ　シナサェー　ナ̄ー。(歩いていて倒れな
　　いようにしなさいねえ。《老女を見舞って。中年男》)
中年の男性が足の不自由な老女の見舞いにきている。男性にとって老女は、
師筋でもあり仲人でもあって、いわば特別の関係にある。ことばづかいには
つねに敬意と情意が満ちている。この老女への労わりと勧めのことばに「〜
ナサェー」(〜なさい)が行われている。
　〇コ̄ンダー　ア̄ンマリ　ア̄シ̄ノ　ウ̄ンドー　シナ̄サンナ。(今度はあまり足
　　の運動をなさらないように。)
見舞いの男性はいたわりのことばを重ねる。側にいた老女の娘も、
　〇ア̄ーユーテ　ク̄レ̄テンジャケー　オバ̄ーサン　マ̄モ̄ンナサェー　ヨ↗。
　　(あのように言って下さるんだから、おばあさん、守ってね。)
と、ことばを添える。「ナサル」はこのような場面に行われることが多い。
ところで、「ナサル」の用法で注意されるのは、その命令形(および禁止形)
がよく用いられることである。
　〇オバ̄ーサン　ナ̄ンズ　タ̄ベナサェー。(おばあさん、何かおあがりなさい。
　　《娘が病床の母に》)
その１例である。ここでは、「ナサル」を「食ベル」と共に用いている。共
通語意識の強い１文である。なお、命令形(および禁止形)のことについて
は後にも触れる。
　一般に、「ナサル」のよく行われるのは、特別に改まったあいさつの場面
である。このようなあいさつ行動は、当事者双方が改まった、特別の緊張場
面である。ここで行われるあいさつの用語も表現も、改まり意識に支えられ
てのものであるのが普通であろう。しかも、おおむね伝統的であり、また形
式的であるとも言える。ここに行われることの多い「ナサル」は、このよう
な緊張場面、伝統、形式の表現に行われてふさわしいものであったようであ
る。当域における由来の古さ、原初用法などをも指摘できようか。その例を
見よう。
　〇オ̄ーガンナサッタ　カ↗。(おあがりなさったか〈食事をすまされましたか〉。
　　《中年以上の男性によく聞かれた》)

食後（夕食後のことが多い）他家を訪問する場合のあいさつである。また、他家の庭を通過する場合にもこのように声をかける。また、夜の訪問では、
　　○オシマエーナサッタ　カ。（しまわれましたか。）
などのようにも言うことがある。訪問を受けた側は、主として主婦が、
　　○マー　オコシナサェー。（まあ、おあがりなさい。《座敷へ》）
などと応じる。訪問者は、
　　○オカマェーナサンナ。（お構いなさるな。）
のように返すこともある。当初のこのようなあいさつのやりとりの後は、ごくうちとけたいつもの世界である。「ナサル」の行われる状況にはない。ただ注意したいのは、あいさつの場面は「ナサル」表現一色と言うわけではないことである。状況によっては、ここに、ややくだけた「ンサル」の行われることもある。この点については次項で問題にしよう。
　なお、上に、あいさつ表現の例として掲げた「オーガンナサッタ」に関しては、類例がある。
　　○オーガンナサェー。（おあがりなさい。）
主として子どもが、食前にする習慣的なあいさつことばである。家族が揃った食席で、子どもはこのように唱えて（アクセントに注意）食事に取りかかる。とにかく子どもは、意味など気にしない。それにしても、ここに「ナサル」が行われていることに、格別の感慨を覚える。ちなみに、食事が終わったときは「ゴッツォーサン。」（ご馳走さま。）である。
　さて、「ナサル」は、各活用形が用いられるが、しぜん命令形（および禁止形）が多い。このことにはすでに触れた。命令形によって、相手に、特定の行為を勧めたり留めさせたりする。根底に相手の利に適う判断がある。
　　○テンノ　シナサル　コッチャデ。（天のなさることだから。《長雨の続く天候にあきらめ顔で。不作を気にする老女》）
連体形の用いられた例である。ここでは非人格の「天」が敬意の対象者である。「ナサル」はこのように用いられても安定する。
　先に、「ナサル」は、共通語ふうの意識をもって行われるとした。そのことに違いはない。それにしても、共通語ふうとは何か。かつて「ナサル」が

流布してきた当時、その新来語に対して抱いた、時の住民の意識と言うことか。仮にそうであるとすれば、「ナサル」形式と共にその意識は、たしかに絶えることなく今日に受けつがれている。それだけではないかも知れない。今日の東京語に対する無意識的な意識もあろうか。ともかくも、「ナサル」を〝よいことば〟とする意識には、それが東京語であるとする認識が、何ほどかかかわっていようか。

　今日、東京語・共通語で「ナサル」が衰微しても、当域には、「ナサル」を〝よいことば〟とする評価の心情がたしかにある。この心情のかなりの部分が伝統的なものとすれば、「ナサル」が新語として当域に波及した当時、それは地域性には程遠いものであったとしても、あるいはそれだけに、住民にとっては関心の高い、ある意味では理想ともされる敬語であったに違いない。にもかかわらず、あまりにも現実からは遊離した形式であって、内うちの方言社会では使いにくいものであった。このような状況のなかで、地域の人びとは、しぜんのうちにこれを地域性に適した敬語として再生し、日常の言語生活において活用しようとした。その結果形成されたのが「ンサル」である。その「ンサル」は、意識の世界では原形式「ナサル」と離れがたく連れあっていたであろう。あるいは「ナサル」を言おうとして、「ンサル」を言うことがあったかも知れない。その観点からすれば、「ナサル」は一種の抽象形式である。

3．「ンサル」の存立

(1)　「ンサル」の生態

　「ナサル」の変化形式である「ンサル」は、「ナサル」に比べると日常の方言生活で活用されることが多い。それにしても、その使用はかなり限られている。一方に優勢な「テジャ」形式があるためである。両形式は、ある意味では相補的な関係を見せている。「テジャ」形式に欠如している命令形式を補って、「ンサル」が存立していると言える一面があるからである。が、「ンサル」が活用されるのは、命令形だけではない。両形式には、敬意にかかわる差異もある。「ンサル」には「テジャ」を越える敬意が認められる。　さて、

上に述べたとおり、「ンサル」はその命令形が頻用される。
　○ソカー　ヒガ　アタルケー　コッチー　キンサェー。(そこは日があたるからこちらへ来なさい。《日陰へさそう。中年女同士》)
　○キョーワ　トマリンサェー。アシタ　イヌリャー　エー　ガ。(今日は泊まりなさい。明日帰ればいいではないの。《心安い客人に自家への宿泊を勧める。老女》)
　○ヨッツ　アル　デ。ウチー　キテ　ミンサェー。(4つあるよ。家へ来てみなさい。《耕耘機4台保有することを自慢して。老男が、やや気がねな中年男に》)
命令形の行われた例で、いずれも情意の勧奨表現をしたてている。一方に盛んな「テジャ」敬語に命令形がないために、対話の相手に敬意をこめて命令・要求をするとなれば、まずこれを用いる。敬意は上位のもので、一定の相手意識のない場合には用いない。ただし、上項の「ナサェー」には、特別の改まり意識が認められるが、「ンサェー」にはそれが薄い。気安い間での、親愛と敬意に支えられた勧奨表現をしたてるのが一般である。
　「ンサル」は、命令形に限らず、他の活用形も行われる。
　○ハヨー　イキンサラニャー　クレル　デナ。(早く行かれないと、日が暮れるよ。《老女が、出発に手間どる中年男を心配して》)
　○オバーサン。クツロギンサッタ　ノー。(おばあさん。安心なさいましたねえ。《孫娘を縁づかせた老女に。中年男》)
　○ミズー　チート　イレチャリンサリャー。(水を少し入れてやりなさったら。《隣家の田んぼの水不足を注意する。老男》)
「ンサル」の自在な活用ぶりがうかがわれる。概して家格や特定の年長者を重んじての物言いであるが、それも大局的に見れば、敬語表現のわずかな部分を占めているに過ぎない。
　「ンサル」がよく行われるのは、「ナサル」の場合に類して、特定のあいさつ表現である。ただ、「ナサル」が特別の改まり意識をもって行われるのに対して、「ンサル」にはそれが薄い。隣近所の人びとに気安くあいさつする、いわば日常的なものである。が、再三述べたとおり、敬意は低くない。気安

いなかにも節度がある。送辞の例を見よう。
　　○ヨージン　シンサェーヨ。ソレーソレー　イキンサェー。(〈道中〉用
　　　心しなさいね。そろそろ行きなさい。)
　　○マー　ナー。ヨー　キュー　ツケンサェー　ヨ。ボツボツ　ヤリンサ
　　　ェー　ナー。(まあねえ。〈日常〉よく気をつけなさいよ。〈仕事も無理を
　　　せずに〉ぼつぼつやりなさいねえ。)
いずれも老女のものである。形式的な送辞ではなく、相手を気づかう思いが
見てとれる。ここに「ナサル」が用いられるとすると、
　　○マー　ゴヨージンナサェー。(まあ、ご用心なさい。)
となろう。形式的な送辞となりやすい。なお、「ンサル」の場合も、あいさ
つにはしぜん命令形（勧奨形）がよく用いられる。

(2)　「ンサル」の成立と系脈
　上項で、「ンサル」は「ナサル」の変化形式とした。両者の敬意度の差は
明らかである。藤原与一氏はこの点に関して、次のように述べている。
　　「ンサル」となると、これは、「ナサル」からの転訛の距離が大であると
　　も見られる。できた「ンサル」の、「ナサル」との聞こえのちがいは、
　　とにかく大きい。(1978, p.404)
先にも「ンサル」を現実形式、「ナサル」を抽象形式として把握しようとし
た。が、「ナサル」が、わずかながら運用されている実態を見ると、「抽象形
式」とするのには問題が残るかも知れない。それにしても、当域の両者には、
このようにも言い表せる関係がある。
　「ンサル」は、当該地域に限らず、主として西日本その他に広く分布する
が、特に中国地方の山陽側に著しい（藤原　1978, 次頁図１参照）。
　中備後の当該地域は、その一角に位置している。その東側、備中・備前と
続く岡山側にも、「ンサル」は行われている。が、今日、備中・備前での
「ンサル」はかなり衰微しているようにも観察される。特に南部地域におい
てそのきざしが強い。備中倉敷市域では、主としてその命令形、「〜ンセー」
（行きンセー）が、またそれと共に「オ〜ンセー」（オ行きンセー）がわずかに
行われているにすぎず、それも〝老女ことば〟とされている。

図1 「〜ンサル」類尊敬表現法分布概況図

凡例：
- ンサル
- ンシャル
- ンヤル
- サル
- ヘ(ー)

(藤原与一『日本語方言辞書』下，p.665 第8図による。)

○ハヨー　オシンセー。(早くなさい。)

その1例である。備前岡山市域においても、ほぼ同様の状況にある。現今では、「レル・ラレル」が中核をなしている。藤原与一氏は岡山県下の「ンサル」について、

> 岡山県下の対人敬意表現は、もっともふつうに、「〜ンサル」でまかなわれていると言ってもよかろう。(中略)男女老若に「〜ンサル」がある。(1978, p.406)

と指摘しているが、今日、少なくとも南部では、かなり事態は動いている。

　備後の西側、広島県下でも「ンサル」はよく行われているが、その１地点安芸広島市の存立状況について、神鳥武彦氏は、

　　広島市内では、その命令形しか用いられないものとなっている。当地
　　（引用者注―広島市古江）の場合にも、日常の対話では、各年齢層とも命
　　令形しか用いられていなかった。（神鳥　2001, p.153）

と述べている。「ンサル」は山陽の広い地域で行われてはいるが、運用が目立っているのは命令形である。

　○アン̄タモ　イッテ̄　ミン̄サイ　ヤ。（あなたも行ってみなさいよ。）

安芸、江田島での１例である。当該の中備後でも、上述のとおり、むろんその命令形が頻用されているが、それだけではなく、全活用形が生きている。山間・辺境の地域であるだけに、人の往来の多い他域に比して、言語推移の流れが緩やかであったのか。

　敬語が衰退する時、その命令形が最後まで残存しやすいのはごく一般のことで、例は多い。命令形は、他の活用形と違って、相手と直接に対面した状況のもとに行われる要求表現であるだけに、話し手にとっても、相手に対する負担の意識が強い。このような緊張関係のなかでの命令形には、使用の習慣のなかで、相手との心的距離を慣習化する、特定の表現性も生まれてこよう。使用感情の拡大という事態もある。このことが、命令形の残存にかかわっているのではないか。なお、この問題は、次項以降にも関係がある。が、各項での再説はしないことにする。

　最後に言及しなければならないのは、先にも触れた、「ンサル」が「ナサル」から変化した経緯、あるいはその背景についてである。この問題も次項に深くかかわっていると考えられるので、そちらでの考察に譲りたい。

４．「ナル」の存立

(1)　「ナル」の生態

　「ナル」も「ナサル」からの変化形式とみられる。ただ、当域ではきわめて劣勢である。少なくとも50～60年前頃は、わりとよく耳にすることがで

きた。が、それも、ほぼ命令形（および禁止形）に限られた。が、現今では、それさえもおぼつかない、かなり衰微した状態にある。

○アンタラー　ハヨー　キナェー　ヨ。（あなたたちは早く来なさいよ。《小学生たちに。中年女》）
○ミンナ　アッチー　イットンナェー。（みんな、あちらへ行っていなさい。《小学生女同士》）
○ケンカバー　シナンナ。（喧嘩ばかりしないで。《小学生女同士》）

このように行われる。おおむね女性のものである。1940年代、小学生（当時は国民学校生）であったある男性の識者は、当時、小学校で「〜ナェー」はよく聞かれたが、それも女子児童のものであったと報じている。男子児童は絶対に用いなかったと言う。いわば〝女ことば〟としての認識があったのである。いずれにしても、今日では、「ナル」の生命はまさに尽きようとしている。

(2)　「ナル」の成立と系脈

先にも、「ナル」は「ナサル」の転化形式とした。それに違いはないが、両者の隔たりは大きい。とすれば、両者をつなぐ別の形式が介在するのではないか。こう考えて思い至るのは、「ナハル」である。「ナサル」の「サ」音が、使用の果てであるとしても、痕跡も留めず脱落することは、まず考えにくいように思う。「ナル」は「ナハル」を経て生成されたとするのが、一応の推論である。

「ナル」の分布は、濃淡の差はあるものの、ほぼ全国に及んでいる（藤原1978，次頁図2参照）。

当面の中国地方も、おおむね全域にその分布が見られる。が、細かく見ると、山陰側が厚く、山陽側が薄い。存在しない地域もかなりあり、むしろこの方が広い。さらに、これと「ナハル」の分布とを見比べてみよう（藤原1978，36頁図3参照）。中国地方の分布領域は、主として山陰である。しかし、かつては山陽にも、「ナハル」が分布していた時期があるのではないか。「ナル」の残存状況からこう言える。が、今日、分布図1で見るまでもなく、山陽は上項の「ンサル」が占めている。古来、山陽は、西に九州を控えた通

図2 「〜ナル尊敬表現法分布概況図」

（藤原与一『日本語方言辞書』下，p.410 第10図による。）

行の要路で、山陰に比して新化しやすかった地域である。この地域への「ンサル」の積極的な分布と運用の状況を見ると、これが新しい成立にかかわるものであることを示していよう。少なくとも中備後では躊躇なくそう言える。しかも「ナル」は衰滅に瀕している。藤原与一氏は、この点に関して次のように述べている。

　ことによると、中国地方で、「ナハル」はより早くできて定まった形かもしれない。広島県北にも、出雲地方とのつづきで、土地ことばの「ナ

図3 「〜ナハル」類尊敬表現法分布概況図

▨ ナハル　　▨ ンハル
▨ ハル・ヤハル

（藤原与一『日本語方言辞書』下，p.399 第9図による。）

　　ハル」が聞かれる。――山陰は、より早くできたもの、より古いものを、
　　しばしば残しとどめがちである。(1978, p.404)
このように述べて、「ナハル」の、「ンサル」前の分布を疑っている。また藤
原氏は、同書の別の箇所で、
　　内海島嶼部・沿岸部にも「〜ナハル」があるのは、ものの残存を示すも
　　のかと察せられる。(1978, p.406)
として、山陽側における「ナハル」の残存を示唆している。

山陽では、かつては、「ンサル」の分布の前に、「ナハル」が分布していたに違いない。その「ナハル」はやがて「ナル」を生んだ（nasaru ＞ naharu ＞ naaru ＞ naru）。今日、まだらな残存状況を見せる「ナル」は、かつての「ナハル」分布の痕跡とも解することができよう。同じ山陽の地で、「ナサル」が、「ナル」に変化する一方で、「ンサル」にも変化したとはとうてい考えられない。ましてや「ナハル」が「ンサル」に変化することなどありえない。両者の生成には、大きな史的断層が存するのである。

　さて、「ナサル」からの変化形式「ナハル」は、今日、近畿域一円においても一般的である。この語変化が「サ」音から「ハ」音への変化（sa ＞ ha）によってもたらされたことはむろんである。この音変化は近畿域において著しい。「ナサル」が形成された当時、近畿においてはいち早く「ナハル」が成立したか。これが、近畿では行われやすい実用形式であった。その「ナハル」は四周へ分布した。中国地方でもそれを受け入れた。山陽側でも、１次的にはこの「ナハル」が分布したのであろう。ただ、「サ」音〔sa〕を格別軟化させることのない山陽では、これがなじまなかった。むしろ「サ」音を際立たせるのが山陽の言語である。

　「ナハル」がなじまないからといって、その「ナハル」を「ンサル」へと変化させることはできない。言うまでもなく、「ンサル」は、「ナハル」の原形式の「ナサル」からしか変化できない。とすれば、その「ナサル」は、「ナハル」の原形式として、あるいは抽象形式として、少なくとも意識の世界では「ナハル」に連れあっていたことになる。つねに回帰できる敬語基本形式として、人びとはこれを想起することができたのである。意識の世界だけではなかったかも知れない。時に最高の敬語として、特殊な場合に実用されることもあったであろう。共通語、あるいは共通語意識をここに持ちだしてもよかろうか。この事態は、先にも「ンサル」に関して指摘した。いずれにしても、山陽では、「ンサル」の成立によって「ナハル」が衰退した。その変化形式の「ナル」が、最後まで各地に残留したのである。

　ここで、「ナル」の、他域への分布について触れよう。概括の分布状況については、先にも分布図で取りあげた。もとより中備後の両傍周辺にもこれ

がある。特に南部で目立つ。が、それも、命令形（および禁止形）が行われるのみである。1例を取りあげる。
　　○コッチー　キニャー。（こちらへおいで。）〈命令形〉［備後・福山］
　　○ハヨー　イキネー。（早く行きなさい。）〈命令形〉［備中・倉敷］
　　○モー　タベナンナ。（もう食べないで。）〈禁止形〉［備中・里庄］
命令形のみが行われるのは、「ナル」が、すでに衰微の状態にあるからに他ならない。ではあるが、その命令形は、日常の近隣・家庭内の交流にあっては、利便で手軽な役割を果たしている。敬意の薄いことがかえって幸いしていよう。おおむね女性の物言いである。ちなみに、興味があるのは備中と境を接する備前側に、これが存しないことである。備前側には、対応する表現性をもって「行かレー」「来ラレー」などの「レー・ラレー」がある。これが、同地域での「ナル」の成立を押さえたのか、あるいはその衰退を早めたのかも知れない。

　最後に、「ンサル」の成立について、ここでいくらか前項を補説したい。本項で問題にした「ナハル」からの「ナル」は、「ハ」音の弱化軟化がもとで成立した。「ンサル」は、逆に、「ナサル」の「サ」音が際立って、あるいは強化されて成立したのではないか。先にも触れたとおり、山陽の言語基質は、近畿その他の地域の言語と違って、「サ」音、あるいは「サ」行音を弱化軟化させることが一般的でない。「ナサル」の場合は、その後上がりのアクセントもいくらか関係していようか。「サ」音を際立てれば、しぜん前項の「ナ」音が弱化することにもなろう。発音が散漫になりやすいからである。弱化した「ナサル」の「ナ」音は、後項の「サ」音の頭子音〔s〕に引かれた。その歯茎子音に同化して、「ナ」〔na〕は〔n〕音に変化し、この形で安定したかと考えられる。この事態は、「ナハル」が山陽の言語基質になじまなかったことと、いわば表裏相即的である。

5．「ンヤル」の存立
(1)　「ンヤル」の生態
　当域には、「ンヤル」がわずかに行われている。それも命令形（および禁

第二章　敬語表現法　39

止形）にほぼ限られる。
　○マー　ウチー　ハェーリンヤェー。(まあ、うちへ入りなさい。《家のなかに誘う。老男同士》)
　○モー　イキンヤンナ。アブナーケー。(もう行くなよ。危ないから。《子どもを諭す。老男》)
だいたい老男の物言いである。50～60年前頃には、これをよく見せる特定の老男があったが、その人もかなり前に死去した。以来、この語を用いる人も稀で、今ではほとんど衰滅しかかっているようである。
(2)　「ンヤル」の成立と系脈
　藤原与一氏は、これを「ンサル」からの変化形式とする。
　　安芸の島嶼部その他にも、「ンサイ」の「ンヤイ」がある。「ンヤイ」形は、全国でも、この地方になかんずくいちじるしいかもしれない。「行きンヤイ」「来ンヤイ」、ものはたしかに「行きンサイ」「来ンサイ」同然なのである（用語感情も、双方のがよく似ている）。(1978, p.407)
このように述べて、「ンヤイ」を「ンサイ」から出たものとしている。
　神鳥武彦氏は、安芸・熊野で、「ンヤル」の各活用形が、中年層以上の男女に盛んに用いられていると報じている（「熊野町におけることばの生活─方言─」『熊野町史生活編』1989）。備中南部にもあるらしい（藤原 1978, p.407）。ただし、現今の調査では、これを見いだしていない。いずれにしても、この語は、大きな分布にはなっていないようである。
　ところで、「ンヤル」が「ンサル」からの変化形式であるとしても、「ンサル」「ンヤル」両者の発音上の差は小さくない。たとえ用語感情が似ていても、この点は看過できない。両者の間には、これをつなぐ介在の形式があったのではないか。いま、この形式を「ンハル」と想定してみる。すなわち「ンサル」→「ンハル」→「ンヤル」の変化過程を想定するのである。ただ「ナハル」になじまず、別に成立した「ンサル」から「ンハル」が生まれたとする想定に、あるいは疑問視するむきがあるかも知れない。が、現に、美作北部などに「ンハル」があるのである（藤原 1978, p.406）。藤原氏は、これを「山陰の『～ナハル』との濃い関連を思わせる。」としている。山陰

に限らず「ンヤル」は、かつて山陽にも分布していたはずの「ナハル」の、何らかの影響下、つまり「サ」音の弱化にかかわって生まれたのではなかろうか。山陽の言語基質からすれば、そもそも無理な形成であった。このことが、分布も拡大せず、衰退を早めたことの一因かと考えられる。

　上の想定を是認すれば、「ンヤル」は、「ンハル」の「ハ」音が「ヤ」音に変化して成ったことになる。「ンサル」の「サ」音からの変化とするよりも、この方がしぜんである。「行きンヤル」「来ンヤル」など、動詞連用形の末尾音との関連まで見れば、いっそう考えやすくなろう。〔j〕を、〔ha〕の前の「入りわたり」音とする見かたもあろう。

　ここでひとつ思い合わせることがある。当該の小野に、大人の男の呼称として「〜ヤン」がある。「山ヤン」「川ヤン」である。が、これはやや気らくすぎていて、誰にでもというわけではなく、呼称対象者は限られている。これも、「〜サン」からのものであろうか。「〜サン」は普通の敬称で、一般的である。が、両者には音と用語感情の差が大きく、「〜ヤン」が「〜サン」からのものであるとは、にわかには思い至らない。これも、両者の間に「〜ハン」を置いてみて納得できる点がある。「〜ハン」を一旦は受け入れても、日常の生活になじまず、しぜんのうちに「〜ヤン」に変化した。変化させたと言うべきか。親しみにすぎる、特別の呼称であることも、由来の複雑さを思わせる。ともあれこの事例も、「ンヤル」成立の考究にあたって、参照することができる。

6．統　括

　当域に存立する「ナサル」およびその分化・改変形式は、上述のとおりである。それぞれの形式の成立には、個別の史的背景がある。言うまでもなくその形式なりの機能と情愛がある。それは、人びとの生活とその推移に深くかかわっていよう。今日、これらの敬語形式を取りあげるにあたっても、単に形式の外面を問題にするだけでは十分でない。人びとは、これらの敬語形式にどう生きてきたのか。その具体の生活と思想の節ぶしを、これらの生態に読み取ることが重要である。

たしかに、存立する分化・改変の諸形式の形成・成立には、地域の言語基質や生活論理がかかわっている。いわゆる共通語の流れを無自覚に受け入れたのではないのである。地域には地域の主体的な生活論理がある。流入してくる中央の新語も、地域の主体性によって、地域の生活論理に適った形式に改変したのである。このことが、改変の特定形式を、地域社会に永く根づかせることにもなった。

　当域の「ナサル」の改変形式は「ンサル」「ンヤル」「ナル」である。それぞれが成立の必然性によっていることは既述したとおりで、地域の言語基質や生活の摂理にしたがった消長の跡を、具体の世界に見せている。今日、上記諸形式の中核に位置しているのは「ンサル」であるが、これも、史的背景の重さを思わせる。今後、これがどういう展開の路をたどるのか。史的推移の跡に徴しつつ、慎重に見守っていく必要がある。

　なお、最近、若い女性の間に、
　○ハヨー　ゴハン　タベー。（早くご飯をお食べ。）
のような言いかたが、稀に聞かれるようになった。これが「ナサイ」の略されたものとすると、ここでの新形式となる。

二、「テジャ」尊敬法

1．「テジャ」形式の概要

　当該方言には、「テジャ」形式をとる尊敬法がある。ここに「テジャ」形式尊敬法と言うのは、例えば「お父さんは　マダ　ニョーテジャ。（……まだ寝ておられる。）」のように、「動詞連用形＋て＋断定助動詞」の形式をとる尊敬法を言う（藤原　1978）。当域ではこの尊敬法が盛んである。

　この形式の表現法が、いわゆる敬語によることなく、しぜんに敬意を帯びることが注意される。この点について藤原与一氏は次のように述べている。

　　（「～て」を「じゃ」でむすぶ言いかたが、〈引用者注〉）ものを一歩むこうに置いて見る言いかた、つまり婉曲な言いかたになるからであろう。今も、「～てジャ」ことば一類を現代語の一事象として見る時、「～てジ

ャ」などには、人の動作をむこうに置いて見る気分、あるいは自分が遠ざかってそのことを見る気分が感ぜられる。この、おだやかな間接視の態度が、尊敬視の態度になっていくのであろう。「〜てジャ（ヤ）」の言いかたは、「ジャ（ヤ）」で承けることによって、「〜て」を客体化（——体言化）するものとも見ることができる。こういう承接のところに、一種の中止、言いよどめ、言いあずけがある。そこの余裕感から、一種の待遇敬意が出るのであろう。余裕感は距離感、間接性、婉曲性につながる。（藤原　1978，p.205）

　ここには、「テジャ」形式の帯びる敬意について、微細に説明されている。それにしても、この形式の重要点は「〜て」にあろう。「て」には、本来、先行する「動詞連用形」の示す内容を客観的に確認し、継起する後件に対して位置づける姿勢がある。いわば三人称の世界のこととして措定するのである。尊敬法のように、待遇・敬意に関する事態であれば、先行する「動詞連用形」の内容は人事に限られる。ここで、「〜て」は、その言動を三人称の世界のこととして客体化することになる。この時点で、後件への継起性も、「〜て」へ収斂される。これを受けて立つ「ジャ」は、体言接続の機能のままに、その客体化を補助し、強化する働きを果たすのではないか。人の言動を客体化してとらえれば、そこは日常具体の生活や人格の次元を超えた、いわば抽象・間接の世界である。ここに敬意の生じる契機があろう。その敬意は高くはない。指摘のとおり、穏やかで、親しみに満ちたものである。

　さて、「テジャ」形式としたものも、基本形式を踏まえながらも、表現の多様性に応じた諸相がある。以下に、それらを整頓しながら、当該方言での実情を見ていくことにしたい。

2．「テジャ」形式の存立
(1) 確認・判断形式

　仮に基本形式としておこう。「動詞連用形＋て＋断定助動詞」の形式を備えたものである。この「〜テジャ」の形式が、当該方言においてはごく日常的な敬語法——尊敬法である。上項で、この形式の尊敬法を、三人称の世

界のものとした。たしかに、本項で取りあげるこの形式のものは、基本的に三人称敬語である。例を見よう。
　○コナェーダカラ　イトーテ　ヤスミョーッテジャ。（この前から病気で休んでおられる。《近所の老女のことを告げる。中年女》）
　○ヨーマツバー　ユーテジャ。（冗談ばかり言われる。《老男の軽口をいなしながら。中年女》）
このように行われる「テジャ」形式が、当方言ではもっともよく行われる尊敬法である。尊敬法と言っても、敬意は軽い。近隣の人たちの間で、他人を話題にする時など、ごく気安く交わしあうほどのものである。この敬意の薄さが、当域の方言社会では適当であったかとみられる。なお、重ねて指摘すれば、本形式は、話題の第三者について言うのが基本である。時に、
　○ハヨーカラ　デトッテジャ　ナー。（早くから〈畠に〉出ておられるねえ。《早朝から精出す、隣家の主人へのあいさつ。中年男》）
のように、精勤の相手に呼びかけ、「～テジャ」をもって遇することがる。が、これも、現前の特定状態を、そのまま相手に持ちかけた、かなり間接的な表現とも解される。
　○セーデ　ミンナ　ワルー　ユーテンジャ。（それでみんな悪く言われるんだ。《特定人物への悪評の理由がわかって。青年女》）
　○イエン　ナカデ　ミョーッテンジャ。（家のなかで見ておられるんだ。《雨中の行事での、見物人の行方を推測して。中年女》）
敬意の対象者は、むろん不特定多数でもよい。これらの例では、「～テンジャ」となっている。ここには、かねてからの不審に、自ら納得した思いがある。「～テジャ」「～テンジャ」両者を比較すれば、前者が直接的・現象的であるのに対して、後者は間接的・慣行的である。「～ン」による体言化作用がきいていよう。
　○モー　キトッテ。（もう来ておられる。《客の来着を告げる。小学生女》）
　○マダ　オッテ。（まだおられる。《客の動静を告げる。小学生女》）
これらの例には、末尾に「ジャ」が見られない。省略とされるか。「ジャ」がなくてもその表現性は生きている。が、これを一方から見れば、「～テ」

の客体性は、「ジャ」のない形式でも保たれていることになる。つまり「ジャ」は、「〜テ」を客体化する必須の事象とは言えない。

　この「〜テ」形式には、いくらかあどけない感じがあり、しぜん若い女性に行われやすい。と言うのも、「〜テジャ」とあるより、対話の相手への直接的な心づかいが認められるからであろう。

　ここで留意したいのは、「〜テデス」形式である。
　○ヨー　カオガ　ニトッテデス。（よく顔が似ておられる。《子づれの親に。あいさつの後で子を見ながら。中年女》）

この「デス」は「ジャ」に替わる位置にあるとしてよいのか。相手に対する敬意を表したものである。「テジャ」形式における相手待遇の方法は、形式的には「ジャ」を省くか、「ジャ」の代わりに「デス」を用いるかするのが一般である。それにしても、「デス」を用いることは少なく、近来のこととされよう。いずれにしても「デス」を取る表現法は、この尊敬法にはそぐわないかのようである。生活語としては違和感がある。

(2)　過去・完了形式

　過去・完了を表す形式に、「〜てじゃった」のつづまった「〜チャッタ」がある。この形式は、当該の「テジャ」尊敬法の諸形式のなかで、老若男女にわたり、もっともよく運用されている。実例を取りあげよう。
　○コレニャー　シトッチャッタノー　ミタガ。（このお宅では、〈飾りを〉しておられたのを見たがなあ。《昔の七夕飾りの風習を思い出して。老男が側の老男に》）
　○ウン。コレニャー　ショーッチャッタ。ワシモ　ミトルケー。（うん。このお宅ではしておられた。俺も見ているから。《老男の応答》）

老男２人が、当の家（旧家）の縁側で、昔の七夕について話している。話題の当家への敬意が「〜チャッタ」によって表されている。ちなみに、現在の当家では、その風習は絶えている。

　「チャッタ」形式は、敬意と言ってもごく軽い程度のものである。上項の「テジャ」形式で見たとおりである。が、それで礼を失することはない。話題中の、第三者のことでもある。地域の日常生活の実情に即した、気安くて

親しみのある語法である。
　　○ダレヤラ　キチャッタ。(誰か来られた。《足音の気配で察して。夫が妻に》)
　　○ダレガ　キチャッタ。(誰が来られたの。《妻が、入口近くにいる子どもに聞く》)
　　○デンコーサン。(電工さん〈電気工事人〉。《子どもが母に》)
家庭内でのやりとりである。ここでも、「〜チャッタ」の行われるのは普通のことである。この例の場合は家族外の者が対象であるが、
　　○ソンコラー　マンダ　オバーサンガ　イキトッチャッタ。(その頃は、まだ、おばあさんが生きておられた。《祖母を回想して。中年女》)
これは、亡くなった祖母を忍んだ例である。身内の者でも、年長者への敬意は、親しみをこめて、この形式で表す。近隣の人に対しても同様である。それどころか、生存している身内の古老であっても、近隣の人たちと話題にする場合には、この形式をもってするのが普通である。
　　○ウチノ　オトーサンガ　イヨーッチャッタ。(うちのおとうさんが言っておられた。)
むろんここには、特別、身内を立てる意識はなく、世間の年長者や古老に対する、しぜんの親しみの発露である。ここに「〜イヨーリンサッタ」(言っておりなさった。)と、「ンサル」を用いて言えないことはない。が、こうあれば他人ごとの感がある。身内を疎遠するニュアンスが出る。
　「テジャ」形式が働く敬意の対象者の範囲は、身内から長上、さらには神格へと、広い。それも、基本的に三人称敬語である故か。
　　○オッサンガ　マワリョーチャッタ。(和尚さんが〈檀家を〉回っておられた。《盆づとめに回る和尚を見て来ての報告。小学生男》)
この例では、僧侶に関して「〜チャッタ」が用いられている。こうあっても違和感はない。むしろ程よい程度のものである。この形式は、さらに、上述のとおり、天象や神格に関しても行われる。
　　○ミョージョーサンガ　アガッチャッタケー　イノー　デー。(明星さん〈宵の明星〉が上がられたから帰ろうよ。《金星を、野辺から家路につく目

安とする》）

　この例でも、宵の明星に対する敬虔な思い、信仰心とも言える心情が表れていよう。「～チャッタ」、あるいは「テジャ」形式の、このような敬意の対象の広さは、本来、三人称敬語あることに関係があろう。三人称の世界は、いわば、非人格、非作動の世界である。したがって、対話の相手から、直接的な心的拘束を受けることが少ない。この世界に行われることを本性とする特定の敬語も、現実からの拘束も圧力も薄く、本来の機能性を保持しやすかったのではないか。このことが、幅広く、こだわりなく、自然体の敬意を発揮することができたのであろう。

　「～チャッタ」が、三人称敬語であるにもかかわらず、対話の相手に関して行われることもある。
　　○イツ　キチャッタ　ン。（何時来られたの。《問いかけ。小学生男》）
この場合、文末に「ン」（準体助詞「の」からの転成）を取るのが普通である。先行の事象を体言化するのか。しかもほぼ問いかけの表現に限られる。この問題は、さらに後の6項で取りあげる。
　　○イツ　キチャッタンデス　カ。（何時来られたのですか。）
「デス」を添えて、相手に改まった敬意を表した言いかたである。稀な言いかたではあるが、ここでも「ン」が核になっていよう。

　「チャッタ」は、拗音を含み持つ言いかただけに、しぜんに稚感を伴う。若わかしい感じとも言えようか。それだけに、若い女性が用いるのにふさわしい。ではあるが、全般によく行われることは、既述したとおりである。

(3)　否定形式

　否定は、「～てでない」の「～テンナェー」で表される。これを強調した「～てではない」の「～チャーナェー」もよく行われる。言うまでもなく、「～てで」の「で」は断定助動詞の連用形である。「～テジャ」の基本的な形式がここにも生きている。本項では「テンナェー」を否定形式とする。実例を見よう。
　　○キョーワ　ダーレモ　キテン　ナェー。（今日は誰も来られない。《留守番
　　　の小学生男の報告》）

第二章　敬語表現法　47

　　○オバーサンワ　ドッケーモ　デテン　ナェー。(おばあさんはどこへも出
　　　られない。《自家を離れない老女について。中年女》)
否定形式の行われた例である。これらも、近隣の人びとに関する、気の張ら
ない親しさが出ている。次は、灌仏会〈花祭り〉をめぐっての、老男同士a,
bの会話である。
　　a ヤッパリ　ショーッテジャ。(続けてしておられる。《今も寺が継続してい
　　　ると主張》)
　　b イヤ。ショーッテン　ナェー。(いや。しておられない。《反論》)
　　a ショーッテン　ナェー。カザットッチャー　ナェー　カノー。(して
　　　おられないだって。〈4月8日当日は、小堂を〉飾っておられるんではない
　　　かねえ。)
　　b コドモガ　オランケー　ノー。(子どもがいないからねえ。)
老男同士の気らくな会話でも、当面の否定形式がよく行われている。これに
よっても、ごく日常的な表現法であることが知られよう。なお、上の老男の
会話例では、僧侶が敬意の対象者である。
　　強調の「～チャーナェー」は、老男の上の会話例にも見られるが、また、
　　○ダーレモ　シットッチャー　ナェー。(誰も知ってはおられない。)
のような例を加えることができる。「シットッテン　ナェー。(知っておられ
ない。)」と対比して見れば、その違いがわかるであろう。
　　なお、「～テンナカッタ」(～てでなかった)の言いかたがある。
　　○ダーレモ　オッテン　ナカッタ。(誰もおられなかった。)
は、その例である。が、この種のものは、本項では直接には取りあげない。
「テンナェー」形式の、「～ナェー」にかかわる活用用法として扱うのが順当
と考えるからである。したがって、「テジャ」尊敬法とは、直接にはかかわ
らない。

(4)　仮定形式
　　仮定は、「～テナラ」によって表される。「ナラ」が断定助動詞の仮定形で
あることは言うまでもない。基本の「テジャ」の、活用形式である。
　　○ハヨー　キテナラ　エーノニ。(早く来られればいいのに。《遅い母親を待

って気をもむ青年女》）
　　○セッカク　アルンジャケー　ミンナ　イッテナラ　エーノニ　ナー。
　　　（せっかく〈催物が〉あるんだから、みんな行かれたらいいのにねえ。《人
　　　の集まらない催物に気をもんで。本人も不参加の老女》）
　　○イッチャー　ナェー。（〈誰も〉行かれない。《これも不満の青年女》）
「～ナラエーノニ」となるのが普通の、いわゆる願望や不満を表す形式のものである。この種の表現は多い。次のような例もある。
　　○モッテ　カエッテナラ。（持って帰られたら。《すすめ。中年女》）
　　○オバーサンモ　ホチョーキュー　コーテナラ。（おばあさんも補聴器を買
　　　われたら。《すすめ。経験済みの老女》）
「テジャ」の仮定形式によって、気づかいながら、相手への勧奨の思いを表した表現である。中止の方式を取ったところにも、相手への心づかいが表れていよう。
　この表現の場合は、「テジャ」形式が、相手にかかわって行われている。それにもかかわらず、この場合も、相手をあえて三人称の境域に置いて待遇しようとしている。その視点からする間接的な立場によって、相手の動作を言う負担の心意を和らげ、しぜんの勧奨の効果を期待しているのである。

(5) 推量形式

　推量は「～テジャロー」によって表される。実例を取りあげよう。
　　○バンマデーニャー　タェーテー　キテジャロー。（晩までにはたぶん来ら
　　　れるだろう。《待っている客人。中年男》）
　　○ハー　ワロテジャロー。（もう笑われるだろう。《赤ん坊の成長ぶりを、
　　　その母に尋ねる。中年男》）
このように行われて、話題の敬意対象者の動作について推量する。敬意対象者と言っても、後例は「赤ん坊」である。再三述べたとおり、ここは、親しみの対象者と言うのが実情にかなっている。
　　○カェーチョーサンワ　フターリ　オッテンジャロー。（会長さんは2人お
　　　られるんだろう。《会の運営の不可思議さから。老男》）
この例は「～テンジャロー」なっていて、事態を理解して、自ら納得した思

い（とは言ってもこの場合は皮肉）が表れている。先項でもこの「～ン」形式に触れて、これを間接的・慣行的とした。用語に適切を欠くきらいはあるが、要するに、かねてからの思い――ここでは不審ということであるが――に、一定の推断を得た表現である。

　　○マダ　オッテンジャロー。（まだ〈居残って〉おられるんだろう。《窓の明かりを見て。中年女》）

類例である。この例は「窓の明かり」が推断の根拠になっている。

(6)　特殊形式

　最後に一括しておきたいのは、「～テジャ」の「ジャ」が省略されたかともみられる、「～テ」形式のものである。実例について見よう。

　　○ドケー　イッテ　ン。（どこへ行かれるの。《路上で。親しい近所の中年女に。小学生女》）

　　○コンダー　イツ　モドッテ　ン。（今度はいつ帰られるの。仕事の旅に出る夫に。中年女》）

これは、現前の相手に問いかけた例である。「～テジャ」が、基本的に三人称敬語であることは既述した。その三人称化には「～て」が大きく作用している。ところが上の例では、「～テ」の叙述と敬意は、現前の二人称にかかわっている。二人称にしか活用されない問いかけとなれば、話し手の判断・確認の「ジャ」の機能する余地はない。相手の行動は現前の事態であって、観察対象ではあっても判断対象ではないのである。問いかけは、その現前行動の意図や目的についてのものである。ここに「ジャ」がなじまないのは当然とも言える。「ジャ」を問題にすれば省略ともされようが、全体的に見れば、用法の拡大である。

　問いかけとなれば、類例は少なくない。ただ、その形式には、次例のような一定の制約がある。

　　○イマー　ドケー　オッテン　ナ。（今はどこに住んでおられるのかな。《里帰りの男に、路上で近隣の中年男が問いかける》）

　　○コンド　イツ　イッテン　カナ。（今度、何時行かれるのかな。《上と同じ場面で。中年男》）

これらの例で注意されるのは、問いかけの文末詞はいずれも「ン」を基幹としていることである。「ン」は、準体助詞の「の」の変化形である。本項の最初に掲出した文例に見られる、文末の「ン」もこれである。これらの表現では、「ン」が「ジャ」の位置に立って、先行叙述の体言化を補助しているとも受けとられる。なお、「〜テ」は、「ン」を介さないで「カ」を取ること（「〜て　か」）はない。ただ、「ナ」「ノ」を取ることはあるか。
　　○アシター　イッテ　ノ。（明日は行かれるかい。《仕事仲間に予定を尋ねる。中年男同士》）
この場合、「ノ」は軽い持ちかけであって、問いの文表現を支えることがあっても、問いの機能のはっきりした「カ」の機能とは異なる。
　　○アシター　イツ　イッテ　ノ。（明日は、何時行かれるの。）
とあれば、問いかけは「イツ」が支えている。文末詞がなくても、
　　○アシター　イッテ。（明日は行かれるの。）
とあれば、問いかけは、文末の上昇調子の抑揚が支えている。つづまるところ、「〜テ」は、あくまでも叙述内容の客体化形式である。上例の「イッテ」も、〝行くこと〟そのことは既定の事実で、対話の両者には了解事項なのである。したがって、「イッテ」の内容と形式は、相手への問いかけ・持ちかけには直接にはかかわっていない。仮に文末に、叙述を統括して、「ン」を介することなく、直接に問いかけの「カ」が働く文があったとしても、異とするにはあたらないのである。以上を概括すれば、二人称に関して行われる同形式は、問いかけ表現の場合にほぼ限られてはいるが、問いかけそのものの形成には無関係ということである。
　　ここで注意したいのは、話題の第三者に関して言う場合でも、「テジャ」の「ジャ」省くことがある点である。このことにはすでに触れた。
　　○マダ　イキトッテ。（まだ生きておられる？《話題の老人。青年女》）
　　○ウン。イキトッテ。（ああ。生きておられる。《老女》）
これらの例は、たしかに「ジャ」の省略された形式と言うことができよう。それにしても、「ジャ」がなくても、その表現性は生きている。「〜テ」の客体性は、「ジャ」のない形式でも保たれているのである。慣用の結果ともみ

られるか。
　また、文末詞がくれば、「〜テ」とあるのが一般である。
　○アノ　オバーサンワ　ヒャクマデ　イキテ　ゾ。（あのおばあさんは百歳まで生きられるよ。《健康ぶりに感嘆して。中年男》）
　○アー　モー　デョーッテ　デ。（あら、もう〈働きに〉出ておられるよ。《働き者の老男が野良に。感嘆した中年女》）
　これも慣用の結果の「ジャ」の省略なのか。それとも新しい形式の生成・展開とみるべきか。ともあれ、この表現法の新展開には、興味の尽きないものがある。

(7)　統　括
　「テジャ」尊敬法は、基本として三人称敬語である。これを二人称に関して用いることがないわけではない。この場合、一定の制約のある点に注意すれば、用法の拡大として把握できるものである。
　「〜テジャ」の示す敬意は軽い。「〜テ」の三人称の世界、客体の世界への措定性が生む敬意は、いわば自然体の敬意として、おのずからに育まれる性質のものである。「〜テジャ」が、地域の生活に適って永く生き続けているのも、この三人称性と程ほどの敬意にも関係があろう。
　この尊敬法には命令形・勧奨形がない。三人称敬語であってみれば当然のことである。命令・勧奨は対話の相手に対して行うものだからである。が、日常の言語生活において、命令・勧奨の表現を要する事態は少なくない。ここに立つのが「〜ンサル」敬語の命令形「〜ンサェー」である。その実情については、先の項で詳述した。「〜ンサル」は「〜テジャ」に比較すると改まった形式である。これを用いる場も心意も異なる。使用の頻度も低い。それにもかかわらず、その命令形「〜ンサェー」はよく活用されている。この事態には、別の事情もあるが、「〜テジャ」の届かない部分を補う意味のあることも看過できない。両者は、成立、性格、用法、品位も異なる敬語であるが、それだけに、あい補いあって、敬意表現の核を形成している点が注目される。

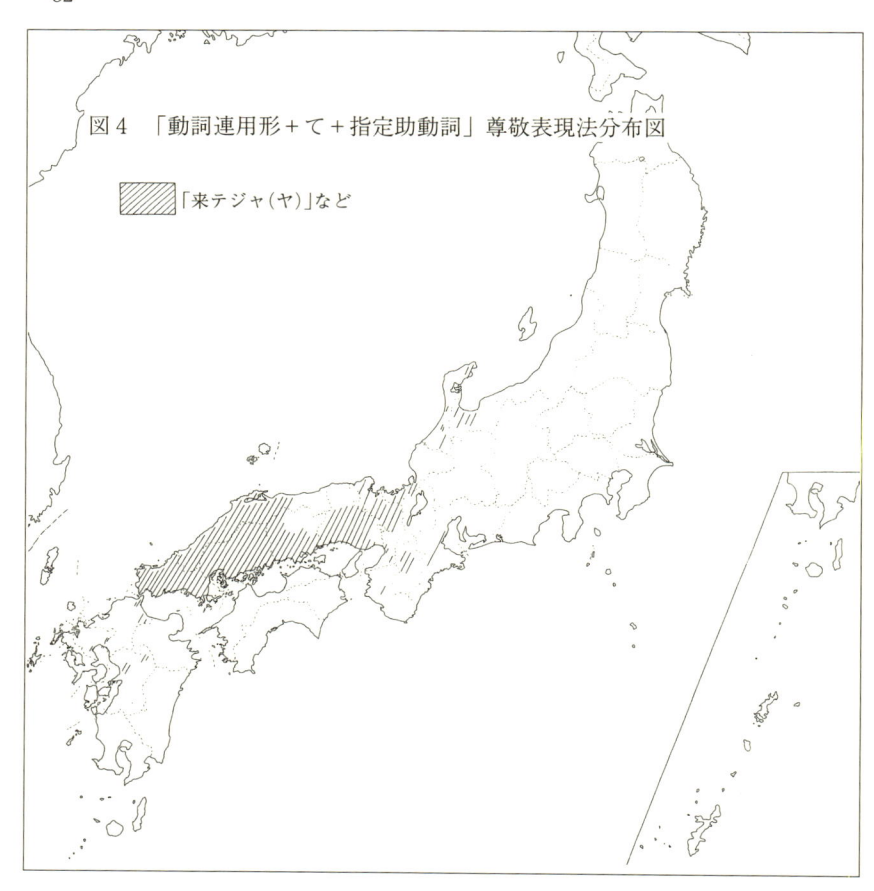

図4　「動詞連用形＋て＋指定助動詞」尊敬表現法分布図

　　　「来テジャ(ヤ)」など

（藤原与一『日本語方言辞書』下，p.273 第4図による。）

3．「テジャ」形式の系脈

　「テジャ」尊敬法は、中備後に限らず、主として近畿、中国地方に、広く分布している（藤原　1978，図4参照）。
　中備後の当該地域周辺にも、これがしげく分布することはむろんである。備後地方全般の存立状況については、岡田（1959）に詳しい。東側の備中・備前、西側の安芸についても、これがよく行われている。が、当該地の東と西には、いくらかの差異も見られるのか。備前では、「〜レル・ラレル」が

盛んなこともあってか、「テジャ」形式は古老の物言いとされている。その東部などには、この形式のない地域もある。この地域のある老人は、「〜テジャ」は兵庫のことばだと報じた。むろん実情は上述のとおりであるが、そのような感想を抱かせるほどに、当該地域一帯では希薄になっているのである。たしかに播磨では、当該語法が盛んである（神部　2003）。

　一方、西の安芸では、先に本論で「特殊形式」としたものに類する言いかたが、中年層以下に盛んである（神鳥　2001）。このことについて、神鳥武彦氏は、「中年層以下の人々に新しい表現法が形成されたこと、すなわち「〜テジャ」敬語法に変容のあったことを、当地方言のうえに見ることができると考えてよいのではなかろうか。」と述べている（神鳥　2001, p.151）。大局がこうであるとすれば、東の備前の衰退状況に対して、西の安芸の活性・生成状況が推察できて興味深い。中備後の当該地域で用法の拡大とした「特殊形式」が、新しい生成にかかわるものであることも、このような分布状況によって確認することができる。

結　　び

　閉鎖的な地域社会の敬意表現は、特定の敬語による表現だけではない。いわば情の世界では、形式不要という社会もある。そういう傾向も見られるなかで、当域の敬意表現は、形式を立てた細やかさがある。それだけに、敬語法の1つ、尊敬法を記述するにあたっては、「ナサル」類、「テジャ」類の生態に注目ししつつも、さらに両者の関連の実情と、他の方法による敬意表現の様相とを、実際の表現生活の上で明らかにする必要がある。さらには、謙譲表現、丁寧表現とのかかわりも、細かく見ていく必要がある。

　なお、当該地域では、「レル・ラレル」はほとんど行われない。広島県域全般に盛んという指摘もあるが、当たっていない。あるとすれば、ごく稀に、特定の人が、共通語意識のもとに、あいさつに用いる程度のことである。

文　献

藤原与一（1978）『方言敬語法の研究』（春陽堂）
藤原与一（1997）『日本語方言辞書』下（東京堂出版）
神鳥武彦（2001）『共時方言学攷』（清文堂）
岡田統夫（1959）「備後地方の敬語法」『方言研究年報』2
神部宏泰（1984）「中国・四国――方言における待遇表現」『武蔵野文学』31
神部宏泰（2003）『近畿西部方言の生活語学的研究』（和泉書院）

第2節　謙譲表現法

はじめに

　当該の小野方言において、謙譲法として取りあげることのできるものは、共通語の「下さる」に対応する「ツカーサル」「オクレル」、それに「マス」の3形式である。ただ、前2者は、本来、尊敬法に属する形式である。しかしながら、今日の小野方言ではその命令法が際立ってよく行われ、相手からの恩恵を受ける、いわば謙遜の用法が顕著である。本節では、その実情に即して、命令法本位に、その2者を謙譲法形式として、一括取りあげることにしたい。

一、「ツカーサル」謙譲法

1．「ツカーサル」の概要

　「ツカーサル」が「遣わさる」(「遣わす」+「る」)からきていることは、すでに先学によって明らかにされている(藤原　1979 他)。当該方言では、これがよく行われている。古風なニュアンスのある、改まり意識の強いものである。その用語感情は、尊敬法の「ンサル」(「ナサル」ではなく)に似ていようか。老若男女に行われるもので、その点では、「ンサル」よりも日常化していよう。実情について見よう。

2．「ツカーサル」の存立

　「ツカーサル」が、改まり意識のもとに行われる敬語法であることは、上項で述べたとおりである。そういう実情もあって、あいさつなど、改まった場面で行われることが多い。

(1) 命令形式

　「ツカーサル」の諸形式で、もっとも頻用されるのは、命令形式である。「ツカーサイ」は、当該方言の発音によって「ツカーサェー」と実現するのが一般である。本項では、はじめにその使用の状況を見よう。

　　客人を迎えてのあいさつである。
　　　〇ドーゾ　コシッツカーサェー。（どうぞお越し下さい。《座敷へ請じ入れる。中年女》）
　　　〇アシュー　クズシッツカーサェー。ドーゾ　ロクニ　シッツカーサェー。（足を崩して下さい。どうぞ楽にして下さい。《客人に楽にするように勧める。中年男》）

「〜て　つかわさい」の依頼・勧奨形式がよく行われる。その「〜テ　ツカーサイ」は「〜ッツカーサイ」と、縮音化して行われるのが普通である。さて、やがて、客人を迎えての会食となる。

　　　〇ゴゼンオ　オカェーテ　ツカーサェー。（ご飯をお代わりして下さい。《中年女が客に勧める》）

「ゴゼン」（御膳）はごく改まった場面でのものである。「ゴハン」（ご飯）でさえ稀である（平素は「メシ」）のに、これは、「ゴハン」を越えた、古風で品のよさがある。1文中にあって、「ツカーサェー」は、この語と呼応して用いられている点に注意したい。ここでは、例の縮音の見られないのも注意点である。特に改まってくると、

　　　〇ドーゾ　オッチラト　オアガンナサッテ　ツカーサェー。（どうぞゆっくりとおあがり下さいませ。《老男が客に勧める》）

のように言って、一座にあいさつすることがある。特別の場合である。

　　他の場面であったも、例えば他家の前庭を通過する場合でも、
　　　〇カドー　チョット　トーラシッツカーサェー。（お宅の庭を、ちょっと通らせて下さい。《初老男》）

このように言って、家人にあいさつすることがある。もっともこのあいさつは、大人の物言いである。

　　ただし、子どもでも、例えば店に買物に行って、

〇イリコト　セッケンオ　ツカーサェー。(炒子と石けんを下さい。)
のように言うことが多い。他家へお使いに行った場合も、これに類した言いかたをして、親の伝言を繰りかえす。いずれも特殊な場合ではある。
　命令形式が特殊化した言いかたとみられる幼児語に、「カーサイ。」がある。「ツカーサイ」が変化したものか。幼児に両手を重ねさせて、乞うしぐさをさせようとする。側の者は、その手のひらに菓子の類をのせてやる。何か物を与えようとするときも、「ハイ　カーサイ。」と、そのしぐさを要求する。戯れである。
　このように、「ツカーサル」は、その命令形式がもっともよく活用されている。相手の意向を承る、相手のおかげをいただくという体のもので、謙遜の心意がよく表れていよう。

(2) 他の活用形式
　上に、頻用される命令形式について取りあげた。この「命令形」以外の他の「活用形」も行われる。これもあいさつことばに多い。次例も、客を迎えた場面でのものである。
　〇ドナタサンモ　ヨー　オイデッツカーサッタ　ナー。マー　デニキーノニ。(どなた様もよくお出でて下さいましたねえ。まあ、出にくいのに。《複数の人を迎えてのあいさつ。中年女》)
　〇コナェーダー　ケッコーナ　モンドモ　ツカーサッテ　ナー。(この間は、結構なものを下さいましてねえ〈ありがとうございました〉。《過日の頂きもののお礼を述べる。中年女》)
命令形式についでは、「〜タ」「〜テ」の、「連用形」の過去・完了形式のものが目につく。第2例もあいさつのなかでのもので、以下、双方とも、過去の礼を述べあうことになる。
　他にも、「ツカーサラン」「ツカーサル」「ツカーサリャー」など、活用形は揃っている。
　〇ソガーニ　ギョーサン　ツカーサリャー　シマツニ　コマル　ガ。(そんなにたくさん下されば、始末に困るよ。《物を貰った驚きを言う。逆に、軽少さを皮肉って言う場合もある。老男》)

「仮定形」の例である。

　総じて、「ツカーサル」は、「命令形」の命令形式が際立った活動を示すが、他の活用形も時に行われて、違和感はない。古語法にしては、当該方言によく生きていると言えるかも知れない。それにしても、あいさつ、あるいはこれに類する形式と緊張を伴う特定の場面と表現に、かなり偏したかたちで行われる点にも留意しなければならない。いわば、形式性の特定表現だからこそ、そこに行われて存続し得たとも言えようか。

(3)　特殊形式

　特殊形式ともされる事象に「つかい」（ツカェー）がある。「ツカェー」は、想定される形式「つかる」の命令形であるが、この形式のみで、わずかに行われている。衰退の著しい形式である。

　　○ウチニモ　ツカェー。（私にも頂戴。《小学生女が中年女に》）

この例のように、「ツカェー」は主として女性のものである。しかも少女に多い。1940年代、小学生であったある男性の識者は、当時、小学校で「ツカェー」はかなり聞かれたが、それも女子児童のものであったと報じている。男子児童は決して用いなかったと言う。〝女ことば〟という認識があったからである。その用語意識は、尊敬法の「〜ナェー」（〜ない）に似ていようか。さて、その使用者は、もとより少女に限ったことではない。

　　○ヨロシュー　ユーテ　ツカェー　ヨ。（〈家の人に〉よろしく言って頂戴ね。
　　　《近所の少女に。老女》）

敬意というより、親しみ程度のものである。気軽に、大人が少女などに対して言うのにふさわしい。

　　○ウドン　ツカェー。（うどんをおくれ。《町の飲食店で。初老男》）

稀な例である。こう用いればぞんざいでさえある。

　さて、衰退の著しい「ツカイ」であるが、この形式は、上項の「ツカーサイ」の直接の変化形ではなかろう。これに類する問題については、先にも、「〜ンサイ」と「〜ナイ」との関係について推論した。「ツカイ」の成立についても、これに準じて理解することができるのではないか。この問題については、次項で取りあげたい。

3．「ツカーサル」の分布

　「ツカーサル」は、主として中国および四国に分布している（藤原　1978, p. 183）。当該地域も、その分布領域のただなかに位置している。したがって、上項で記述した「ツカーサル」の活用状況は、周辺地域のそれと大きな差はないものと思われる。ただ、備中南部、倉敷の一識者は、命令形の「ツカーセー」のみが、老年層に行われていると報じている。
　　○ヨロシュー　ユーテ　ツカーセー。（よろしく言って下さい。）
は、倉敷での１例である。
　また、西の、安芸広島の状況についても、神鳥武彦氏は、「当地では、すでに老年層だけのものとなっている。」と説明している（神鳥　2001）。
　　○マー　ヨバレテ　ツカーサイ。（まあ、おあがって下さい。）［来原］
　　○マー　コッチー　キテ　ツカンヘー。（まあ、こちらへ来て下さい。）［瀬野］
安芸での用例である。
　中備後の当該地域においては、特定的ながら、老若にわたって行われている。いちだんと古態状況を示しているとしてよかろうか。
　さて、「ツカイ」について、上項で、「ツカーサイ」から直接変化して成ったものではないのではないかとした。これについて、いま見解を述べてみよう。当域をはじめ山陽（特に東部）では、「サ」〔sa〕を軟化させることがない。むしろこれを際立たせるのが基本的な性格である。この地域で、単純に「サ」音を脱落させることは、つまり「ツカーサイ」の「サ」音を脱落させることは、普通には考えにくい。「ツカーサイ」と「ツカイ」との間には、両者をつなぐ別の形式が介在したのではないか。それをいま、「つかはる」の「ツカーハイ」または「ツカハイ」と想定してみたい。
　「ツカハレ」「ツカハイ」の類は、現に四国に多い。残存的には中国山陽の地域にも分布するらしい。この点について藤原与一氏は、次のように述べている。

　　とくに「ツカハレ」系では、徳島県下が注目される。本県下は、近畿系の方言状態を示すこともいちじるしい土地がらであるが、このさいは、

ひとり「ツカハレ」のみつよい勢力を見せて、近畿の傾向とはほとんど
　　無関係である。ただ淡路は、いわゆる阿波路でもあるためか、徳島県下
　　とともに、「ツカハレ」ないし「ツカーハレ」の、かなりつよいおこな
　　われかたを見せている。(藤原　1979, p.54)
また、備後についても、
　　　広島県備後の鞆港では、老人がまれに「ツカーハイ」と言っているとい
　　う。(同上書　p.52)
とある。なお、「〜レ」「〜イ」の関係については、別に問題にしなければな
らないが、ここでは、とりあえず、「〜レ」から「〜イ」に変化したものと
しておこう。母音の狭さを求めたこの変化には、命令にあたっての、恐縮の
心意がかかわっている。他に例は多い。
　当該の小野地域でも、かつては「ツカハレ」「ツカハイ」が、何ほどか分
布していた時期があるのではないか。この「ツカハイ」からであれば、「ツ
カイ」への変化は容易である（「ツカハイ」→「ツカーイ」→「ツカイ」）。私も、
かつて岡山県美作の東北隅、奈義で、「ツカハレ」のつづまった「ツカレ」
を聞いた（「マッツカレ　ヨー。〈待って下さいよ。〉」）。「ツカハレ」「ツカハイ」
が流布してきても、「サ」を弱化・軟化させるこの言いかたにはなじめなか
ったに相違ない。その命令形のみを残して、他の活用形は衰退した。その命
令形も、いまや衰滅寸前である。一方、「ツカーサル」「ツカーサイ」は程ほ
どの存立ぶりを示して今日に及んできている。
　なお、「ツカハレ」は、現今でこそ近畿地域に弱いものの、かつてはかな
りの勢力であったかと想察される。近畿が「サ」音を弱化・軟化させる有力
な地域であることは、多く言うまでもない。九州北部・四国・中国への分布
も、近畿地域を起点としてのことではなかろうか。また、各地域での今日状
況に、濃淡の諸相が見られるとしても、それも受け入れた地域の特殊性、風
土や基質がかかわってのことであろう。四国、特に徳島県下に多いのも、近
畿との関係の深さを思わせるが、同時に独自の地域性にもよっていようか。

二、「オクレル」謙譲法

1．「オクレル」の概要

　上項の「ツカーサル」に類する謙譲法に「オクレル」がある。「ツカーサル」が、古風なニュアンスのある、改まり意識の強い言いかたであるのに対して、「オクレル」は、その下位に位置づけられるもので、日常、ごく普通に行われる形式である。これが、「オ＋クレル」の成り立ちのものであることは、一方に盛んな「クレル」とのしぜんの比較によっても明らかであり、また、「オ」を添えることによって、「クレル」よりもちょっとよいことばという意識は、住民の間にも潜在しているかのようである。ただ、これが行われるのは、その命令形「オクレー」が主である。が、この偏りの用法のところに、謙譲・謙遜の心意がいっそうよく表れている。

2．「オクレル」の存立

「オクレル」は、その命令形がよく行われることは、上項で述べた。
　○ナンズ　オクレー。（何か頂戴。《男児が母親におやつをねだる》）
　○ワシーモ　ヒトツ　オクレー。（俺にも１つおくれ。《焼けた餅を。青年男が手を出しながら母親に言う》）
いずれも家庭内でのものである。家庭内では、祖父母、両親など年長者にこれを用いるのが普通である。男女とも用いるが、女性には、ここに「ツカェー」も程ほどに見られる。
　もとより「オクレー」は、老若男女に行われる。「～て　おくれ」の、依頼・勧奨形式で行われることも少なくない。
　○マー　アガットクレー。（まあ、上がっておくれ。《心安い隣人を座敷に請じいれる。老女》）
　○マー　クーテ　ミトクレー。（まあ、食べてみておくれ。《座敷に招きいれた隣人に茶請けを勧めて。老女》）
「～て　おくれ」は、縮音化して「～トクレー」になる。例のとおり、親し

い近隣の間でも、うちとけた気安さで、これがよく行われる。
　○チョット　マットクレー。(ちょっと待っておくれ。《路上で、連れに声を
　　かけて小さい用を弁じる。中年男》)
このように、仲間うちの日常で、ごく軽い敬意表現となっている。
　ところで、「オクレー」に、一段と高い敬意を添えようとすれば、
　○チョット　コッチー　キトクレンサェー。(ちょっとこちらへ来て下さい。
　　《ややきがねな人に。青年男》)
のように、連用形に「ンサェー」(なさい)を重ねることがある。こうあれ
ば、たしかに謙譲の敬意は加わるが、それでもなお日常的な気安さがあり、
上項の「ツカーサェー」のそれとは異なっている。「ツカーサェー」には、
格別に改まった心意が認められるからである。
　なお、「オクレル」は、命令形以外の活用形も持っている。
　○ヨー　キトクレタ　ナー。(よく来て下さったねえ。《親戚の主人を迎えて。
　　老女》)
このような、連用形のかかわる「～ておクレタ」(過去・完了)の言いかたは、
わりと聞かれるのではないか。上の例の「～ておクレンサェー」も、連用形
がかかわっている。
　○チョット　タノマレテ　オクレン　カ。(ちょっと手助けをして下さらな
　　いかね。《近所の青年男に軽い手助けを頼む。老女》)
このような例もある。が、全般に少ない。そうではあるが「～オクレニャー
(いけん)」「～オクレル(とき)」「～オクレリャー」などとあっても違和感は
ない。命令形は盛んであるが、他の活用形もないというわけではないのであ
る。

3．「オクレル」の分布

　「オクレル」は、東北の南部から九州の北部にかけて分布する(藤原
1979, p.77)。分布は広いが、濃淡もある。東部地域になると、かなり特定
化しているようにも観察される。備後の両傍地域も、特に南部になるとそう
とうに弱いかのようである。「ツカーサル」に比べると、たしかに影が薄い。

その点では、当該の北部山村の小野は、古態の「ツカーサル」と「オクレル」とを、古来の用法と活力と情意を受けて残存せしめている、貴重な地域と言えるかも知れない。

三、「マス」謙譲法

「マス」による謙譲法がある。相手に、話題の第三者に対する謙譲・謙遜を勧めるのが、この表現法の骨子である。
　○オバーサンニ　タベサシマセー。(おばあさんに食べさせてさしあげなさい。《母親が娘に》)
　○オバーサンニ　ハナェーテ　キカシマセー。(おばあさんに話してお聞かせしなさい。《母親が娘に》)
両例とも、家庭内でのものである。祖母に対する母親の敬意が、娘を促し勧める行為をとおして表されている。ごく稀な事象で、命令形の見られるのが普通である。むろんこの表現法は、家庭内のみとは限らない。

　藤原与一氏は、この種の「マス」を、「(――『つれマシて』は『おつれ申シて』というのにも近いか。)」として、「マス」を「申す」からのものかと疑っている(藤原　1979, p.151)。この推測は当たっているように思う。こう見て納得することの多い謙譲法である。それにしても、衰退の著しいもので、当該方言でも見いだしにくい状態である。

　この謙譲法は、「モス」とある場合はともかく、「マス」とあるのは、全国的に見てもかなり稀なのではないか。山陰の隠岐では、
　○ツレマシテ　エカッシャエ。(〈誰だれさんを〉お連れしていらっしゃい。《老女が孫に言いつける》)[島後・磯]
のような例が見られるが、これも辺境地域での残存的な用法とされよう。
　なお、「申す」については、
　○ヨロシュー　オタノモーシマス。(よろしくお頼み申します。)
が、特定のあいさつことばとして、慣用的に行われている。

結　　び

　以上、中備後小野方言の謙譲法を見てきた。古態の「ツカーサル」と「オクレル」の両事象が活用されており、それぞれが使用領域を保って、謙譲生活の厚みを見せている事態が注目される。看過できないのは、その命令形式の頻用である。すでに取りあげた尊敬法でも、命令形式の活用は際立っている。一般に、敬語法の推移の先にあるのは、命令形式の残存であるが、ここでもその傾向が見られるのか。それにしても、その命令法の故に、謙譲の働きがいちだんと顕著である。

　「マス」もまた興味深い。これが「申す」の残存形式とすれば、その用法と共に、当該域の古層も注目されよう。

文　献

藤原与一（1979）『方言敬語法の研究　続篇』（春陽堂）
神鳥武彦（2001）『共時方言学攷』（清文堂）

第3節　丁寧表現法

はじめに

　当該の小野方言において、丁寧法形式として取りあげることのできるものは、「ゴザンス」「アリマス」、それに「マス」「デス」の4形式である。前の2形式は古態法、後の2形式は現代法と言ってよかろうか。が、それぞれが固有の表現性をもって相関し、丁寧法の生きた全体像を見せている。その実情は以下のとおりである。

一、「ゴザンス」丁寧法

1．「ゴザンス」の存立
　「ゴザンス」が、直接には「ゴザイマス」（←「ゴザリマス」←「ゴザル＋マス」）からのものであることは言うまでもない。全国的に、かなりの活力をもって行われている丁寧法形式であるが、当該方言では、これが以下のように存立している。
　「ゴザンス」は、あいさつによく行われる。
　　○オハヨー　ゴザンス。（お早ようございます。）
　　○ツメテ　アリガトー　ゴザンス。（いつもありがとうございます。）
　　○フラニャー　ヨー　ゴザンス　ガノー。（降らなければようございますがねえ。《空模様を気にしながら》）
いずれも、中年男が、やや気をつかう老女に、路上で行きあった際の、軽いあいさつである。近隣の親しい者同士でも、あいさつはねんごろであるのが普通で、「ゴザンス」はこういう場合でもよく行われる。大人の物言いで、男女とも用いるが、青年女にはふさわしくない。つまり老成した言いぶりになる。

「ゴザンシタ」「ゴザンシテ」もよく行われる。
　○オハヨー　ゴザンシタ。(お早うございます。)
　○ゴネンノ　イリマシテ。アリガトー　ゴザンシタ。(お気づかい下さいまして。ありがとうございます。)
ここに「ゴザンス」とあってもよいが、「〜タ」とあったほうが、いっそう丁寧になる。むろん、「〜タ」には、完了の意識もある。その完了意識が丁寧を呼ぶと言ってもよかろうか。
　○オスクノー　ゴザンシタ。(お少なうございました。《酒席などで、酒の終わりを告げる。老男》)
これなどは、まさに完了の用法であろう。ここに「ゴザンス」は来ない。いずれにしても、「〜タ」のほうがよく行われるか。むろん丁寧意識がこれに伴う。これに類して、「〜テ」がある。これも多い。
　○オハヨー　ゴザンシタ。ツメテ　オシャーサンデ　ゴザンシテ。(お早ようございます。いつもお世話さまでございます。)
「〜テ」止めは、後に続く筈のことばと思いが、略されたかたちになっている。略されているところに、かえって深い情意がある。場合によっては「〜タ」よりも丁寧意識が強いかのようである。
　○マー　コレニャー　オバーサンガ　ナー。ムテンナ　コッテ　ゴザンシテ　ナー。(まあ、お宅にはおばあさんがねえ。とんでもないことでございましてねえ。《近所の中年女》)
　○アリガトー　ゴザンス。イマー　オリヨーテ　オリマスケー。(ありがとうございます。今は楽になっておりますから。《受手の家人》)
老女の急病の報せに、急いで見舞いにかけつけた、近所の中年女のあいさつである。その中年女のことばに「〜テ」が行われている。動転の情意が、直に表出されてもいようか。
　あいさつ表現には、稀に「ゴザイマス」の行われることがある。が、これは共通語意識に基づく、ごく上位のレベルのもので、非日常的である。
　○アツイ　コッテ　ゴザイマス。オマメナラ　ヨロシュー　ゴザイマス。
　　(暑いことでございます。お達者ですとよろしうございます。)

第二章　敬語表現法　67

久しく土地を離れていた、遠慮な人に対するあいさつで、稀である。村人同士であっても、謹むべき場面でのあいさつに、これが出ることがある。
　〇コンチャ　オバーサンノ　ムカワリデ　ゴザイマシテ。トーブンノ　ヨーニ　ゴザイマショー。(本日はおばあさんの一周忌でございまして。〈お悲しみが〉当分のように〈直後のように〉ございましょう。)

老女の一周忌に訪れた、近所の中年男の、家人に対するあいさつである。こういう特定の場面では、「ゴザイマス」の行われることがある。謹みの心意がよく表れている。

2．「ゴザンス」の分布

「ゴザンス」は、上述のとおり、全国的に行われている。藤原与一氏は、この状況について、次のように述べている。

　「ゴザンス」は、現代の諸方言上に、全国的な大勢力をなして生きており、年長の女性などにあっては、しばしばこれが、準「標準語」の一つのようにもなっている。(藤原　1979, p.275)

「ゴザンス」は、このように全国的な広がりを見せているが、そういうなかにあっても、当然ながら、分布の濃淡、盛稀の差異はある。藤原与一氏は広島県下の状況に関して、

　山口県下ほどには「ゴザンス」ことばを見せないようである。「ガンス」のさかんにおこなわれているのが目だたしく、「ゴザンス」ことばは、かなり劣勢のもののように思われる。(同上書　p.281)

と述べてる。当該の備後に西隣する安芸は、上の指摘のとおり、たしかに「ゴザンス」よりも、その変化形の「ガンス」「ガス」が盛んな地域である。が、当該地域に「ガンス」「ガス」はまず聞かれない。
　〇コレダケ　ミジコー　ガンス。(これだけ短うございます。《骨折した足を見せて。老女》)〔安芸・大野〕

安芸での１例である。
　当該の備後に東隣する岡山県下についても、藤原氏は、
　　岡山県下では、広島県下でよりも、「ゴザンス」ことばがなお劣勢では

ないか。(同上書　p.281)
と述べている。たしかにそのように観察される。備中南部の倉敷地域で、
　　○ソーデ　ゴザンス。(そうでございます。)
のような例を取りあげることができるが、古老のものである。"奥地のことば"という認識を持った個人もある。
　「ゴザンス」は、全国的に分布する勢力とはいえ、古態事象であることは言うまでもない。そういう状況のなかにあって、また近隣の諸状況と比較しても、当該の中備後は、なお「ゴザンス」の優勢なところと言えるのではないか。なお、当域には、大正期の終わり頃まで、「ゴワリマス」「ゴワス」があったと、慶応３年生まれの男性が報じていたとされる。

二、「アリマス」丁寧法

1.「アリマス」の存立

　当該方言には、「アリマス」を用いる丁寧法がある。これが、広島県下では安芸に盛んであることは、先学も指摘しているとおりである(藤原　1979, p.341)。藤原氏は、「中国地方の出雲・備後から東は、なぜ「アリマス」ことばを見せていないのだろう。分布のふしぎである。」(同上書　p.342)としているが、実は、中備後の当該域にこれがある。
　　○オハヨー　アリマス。(お早ようございます。《中年男同士》)
　　○オマメナラ　ヨロシュー　アリマス。(お達者ですとよろしゅうございます。
　　　《久しぶりに逢った人に。初老男》)
　　○キョーモ　ヌクー　アリマス　ヨノー。(今日も暖こうございますよねえ。
　　　《近所の老女に。中年男》)
いずれも、路上での、村人同士のあいさつで、大人の、しかも男性のものである。このように、「アリマス」は、改まった物言いに行われはするが、上の「ゴザンス」に比べると、いくらか気安いようである。しかも少ない。むろん、あいさつに行われるだけである。
　以上のように、従来、ないとされていた備後の、その奥地に「アリマス」

第二章　敬語表現法　69

が存するのは、やはり古語法の残存とすべきであろうか。

2．「アリマス」の分布

　「アリマス」は、主として中国地方の西部域に分布しており、特に山口県下に著しい。上項でも指摘したとおり、安芸にもこれがよく見られる（藤原　1979, p.340）。
　　○イシガ　コロゲル　オトガ　ヒドー　アリマス　ノー。（石の転がる音がひどうございますねえ。《山くずれで。老男》）
は、安芸の広島・大野の例である。
　東の備中・備前にはたしかにこれがない。ただ注意されるのは、中国を出はずれてのことではあるが、山陰に連なる但馬西部に、これが見られることである。しかも盛んである。浜坂での例を取りあげてみよう。
　　○ソーデ　アリマス。（そうでございます。《あいづち。老女》）
　　○ホトンド　イネデ　アリマス。コノヘンワ。（ほとんど稲でございます。このへんは。《当地の農作物についての説明。老女》）
当地では、このような「アリマス」が、男女に関係なく、丁寧表現に頻用されている。この事実は、「アリマス」の存立や系脈について、いくらかのことを考えさせられる。
　藤原氏は、山口県に続く大分県下にも「アリマス」が存することを指摘している。それと共に、次のような指摘もある。
　　中国地方の「アリマス」ことばも、もともと、「オ行きアル」→「オ行きヤル」といったような「アル」の用法、すなわち「アル」敬意表現法に関連するものと見られるのではなかろうか。
　　「〜アル」と言いあらわすのは、ものごとを傍観する態度をよく表示するものである。ただただ、ものごとの存在するのを客観的に叙述することによって婉曲心理の敬意をあらわす。その「アル」表現法が、時代の人々の胸に伝承されて、中国西部内・九州内では、今も人々に生きているとされるのか。（同上書　p.340）
このような指摘は興味深い。先の但馬の「アリマス」も、これに関連するか

のように思われる。九州に連なる山口の基質は、山陰を挟んで(あるいは底脈を経て)但馬にも脈絡をたどることができるのか。共に辺境地域という、地理的事情もあろう。ちなみに、山口で特色のある文末詞は「ノンタ(ノ＋アンタ)」であるが、但馬西部でも、それに類する「ナンタ(ナ＋アンタ)」が盛んである。さて、ひるがえって近畿域内を見れば、紀州に特色のある「アル」がある(先生はアッタか)。人に関して行われる「アル」は、上の指摘のとおり、しぜんの存在を示す、婉曲的な敬意を表していたのかも知れない。たしかに「ある」は、本来、自然の敬意を表して存立する、古態の語法であった可能性がある。

三、「マス」丁寧法

「マス」は共通語にもある、全国に一般的なものである。当該地域でも、これが丁寧法としてよく行われている。上項の「ゴザイマス」「アリマス」にもこれがついて、一定の働きを見せている。

　　○マー　カオー　ミタケー　クツロギマシタ。(まあ、顔を見たから安心しました。《近所の老女の見舞いに来て。中年女》)
　　○タェーシタ　コタ―　アリマセンケー。(たいしたことはありませんから。《近所の中年女から、見舞いを受けた老女》)

見舞いの、改まった場面でのものである。このように、「マス」は、老若男女に、広く行われている。

　　○ヘージャー　イッテ　カェーリマショー。(それでは、行って参り〈帰り〉ましょう。《別れ際のあいさつ。中年男》)

このようにもあって、「マス」の各活用形は整っている。そういうなかで、

　　○バンジマシテ。(今晩は。《夜の、出あいのあいさつ》)
　　○ゴネンノ　イリマシテ。(お心づかいいただきまして。《お礼のあいさつ》)

これらの例のように、「〜テ」止めの形式が目だつ。ここには「〜タ」も立ち得るが、それよりも「〜テ」とあったほうが、慎みの心意がいっそうよく表される。

「マス」は、尊敬および謙譲に準じる意味作用を見せることがある。
　○ド̄ナタモ　ヨ̄ー　オ̄イデマシタ。(どなたさまも、よくいらっしゃいました。《招待客一同の前でのあいさつ。初老男》)

ここでは、「マス(マシタ)」が、尊敬法動詞の「オイデ」に接して行われている。共通語感覚では、「オイデ」を補助して「なさる」の欲しいところである。ここで「マス」は、その「なさる」に代わって行われているともみられる。尊敬法に準じる特別用法とされようか。他に、この用法を見せる動詞の例はない。
　○キ̄キマスリャー　コレノ　オ̄トーサンワ　ム̄テンナ　コッテ　ゴザンシタ　ノ̄ー。(お聞きいたしますと、こちらのご主人様は、とんでもないことでございましたねえ。《他家へ病気見舞いに行って。初老女》)

この「～マス(マスリャー)」には、謙譲の意味作用が認められる。が、丁寧用法の特例とするのが順当であろうか。

「マス」は、全国にごく一般的な丁寧法助動詞であるが、地域によって諸相がある。尊敬法、謙譲法にかかわる用法を見せるもの、形に変化の見られるもの、またその分布もさまざまである。同じ備後でも、南部には、「ド̄ーナリマンモ̄ー　ニ。(どうなりましょうかい。)」のような「～マンモー」(～ましょう)があるとされる(岡田統夫氏報)が、当該地域に、この言いかたは存しない。共通語「マス」の表層に覆われてはいるが、その下層の現実の生活語世界では、「マス」の作用性いっぱいに、人びとの生活に密着して活動している実態のあることを見落としてはならない。

四、「デス」丁寧法

上項の「マス」同様、「デス」も共通語として全国に盛んである。当該の小野方言においても、これが行われること、ごく日常的である。
　○エ̄ー　ウ̄リーデス　ナ̄ー。(よいお湿りですねえ。《待望の雨の日の、村人同士のあいさつ》)
　○キ̄ョーワ　ダ̄ェーショー　ヒ̄ガオガ　ス̄ルデショー　カノ̀。(今日は少

しは日がさすでしょうかね。《長雨中の晴れ間を期待して。中年女同士の路上でのあいさつ》）
　○ゴクローサンデシタ　ナー。（ご苦労さまでしたねえ。《近所の青年男の、手助けをねぎらう。初老女》）

このように、あいさつなど、やや改まった場面で行われることの多い、丁寧の心意の強い語法である。
　○ナント　アチー　コッテス　ノー。（たいそう暑いことですねえ。《中年男同士の、路上でのあいさつ》）
　○キョーワ　ドケーデスリャー。（今日はどちらですか。《路上で行きあって、相手の行き先を聞く。中年男同士》）

これも路上での軽いあいさつである。上例は、「〜コトデス」が「〜コッテス」になっており、下例は、「〜デスルヤ」が「〜デスリャー」になっている。このような気軽な変化形式の存在は、この丁寧法の、当該地域での閲歴の長さを示してもいようか。

「デス」が体言接続の助動詞であることは言うまでもないが、上に掲出した「〜スルデショー」の類は、連体形「スル」が、仮の体言相当格になっていると解されようか。逆に言えば、「デス」が接することによって、「スル」は、仮に体言化したとも言える。さて、このような「活用語連体形」に接して行われる「デス」は、若い層に多い。
　○モノスゴー　キレーナデス。（たいへんきれいです。）
　○コッチガ　フテーデス　デ。（こちらが大きいですよ。）

「デス」が形容動詞・形容詞の連体形に接して行われている例である。
　○ボカー　イカンデス。（ぼくは行きません。）
　○ハー　スンダデス。（もう終わりました。）

これらの例は、「〜ン」「〜ダ（タ）」など助動詞連体形に接して行われた例である。小学生などによく聞かれるが、むろん小学生のみとは限らない。「〜イキマセン」「〜スミマシタ」よりは、「〜イカンデス」「〜スンダデス」とあるほうが多く、また当該域ではしぜんでもある。これには、上接語に格別の制約がなくて比較的自在に用いられる利便さに加え、意味がほぼ完結し

た表現体について、適度の敬意を加え得る手軽さがある。このことが、おのずからに、「マス」よりも「デス」の行われる表現に赴かせたとも考えられよう。それだけに「デス」の表現のほうが、品位の点で、「マス」のそれよりはやや劣る。が、使用頻度は高い。

　全国的に見ても、「デス」の世界は多様である。その活力をはかるには、上項の「マス」同様、共通語の「デス」の表層のみでなく、下層の現実相の動きに注目する必要があろう。

結　　び

　以上、中備後小野方言の丁寧表現法について見てきた。ここに取りあげた各形式とも、いわば全国的な事象であって、その点ではたしかに特色が薄いかも知れない。が、「ゴザンス」「アリマス」などは、起源と流れに史的な深さがあり、その用法には、地域の生活によって培われた個性がある。「マス」「デス」もまた同様である。要は、形式の分布を押さえるだけでなく、これらの語法の生態を注視し、表現生活の実質を討究することにある。

　それにしても、当該方言は、当面の丁寧法に限らず、敬語法の生活が細やかである。これも、ひとつの特色としてあげることができようか。

文　献
藤原与一（1979）『方言敬語法の研究　続編』（春陽堂）

第三章　特定文末表現法

第1節　呼びかけの表現

はじめに

　特定文末表現法とは、特定文末部の立つ表現法を言う。特定文末部は、文末詞によって形成される。文末決定性を本性とする日本語は、文の表現にあたって、その意味の重点を、後方へと託しこむのが一般である。対話の口頭語の世界にあっては、その文表現の最後部に、特定の文末要素の行われることが多い。文末で、叙述内容を統括し、文終結の確認をすると共に、相手への持ちかけを果たすのが、この文末要素の基本的な機能である。この文末特定要素は「文末詞」と呼ばれ、日本語品詞の重要な一翼をになっている。

　文末決定性を持つ日本語は、文末詞が存立しやすいと言われている。文末重点構造の文表現であれば、その末尾に、発想・意図を結集する要素の立つのがしぜんの流れであり、その要素がまた、相手目あての呼びかけ・訴えかけを果たすのも、しぜんの働きであろう。

　文末詞の種類は多彩である。本来的なもの、他の品詞から転成したものなど、日本語の史的展開と共に、多くの文末詞が生まれ、日常の表現生活を豊かに支えている。今日、なお新生しつつあるのが、文末詞の世界である。本章では、これらの文末詞の、相手への呼びかけの基本を重視しながらも、表現上の働きの具体相を問題にして、大きく次の4分野に分類した。「呼びかけの表現」「問いかけの表現」「説明・告知の表現」「意思・思念の表現」がそれである。各おのの表現法について、以下、記述することにしたい。

　本節では「呼びかけの表現法」を問題にする。ここで取りあげるものは、呼びかけ性の顕著な、「ナ行音文末詞」「ヤ行音文末詞」とされる、一連の事

象の、呼びかけの表現上の働きである。

一、ナ行音文末詞による呼びかけの表現

　ナ行音文末詞は、「ナ」「ニ」「ヌ」「ネ」「ノ」を含む本来的な文末詞（原生的文末詞）で、感声的な性格を持っている。藤原与一氏は、ナ行音文末詞について、次のように述べている。

　　もともと（原生的に）感声的なものであったと想察して、その発生を考えれば、これは、不可知的な古さを持ったものだと想定される。「ナー」「ノー」「ネー」など、今日、普及もはなはだしいが、それがなお感声的であるのを見るにつけても、私どもは、この感声的なものの日本語史上での起源の古さを思わないではいられない。（藤原　1982, p.130）

ナ行音文末詞が感声的なものであることは、現前の事態によって首肯されるが、その起源については、たしかに、にわかには想定できない。今日、活動の盛んなこの文末詞が、日本語と共に古く、その成長と共に発展し、なお活力を発揮しつつある現実を、重く受けとめる必要があろう。

　当該方言においては、「ノ」「ナ」が存立している。それぞれ活力をもってしぜんの活動を展開しており、あい寄って、方言表現の世界を豊かに特色づけている。なお、ナ行音文末詞は、分布の濃淡を見せながらも、国中で広く活動している。その全国的な存立状態については、藤原与一氏の研究によって知ることができる（藤原　1982, 1985, 1986）。

1.「ノ」の支える表現

　当該方言におては、上項で述べたとおり、「ノ」「ナ」共に活力がある。両者の差異の主な点は、その使用場面にあろう。「ノ」は日常的で、気安い言いかたである。「ナ」は、やや改まった場面でのものである。本項では、まず、その「ノ」の支える呼びかけの表現を取りあげることにしよう。

　「ノ」「ナ」共に、感声的な事象であるだけに、むろん固定特定の意味は持っていない。相手への全一的な呼びかけ、訴えかけが基本である。そうでは

あるが、いや、そうであるだけに、文表現の叙述面での意味に応じる状態で、一定の色あいを帯びるようにもなっている。この色あいに留意すれば、「ノ」あるいは「ナ」の、表現上の働きの陰影を把握することができよう。

以下には、「ノ」の見せる呼びかけの意図と働きの諸相について、具体の表現に注目しつつ、討究することにしたい。

(1) **呼びかけの表現を支える「ノ」**

「ノ」が呼びかけ・訴えかけを本性とするものであることは、上項で述べたとおりである。したがって、「ノ」の呼びかけの働きは、基本的にはすべての用法の「ノ」に認められる。が、用法によっては、その働きが特に際立つ場合がある。次のとおりである。

　○アリャー　ノー。(あのなあ〈あれはなあ〉。)

発始文の例である。相手に話題を切りだすとき、まず、こう相手に呼びかけることがある。呼びかけて、相手を対話の場に誘おうとする。その呼びかけの焦点に立っているのが、当面問題の「ノ」である。

　○アノ　ノー。(あのなあ。)

とも言う。この場合、「ノー」のように長呼されるのが普通である。この長呼のところに、話し手の情意・詠嘆がでる。

　○セーカラ　ノー。(それからなあ。)

自己の話を継ぐ、いわば接続文の例である。ここでも、相手に呼びかけて、注意の持続を喚起している。このような用法は多い。

　○ニギヤカデ　エー　ノー。(賑やかでいいなあ。《子どもが遊ぶ様子を見て。老男》)
　○ハヨーカラ　セワー　ヤーテジャ　ノー。(早くから精を出さ〈世話をやか〉れるなあ。《隣家の、早朝からの畑仕事に感嘆。老男》)

いずれも、現前の事態を、見たままに、感嘆をもって持ちかけている。あいさつがわりでもある。話し手からの一方的な持ちかけ・呼びかけであって、特に相手からの応答は期待していない。が、その場合でも、相手側からの、何らかの応答のあるのが普通である。

　○ハヤェー　ノー。(早いなあ。)

ともある。こうあれば、呼びかけの働きがいっそう際立つ。

○ダェーブン スンダ ノー。(だいぶん済んだなあ。《隣家の、畑仕事の進捗状況を見て。中年男》)

夕方、自宅への帰途、まだ畑仕事を続けている、隣家の人たちの側を通りながらの呼びかけである。これもあいさつがわりのもので、相手の応答を、特に期待しているわけではない。

このように、「ノー」は、相手への呼びかけが基本である。

(2) 共感期待の表現を支える「ノ」

上項の呼びかけに類似するが、ただ、これは、相手の同意・共感を、積極的に期待する表現を支えている。

○ヒノクレガ ハヨー ナッタ ノー。(日の暮れが早くなったなあ。《季節の移りゆきを詠嘆して。中年男同士》)

○コンバンワ シミル ノー。(今晩は冷えるなあ。《老女が家人へ》)

季節・時候についての対話である。相手も同じ体験・感慨のなかにあると認識しての持ちかけである。当然のこと、相手の共感を期待している。相手が隣人である場合など、軽いあいさつとしてこれの行われることも少なくない。

○シズカナ ウンドーカェージャ ノー。(静かな運動会だなあ。《現前に進行する競技を見ながら、傍らの者に。初老女》)

○ヤレヤレ マー、カタハズジャッタ ノー。(やれやれまあ、やっと間に合ったなあ。《干し物を雨の直前に取り入れて。母親が娘に》)

同じ場での体験を、感慨をもって相手に持ちかけ、共感を確認している。

○ナンボー サブーテモ ノー。イエン ナカェーバー コモットル ワケニモ イカズ ノー。(いくら寒くてもなあ。家のなかにばかり籠もっているわけにもいかないしなあ。《老男同士》)

○ウマレアェージャケー ドガーナ シニザマー スルヤラ ワカラズ ノー。(運命だから、どんな死にかたをするかわからないしなあ。《老男同士》)

この例では、老人の、素朴な生活信条を持ちかけて、相手老人の共鳴・共感を誘っている。相手も老人のこと、同じ心境にあることを見越している。

すでにいくらか触れてきたように、この種の表現は、話し手の詠嘆・感慨を相手に持ちかけ、共に同じ思いに浸ろうとすることも少なくない。

○オシー　ヒトー　ノーシタ　ノー。(惜しい人を亡くしたなあ。《老女同士》)
　　○エー　ヒトジャッタ　ノー。(いい人だったなあ。)
共に、知人の死を追想し、感慨深く共感しあっている例である。ここでも「ノ」は、互いの思いをのせて、相手の胸に迫っている。
　　○ナカナカ　ヤル　モンジャ　ノー。(なかなかやるもんだなあ。)
称賛や評価を、感慨を込めて持ちかけ、相手の共感を誘う例もある。この種の表現は、下項の「陳思の表現」にも関係があろう。
　　共感を期待するのは、むろん同じ体験や信条の相手ばかりとは限らない。
　　○キューシュージンワ　ダェータェー　ギジョーナケー　ノー。(九州人はだいたい誠実だからなあ。《中年男の見解》)
自己の見解を持ちだして、相手に解き聞かせている。相手の異論など予想だにしていない。一方的な持ちかけで、いわば伝達であり、説得である。
　　別に、同意を期待する、特定の抑揚がある。
　　○マツリニャー　クル　ユーチャッタ　ノーォ。(村祭りには来るって言われたよ、なあ。《ある客人のこと。小学生女が母親に》)
「ノーォ」は相手に念を押し、相手の同意を確かめる言いかたである。女性に行われやすいか。少女が用いれば、あどけなさ、かわいらしさが出る。なお、この抑揚は、概して山陰に多い。

(3)　**共鳴・共感の表現を支える「ノ」**

　相手に共鳴する表現を支える「ノ」である。
　　○ソージャ　ノー。(そうだなあ。)
相手に同意・共鳴する場合の「ノー」である。上項で問題にしたのは、相手の同意や共感を、話し手が期待する表現の場合のものであったが、これは、話し手が相手に同意し、共感する場合のものである。
　　○オーケナ　イエー　ヒトリ　オリャー　サベシューワ　アル　ヨー。
　　　(大きな家に1人いると、淋しいことだよ。《1人留守番の心細さを訴えて。《老母が息子に》)
　　○ホンニ　ノー。(ほんとになあ。)
　　○イラン　コトバー　ユーテカラニ。ホンニ。(つまらないことばかり言っ

｜て。ほんとに。《話中の人物をののしる。中年男》）
　　○ホンニ　ノー。（ほんとうになあ。）
相手の訴えに共鳴し、同情しての表現である。ここには、深い感慨もある。
　　○ソガーナ　フージャ　ノー。（そんなことらしいなあ。《相手の説明や訴え
　　　に対して。青年男》）
この例の場合は、相手の説明を聞き、手持ちの情報にも照らして、同感の思いを表明したものである。

(4)　**陳思の表現を支える「ノ」**

　話し手が、自己の思いを陳べる表現を支える「ノ」がある。類似の表現については、上の「共感期待の表現」の項でも、詠嘆・感慨を持ちかける表現として、いくらか問題にした。ただ、その場合は、相手への持ちかけが積極的である。
　　○ゲニ　コマッタ　ノー。（ほんとうに、困ったなあ。《かねてからの悩みを
　　　改めて思って。青年女》）
　　○ハヨー　イキャー　エーノニ　ノー。（早く行けばいいのになあ。《子ども
　　　の動作を傍から見て気をもむ。母親》）
話し手の、屈託した思いが表出されている。「ノー」に集約されたその思いは、自らに吸収される場合が多く、いわば独白的であることも少なくない。
　　○カリー　イクヨージャー　ヤレンケー　ノー。（〈金を〉借りに行くよう
　　　ではたまらないからなあ。《生活苦を語る。中年男》）
　　○コー　ヒデリガ　ツジーチャー　ヤレン　ノー。（こんなに日照りが続い
　　　てはたまらないなあ。《作物への影響を懸念する。中年男》）
これらの例もまた、屈託の思いがある。「ノー」の低音調子にも、自らの思いの深刻さが表れていよう。
　　○ワシャー　モー　シランケー　ノー。（私はもう知らないからなあ。《相手
　　　の不誠実さに立腹して。青年女》）
これも「陳思」の例としてよいかどうか。怒気の一方的な持ちかけである。

(5)　**訴えかけの表現を支える「ノ」**

　訴えかけの表現と言えば、「ノ」の働きの基本がこれである。呼びかけ・

訴えかけの基本的な働きについては、はじめにも確認した。ただ、本項で、改めて「訴えかけ」を問題にするのは、ことに当たっての、話し手の見聞や認識を、ことさらに相手に訴えようとする、能動的な面を重視したからである。これを説明の表現と言ってもよい。が、実際には、上項の「陳思表現」の場合との差異は、必ずしも明確とは言えない点もある。
　　○ナンヤカンヤ　イソガシューテ　ノー。（あれやこれや忙しくてなあ。《自分の多忙を訴える。中年女》）
　　○ドケーモ　イク　トコガ　ノーテ　ノー。（どこへも行くところが無くてなあ。《自分の行動を弁解する。青年男》）
話し手個人の行動や心境に関しての、説明あるいは弁解である。相手に訴えて、しぜんのうちに理解を得ようとしている。「ノー」はここに働いて、穏やかな気持ちの触合いを果たしている。
　　○エット　アズッテ　イリャー　シタガ　ノー。（たいへん苦労して、〈車庫に〉入れることは入れたがなあ。《トラクターの収納。老男》）
これも類例とされようか。話し手の体験を持ちだし、その心情を相手の訴えかけている。場の和やかな雰囲気に支えられて、対話はなお続く。
　　○ナンジャシ　ノーテ　ノー。（何も〈ご馳走が〉無くてなあ。《客人への心づかい。老女》）
　　○オカズガ　ナー　ノー。（〈ろくな〉おかずが無いなあ。《久しぶりに帰省した子に気をつかう。母親》）
いずれも、話し手の恐縮した気持ちを、「ノー」で訴えかけている。言うまでもなく、相手の、積極的な同意や共感を期待しているわけではない。が、しぜんに受け入れられていく、場のぬくもりは感じている。

(6)　命令・依頼の表現を支える「ノ」

　述部が、命令や依頼の形式をとる叙述を、「ノ」が統括して行われることがある。
　　○ソー　ユー　ナカーニ　ハヨー　イケ　ノ。（そう言っている間に早く行けよ。《相手の不満を無視して。青年男》）
述部が、命令形で結ばれた叙述を、「ノ」で統括している。この場合、相手

への要求の話勢を、いくらか和らげようとする意図も働いていようか。それにしても、相手がしぶる、その言いぶんには関心が薄い。むしろ相手の不満をたしなめる意識の出ることもある。

　○ワシーモ　オクレー　ノ。（俺にもちょうだいよ。《子が母親に》）
この「ノ」にも、要求の意図を和らげようとする心情がある。同時に、相手に訴えて、関心を喚起しようとする、しぜんの意識ものぞいていようか。

　この種の表現に行われる「ノ」に、長呼のものはない。相手への持ちかけの硬さを和らげる意図は直接的で、話し手の感慨とは無関係である。

　なお、「ノ」は、問いかけの表現を支えて行われることがある。「ノ」の呼びかけ性を踏まえた用法ではあるが、詳細については、次節の「問いかけの表現」に譲りたい。

(7)　敬体の叙述にかかわる「ノ」

　敬体の叙述を統括して、「ノ」の立つ表現がある。既述のとおり、当域のナ行音文末詞には、一方に「ナ」が存立しており、「ノ」に比して品位がよい。敬体の叙述には、「ナ」のかかわるのがふさわしい。ところが、ここにも「ノ」の行われる例が少なくない。

　○エー　ウリーデス　ノー。（いいお湿りですなあ。）
　○ナント　アチー　コッテス　ノー。（それにしても暑いことですなあ。）
日常のあいさつ例である。「デス」をとった敬体であるだけに、先輩など、いくらか気がねな人に対してのものである。あいさつであれば、時に改まってもこよう。それにしても、「ノー」の呼びかけと、安定した調和を見せるのはおもしろい。

　既述のとおり、概して「ノ」が日常的で、「ナ」が、やや改まった場面でのものである。当該の方言において、古来、表現上の要に立ってきたのは「ノ」であろう。後項でも論述するとおり、「ナ」は、近来、新しく波及してきたとみられる事象である。品位のよさは認められるとしても、時に、社交的、儀礼的である点は否めない。その点、「ノ」には実意・実質が認められる。地域の生活になじんだ深さと安定感がある。敬意の表現を統括して「ノ」が立ち、一定の安定を見せるのは、けだし当然と言えるかも知れない。

第三章　特定文末表現法　83

そこには、敬意を支える実意の深さがある。時に重厚感さえ醸しだす。考えてみれば、敬語自体、古態の事象であって、「ノ」との調和は、長い史的な事実であったろう。その表現の名残の一端が、当該方言に見られるとしも、異とするにはあたるまい。
　○オバーサン。クツロギンサッタ　ノー。（おばあさん。一安心でしたなあ。《孫娘を嫁に出した老女に。中年男》）
　○ソリャー　ソリャー。ゴクローサンデシタ　ノー。（それはそれは。ご苦労さまでしたなあ。《相手の苦労話を聞いて。初老女》）
相手の心労を思いやっての、軽い労わりのあいさつである。ここには、温かみのあるねぎらいの心意と、情愛の深さがある。

(8)　複合形の諸相

　「ノ」には、次のような複合形がある。「ノーヤ」「ヨノー」「ネーノ」「カノ」「カェーノー」「ガノ」「デーノ」「テーノ」「ウェーノー」がそれである。いずれも具体の現場に生きて、「ノ」の呼びかけ機能を中心に、他方の複合要素との意味作用の調和を見せている。本項では特に「ノーヤ」を取りあげる。他事象は、複合要素の一方を問題にする、以下の然るべき箇所で、取りあげることにしたい。
　○アツーテ　ヤレン　ノーヤ。（暑くてたまらないなあ。）
　○ナント　キョーワ　ヌキー　ノーヤ。（ところで、今日は暑いなあ。）
相手の同意・共感を期待する言いかたである。「ノー」の、この種の用法については、先項でも取りあげた。いわば「ノ」の代表的な用法である。「ノーヤ」は、その「ノー」に、もうひとつ念をおす意識を込めて、新しく「ヤ」を複合させたもののようである。「ヤ」は、相手に身を寄せて持ちかけるような親しさがある。「ノーヤ」の表現性も、「ヤ」のそれに類する、心の寄せかけが認められる。
　○ワシラー　シラン　ノーヤ。（俺たちは知らないよなあ。《大人から尋ねられて。小学生男同士》）
仲間の同意を得ようとしている。「ノーヤ」には、そういう仲間意識の強く出るのが一般である。

なお、「ノーヤ」は、主として中国・四国、及びその周辺地域に、広く分布するもののようである（藤原　1982）。

2．「ナ」の支える表現

「ノ」文末詞と共に、「ナ」文末詞が、呼びかけの表現を支えて存立することは、既述したとおりである。「ノ」に比して、「ナ」は、やや改まった面があり、年長者に対して用いるのが普通で、概して品位がよい。「ノ」「ナ」、共に感声的な文末詞ながら、「ナ」が、近来の波及にかかわるものであろうことも、すでに推論したとおりである。本項では、上項の「ノ」の用法との比較の視点も交えながら、「ノ」の記述に準じて、呼びかけの意図と働きの諸相について問題にする。

(1) 呼びかけの表現を支える「ナ」

「ノ」同様、「ナ」も呼びかけの表現を支えて行われる。用法自体には、両者際立った差異は認められない。

　○アリャー　ナー。（あのねえ。《小学生女が母親に》）

発始文の例である。相手を対話の場に誘う意図でのものである。上述のとおり、「ノ」にもむろんこの用法があるが、「ナ」の立つ場合は、相手が年長であったりして、やや心づかいが表れてようか。しぜん、女性に多い。

　○セージャー　ナー。（それではねえ。《別れ際に。中年女》）

別れの、気軽なあいさつである。親愛の情意は「ナー」に託している。

　○マー、ヨー　キトクレタ　ナー。（まあ、よく来て下さったねえ。《親しい
　　客人を迎えて。老女》）

客人を迎え、歓迎の気持ちを込めて呼びかけている。これも、あいさつ代わりのものである。「ナー」はここに働いて、相手に心を寄せかけている。

(2) 共感期待の表現を支える「ナ」

この分野には事例が多い。時候のあいさつなどにはこれがよく行われる。

　○ダェーブン　スズシュー　ナリマシタ　ナー。（だいぶん涼しくなりまし
　　たねえ。）
　○マダ　ニッチューワ　ナー。ヤッパリ　アチーデスケード　ナー。（ま

だ日中はねえ。やっぱり暑いですけどねえ。）

村人同士の、路上出会いのあいさつである。お互い、相手に一目置く間がらでのものである。そうでなくても、あいさつとなれば、改まった物言いになることが多い。この例では、敬体の叙述になってもいて、「ナー」との調和もよい。

　　○ボンガ　キタ　ナーア。（盆が来たねえ。）
　　○ハヤェー　ナー。（速いねえ。）

初老の女性同士の、路上での対話の一齣である。時の流れの速さを詠嘆し、共感しあっている。「ナーア」の、相手の共感を確かめる形式のものも、ここに行われやすい。

(3)　共鳴・共感の表現を支える「ナ」

　　○ナント　マー　アキレタ　コッチャ　ナー。（それにしても、まあ、あきれたことだねえ。《相手の説明を聞いて。中年女》）

相手の説明に、同感しての応答である。

　　○ホンニ　ナー。（ほんとうにねえ。）

のような同感の応答も普通のことである。

(4)　陳思の表現を支える「ナ」

　興味深いことに、この項で、特に取りたて得る例に乏しい。上項の「ノ」の、「陳思の表現」の場合を見ると、相手への訴えかけが消極的である。むしろ独白的である場合が多い。自らの思いに沈むのが、陳思の本筋であろうか。比較して「ナ」は、相手への呼びかけの働きが強い。この差異は、「ナ」が、いっそう社会性に富んでいることを示していよう。一般に、言語が古態に及び、衰退に向かえば、社会性が減じてくる。それに応じて、自己の内面への局限化が進む。「ノ」には、その傾向が、少しずつ表れつつあるかのようである。対して「ナ」は、たしかに新しい。陳思の表現例が得にくいのも、首肯されよう。

(5)　訴えかけの表現を支える「ナ」

　「訴えかけの表現」を、上項の「ノ」の場合では、話し手側に属する事がらの、持ちだし訴えを重視して、「説明の表現」とも言いかえた。この視点

で「ナ」の場合を見ると、例は多い。
　○ミ̄コシュー　カ̄ツ̄グユータッテ　ワカェーモンガ　オリ̄ャー　センシ̄
　　ナ̄ー。(神輿を担ぐと言っても、若い者がいはしないしねえ。《祭礼の寂れ
　　かたを嘆いて。老女》)
　○コ̄ドマー　ギ̄ョーサン　オッ̄タ̄ケー　ナ̄ー。ム̄カシャー。(子どもはおお
　　ぜいいたからねえ。以前は。《人口の減少を嘆いて。老男》)
一連の、古老の所懐談である。自己の知る村の実情を説明し、嘆きと共に訴えかけている。相手に思いを訴える、「ナー」の働きがよく生きていよう。

(6)　命令・依頼の表現を支える「ナ」
　命令・依頼の叙述を統括して行われる「ナ」がある。
　○ハ̄ヨー　ア̄ル̄ケ　ナ↗。(早く歩いてね。《子をなだめて。母親》)
　○サ̄キー　イッ̄テ̄ー　ナ↗。(先に行ってね。《登校の誘いに来た近所の子に。
　　したくの遅れを気にする母親》)
この「ナ」には、相手に対する頼みごと、願いごとの思いが託されている。いわば、相手に意を通じようとする、情の優しさがある。「ナ」の上がり調子が注意されよう。言うまでもなく、ここに「ノ」が立てば、違った意図、違った意味作用のものになる。上昇調子になることも少ない。「ナ」の、相手意識の厚さが、ここに働いていようか。

(7)　複合形の諸相
　「ナ」にも複合形がある。「ヨナ」「カナ」「ゾナ」「ガナ」「デナ」「ネーナ」「(ワイ)ナ」がそれである。「ナ」の呼びかけ機能中心の複合形であるが、その意味作用を明らかにするには、なお、複合要素の他方の機能の討究も重要である。したがって、それぞれに関する記述は、複合要素の機能の討究の後に、然るべき箇所で行うことにしたい。

　3．ナ行音文末詞統括
　以上、当該方言に行われる「ノ」「ナ」について、その呼びかけの意図、作用等、表現上の諸相を追究してきた。既述のとおり、「ノ」「ナ」を含む「ナ行音文末詞」は、全国的な展開を見せている。呼びかけ・訴えかけを本

性とはするが、その使用事象や用法などには、地域的な出入りや個性もあって注意される。

　当該方言は、「ノ」「ナ」の併存地域である。両者では、「ノ」が古く、「ナ」が新しい。この点については上項でも触れた。備後域も西部に至れば「ノ」一色となる。この状態は、おおむね、広島・山口県下の山陽側へと広がる。一方、備後の東側、備中・備前域は「ナ」が優勢で、「ノ」は、その底層に、古老の物言いとして、わずかに存立しているに過ぎない。この状態は、いっそう「ナ」の勢力を強めて、いわゆる"「ナ」のくに"近畿域へと連なる。このような分布状況の大概からすれば、当該の中備後小野は、古くから分布する「ノ」の上に、東、近畿域から、直接には隣国の備中から、新しく「ナ」が波及したものと解されよう。つまり、当該の中備後は、古態の「ノ」と、新来の「ナ」との、併存状態にあるわけである。

　古態の「ノ」が、当該地域の生活の日常に、基調的な安定性を見せていることは、既述したとおりである。新来の「ナ」は、上位の文体を形成して、これも今やしぜんの言語交流に生きている。改まった場面ではこれがふさわしく、いきおい女性に行われることが多い。

　両者の表現性をさらに比較すれば、「ナ」には、外的な社会性が強く認められるのに対して、「ノ」には、これがいくらか希薄になっていようか。と言っても、ウチ社会での、日常の人間関係においては、これがふさわしい。ただ、ソトの世界がかかわってくると、「ナ」に譲らなくてはならない。これをあえて言えば、「ノ」には内面的集中的な表現性が認められ、「ナ」には外面的拡散的な表現性が認められる。

　なお、ナ行音文末詞には、共通語にも一般的な「ネ」がある。当該方言では、いわば共通語ふうの表現を行う際に、主として女性に見られることがありはするものの、一般的でない。少なくとも半世紀前には、まったく行われることがなかった。

　ここで、中国域での、ナ行音文末詞の分布概観図を掲げておこう。

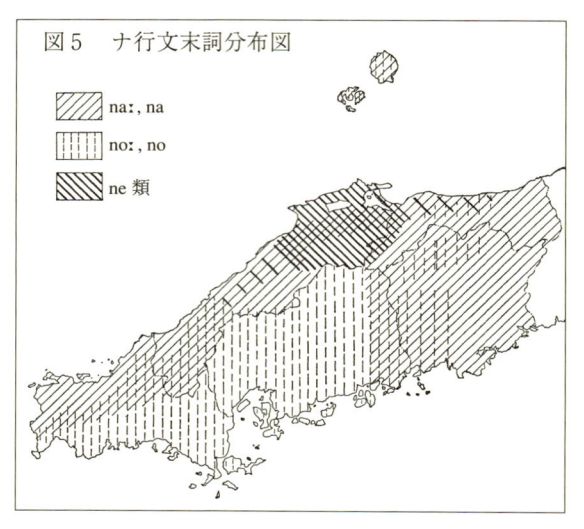

図5　ナ行文末詞分布図
　　　na:, na
　　　no:, no
　　　ne 類

（拙著「中国の方言」『方言と標準語』による。）

二、ヤ行音文末詞による呼びかけの表現

　ヤ行音文末詞は、「ヤ」「ヨ」「エ」を含む、本来的な文末詞（原生的文末詞）で、感声的な性格の濃い事象である。これについて、藤原与一氏は、次のように述べている。

　　ヤ行音文末詞の「ヤ」「ヨ」は、その起源・成立が古い。古く、古代の言語の中に認められる詠嘆の「や」「よ」は、今日の「ヤ」「ヨ」の先蹤とされるものであろう。──すくなくとも、彼我双方の「ヤ」「ヨ」は、関係の深いものと思われる。（中略）要するに「ヤ」「ヨ」などは、古今を通じて感声的なものとされよう。それゆえ、人は、古典語には関係なく、自在に、あるいはとっさに、表情語「ヤ」「ヨ」などを発出するのであろう。（藤原　1982, p.445）

ヤ行音文末詞の起源と感声的な性格については、指摘のとおりであろう。今日、現前に観察できる、当該文末詞の生態は、日本語の史的展開と共に生きた、活力の充実と安定を思わせる。その表現性の精究は、日本語の実質を明

第三章　特定文末表現法　89

らかにすることにもかかわってこよう。
　ヤ行音文末詞は、全国的に活動しているが、当該方言に行われる事象は、「ヤ」「ヨ」である。それぞれに、個性のある活力を見せて、方言表現の世界を豊かに支えている。以下、両者の用法について討究しよう。

1．「ヤ」の支える表現

　「ヤ」文末詞は、上項でも指摘したとおり、当該方言では、全般によく行われている。概して、ウチ社会の人間関係において用いられるもので、ごく気安い、日常的なものである。その意味では、下位の文体に属する事象と言えよう。相手への呼びかけ・訴えかけが、意味作用の基本であることは、もはや多く言うまでもない。感声的とされるゆえんである。
　呼びかけ・訴えかけにも、個性的な色あいがある。例えば、同様に、呼びかけを基本としながらも、上項のナ行音文末詞のそれとは、微妙に異なっている。また次項の「ヨ」とも、ニュアンスを異にしている。この点の詳細については、以下の記述を通じて明らかになるであろう。
　さて、呼びかけを基本とする「ヤ」自体も、用法によって、意味作用の振幅を見せる。その幅の色あいに注目して、以下に、若干の分類を試みよう。
(1)　呼びかけの表現を支える「ヤ」
　　○タエコ　ヤ―。（多恵子や。《母親が娘を呼ぶ》）
親愛の情意をよく見せる、呼びかけの「ヤー」である。主として家庭内で、しかも子や孫などに対して行われるもので、他家の子弟を、こう呼ぶことはほとんどない。「ヤー」の呼びかけの作用が、よく表れた例である。
(2)　勧誘の表現を支える「ヤ」
　　相手を誘う表現を支えて、「ヤ」の行われる事例は多い。当該方言に限って言えば、あるいはこれが、呼びかけ「ヤ」の主用法か。
　　○イップク　ショ―　ヤ―。（一休みしようよ。《協同作業で。中年男》）
　　○ボツボツ　イノ―　ヤ―。（ぼつぼつ帰ろうよ。《連れの者に声をかける。
　　　青年男》）
話し手が、特定の動作・行為を率先し、他をこれに誘う場合のものである。

「ヤー」には、相手に身を寄せて、ある意味では相手の内面に立ち入って呼びかける体の、心安さがある。叙述部が、動詞の意志形（勧誘形）で結ばれているのも留意点である。こうあれば、文末で特立する「ヤー」の、その呼びかけの働きが、いっそう際立つ。

　　○ガッコーデ　アスボー　ヤー。（学校で遊ぼうよ。《運動場での遊び。小学生女同士》）

類例である。

(3)　勧奨の表現を支える「ヤ」

　相手に勧める言いかたを、仮に勧奨としておこう。

　　○ウチカタェー　イカン　ヤ。（うち〈自宅〉へ行かないか。《遊びのため、自宅に誘う。小学生男同士》）

この「ヤ」は、基本的には問いかけの作用を見せている。問いかけの表現を支える働きも、「ヤ」の大きな分野であるが、その記述については、論述の手順の都合で、次節（問いかけの表現）に譲ることにしたい。ただ、本項での勧奨の「ヤ」は、問いかけの作用に立ちながらも、実質的には、相手の意思を確かめ、また勧めるという意図に基づいて存立している。単純な問いかけとは、いちおう区別した。

　　○モー　イラン　ヤ。（もういらないか。《子に飯を勧めて。母親》）

類例である。叙述部が、否定の「〜ン」で結ばれる一定形式も、当面の勧奨表現の類型として注意される。

(4)　命令の表現を支える「ヤ」

　　○ハヨー　オキー　ヤ。（早く起きろよ。《朝、弟を起こす。兄》）

　　○チョット　コケー　ケー　ヤ。（ちょっとここへ来いよ。《友だちを呼ぶ。小学生男同士》）

仲間同士の、気軽な呼びかけである。動詞の命令形を、直に用いて遇する相手は、ごく身近な範囲の者である。「ヤ」は、そのような相手に心を寄せる親しさがある。時に、命令形の直接性を和らげる気づかいさえ感じられる。いわば、「ヤ」は、情味の深い表現性を見せて、話し手の思いの陰影を、穏やかに持ちかけているのである。

(5) 依頼の表現を支える「ヤ」
　　○コリョー　ミテ　クレー　ヤ。(これを見てくれよ。《老男が家人に》)
　　○モー　シテー　ヤ。(もう〈準備を〉してよ。《客人に出すお茶の準備を。姉が妹に》)

依頼の表現を支えた「ヤ」である。上項の命令表現の場合に準じて、これを受けとることができる。2例目は、「～テ」の後を略した言いかたで、しかも「～テー」と長呼しているのが注意される。こうあれば、柔らかい、下手の気持ちが出てくる。いきおい女性に多い。

　なお、上の(3)(4)(5)項は、「ヤ」が、短呼のままに用いられているのが注意される。「ヤー」とあれば、話し手の、何らかの詠嘆を伴うのがつねであるが、短呼であればこれが薄い。このことは、相手に対する要求、すなわち勧奨・命令・依頼など、話し手の要求の意図が、比較的はっきりしていることに関係があろう。いわば短呼の「ヤ」は、相手への持ちかけの意図を和らげる、しぜんの効果を担って働いているとも言えるのである。

(6) 複合形の諸相
　「ヤ」にも、他の要素と複合した、いわば複合形がある。「ノーヤ」「ガヤ」「テヤ」「わいや」がそれである。本項にかかわる複合形で注目されのは「わいや」である。まず、実例から取りあげよう。
　　○ハー　ベントー　クヨーラー　ヤ。(〈あいつは〉もう弁当を食べているよ。《教室で、不埒者を告発する。小学生男同士》)

「～ラーヤ」は「～るわいや」からのものであろう。述部の動詞の末尾音と文末詞「わいや」の頭音とが融合し、かつ、〔waija〕の〔ai〕連母音が同化して成った形である。例は多い。
　　○コンナー　ミー。モー　ナキョーラー　ヤ。(あいつを見ろ。もう泣いているよ。《友だちを揶揄する。小学生男同士》)

類例である。これらの例は、いずれも他人を冷ややかに批評し告発した表現で、「ヤ」は、相手の関心を喚起する程度の、軽い持ちかけになっている。
　　○コリャー　アシター　アメジャー　ヤ。(これは、明日は雨だよ。《空模様を見て。中年男》)

この「〜ジャーヤ」も「〜じゃわいや」からのものか。「ジャー」のところに、話し手自身の思念がある。

　○ヤ̄レヤレ　オ̄ーカジョー　ヒ̄ーター　ヤ。（やれやれ、大風邪を引いたよ。
　　《風邪を引いた感じを大げさに言う。初老女》）

この「〜ターヤ」も「〜たわいや」からのものであろう。この場合も、「ター」のところに、「たわい」に還元できる、話し手の思念がある。

　○マ̄ー　アルカリャ̄ー　ヘナ̄ー　ヤ。（まあ、歩かれはしないよ。《雨後のぬ
　　かるみを歩きながら。中年女》）

類例である。「ヘナーヤ」は「せぬわいや」であろう。これらの複合形で、「ヤ」は、持ちかけを果たしてはいるが、軽くて、独白に近い。潜在的ではあるものの、「わい」の思念表出の働きが効いているからであろう。後節の「意思・思念の表現法」で取りあげるべき課題であろう。

　なお、「ワイヤ」は、備後の西域、安芸では盛んである。

　○ワ̄シャー　シラン　ワ̄イヤ。（俺は知らないよ。）[安芸・大野]

その1例である。

2. 「ヨ」の支える表現

「ヨ」も、「ヤ」と一連の、呼びかけ・訴えかけを基本的な働きとする文末詞である。呼びかけの表現の一態も、「ヨ」に支えられて形成される。ただ、「ヨ」は、上項の「ヤ」と深い関連に立ちながらも、その呼びかけに、微妙な違いを見せている。

(1) 呼びかけの表現を支える「ヨ」

呼びかけを本性とする「ヨ」であるが、その働きが、とりわけ際立つ表現がある。ただ、その形は「ヨイ」である。

　○タ̄グチニ　ヨ̄ーイ。（田口〈屋号〉さんよ。《家に向かって。老男》）

離れた他家に向かって、大声で呼びかける、特別の場合のものである。他家の誰ということはない。誰かが聞きつけて、家の外へ出てくることを期待する。特定の個人を、こう呼ぶことはないかのようである。ところで、この「ヨーイ」は何か。呼ぶ行為に応じて、「ヨー」が変形したのか。ただし、こ

う呼ぶ場合に、「ヨー」と言うことはない。ちなみに、「～ニ」は、他を敬して言う場合に行われる、古い、ある意味では、化石的な形式である。

(2) 命令（禁止）・依頼の表現を支える「ヨ」
　　○バンニャー　ハヨー　モドレ　ヨ。(晩には早く帰っておいでよ。《出かける子に。母親》)

相手への要求の叙述に重ねての呼びかけの「ヨ」で、念押しとも解される。親が子に対して用いるのがふさわしいほどの、気安い言いかたになるのが一般である。

　　○タメー　タメー　クエ　ヨ。(大事に少しずつお食べよ。《菓子などを子に与えて。母親》)

これも、親の子に対する例である。この例には情愛も感じられるが、一般には、上項の「ヤ」の呼びかけに比して、やや心的距離感がある。「ヤ」は、話し手の座標を進めて、相手に近接しようとするのが基本であるが、「ヨ」は、その座標を、それほど動かさないのではないか。その観点からすれば、「ヨ」は、「ヤ」に比べて、やや冷淡なところがあるかも知れない。

　　○ハヨー　メシュー　クエ　ヨー。(早く飯を食べろよ。《学校で。騒いでいる子に。小学生男同士》)

やや批判的な感情からの発言か。ここに、情の、長呼の「ヨー」を取り得るのも、心的距離感の故とも言える。「ヤ」のように、相手への近接よりも、むしろ、相手を、話し手側への引きつけようとするニュアンスが、いくらか勝っているように思われる。

　　○チョット　マッツカーサェー　ヨ。(ちょっと待って下さいよ。《年上の婦人へ。中年女》)

依頼の表現にかかわって行われた例である。この例のように、敬体の叙述を統括しても、「ヨ」が用いられている。一般的には、中位以下の文体で行われやすい「ヨ」が、こうも用いられるのは、「ヨ」の、相手との心的距離、換言すれば、心的位置の故とも考えられる。こうあれば、品位の点で、比較的特定の色に染まりにくいのではないか。なお、上の例の「ヨ」の位置に、「ヤ」は立たない。

○ヨセー　イッテ　ユーナ　ヨ。（余所へ行って言わないでよ。《家庭内での滑稽な出来事を。子にさとす。母親》）

「ヨ」が、禁止の叙述を統括した例である。この種の例は多い。

「ヨ」は、呼びかけが本性ながら、基本として告知の機能を持っている。話し手に属する事態や思念を、相手に訴えかけ、告知するのが、その働きである。この点については、なお、後の節で詳述するが、本項での記述に際して思いあわされるのは、「ヨ」の呼びかけ・訴えかけの性格である。上でも指摘したとおり、「ヨ」は、話し手の立場や座標をさほど動かさない。この表現性は、特に「ヤ」との対比において顕著に現れる。告知の基本的な機能が、ここでもかかわっていることを、興味深く観察することができる。

(3)　複合形の諸相

複合形に「デヨー」「ジヨー」「ネー」（のよ）がある。これらについては、記述の手順に従い、第３・第４節の、しかるべき当該箇所で詳述する。

3．「ヤ」「ヨ」による呼びかけの表現統括

以上、当該方言に行われる、「ヤ」「ヨ」による呼びかけの表現について、その文末詞本位に、用法、作用、表現性を問題にしてきた。既述のとおり、ヤ行音文末詞は、感声的な性格の濃い事象であって、基本的に、話し手本位の、呼びかけの働きが前面に出る。そうではあるが、やはり、その呼びかけには個性がある。「ヤ」は、概して言えば、相手の心情を顧慮しながらの呼びかけである。それだけに、親しみがあり、心安さがある。上項では、これを、相手に身を寄せて、あるいは内面に立ち入っての呼びかけとした。一方「ヨ」には、この心づかいが薄い。話し手に属する事態や思念を、相手に告知するのが基本の、呼びかけ作用である。そこには、むろん相手に対する心づかいがあるとしても、「ヤ」に比較すると薄い。「ヨ」は、話し手の立つ心的座標をそれほど動かすことなく、その立場から呼びかけを果たすのが基本である。それだけに、「ヨ」は、概して冷淡なよそよそしさがある。同じヤ行音文末詞に属しながら、性格の違いを見せている点が注目される。

結　び

　呼びかけの表現を、文末にあって当該表現を支える、「ナ行音文末詞」と「ヤ行音文末詞」の視点から討究した。本来、文末詞は、その成立の経緯からして、どの程度にか、相手目あての呼びかけ性を保持しているが、特に上の両音文末詞は、感声的な性格の強い事象であって、とりわけ呼びかけの働きが強い。このこともあって、本節は、両音文末詞の活動に焦点を絞って、その呼びかけの機能と表現について記述した。

　当該方言では、「ナ行音文末詞」の「ノ」「ナ」、「ヤ行音文末詞」の「ヤ」「ヨ」、共によく活動して、日常の生活表現、呼びかけ表現を支えている。それぞれの事象に、呼びかけの特性があることは、上項でも詳述したとおりである。ナ行音の「ノ」「ナ」の呼びかけには、概して言えば、相手を対話の場、あるいは土俵に誘う、いわば、和の情意がにじむ。「ノ」「ナ」両者では、「ノ」に、古くから地域の表現生活になじんだ、内面的集中的な性格が認められ、新来の「ナ」に、外面的社会的な性格が認められる。ヤ行音の「ヤ」の呼びかけには、相手との心的距離感がなく、「ヨ」の呼びかけには、これがある。それぞれに個性を見せながら、全体として、程よく調和した呼びかけの表現の世界を形成している。

　呼びかけの表現となれば、特定の文末詞によるばかりとは限らない。他の要素もその表現にかかわっている。これらをについても広く追究していく必要があろう。

文　献

藤原与一（1982）『方言文末詞〈文末助詞〉の研究』上（春陽堂）
藤原与一（1985）『方言文末詞〈文末助詞〉の研究』中（春陽堂）
藤原与一（1986）『方言文末詞〈文末助詞〉の研究』下（春陽堂）
岡野信子（1984）「呼びかけ表現法」『方言研究ハンドブック』（和泉書院）
神部宏泰（1975）「中国の方言」『方言と標準語』（筑摩書房）
神部宏泰（2003）『近畿西部方言の生活語学的研究』（和泉書院）

第2節　問いかけの表現

はじめに

　問いかけは、日常の言語生活にあって、ごく普通の、またきわめて必須の生活行為である。その表現は、相手を目指した文末の抑揚によっても果たされるが、また、文末に、特定の文末詞を取ることによっても遂行される。本稿では、その文末詞による問いかけ表現について、生活語表現の立場から、表現の内面に留意しながら追究することにしたい。

　中備後の小野方言にあって、問いかけの表現を形成する文末詞は、「カ・カェー」「ヤ」「ナ」「ノ」とその複合形である。他に「ン（の）」「ナラ」があるが、これについては特に問題にすべきことがある。「カ・カェー」は、本来問いかけの機能を帯びた文末詞であるが、「ヤ」「ナ」「ノ」は、問いかけと言うより、呼びかけ性の働きの強い事象である。それが問いかけの表現に行われるのは、特定の具体的な場面に支えられてのことでもある。以下、各項について、その用法と意味作用とについて討究する。

一、「カ」「カェー」による問いかけ表現

　「カ」「カェー（かい）」は、本来、問いかけの機能を帯びた文末詞である。その成立は日本語と共に古く、また、今日でも全国的に広く分布する、日常生活上必須の文末詞である（藤原　1985　参照）。なお「カェー」は「かい」の変化形であるが、当域ではこの形でしか存立しない。以下に、各形式の用法について討究することにしたい。

1．「カ」の用法

　当該方言の「カ」の用法を取りあげよう。「カ」による問いかけにも様ざ

まな様相があり類型がある。それは、おおむね以下のように整頓することができる。

(1) 単純問いかけ

「カ」の基本的な用法である。
　○アリャー　モー　インダ　カ。（あの人はもう帰ったか。《所用で来ていた人の姿が見えないので。老男が家の者に》）
　○マメデ　ヤリョール　フー　カ。（元気でやっている様子かい。《家を出た息子の消息を知っている人に。中年男》）

特別の意図もなく、単純に問いかけた例である。これが全般によく行われることは言うまでもない。
　○モモー　ヤロー　カ。（桃をあげようか。《老母が帰省中の息子に》）

相手の意向を尋ねたものである。意向を気にする情愛がにじむ。
「カー」と末尾の伸びることもある。
　○メシャー　マダ　カー。（飯はまだかい。《夕飯の催促。中年男》）
　○ソリョー　モッタギョー　カー。（それを持ってあげようか。《母親が提げている荷物を気にして問いかける。小学生女》）

単純な問いかけではあるが、「カー」とあれば話し手の情意が濃い。前者は話し手の不満が、後者は気づかいがよく表れていよう。「〜ン　カー」とある形式の表現も多い。
　○マダ　モットルン　カー。（まだ持っているのかい。《以前、買ってもらった小さい「宝物」。小学生男同士》）

これにも一種の詠嘆がある。「ンカー」を複合とする見かたもあろう。
「カ」は特定のあいさつことばに慣用されることがある。
　○オシマエーナサッタ　カ。（お終いなさいましたか。《一日の仕事を無事に終いにしたかという、ねぎらいのあいさつ》）
　○オーガンナサッタ　カ。（おあがりなさいましたか。《夕食をすませたかという、これもねぎらいのあいさつ》）

夕方から晩にかけてするあいさつである。他家を訪問する場合、戸口でこう声をかけることが多い。他家の前を通り抜ける場合もこう言う。路上で交わ

すこともある。問いかけの形式を取った、ごく改まった慣用のあいさつである。成人の物言いである。

なお、共通語ふうの表現の場合も、「カ」の行われるのはむろんである。
　○ソリャー　イツノ　コトデス　カ。(それはいつのことですか。)

「カ」は敬卑・品位に関する幅が大きい。むしろそれはないと言うべきか。それぞれの表現に働いて、相応の程よい品位と効果を示す。ただ、相手との間に、一定の心的距離感がある。このことには注意しておく必要がある。

(2)　**目睹問いかけ**

事態を目撃しながら、その目撃のままに持ちかけ、問いかける言いかたがある。路上でのことが多い。
　○コレカラ　イクン　カー。(これから行くのかい。《友の早朝の出で立ちに路上で行きあって。青年男》)
　○ダェーコンオ　アラヨールン　カー。(大根を洗っているのかい。《大根を洗っている友の側を通りながら。小学生男》)

これらの表現は、相手の応答内容を特に期待してはいない。事実は現前にあるからである。ともかく声をかける。いわば軽いあいさつがわりのものである。相手は、「ウン。」とか「ソーヨー。」とか、適宜の返事をする。これも男性に行われやすい。

(3)　**要求問いかけ**

ここに、要求問いかけとしたものは、相手に対する要求や依頼を、問いかけの形式で果たす表現を言う。
　○コリョー　ミッツバー　モラオー　カ。(これを3つばかりもらおうか。《店で。中年男》)
　○ハズレンヨーニ　シテ　クレン　カ。(外れないようにしてくれないか。《荷物の括りのゆるいのを気にして。初老男が家人に》)

これも、要求・依頼の持ちかけの心意を和らげようとしての問いかけ形式である。ゆとりのある鷹揚な言いかたであって、上項同様、成人男子の物言いにふさわしい。

(4) 勧誘問いかけ

相手に持ちかけ、勧誘するおもむきの問いかけ用法がある。
○ボツボツ　シマオー　カ。(ぼつぼつ終いにしようか。《協同の作業者に、仕事の終いを誘う。中年男》)
○ドリャ。イップク　スル　カ。(どれ。一服しようか。《協同の作業者に休憩を誘う。初老男》)
○サー。ヤロー　カ。(さあ。始めようか。《協同の作業者に仕事の開始を誘い促す。初老男》)

仲間に誘いかけ、共の行動を促す表現である。問いかけの形式を取ることによって相手への要求の当たりを和らげ、また、自身の心的負担を減じようとしている。「カ」の統括する叙述部は、話し手の思いを持ちかける、意思形式を取るのが普通である。なお、この表現は、「カ」による固さがあるためか、男性の用いることが多い。

(5) 自己問いかけ

勧誘問いかけが、相手あるいは仲間に持ちかけて、話し手自身と協同の行為を促すのに対して、これは話し手自身に持ちかける体のものである。
○ボツボツ　ネル　カ。(ぼつぼつ寝るとするか。《夜。青年男》)
○ドリャ　メシドモ　クー　カ。(さとて、飯でも食べるとするか。《食事。中年男》)

いずれも自己自身に問いかける形式の表現である。上項と表現形式を同じくするが、ただ、問いかけの対象が異なっている。こうあれば話し手自身の行為を自ら促す表現となる。おのずから独白的となる。

(6) 納得問いかけ

自ら納得するおもむきの問いかけ表現がある。
○アー　ソー　カ。(ああそうか。《縄の結びかたを見て、自分のやりかたのまずさが分かり、自ら納得する。小学生男》)
○ナンジャー。ダレモ　オランノ　カー。(なんだ。誰もいないのか。《自家を呼んでも応答がないので、急ぎ帰って確かめて。青年女》)

問いかけは自分に、と言うことであろう。独白である。ここには、不審を確

かめ得た納得の思いと、わずかに安堵の思いがある。
　　○ソー　カー。(そうか。《相手への返事》)
この種の表現もある。これも納得の表現で、半ば独白である。「カ」の働きの自在な活用を知ることができる。
(7)　詠嘆問いかけ
　　話し手の詠嘆を問いかけの形式で表出する表現がある。
　　○モー　ハチジュー　カー。(もう80歳か。《ある老人の年齢を聞き、驚いて。青年男》)
　　○タッタ　ヒトツ　カー。(たった1つか。《貰った菓子の小量に慨嘆して。不満の小学生男》)
いずれも、予想外のことに詠嘆している。不信の思いを改めて問いなおす心意もあろうか。が、その問いかけは、特定の相手へと言うより、瞬間の自己表出である。
(8)　発見問いかけ
　　上項に密接な問いかけ形式の表現である。
　　○コケー　アッタン　カー。(ここにあったのか。《捜し物が思わぬところから見つかって。小学生女》)
　　○アー　コレ　カー。(ああ、これか。《話題になっている新聞記事を見つけて。青年女》)
ここには、発見を喜び安堵する、軽い詠嘆の心意がある。その意味では、上項の詠嘆問いかけの表現と一連のものであろう。
(9)　叱責問いかけ
　　相手を叱責する意図で行われる、問いかけ形式の表現がある。
　　○ハヨー　イカン　カ。(早く行かないか。《朝、登校時に、なかなか出かけないでいる子に。父親》)
　　○イクナ　イヨールノニ　キコエンノ　カ。(行くなと言っているのに、聞こえないのか。《言うことを聞かない子に。父親》)
いずれも、父親が子を叱る例である。後例は、「カ」が、前行の叙述部の体言形式（〜ノ）を受けている。こうあれば一種の客観性が現れ、叱責者の改

まりの意識が出る（後述）。叱責効果はいちだんと大きい。

(10) 反撥問いかけ

　上項の叱責は反撥に連なることがある。

　　○ソガン　バカナ　コトガ　アル　カ。(そんなでたらめなことがあるものか。《相手の言い分に立腹して。中年男》)

強い反撥を表している。なお、反撥表現となると、次項以下の他形式によることも少なくない。当該項で再度取りあげよう。

(11) 疑い問いかけ

　文末の「カ」が、文中の疑問詞と呼応して用いられる形式は多い。

　　○コリャー　ダレン　カ。(これは誰のか。《放置してある通学鞄を掲げて学童に聞く。小学校教師》)

　　○ドケー　オェートコー　カ。(どこに置いておこうか。《収穫した野菜を。娘が母親に》)

この種の表現は、基本的には単純問いかけの分派形式として整頓するのが適当であろうか。が、ここでは、疑い要素を重視した。

　　○ダレガ　イキャー。(誰が行くか〈行くものか〉。《行けと言われての反撥。青年男》)

強い反撥を表している。疑問詞はここでも一定の表現効果を見せているが、ただ、文末は「カ」ではない。反撥表現の文末は、「カ」よりも情意の濃い他形式を取ることも多い（後述）。上項の補足である。

(12) 統　括

　問いかけを基本とする文末詞「カ」の用法をひとわたり見てきた。「カ」は、日本語全般に行われる文末詞であるだけに、当該方言に特有な用法は見いだしがたい。それにしても、その用法は広く、またその待遇価も多面的である。用法に応じて具体の表現効果を見せ、具体の表現価値を見せる。ここで、「カ」の特性として言えることを１つあげれば、相手との一定の心的距離である。この距離感が、用法に応じて、時に改まった格式を示し、また時に突きはなした冷やかさを見せる。後者の場合、極点に、叱責や反撥の表現を生むことにもなる。

さて、上項に示した諸用法は、たしかに「カ」の多彩な局面を示していよう。が一方から見れば、問いかけ機能１つを貫く、「カ」の透明性を示していると言えなくもない。その問いかけの対象が、相手から話し手自身にわたるのも興味深い。ただ、自己への問いかけは、相手への問いかけにない情意性を見せている点が注意される。この種の情意の特殊化は、先にも触れた叱責や反撥の表現の成立を容易にしていよう。
　単純形式、単純機能であるが故の、「カ」の用法の広がりが注目される。

２．「カェー」の用法

　「カェー」は「かい」の変化形である。先にも述べたとおり、「かい」そのものは、この形では存立していない。つまり「カェー」は、ある意味では残存の事象とも言える。そのこともあって、「カェー」は、一般に残存の事象が示しがちな、特殊な情意性を見せている。以下にその用法を取りあげよう。

(1)　単純問いかけ
　　○アリャー　ショテノ　ヒトノ　コ　カェー。（あの子は初めの人〈夫〉の子かい。《子どもを連れて再婚した人を話題にして。老女》）
　　○ソガン　コトー　ユータン　カェー。（そんなことを言ったのかい。《泣いた子の訴えを聞き、軽くなだめている。母親》）
気らくな問いかけである。まさに内うちの、ごくくだけた場面でのもので、話し手の率直な心意がのぞく。いわば遠慮のない情意性があらわである。
　　○ヤレマー　イップク　ショー　カェー。（やれまあ一休みしようかい。《気ままな仕事の中途で。初老女》）
　　○ヤレ　ワシモ　イッテ　ミュー　カェー。（やれ、俺も行って見ようかい。《催物がにぎやかなので。老男》）
２例とも独白ふうのものである。上項の「カ」の分類では「自己問いかけ」にあたろう。自身に問いかけて、自分が動作を起こす弾み・拍子を表出した表現とも言える。いずれも情意の勝っている点が注意される。

(2)　反撥問いかけ
　　情意の勝った「カェー」は、反撥表現にも頻用される。

○ワシガ　シル　カェー。(俺が知るかい。《相手から疑いをかけられたことに反撥して。青年男》)
○ジューマンモ　スル　カェー。(10万円もするかい。《相手の示した金額に反撥して。初老男》)

「カェー」による、このような反撥表現は多い。この種の文には「カ」も取り得る。「カ」とあれば突きはなした感じが勝り、「カェー」とあれば情のねばさが勝る。

○アェーツガ　シットル　モンカェー。(あの野郎が知ってるものかい。《話題の人物を軽蔑し反撥して。中年男》)

「モンカェー」は複合の文末詞である（次項）。こうあっても、強い反撥を示す表現になる。ただ、この判断には、話題の人物の能力とか、平素の行動習慣とかに対するおのずからの評価が背景にある。当然といったニュアンスを伴うこともある。いずれにしても、「カェー」は話し手の感情に偏した、いわば局限性をもって存立している。

3．「カ」「カェー」の複合形

複合形として取りあげられるのは、「カナ」「カノ」、「カェーナー」「カェーノー」、「モンカェー」などがその主な事象である。後項要素となっている「ナ」「ノ」は、前節でも取りあげた、呼びかけ性の強い「ナ行音文末詞」に属する。「モンカェー」は「モン＋カェー」で、上項でも問題にした。各事象とも、各複合要素の機能が調和して、特定の働きを示している。

なお、準体助詞と目される「ン（ノ）」を前項要素とした「ン（ノ）カ」（「ドー　シタ　ンカ。」〈どうしたのか。〉）も、複合の文末詞として取りあげることができるかも知れない。しかし、「ン（ノ）」が単独で文末に特定化する場合はともかく、「ン（ノ）カ」のような他要素との複合形式となれば、慎重に扱わなければならない。と言うのは、この「ン（ノ）」は、一方では叙述部を体言化する特別の機能を担っているからである（「ドー　シタンカ。」）。表現の現実につけば、この体言化の機能を優先的に評価する見かたも無視できない。本論では、しばらくこの処置にしたがって、複合の前項

要素とすることを、一時保留することにしたい。
　以下に、複合形としたものの実際を見よう。
(1)　「カナ」「カノ」
　「カ」の問いかけの働きが、当該の複合事象の機能の中核である。「ナ」「ノ」は、これに相手意識、相手を見定めた持ちかけの意識を添える。
　はじめに「カナ」の行われた例を取りあげよう。
　　○ドガーナ　イヨーチャッタ　カナ。(どんなと言っておられたかな。《対話の相手の、訪問先の様子を聞く。初老女》)
　　○ハー　オッテン　ナカッタ　カナ。(もうおられなかったかな。《訪問先の不在を言う青年に。中年男》)
いずれも単純問いかけである。「カナ」とあって、「カ」とあるよりは相手への心的近接度が高い。「カ」が、相手との間に、一定の心的距離を有し、時に突きはなした冷淡さを見せるのに対して、「ナ」は逆に、その心的距離を埋めるように働く。しかも善意に満ちた情意がある。このことが「カナ」を、「カ」とは一味違った情意の機能体として存立せしめている。ただ、若い女性や少年は用いることが少ない。用いればませた言いかたになろう。「カナ」と末尾が上がり調子になれば、問いかけの意識が強く出る。
　　○ミエンノ　カナー。アレガ。(見えないのかなあ。あれが。《遠くで捜しものをしている人を見ていらいらしながら。中年女》)
傍らの人に語りかけてはいるが、半ば独白ふうの表現である。「カナー」とあれば、詠嘆的な表出となることが多い。
　ついで「カノ」の行われた例を取りあげよう。
　　○キョーシナー　モドッテ　カノ。(今日あたりは帰られるかな。《近所の嫁に主人の帰りを聞く。初老女》)
　　○チート　キョーワ　ヒガオガ　スル　カノ。(少し、今日は日が射す〈日顔がする〉かな。《長雨にうんざりして。中年男》)
「カナ」と働きは似かよっている。ただ、「ナ」に比べて「ノ」は、相手との心的近接度がさらに高くて、かなり気らくな言いかたになる。その表現は時にぞんざいでさえある。内うちの事象であるだけに、「ナ」よりもいっそ

第三章　特定文末表現法　105

う情意的とも言える。その複合形の「カノ」も、「カナ」よりも身近で、隔意のない問いかけ表現を形成するのが一般である。
　○アリャー　ドコラヘン　カノー。(あれはどこらへんかなあ。《山火事を遠望して。老女》)
相手はあっても、自問ふうの表現で、詠嘆味もある。先に見た「カナー」にもこの種の表現があるが、「カノー」には、この自問ふうの表現がいっそうよく観察される。これも「ノ」の情意性がかかわっていようか。
(2)「カェーノー」「カェーナー」
　「カェー」が特殊な情意性を示す残存の事象であることは先にも述べた。その情意性は、上項の「ノ」のそれと比べると、やや屈折していようか。いわば自己に偏する傾向が強い。その「カェー」と「ノ」(それも「ノー」)とは、複合して程よく調和する。実際に「カェーノー」の例がほとんどで、「カェーナー」は少ない。
　○マダ　ダレモ　コン　カェーノー。(まだ誰も来ないかいなあ。《集会への仲間の遅れを気にして。初老男》)
「カェーノー」には、いらだちの感情が出ている。傍らの者に問いかけてはいるが、半ば自己への問いかけであり、不審や不安の表出である。次例となると、その自問の様相が際立つ。
　○アリャッ。ドーシタン　カェーノー。(あれ。どうしたんかいなあ。《急に電灯が消えて。初老女》)
　○アリャー　ダレ　カェーノー。(あの人は誰かいなあ。《遠方からやって来る人の素性を思いだそうとして。中年女》)
いずれも自問・独白の性格の強い表現である。事に臨んで、不審の思いをとっさに表出している。
　○ハー　ユータ　カェーノー。(もう言ったかいなあ。《すでに言ったことをまた言い、相手からからかわれて。老女》)
この例のように、「ノ」にアクセントの山があれば、相手への問いかけの意図は明らかである。が、自分でも思い起こそうとする風情もある。
　「カェーナー」となると、相手を意識し気をかねる度合いの高い「ナー」

を後項要素とするだけに、「カェーノー」のようなぞんざいさは薄い。と言うより、「ナー」が「カェー」の表現性にそぐわないのか、「カェーナー」自体が少ない。これを用いる相手には、むろん軽い敬意を抱いている。

　○アリャー　イツジャッタ　カェーナー。(あれはいつだったかいなあ。《あるできごとを思いだそうとして。小学生女同士》)

相手を意識し問いかけてはいるが、自分でも思いだそうとしている。

　○コガーニ　オーケナ　ムスメサンガ　オッチャッタ　カェーナー。(こんなに大きな娘さんがおられたかいなあ。《相手の傍に立っている娘を見て、驚きながら。初老女》)

この例も、「カェーナー」の「ナ」にアクセントの山がある。相手に問いかける意図は見られるものの、話し手自身の感動も前面に出ている。

(3)　「モンカェー」

「モンカェー」については上項でも一部既述した。この事象は、反撥の表現をしたてるのが一般である。日常、当該の事態や文例は多い。

　○ソガン　コトー　ワシガ　ユー　モンカェー。(そんなことを、この俺が言うものかい。《非難されて反撥。青年男》)

　○イケ　ユータッテ　アェーツガ　イク　モンカェー。(行けと言ったってあの男が行くものかい。《話題の人物を非難して。青年男》)

強い反撥である。先述のとおり、この反撥は、単に目前の事態についての感情表出だけでなく、当該の人物や行動の日常に関する、評価や判断が背景にある。それだけに根の深い反撥的判断とも言える。

二、「ヤ」による問いかけ表現

「ヤ」は、「ヤ行音文末詞」と呼称される、一連の文末詞に属している。「ヤ行音文末詞」とされる事象には、全国的な視野で見れば「ヤ」の他にも「ヨ」「エ」「イ」が含まれている。いずれも感性的で、呼びかけ性の強い文末詞である。ただ、当該の小野方言では「ヤ」「ヨ」のみが活用されている。その大概については、前節で問題にした。本項では、「問いかけ」の表現本

位に「ヤ」を取りあげ、その用法、表現性等について討究することにしたい。
なお、「ヤ」について、藤原与一氏は次のように述べている。

> 昭和今日の、日本語諸方言上での「ヤ」の用法は、そうとうに複雑である。命令表現（禁止表現をふくむ）に用いられるかとおもえば勧誘に用いられ、あるいはまた問尋に用いられる。命令ならざるあつらえに用いられもすることはもちろん、願い・たのみにも「ヤ」がよく用いられている。説明（ないし主張）や報告の「ヤ」もまたよくおこなわれている。「ヤ」文末詞の用法には、はなはだはばびろいものがあると言わなくてはならない。（藤原　1982　p.447）

「ヤ」文末詞の働きは、この叙述のとおり多彩であり、複雑である。当該の小野方言にあっても、その実情に変わりない。ただ、本項では、上述のとおり、問いかけの表現にかかわる「ヤ」に焦点をしぼり、その表現の実情について記述することにしたい。

(1)　**単純問いかけ**

「ヤ」の用法で、問いかけの意図を単純に持ちかけるものがある。
　○アリョー　マダ　モットル　ヤ。（あれをまだ持っているかい。《幼時の思い出の品を。母が青年になった子に》）
　○マダ　シンデー　ヤ。ネツァー　ナェーンジャ　ガノー。（まだ苦しいかい。熱はないんだけどなあ。《風邪で寝ている孫に。看病している祖母が覗き込んで》）

これが、ごく親しい間がらで行われる、問いかけ「ヤ」の基本的な用法である。全般に、仲間同士はもとより、家庭内でもよく行われる。年長者が年下の者に言うのにもふさわしい。上の例は、いずれも家庭内でのものである。母が子に、祖母が孫に問いかけたもので、情愛が深い。
　○ウマェー　ヤ。（おいしいかい。《母が子に餅を食べさせながら》）
　○モー　テォー　ハナェーテモ　エー　ヤー。（もう手を離してもいいかい。《梯子を押さえて助勢している青年。仲間同士》）

類例である。親しい間がらでのものであるだけに、品位は低い。
　○ホンニ　ヤー。（ほんとうかい。《あいづち。中年女》）

これも日常的で、気安い間がらでのものである。ここに「カ」の用いられることはない。「ホンニ」の風土性に、「ヤ」がよく調和している。

　ここで、改めて注意したいのは、「ヤ」自体には、問いかけの意味の存しない点である。特定の場面のなかで、相手に呼びかける詠嘆性が働き、問いかけの表現を支えているのが実情である。ただ、その詠嘆性は、いわば屈折したニュアンスを伴っているかのようである。ストレートな呼びかけにはなりにくい。ここに何らかの疑いの情意の介在を思わせる。「ヤ」の立つ表現に、仮に問いかけの「カ」が替わって立つとすれば、「カ」の機能が際立って、問いかけの意図の明確な表現になろう。それ故に、相手との間に、心情面での距離感が生じることもあろうか。それに対して、「ヤ」は、話し手の心情に密着したところがある。相手に持ちかけるとしても、心情ごとに持ちかけるという、ある意味では相手に身を寄せた親しさが認められる。「ヤ」の上昇調の抑揚にも、その親しみの心情が効果的に表れていよう。

　「カ」の立つ表現は、話し手自身を問いかけの対象とすることがしばしばである。

　　○アー　ソー　カ。(ああ、そうか。《独白》)

は、その例である。「ヤ」にはこのような表現がない。話し手の心情に密着した「ヤ」は、自己を客観視する余地がなく、持ちかけの対象とすることができないのであろう。

(2)　**疑い問いかけ**

　文中の疑問詞と呼応して行われる「ヤ」がある。この種の表現を、上項の形式と区別して、ここに別に取りあげる。

　　○ワシガ　キモナー　ドケー　ヤッタ　ヤ。(私の着物はどこにしまったかい。《風呂あがりの母親が娘に。自分の着物を探しながら》)
　　○ソリャー　ナンボー　シタ　ヤ。(それはいくらしたかい。《相手の持っている新品の鞄を指して。青年男同士》)

いずれも気安い問いかけの使用例である。「ヤ」は、自体問いかけ機能を保持している「カ」の場合と違って、このような疑問詞と共に用いられることが多い。疑問詞と呼応して、疑問の表現を支える。

○ナシテ　ヤ。(なぜだい。《小学生男同士》)
　　ドガーナ　ヤ。(どうだい〈調子は〉。《中年男が青年男に》)
疑問詞を直に「ヤ」が統括した例である。日常の会話の流れのなかで、しぜんにこの種の表現は見られやすい。

(3)　**特殊問いかけ—その1—**
　「ヤ」が文末に行われて成ったかと推察される問いかけ表現がある。
　○イマ　ナニュー　ショーリャー。(今、何をしているかい。《路上での立ち話。初老男同士》)
　○コレカラ　ドケー　イキャー。(これからどこへ行くかい。《夕方の路上で、急ぎ足の友人に問いかける。青年男》)
慣用形式の、いわば特殊な問いかけ表現である。この文末の特殊形式は、どのようにして成り立ったものか。その原初形態は何か。それについて、「～ショーリャー」「～イキャー」を「～ショールヤ」「～イクヤ」からの変化形式とみるのが本項の推論である。すなわち「～ルヤ」が「～リャー」に、「～クヤ」が「～キャー」に変化したするのである（終止形＋ヤ）。この形式の成立については他説がある。虫明吉治郎氏は、岡山方言に行われる類同の形式を「仮定形」としている（虫明　1958）。藤原与一氏も安芸方言に見られる類同の形式について、ほぼ同じ見解かのようである（藤原　1982）。この問題については、なお以下に、事態を整頓しつつ論述したい。
　さて、上掲の問いかけ表現は、文中に疑問詞の存することが必須である。問題の文末形式は、その疑問詞と呼応して存立している。乱暴で下品な言いかたになるのが一般で、反撥の表現になることも多い。
　○ダレガ　イキャー。(誰が行くかい〈行くもんかい〉。)
　○ソレガ　ドーナリャー。(それがどうなろうかい。)
　○ソガン　コトー　シテ　ナニン　ナリャー。(そんなことをして、何になろうかい〈何にもならない〉。)
強い反撥の表現である。いきおい男性の物言いである。
　形容詞・形容動詞が立つ場合も、むろんこれの行われることがある。
　○ナンガ　ワルカリャー。(何が悪いかい〈悪くない〉。)

形容詞の立つ、反撥表現の１例である。ここには、いわゆるカリ活用終止・連体形の「悪かる」が見られる。そこに「ヤ」が行われた形式ではないか。当該方言には、カリ活用が比較的残存している。「モー　ナカルマー。（もう無かろう。）」も、「終止・連体形（無カル）＋マー（まい）」の例である。「モー　ヨカリソーナ　モンジャ。（もうよさそうなものだ。）」の「良カリ」はその連用形であろう。「無カロー」「無カッタ」は言うまでもない。活用形の終止・連体形を受けて「ヤ」が行われはじめたのはいつの時代のことか。少なくとも現代のことではあるまい。それをカリ活用の盛んな時期と想定してもおかしくないのではないか。時を経て、前行語の末尾音と融合し、やがて一種の慣用法となった。たしかに、今日では残存の特殊慣用形式である。上掲の例「ワルカリャー」も「ワルケリャー」と言うほうが一般的である。「ワルカリャー」は古老の物言いである。

　○ナンガ　ニギヤカナカリャー。（何が賑やかなもんかい。）

形容動詞の立つ、類同形式の１例である。これも反撥の表現である。と言うより、この形式の場合、反撥表現が慣用的に存するのみである。これも、カリ活用の終止・連体形に「ヤ」が機能して成った残存形式であろう。

　当該形式の表現は、上述のとおり、概してぞんざいで下品である。それにもかかわらず、上位の文体を形成する場合がある。それは、「デス」の立つ敬意表現の場合である。稀に「ンサル」のかかわることもある。

　○ソリャー　イツノ　コトデスリャー。（それはいつのことですかな。《ある事件の話題。中年男同士》）

「デス」の立つ問いかけ表現であるだけに、品位もよい。当該地域では稀な対話である。これも、文末の特殊形式は、「〜デスル＋ヤ」が原形式であろう。当該域では、現在、「デスル」が、このままのかたちで行われることはない。が、かつてその形式が存立したであろうことは、当該地域一帯に、「ソーデス　ラー。（そうですよ。）」などの「ラー」の存することからも推察できる。「〜デス　ラー」は、「〜デスル＋ワイ」から成ったものとされる。つまり、「〜デスルヤ」は「〜デスリャー」に、「〜デスルワイ」は「〜デスラー」に変化して今日に及んだ。いずれも化石的な慣用法である。当面の問

題形式が、終止・連体形に、「ヤ」が機能して成ったものであることを、ここでも推定することができる。

$$\sim デスル\ +\ \begin{cases} ヤ\ \rightarrow\ \sim デスリャー \\ ワイ\ \rightarrow\ \sim デスラー \end{cases}$$

　○ソ<u>リャー</u>　ナンデ<u>シャー</u>。（それは何ですかな。《中年男》）

このように言うこともある。これも「〜デス＋ヤ」が原形式であろう。「〜デスリャー」の方が聞かれやすいが、「〜デシャー」の方に新味がある。新しい形成にかかわるものであろう。なお、「〜マスリャー」も可能な形式であり、あっても違和感はないが、実際には見いだしにくい。このことは、「〜マス（ル）」で文を終結する表現が、当該地域では一般的でないことと共に、さらに「〜マスル＋ヤ」も普通でないことにもかかわっていよう。

　○ドケー　イキン<u>サリャー</u>。（どこへおいでかな。《初老男》）

主として男性に、稀に行われる表現である。これも「〜ンサル＋ヤ」が原形式であろう。これが「ンサル」の仮定形である根拠は乏しい。

(4)　**特殊問いかけ—その2—**

　いま1つ、注目される問いかけ表現に、1文を文末詞「ナラ」で結ぶ形式のものがある。

　○ソ<u>ケー</u>　オ<u>ルナー</u>　ダ<u>レ</u>　ナラ。（そこに居るのは誰だい。）
　○ソ<u>リャー</u>　イ<u>ツノ</u>　コ<u>ト</u>　ナラ。（それはいつのことだい。）
　○コ<u>リャー</u>　ナン　ナラ。（これは何だい。）

ぞんざいな問いかけである。しぜん男性に多い。この場合も、「ナラ」は、疑問詞と共に用いられている点が注意を引く。

　さて、文末の「ナラ」も、藤原・虫明氏共に、断定助動詞「ダ」の仮定形とする（虫明　1958, 藤原　1986）。この説に対して、本項では、前項同様、残存の終止・連体形「ナル（ナリ）」を受けて、「ヤ」の行われたものとして把握しようとしている。

　「ナラ」は、体言に接して行われてもおり、またその働きからして、たしかに指定・断定の助動詞由来の事象であろう。むろん当該地域の今日でも、「なり」の系列にかかわる事象は、仮定の「ナラ」を除いては、生きていな

い。とすれば、上掲の問いかけの「ナラ」も、当該の助動詞の仮定形と取りやすかろう。が、「ナル＋ヤ」の形成は、何も現代のことではない。終止・連体形の「ナル」が、残存的にでも存していた時期を想定して考えてみる必要があろう。「ナル＋ヤ」は、まずは「ナリャ」となったか。このようにたどってみると、今日の当該地域にも、わずかに「ナリャー」が見られる。

　○ソ<u>リャー</u>　ナン<u>ナリャー</u>。(それは何だい。)

ぞんざいな言いかたではある。藤原与一氏も、安芸や愛媛県島嶼での「ナリャー」をあげている。ただし、氏はこれについて、「『なれば』を思わせもするか。」としている（藤原　1986, p.192）。本項は、既述のとおり、これを「ナルヤ」の変化形として、従来の「仮定形」とする不合理な扱いを解消しようとしている。「ナリャ」は、直音化してさらに「ナラ」へと変化した。問いかけの表現を支える「ナラ」は、こうして、慣用のうちに、文末特定要素となって、一定の生命を保ってきたと考えられる。

　「ナラ」が、疑問詞と呼応してのみ存立することは、先にも指摘した。この事態は、文末を押さえる「ナラ」に、問いかけの機能が希薄であることを示していようか。それは、とりもなおさず「ナラ」に陰在する「ヤ」の表現性にかかわっている。本来、「ヤ」は、相手への持ちかけ性は特殊的であるとしても、自体に問いかけの機能はない。ただ、疑問詞を擁しての問いかけの慣用は、「ナル」の断定性とも相まって、相手をはずさない、問いの特殊な陰影を帯びることにもなったか。たしかに、「ナラ」の立つ問いかけ表現には、他と異なった鋭さがある。いきおい、詰問調にもなる。

　○<u>ナン</u>　<u>ナラ</u>。バカ　ガー。(何だい。馬鹿野郎。)

　さて、「ナラ」は体言を受けて行われる。文末に用言が立つ場合は、ここまでの叙述を体言化する必要がある。それには準体助詞の「の」が働く。「の」は「ン」となって実現するのが普通である。

　○コン<u>ナー</u>　ナニュー　ショール<u>ン</u>　<u>ナラ</u>。(あいつは何をしてるんだい。
　　《話題の人物の不審な動きを見ながら。青年男》)

　○ナシテ　ナカス<u>ン</u>　<u>ナラ</u>。オマェーガ　ワリー。(なぜ泣かすんだい。お
　　前が悪い。《兄弟げんかの仲裁。兄に向かって言う。中年男》)

この種の問いかけ表現は多い。ところで、その準体助詞の「ン」も、直前に撥音がある場合は「ノ」のままである。

　○ナシテ　イカノ　ナラ。(なぜ行かないんだい。《詰問。青年男》)

　ところで、「ナラ」の実現に、ほぼ類する成り立ちを示すかとみられるものに、「～タラ」がある。

　○イツ　モドッタラ。(いつ帰ったんだい。《父親が子に》)

これも「ナラ」に類する問いかけの表現である。ぞんざいで下品な言いかたである点も、「ナラ」の立つ表現に近い。これも「たり」の終止・連体形の「タル（タリ）」が残存していた時期に、「ヤ」と融合して成ったのではないか。すなわち、「タル＋ヤ」が「タリャ」を経て「タラ」となり、今日に及んだものであろう。つまり「ナラ」の成立と相即的である。

　○ソガーナ　コトー　デーツガ　ユータラ。(そんなことをどいつ〈どの野郎〉が言ったんだ。《怒りの詰問。青年男同士》)

「～タラ」は、このような詰問にふさわしい、ぞんざいな表現になることがしばしばである。疑問詞と呼応して行われるのも、つねのことである。

　なお、「ナラ」は、近畿・山陽・四国に広く分布する（藤原　1986，p.191）。当該の小野地域もその圏域に位置している。地域によっては「ナイ」「ナー」ともなるらしい。東隣の備中南部の倉敷には、

　○キョーワ　ドーシタン　ナラヤー。(今日はどうしたんだい。)

があると言う（石井みどり氏報）。「ナラヤー」が注意されるが、これも、「ナラ」に「ヤ」が陰在するにもかかわらず、その意識が薄れ、合理を求めて、改めて「ヤ」を補填したものかとも解される。この事態は、「ナラ」形式の成立にあたって、「ヤ」がかかわっていたことを、逆に物語っているのではなかろうか。「ナラ」よりも丁寧な印象を受けると言う。「ヤ」の親愛性に関係があろう。

三、「ナ」「ノ」による問いかけ表現

　「ナ」「ノ」は、「ナ行音文末詞」と呼称される、一連の文末詞に属してい

る。感声的で、呼びかけ・訴えかけを本性とする、日常、頻用される事象である。事象自体は感声的であっても、文末にあって統括する表現の意味作用を支え、また相手に訴えかける、多様な働きを見せる。その実情は、すでに上節で詳述した。本項では、特に、問いかけの表現を支える「ナ」「ノ」を取りあげ、その働きを討究することにしたい。

1.「ナ」の用法

(1) 単純問いかけ

単純に相手に問いかける表現の場合である。「ナ」は、文末にあって表現を統括し、相手に訴えかけ、問いかけ表現を支えている。例を見よう。

　　○キョーワ　ニンソク　ナ。(今日は人足かな。《母親の荷物を持って連れだっている小学生男に。中年女》)

母親とことばを交わした後の問いかけで、いわば軽いあいさつがわりのものである。むろん相手の応答は期待していない。小学生男も、母親にくっついて行くのが嬉しくて、別に人足のつもりはない。「ナ」によって支えられる問いかけは、現前の場面に即してのものである。「ナ」自体に、問いかけの機能があるわけではなく、問いかけの意図を軽く相手へ持ちかける、いわば確認程度のものである。

　　○オリンサル　ナ。(居りなさるかね。《他家訪問して。初老男》)

これも、隣家の入り口で、訪問の事実・意図を伝えた、軽いあいさつであって、半ば慣習的なものである。これにも特定の場面が生きている。

「ナ」は品位がよい。上の例文にも、一定の心づかいが見られる。

(2) 疑い問いかけ

「ナ」による問いかけは、疑問詞を伴うのが普通である。

　　○オバーサン。イマ　ナンボー　ナ。(おばあさん。今、何歳ね。《高齢の老女に聞く。中年女》)

気心の知れた相手への問いかけである。ちなみに老女は、「ワシ　カェー。ハチジューロクー　スギタ。(私かい。86歳を過ぎた。)」と応じている。

　　○キョーワ　ナニシ　ナ。(今日は何の仕事ね。《路上、朝の出会いで。中年

男同士》）

相手の出で立ちの様子を見ての、軽いあいさつ程度のもので、深い問いかけの意思はない。むろん相手も適当に応じる。

　上項でも述べたとおり、「ナ」に問いかけの機能はない。特定の場面に応じて、また疑問詞を伴って行われるのがつねである。いわば「ナ」は、話し手の問いの意図を、相手に持ちかけるところに焦点がある。この点、先項の「ヤ」の働きに似ていよう。ただ、「ヤ」に比して、「ナ」の持ちかけは穏やかである。このことは次項の「ノ」についても言える。「ヤ」が立てば格段にぞんざいで、気ままな言いかたになる。

　2．「ノ」の用法

「ノ」の、問いかけの表現を支える用法も、「ナ」の場合に準じる。
　○ネーサンワ　モー　インデジャッタ　ノ。（姉さんはもう帰られたね。《里帰りしていた姉のことを聞く。老女が小学生男に》）

近所の子どもへの問いかけである。「ノ」は「ナ」に比してぞんざいであるが、子どもへの持ちかけの表現にあっては適当である。

「ノ」の立つ表現であっても、次例のように、文中に、相手目あての軽い敬語の行われる場合がある。このような表現は、それとして重厚な訴え効果を生むことがある。
　○ナニュー　ショーッテ　ノ。（何をしておられるね。《畠仕事中の初老女に声をかける。老男》）

近所の住人同士の対話である。畠の側を通る際の、あいさつ程度のものである。家庭内では「ノ」とあることが多い。

「ノ」の立つ問いかけ表現も、疑問詞を伴うのが普通である。その表現性は、成人の男性の用いるのにふさわしい。

四、「ン」による問いかけ表現

　この「ン」は、いわゆる準体助詞の「の」の変化形である。これが文末に

立って、問いかけの表現を形成することがある。
　　○ドケー　イッタ　ン。(どこへ行ったの。《帰って来た友達に聞く。青年女同士》)

共通語では、ここに「ノ」の行われるところである。が、当該の地域では、この種の文に「ノ」の立つことはない。しかし、その「ノ」を擬して文意をたどることは可能である。一方ではまた、上項の「ナ行音文末詞」の「ノ」の変化形と疑われることもあるか。が、その「ノ」は、先述のとおりぞんざいな事象であって、主として成人の男性に行われるものである。ところが当面の「ン」には稚性が感じられ、若い女性の用いるのにふさわしい。品位も悪くない。この「ン」が、上項の「ノ」の類縁の事象とは考えにくい。ここはやはり、準体助詞「の」の変化形とみるべきであろう。上掲の文例は、仮に文末の「ン」がなくても、問いかけの表現として成り立つ。文中の疑問詞がきいているからである。すなわち、「ン」の立つ問いかけの表現は、文中に疑問詞を伴うことが多い。「ン」は問いかけの機能を帯びてはいないのである。ただ、相手に、問いかけの意図を、柔らかく、ひかえめに持ちかける働きが、表現を和らげるのに効果的である。
　　○ナニュー　ショール　ン。(何をしているの。《小学生女同士》)
　　○ナニシー　イク　ン。(何をしに行くの。《小学生女同士》)
このように、しぜん若い女性に多い。叙述部の末尾が撥音の場合は、
　　○ナシテ　イカン　ノン。(なぜ行かないの。)
のように「ノン」となる。撥音の連続をしぜんのうちに避けたものか。
　「～ン」を受けて上項の「カ」「ヤ」「ナ」「ノ」などの行われることもある。その1例である。
　　○ドケー　イクン　ヤ。(どこへ行くんだい。《小学生男同士》)
この種の表現で、「ンヤ」の複合を認めるのも理のあることであるが、先項でも触れたとおり、ここでは、「ン」の、叙述部を体言化する働きを重視したい。こうあれば表現内容は客観性を帯びて、単に現前の現象だけでなく、相手のよって立つ習慣や意図をも問題にすることになろう。
　なお、この種の「ン」は、国の西半によく見られる(藤原　1986)。

結　　び

　問いかけの表現は、問いの機能を帯びた文末詞、「カ」類の働きにかかわるところが大きい。「カ」類以外の文末詞、「ヤ」をはじめ「ノ」「ナ」、それに「ン」は、それ自体、問いかけ機能を持っているわけではない。にもかかわらず、これらの要素が問いかけ表現を支えるのは、問いかけの意図を相手に持ちかける、特殊な働きによっていよう。問いかけの意図は、疑問詞の作用によって表されることが多い。見逃してならないのは、対話の場面状況であり、文脈である。問いかけの思念は、この流れのなかで動く。上の諸文末詞は、状況に応じ、この意図・思念を受けて働く。

　問いかけ表現一般となれば、文末詞が関与する表現ばかりとは限らない。文末で上昇調を取るのも、問いかけ表現の重要な要素である。この声調が働く問いかけ表現は、必ずしも疑問詞や特定文末詞を要しない。上昇の声調の諸相や働きについては、別に討究する必要があろう。

文　献

藤原与一（1982）『方言文末詞〈文末助詞〉の研究』上（春陽堂）
藤原与一（1985）『方言文末詞〈文末助詞〉の研究』中（春陽堂）
藤原与一（1986）『方言文末詞〈文末助詞〉の研究』下（春陽堂）
虫明吉治郎（1958）「疑問詞の係結―中国方言の場合―」『国語学』34

第3節　説明・告知の表現

はじめに

　本節は、中備後小野方言において、文末詞の視点から、あるいは文末詞に支えられた表現の視点から、説明・告知の表現を明らかにすることを目的としたものである。「説明・告知」の表現とは、言うまでもなく、特定の事態や事件について、話し手が相手に説き、訴え、告げる表現を指している。方言生活・方言表現一般のなかで、説明・告知の分野は存外に広い。したがって、その類型の整頓も容易でない。その実態は、たしかに文末詞の視点からだけでは把握しきれないものが残る。が、ここでは、説明・告知の意図のもとに形成された叙述を統括し、かつ、その意図をもって相手に持ちかける、文末詞の特定の機能とその表現を重視する立場から、特に限って上述の扱いとした。

　ここに行われる文末詞は、「ヨ」「ゾ」「デ」「ガ」「ト」「テー」の類である。それぞれに個性のある独自の働きを見せながら、大きく「説明・告知」の表現に生きている。

一、「ヨ」の支える表現

　「ヨ」は「ヤ行音文末詞」と称される、一連の感声的な文末詞に属している（藤原　1982, 1985　参照）。一般に、「ヤ行音文末詞」は、「ヨ」の他にも「ヤ」「エ」が含まれており、呼びかけ・訴えかけを本性とする。当該域においても、「ヨ」「ヤ」の活用が著しい（第1節参照）。さて、「ヤ行音文末詞」は、呼びかけ・訴えかけの作用は顕著であるが、自身、固有の意味が希薄なだけに、叙述に応じての色あいやその類型は認められるものの、核心の把握はかなり困難である。そういうなかにあって、「ヨ」の告知の作用は際立っ

ている。本項では、その作用に焦点を定め、これの働く「説明・告知」の表現について討究することにしたい。

1．「ヨー」
　一般に、「ヨ」には、基本的に告知の作用が認められるが、当該方言に行われる「ヨ」は、「ヨー」となって実現するのが普通である。「ヨー」は、単なる「ヨ」とはやや趣きを異にしていて、話し手の、何らかの感慨のこもるのが一般である。
　　○ヒガ　キエタラ　マックラ　ヨー。（明かりが消えたら真っ暗だよ。《ある場所での、停電の体験を語る。青年男》）
　　○ゴジューネンモ　マェーノ　ハナシ　ヨー。（50年も前の話だよ。《ある事件を語った後で。老女》）
事態・事件の見聞や体験を相手に語る表現である。その、相手に訴えかける文末の要所・要点に「ヨー」が立っている。「ヨー」には、単に訴えるというだけでなく、上述のとおり、話し手の感慨がこもっている。もっとも短呼の「ヨ」にも、何らかの情が伴うのはむろんであるが、「ヨー」には、相手に訴える話し手の感慨が、いっそう深く表れている。
　　○サッパリ　ワキャー　ワカラン。ナクバー　ヨー。（さっぱりわけはわからない。泣くばかりだよ。《泣く娘の様子を心配して。中年男》）
類例である。この「ヨー」にも話し手の思いが託されていよう。
　ここに取りあげた表現は、既述のとおり、話し手が見聞するか、体験した事態・事件の告知である。ところで一方に、話し手自身の意思・思念を告知する場合がある。この種の表現では、文末の「ヨー」の、感慨表出の表現性が、殊更に効果を発揮する。このことについては、稿を改め、別に次節（意思・思念の表現）で取りあげることにしたい。

2．「ヨナー」「ヨノー」
　「ヨー」の複合文末詞に「ヨナー」「ヨノー」がある。
　　○ヨー　フル　モンジャー　アル　ヨナー。（よく降るものよねえ。《雨続き

の空を見上げて。老女》）

「〜モンジャーアル」の、一種の強調形式を統括しての「ヨナー」である。ここには、訴えかけの意識が強く表れていよう。そのアクセント形式を見れば、「ナ」にその山（高音）が位置していて、告知して改めて相手に呼びかける姿勢を示している。告知内容について、相手の共感を期待してのことである。なお、「〜ナー」の呼びかけには中位以上の品位があり、年上など、しかるべき相手への発言である。

　○ウチニャー　ヨイヨ　ロクナ　モンガ　ナー　ヨノー。（わが家には全く
　　まっとうなものがないよなあ。《農産物品評会への出品。老女》）

上例同様、告知内容への共感を期待した表現である。家庭内での会話であって、「〜ノー」とあるとおり、相手を選ばない気安い物言いになっている。「ノ」にアクセントの山があり、その呼びかけの意図と効果は、上の「ヨナー」の場合と同様である。

二、「ゾ」の支える表現

「ゾ」は、「ザ」「ゼ」と同類（ザ行音）の、感声的な文末詞とされるが（藤原　1985）、当該の小野方言には「ゾ」しか存しない。「ゾ」は、訴えかけを本性とはするものの、他の感声的な文末詞、「ナ行音」「ヤ行音」の事象のそれとは異なって、その訴えかけに特殊な色あいがある。藤原与一氏は、全国的に行われる「ゾ」について、「『ゾ』には、『おしつけ』のきみがつよい。特殊な強調性がある。」（上掲書　p.271）と述べている。当該方言においても、その働きの基本は指摘のとおりであって、話し手自身の見聞や判断・思念を相手に「おしつけ」るところがある。ここには、相手を顧慮する姿勢があまり見られない。それだけにぞんざいで下品である。上項の「ヨ」も、自己の立場や領域を保持しての持ちかけで、相手との同調にはやや消極的な事象であるが、この「ゾ」はそれを越えて、自己の見聞や判断・思念を、一方的に、また強調的に持ちかけるのが一般である。

　本項では、主として自己の見聞にかかわる告知について、実例に基づき、

意味作用および用法を討究することにしたい。なお、自己の判断・思念にかかわる告知・通告の記述については、次節（意思・思念の表現）において改めて取りあげることにしたい。

　〇コリャー　チート　ハレトル　ゾ。イタカロー　ガー。（これは少し腫れているぜ。痛いだろう。《歯痛に苦しむ人の顔を見て。中年男》）

現前の事態を観察し、その結果や判断を、強調的に相手に告げているのがこの例である。文末の「ゾ」は、そういう話し手の意図を、相手のおもわくを気にすることなく、まっすぐに指示し、持ちかける働きを果たしている。

　〇オイ。バスガ　アガリョール　ゾ。（おい。バスがあがってきているぜ。《坂の中腹の停留所。バスの音を聞きつけて。中年男》）

　〇オイ。ダレヤラ　キタ　ゾ。（おい。誰か来たぜ。《おとないの声を聞きつけて。小学生男》）

いずれも、いち早く音や声を聞きつけた個人が、周囲の者に告知し、注意を促した表現である。相手を顧慮することなく一方的に意を通す、「ゾ」の強調的な指示性がよく表れていよう。

　〇オジーサンワ　オッテン　ナェー　ゾ。ドッケーモ。（おじいさんはおられないぜ。どこにも。《祖父を探して。小学生男》）

類例である。事態の告知であり、判断の通告である。

　複合形に「ゾナ」があるが、少ない。

　〇ナンヤラ　ハェートル　ゾナ。（何か入ってますよ。《袋の底をのぞいて見ながら旧家の妻女に。中年男》）

この表現の場合は、「〜ナ」が働いて、いくらか品位のよい表現になっている。だいたい大人の物言いである。

「ゾ」は、本来、おしつけのニュアンスがあるだけに下品である。いきおい、男性の使用が多い。なお、既述のとおり、告知・通告の表現内容が、外界の事態・事件の見聞ではなく、話し手自身の意思・思念・判断である場合が少なくない。こうあればまた、おのずからに個人・個性の鋭さが表れもする。この種の表現の記述については、次節（意思・思念の表現）に譲ることにしたい。

三、「デ」の支える表現

「デ」は、格助詞の「デ」、接続助詞の「デ」から転じて成った、助詞系の文末詞とされる(藤原　1986)。「デ」そのものは全国的に存立するが、その意味作用は必ずしも同じではない。地域による諸相が認められるが、当該方言に行われる「デ」は、告知・通告を基本的な作用とすると言ってよかろう。告知・通告の内容については、上項の「ゾ」に関して指摘したのと同様に、自己の見聞や判断・思念を持ちかけるのが一般である。本項では、主として見聞にかかわる告知・通告の表現を、実例に基づいて討究することにしたい。なお、自己の判断にかかわる告知・通告の記述については、次節(意思・思念の表現)において、改めて取りあげることにしたい。

　○イマ　ヒカッタ　デ。(今、光ったよ。《夜空の稲光に怯えて家人に。小学生女》)
　○ナンヤラ　オチトル　デ。(何か落ちてるよ。《道で母に。小学生男》)

目に触れた事実を、単純に告知したものである。「デ」は上昇調子をとって行われるのが一般で、ここに訴えの心意が、いっそうはっきりと表れる。概して品位がよい。若い女性に用いられることが多いか。少女が用いれば、あどけなさの出ることがある。

　○マー　ケンカバー　ショーッテン　デ。(まあ、喧嘩ばかりしておられるのよ。《遊び友だち同士のいさかいを告発。小学生女》)

少女のものである。少女の遊びの世界ではこれが頻発する。大声で訴えて仲間を牽制するのである。

　○コリャー　フタガ　シテ　アル　デ。(これは蓋がしてあるよ。《漬物を取りだそうとして桶に触れて。中年女》)

類例である。告知の働きがよく表れている。

「デ」の複合形に「デナ」「デヨー(ジョー)」がある。

　○ソリャー　オーケナ　オトガ　シタ　デナ。(それは大きな音がしたよね。《山崩れの瞬間を見て。初老男》)

自己見聞の事実を説明し告知している。「デナ」とあれば、「〜ナ」で、呼びかけに念を入れはするものの、全体は相手を顧り、相手に気を使っての説明となり、告知となる。ちなみに「デノ」はない。双方の品位が調和を欠いた故であろうか。

　○ギョーサン　アッタ　ジョー。(たくさんあったよう。《山から茸を取って
　　　帰って家人へ。老男》)

告知・報告である。「ジョー」は「デヨー」の変化形であろう（dejoo ＞ zijoo〈遡行同化〉）。この形で行われるのが普通である。この複合文末詞は、「〜ヨー」の持ちかけの働きが強く、しかも長呼のところに話し手の情意が濃く表れている。いわば「ジョー」は、話し手の思念の告知・持ちかけにかかわることろが大きい。

四、「ガ」の支える表現

　当該の小野方言に存立する、説明・告知の「ガ」は、接続助詞「ガ」から転じて成った文末詞とされる（藤原　1986）。この種の文末詞は、全国的に分布してはいるものの、主として国の西部域（中部地方西部以西）によく行われるもののようである。当該方言の「ガ」も、もとよりその分布域内にあり、盛んである。全国的に見れば、意味作用や用法に諸相があるが、そのなかにあって、当該方言の「ガ」はどのように位置づけられるのか。以下にその実態を熟視してみよう。

1．「ガ」

　当該方言における、文末詞「ガ」の基本的な意味作用は、上述のとおり、説明・告知である。どちらかと言うと、告知に重点があるか。が、その告知性も薄いかのようである。大枠をこのように把握したとしても、細部にわたればさらに諸相が見いだされる。その実際は次下のとおりである。

(1)　**事態・判断の告知**
　話し手に属する特定の事態、判断を相手に告げる場合がある。

○アーユー　テーネーナ　タチナンジャ　ガ。(あんな丁寧な性格なんだよ。
　　　《話題の人物を評して。青年女》)
話し手は話題の人物の日常に通じている。その立場からの判断であり、告知であるが、相手にもその人物に関する何らかの認識はある。「ガ」と持ちかけて、相手の同感を期待しているのが、この表現である。
　　○カタチャー　ワルーテモ　ココロガ　コモットリャー　エー　ガ。(形は悪くても心がこもっていればいいよ、ね。《正月用の餅を丸めながら。青年女》)
　　○アンタガ　イキャー　エー　ガ。(あなたが行けばいいよ、ね。《誰が行くかとなって。中年女》)
話し手の判断を持ちかけたものである。それも、一方的な通告や押しつけというわけではなく、相手の判断や同意を期待している。いわば、相手の意向を問うニュアンスがある。
　　○ドー　シタン　カナー。ダーレモ　オラン　ガ。(どうしたのかな。誰も居ないよ。《人気のない家を訪ねて不審がる。青年女》)
これも、「ガ」の支える表現の一態である。これによっても諒解されるとおり、「ガ」は、潜在的に問いの意識を伴うかのようである。
　さて、上の第1例では、叙述部が「ジャ」で結ばれている。いわば、話し手の一定の確認・判断の叙述を統括して、「ガ」が行われていることになる。このことは、話し手の確認・判断を「ガ」によって相手に持ちかけ、あるいは問いかけて、同意を含めて、とかくの意向を相手に求める姿勢でもある。これは、告知の機能を持つ他の文末詞には、見られない用法である。つまり「～ジャ　ヨ」「～ジャ　ゾ」「～ジャ　デ」などは存しない。それだけに当面の「～ジャ　ガ」は、告知の特異な点で注目に価しよう。
　　○アンタガ　ソガン　コトー　シテジャケージャ　ガ。(あんたがそんなことをされるからだよ。《遊びのなかでの失敗をなじる。小学生女》)
その1例である。これも単なる告知ではなく、相手の反省・同意を期待してのものである。
　　○ハー　アガロージャ　ガ。(もう上ってくるよ。《バスを待つ山の停留所で。

初老男》）

類例である。バスを待つ一同は、同感・期待の面持ちである。

(2) 双方の体験喚起

　話し手と聞き手とが、共に体験した過去の事態、あるいは共に見聞する現前の事態を指摘し、注意を喚起する場合がある。

　　○キテ　カケリョータ　ガ゚。ヨー　コエタンガ。（来て走っていたよ、ね。よく太った子が。《体育会を共に見物した母に。青年女》）

話し手は、出場した話題の子のことを、母親に思い出させようとしている。この場合も、「ガ」は、何らかの問いの姿勢を見せている点に注意したい。

　　○モー　ユータ　ガ。（〈そのことは〉もう言ったよ、ね。《再度、聞き返した学友に。小学生女》）

相手の記憶を喚起しようとしている。念押しになる場合もある。

　　○ソケー　オチトル　ガ。（そこに落ちてるよ。《捜しものをする相手に知らせる。中年男》）

相手に注意を喚起し、相手の行為（収納する）を期待している。言うまでもなく、落としものは双方の現認の範囲にある。

　　○コンナー　ミー。ハダシデ　アルキョール　ガ。（この子を見ろ。はだしで歩いているよ。《はだしの幼児を見て驚く。青年男》）

第1文の「〜ミー」が示しているとおり、「ガ」の立つ表現が、双方現認のなかでも行われ得る事象であることは明らかである。相手の注意を喚起し、相手の何らかの反応を期待するのが、この表現である。

(3) 推量持ちかけ

　相手の言動を推量して持ちかけ、注意を喚起する表現がある。

　　○オマェー　イカザッタロー　ガー。（おまえ、行かなかったろう、な。《約束の日に。青年男》）

　　○ジブンガ　シタンジャロー　ガー。（自分がしたんだろう、な。《予想外のできごとに。中年男》）

いずれも、相手の行動を推量し、注意や内省を喚起している。この種の表現には問いの作用がよく表れており、それが詰問にもなって、強い持ちかけに

なっている。こうあれば、「ガ」も「ガー」となって、話し手の情念の表れることが多い。むろん下品である。
　○モー　イクナ　ユータロー　ガー。(もう行くなと言ったろう、な。《制止を聞かず失敗した孫に。老女》)

類例である。相手の反省を期待した持ちかけであって、叱責の思いが深い。

　さて、上掲の諸例は、完了した事態に関する場合のものである。それに対して、現在進行中の事態に関して、相手の意向・心情を気にし、持ちかける場合がある。
　○コガーナ　ハナシュー　シテモ　オモシロー　ナカロー　ガー。(こんな話をしても、おもしろくないだろう、な。《聞き手〈子ども〉の反応を気にして。老母》)

繰り言を聞く子どもの心情を推しはかり、気にしての持ちかけである。
　○ミンナ　マチョールンジャロー　ガー。ハヨー　セー。(みんな待っているんだろう、な。早くしろ。《友だちを待たせている子に。父》)

類例である。子の勝手なふるまいをなじり、したくを急きたてている。ともあれ、「推量持ちかけ」の「ガー」は、相手の情意・行為に関心のある持ちかけである。

(4)　敬体の告知

「ガ」は、告知して、その反応など、相手の情意や意向の在りかたに関心を持つのが基本の意味作用である。相手を意識するだけに、概して品位は悪くない。「ガ」が、女性によって行われやすいのも、ここにかかわっていよう。「ガ」が、敬体の叙述を統括して行われることがあるのも、当然のことである（上項の「ガー」は別に考えるのが適当か）。
　○ヨメニ　ヤッタユーテ　アンキニャー　ナリマセン　ガ。オバーサン。(〈娘を〉嫁にやったといって気らくにはなりませんよ、ね。おばあさん。《娘を縁づかせた中年女。老女へ》)
　○コノマエーノ　エーセーハクランカェーデモ　ナンデス　ガ。アガーナコトバーデス　ガ。(この前の衛生博覧会でも、何ですよ、ね。あんなこと〈避妊〉ばかりですよ、ね。《見学後の感想。中年女》)

まさに自己体験の説明・告知の表現である。ここで「ガ」は、上昇調子をとるのが一般である。この音調には、相手への気づかいの表れることが多い。上の表現の場合も、相手の意向に配慮しながらの持ちかけであることを確認することができる。

2．「ガナ」「ガノ」「ガヤ」

「ガ」には上記の複合形がある。このうち、もっとも頻用されるのは「ガノ」である。「〜ノ」があるだけに、ごく気安い言いかたになる。
　○オーケナ　タテモンガ　アル　ガノ。(大きな建物があるだろう、な。《子どもにある場所を教えようとして。中年女》)

相手の記憶のなかの、目印の建物を思い出させようとしている。「ガノ」の「〜ノ」は、気安さに後押しされた、踏みこんだ呼びかけの意識を表す。換言すれば、相手と一体化しようとしているかのような表現性を見せる。
　○モー　イカーデモ　エー　ガノ。(もう行かなくてもいいよ、な。《不服顔の子に。青年男》)

話し手の勝手な判断の持ちかけである。が、相手の側に思いを移している。「ガナ」の例は少ない。

「ガヤ」の例を取りあげよう。
　○シンダ　モノガ　ワカリャー　スマー　ガヤ。(死んだ者が、分かりはしないだろうよ、な。《死後の論議。初老男同士》)

相手への反論である。詰問のニュアンスがある。「ガヤ」は、相手の意識内容を推量して、時に刺激し、時に注意するのが基本の用法であるが、「〜ヤ」とあれば、相手の世界にいっそう接近する。これがまた、相手を詰問し、時に揶揄する調子を助長することにもなる。「〜ノ」「〜ナ」も、呼びかけ機能を持つとはいえ、「〜ヤ」に比べると、まだ心的距離がある。
　○チャガ　サメテ　シモー　ガヤ。(茶が冷めてしまうよ、な。《出された茶を忘れて話に熱中する友人に。中年男》)

これにも、友人の話にうんざりしての、揶揄ぎみな持ちかけである。
　概して「ガノ」「ガヤ」がよく行われている。

五、「ト」「テー」の支える表現

　伝達の意味作用を持つ「ト」文末詞は、格助詞から転じて成ったとされ、共通語をはじめとして、全国的に行われている（藤原　1986）。上述のとおり、伝達を基本的な機能とはするが、これを告知の一種とみて、本項で取りあげておきたい。
　　○コリョー　アギョー　ト。（これをあげようって。《預かってきた品物を渡す。小学生女》）
依頼した人の口述のままに、目指す相手に伝達した例である。「～ト（言った）」の引用の意味作用が、そのまま生きているかのような用法である。若い年齢層に見られやすい。
　　○イソガシューテ　コラレンノジャ　ト。（忙しくて来られないんだって。《お使いの復命。青年女》）
この例のように、「ト」が「～ジャ」を統括した言いかたであれば、先方の口述のままとは言えず、伝達者（話し手）の言い直しであることもある。そうであったとしても、「ト」自体の、伝達の単純な機能に変わりない。上昇調子を取って、訴えの姿勢を見せるのが一般である。
　ところで、ほぼ同様の機能をもって立つ文末詞に「テー」がある。
　　○ソガン　コター　シラン　テー。（そんなことは知らないってよ。《先方の返事を伝えて。青年男》）
文末は「ト」とあってもよいところである。ただ、「テー」とあれば、話し手（伝達者）の、やや投げやりな情意が表出されていて、品位はよくない。いきおい男性の用いることが多い。
　「テー」は「トイ」の変化形（toi ＞ tee）であろうか。「トイ」自体は、当該方言には存しない。が、関西本位に、主として近畿・中国・四国、それに北陸の一部に分布するもののようである。藤原与一氏は「岡山県下では、『トイナ』が熟しているのであろうか。なお、本県下では、「トイ」の「テー」も聞かれるのか。」（1986, p.58）と述べている。当面の小野方言の「テ

ー」もこれに関係があろうか。かつて「トイ」が存し、これが「テー」と変化したか、東隣の岡山県下で、すでに変化していた「テー」を受けいれたか。いずれにしても、「トイ」の変化形「テー」が、残存的に行われていることは否めないようである。

結　　び

　説明・告知の表現を支える、特定の文末詞の視点から、当該表現の実態を見てきた。ここに行われる文末詞は、上述のとおり、「ヨ」「ゾ」、「デ」「ガ」「ト」「テー」である。このうち、「ヨ」「ゾ」は感声的な文末詞とされ、「デ」「ガ」「ト」「テー」は転成の文末詞とされる。感声的とはいえ、「ヨ」「ゾ」いずれも訴えかけに個性があり、その告知のしかたにも異なった作用性が認められる。共通点と言えば、相手との間に、ある程度の心的距離感のあることであろうか。「デ」「ガ」は、接続助詞から転成して成った文末詞であろう。いずれも、いわゆる後件の叙述が省略された形式からのものか。基本的には、「デ」は客観的な告知、「ガ」は主観的な告知と言えるかもしれない。前者には、言いとどめの慎ましさがあり、後者には、押しつけの厚かましさがある。格助詞系の「ト」「テー」は、告知と言うより伝達としたほうがよいか。

　それぞれ、個性のある文末詞が、程よく調和して、説明・告知の表現を支えている実情が注目される。

文　献
藤原与一（1982）『方言文末詞〈文末助詞〉の研究』上（春陽堂）
藤原与一（1985）『方言文末詞〈文末助詞〉の研究』中（春陽堂）
藤原与一（1986）『方言文末詞〈文末助詞〉の研究』下（春陽堂）

第4節　意思・思念の表現

は じ め に

　本節では、当該の中備後小野方言に存立する、文末詞による、あるいは文末詞に支えられた意思・思念の表現について記述する。「意思・思念の表現」とは、話し手自らの意思、事に当たっての自らの思念・分別を表出し、時に主張する表現を指している。いわば自己表出の表現である。この表現分野は、日常の表現法上、存外、主要な部分を占めている。考えてみれば、人びとの日常生活上での、事にあたっての自己表出は、人間本来の基本的な表現行動とも言える。その意思・思念は、文末決定の日本語の性格として、主として文末に表出される。文末詞は、その表出を支えて、統括と訴えかけの、一定の表現を仕立てている。
　ここに働く文末詞は、「ヨ」「ゾ」「デ」「ニー」「ジャ」「ジャー」「テー」「テヤ」、それに「わい」の類である。以下に、それぞれの用法・作用の実際を取りあげ、討究することにしたい。

一、「ヨー」の支える表現

　「ヨ」は「ヤ行音文末詞」と称される、一連の感声的な文末詞に属している（藤原　1982, 1985　参照）。「ヤ行音文末詞」は「ヤ」「ヨ」をを主たる文末詞とし、相手への呼びかけ・訴えかけを本性とするが、その用法・作用の基本については、第1節に述べたとおりである。また、「ヤ」の一用法、問いかけについては、特に第2節で取りあげ、表現の微細にわたって詳述した。さて、当面の「ヨ」も、呼びかけ・訴えかけの本性にかかわる、多様な用法の広がりを見せている。そのうちの「説明・告知」の用法については、特に第3節で取りあげ問題にした。本項では、その「説明・告知」の1用法とも

第三章　特定文末表現法　131

目される「意思・思念」の表現について記述する。

1．「ヨー」

前節で、「説明・告知」の用法として問題にしたものは、
　○ヒガ　キエタラ　マックラ　ヨー。(明かりが消えたら真っ暗だよ。)
のように、体験、あるいは見聞した事件・事態の、説明・告知を目的とした表現である。本項では、その「説明・告知」の内容が、話し手自身の思念にかかわる表現を特に問題にし、「意思・思念」の表出を支える事象として取りたてようとしている。例を見よう。
　○ソリャ　ミー。ユーヨーニ　センケー　ヨー。(それ見ろ。言うとおりにしないからだよ。《子どもの失敗を母がなじる》)
　○ドーモ　オモーヨーニ　イカン　ヨー。(どうも思うようにいかないよ。
　　《失敗を重ねての言いわけ。青年男同士》)
いずれも話し手の思念・分別を表明した表現である。長呼の「ヨー」に、話し手の思いがあらわである。ここに短呼の「ヨ」が立つことはない。
　「ヨ」は、話し手の座標をさほど動かすことなく、相手との心的距離を保ったまま持ちかけるのが本性である。「ヤ」のように、座標を越えて、相手に心的な接近を図るのとは対照的である。それだけに、「ヨ」には、話し手の立場や領域意識がいっそうよく表れている。本項の「意思・思念」の表現面からすれば、話し手独自の思念や心情の表出が先で、相手の同調はさほど期待していない。ここに長呼の「ヨー」しか立たないゆえんである。
　○ソレガ　カシコノ　テ　ヨー。(それが利口なやりかただよ。《相手の処置
　　に賛同して。中年男同士》)
自己の判断・思念をさっぱりと表出し、相手に持ちかけている。やや投げやりのニュアンスはあるが、これも自己本位の持ちかけのゆえに他ならない。「カシコノテ（賢の手）」は慣用的である。
　「ヨー」はまた敬体の叙述を受けても行われる。
　○クスリダェーガ　ネンニ　ゴマンジャー　アガランヨーナ　キガ　シマ
　　ス　ヨー。(薬代が１年に５万円ではきかないような気がしますよ。《病弱

な家族を抱える嘆き。初老男》）

「ヨー」の働く表現はぞんざいであるのが一般である。が、敬体の叙述を受けてこれが立てば、相手に気づかいしながらも、自己の思念をしたたかに持ちかける表現になる。

なお、「〜モノ」「〜コト」で終わる叙述を受けて「ヨー」が立てば、その「ヨー」は前行の末尾音と融合して、

　　○ツマラン　コトー　ショーッタ　モネー。（つまらないことをしていたものよ。《若い頃を回想して。初老男》）
　　○ソリャー　イワーデモ　エー　コテー。（それは言わなくてもいいことよ。《相手の弁解を制して。初老男》）

このように「〜モネー」（monojo > monee）「〜コテー」（kotojo > kotee）となる。これの行われる表現は、いずれも自己の思念や判断を一方的に持ちかけたもので、自己を言う意識は高い。「モネー」「コテー」を文末詞（複合文末詞）と解する見かたもあろう。が、ここでは「ヨー」本位に、しばらく述部末尾音との融合とみておきたい。

2．「ヨナ」「ヨノ」「ネー」

複合の文末詞を取りあげよう。その主な事象は上のとおりである。

　　○エー　シニ　ヨナ。（いい死にかたよね。《楽に死亡した近所の老女を話題にして。老女同士》）

「ヨナ」とあれば、自己の思念を、かなり積極的に相手に持ちかける意識がある。そして相手の同感を期待する。「ナ」が行われて品位もよい。一方、「ヨノ」もあるにはあるが、これは少ないか。「ヨノ」を用いるような相手には、ぞんざいさにおいて「ヨー」がふさわしい。ただ、次のような例、

　　○デンワドマー　カケテ　コー　ヨノー。（電話なりとかけてこようよねえ。〈かけてくるのが常識〉《いらいらして息子の知らせを待ちながら。母親が傍の娘に》）

これにはやや注意を要する。この例文は、「ヨノー」となっている。アクセントは、相手に、改めて「ノー」と呼びかける姿勢を示している。この体の

第三章　特定文末表現法　133

ものは、単なる「ヨノ」とはいささか表現性を異にしていよう。相手への同調を求める意識が、格別に強く表出されていると判断されるからである。述部の末尾が推量形（意思形）である点も注意されよう。
　○メシグラェー　ウチデ　クオー　ヨノー。（飯ぐらいはわが家で食べようよねえ。《出歩く息子を心配して。母親が娘に》）
類例である。話題主の非常識な行為を嘆き、その思いへの共感を傍らに促している。「ヨー」とは一味違った「ヨノー」の表現性である。
　思念・分別の表現として注目されるのは、次の「ネー」である。
　○コッチャー　ヨーワ　シラン　ネー。（私なんかはよくは知らないんだよ。《事件について尋ねる家人に。初老女》）
　○オゴッテ　カノワンケー　カリョール　ネー。（草がはびこってたまらないから刈っているのよ。《隣人の疑問に応えて自分の意図・行動を説明する。中年男》）
このように、「ネー」は、事に臨んでの思念や分別をまっすぐに表出する。それだけにいっそうぞんざいである。「ネー」は、おそらく「のよ」が融合して成ったものであろう（nojo＞nee）。ここには、「ヨ」の自己本位の訴えかけの働きが生きている。
　○マー　イッペン　ユーテ　ミル　ネー。セーカラノ　コトジャ。（まあ1度言ってみることだよ。〈今後のことは〉それからのことだ。《話しあいの後に。初老女》）
分別・判断の表出である。この場合には、一座の論議の流れを締めくくるにはふさわしい言いかたになっている。
　○モー　スンダ　ネー。（もう〈話は〉すんだんだよ。《集会所から人が出てくるのを見て。青年男》）
特定の状況を見ての判断・推断の表出である。類例は多い。
　複合の「ネーナ」「ネーノ」もある。厳密には「のよ＋な」「のよ＋の」であろう。自己の思念や推断の訴えかけを、相手に確認する意図がある。
　○ソコマデャー　ワシャー　シラン　ネーナ。（そこまでは私は知らないんだよね。《問い返されての応答。中年女》）

○マダ　ワスレトラザッタ　ネーノ。(まだ忘れていなかったんだよね。《居なくなった犬が帰ってきた話を聞いて。中年男》)

両者では、「ネーナ」が多いか。「ネー」の自己中心的な推断表出を、相手へと方向づけ、穏やかに持ちかけようとしている。その心づかいのゆえか、品位はやや上向く。

二、「ゾ」の支える表現

　「ゾ」は、「ザ」「ゼ」と同類（ザ行音）の、感声的な文末詞とされるが（藤原　1985）、当該方言には「ゾ」しか存しない。「ゾ」は、訴えかけを本性とはするものの、他の感性的な文末詞、「ナ行音」「ヤ行音」の事象のそれとは異なって、訴えかけに特別な個性があり、話し手自身の判断や主張を相手におしつけ、指示するところがある。ここには、相手を顧慮する姿勢があまり見られない。それだけにぞんざいで下品である。上項の「ヨ」も、自己の立場や領域を保持しての持ちかけで、相手との同調にはやや消極的な事象であるが、この「ゾ」はそれを越えて、自己の判断や主張を、一方的にまた強調的に持ちかける。

　先の第3節で、同じ「ゾ」でも、自己の見聞内容を相手に告知する表現を問題にした。次はその1例である。
　○コリャー　チート　ハレトル　ゾ。イタカロー　ガー。(これは少し腫れているぜ。痛いだろう。《歯痛に苦しむ人の顔を見て。中年男》)

現前の事態を観察し、これを指示ぎみに、相手に告げ知らせているのがこの例である。この種の表現を「告知」の表現の1態として取りあげた。本項で問題にしようとするのはそれとは異なり、既述のとおり、自己の判断や主張を一方的に持ちかけるものである。「ゾ」の働きに大差はないが、表現内容が異なっている点に注目した。大差はないとしても、自己を主張するとなれば、おのずから表現性にも個性が現れてくる。

　以下、実例について討究しよう。
　○ソリャー　ワシン　ゾ。(それは俺のだぞ。《自己の所有を主張する。青年

第三章　特定文末表現法　135

男同士》）
　〇シンジャー　イケン　ゾ。(死んではおしまいだよ。《生を互いに強調し、励ましあう。老男同士》)

いずれも話し手の判断の表出であり、主張である。後例には、自己の信念に近いものが表れていよう。自己の思念を、こうと強く指示するニュアンスがある。それだけに気がねな相手には言いにくい。ところで、「ゾ」は、「ド」とも実現することが稀にある。
　〇ゲニコト　ワシャー　イカン　ド。(〈ああは言ったが〉本当は俺は行かないぜ。《行く、行かないの言いあいの後で。小学生男同士》)

「ド」は「ゾ」よりも投げやりで、ふらちな情念表出の感じがある。
　〇オドリャー　ヨー　ユータ。イラン　コトー　イヤー　コラエン　ゾ。(貴様はよく言った。くだらないことを言えば許さないぞ。《小学生男同士の喧嘩口論》)
　〇ワリャー　ハツッチャル　ゾー。(貴様は殴ってやるぞ。《小学生男同士の喧嘩口論》)

喧嘩ことばの例である。表現内容にすでに威圧があるが、「ゾ」は、こういう意図・威圧を、相手に強く押しつけるのにも適している。
　〇イラン　コトー　タリョーリャー　マタ　ナカサリョー　ゾ。(くだらないことを言ってればまた泣かされるぞ。《相手を威嚇する。小学生男同士》)〈注、「垂れる」は「言う」の卑語〉

乱暴して、相手を泣かせた人間は、話し手自身である。が、ここは「また泣かす」ではなく「また泣かされるだろう」である。間接的な脅しであるが、この場合は加害者が本人であるだけに凄みがある。「〜う（だろう）ぞ」はおおむね慣用的な言いかたである。ここでも「ゾ」は、告知・通告の意味作用を見せている。
　〇カケリョーリャー　マタ　コロボー　ゾ。(走っていればまた転ぶぞ。《坂道を走る子に。母親》)

類例である。直前、子は転んで泣いた。乱暴な物言いではあるが、性懲りもなくまた走る子を気づかっての表現である。「転ぼう（転ぶだろう）ぞ」の間

接的な言いかたが注意される。概して、いい言いかたにはならない。

　さて、複合形に「ゾナ」がある。こうあれば、後接の「ナ」が、「ゾ」の指示の勢いをいくらか和らげる。

　　〇ソリャー　ヨー　コタエマス　ゾナ。(それはよく効きますよ。《焼酎の効
　　　き目〈酔いの程度〉の体験談。初老男》)

敬体の叙述を統括して「ゾナ」が行われている。自己の体験を提示してはいるものの、相手を見て、それとしての心づかいを表した表現である。ちなみに言えば、「ゾナ」に対応しがちの「ゾノ」はない。

三、「デ」の支える表現

　「デ」は、格助詞の「デ」、接続助詞の「デ」から転じて成った、助詞系の文末詞とされる（藤原　1986）。全国的に認められ、その働きも諸相があるが、当該方言に行われる「デ」は、基本的には、告知・通告の作用を本性とすると言ってよかろう。その告知・通告も、上項の「ゾ」に関して指摘したのと同様に、自己の見聞内容のそれと、自己の意思・思念のそれとにかかわるものである。本論では両者を区別し、本項では後者について扱いたい。「意思・思念」の表現を問題にする立場からである。前の第3節で取りあげ問題にした「説明・告知」のそれは、

　　〇イマ　ヒカッタ　デ。(今、光ったよ。《夜空に稲光を見て。小学生女》)

のような表現で、この場合は、自己の視認をそのまま告知している。本項で取りあげる意思・思念の表現とは、告知内容に違いがある。「デ」の告知の働きに、両者、基本的に差異はないとしても、内容の違いにかかわる、何らかの表現上の特性も見られるのではないか。意思・思念の告知ともなれば、主情的な偏り、場合によっては一種のひずみも生じるのかどうか。それが希薄であるとしても、両者記述を分けるのが本論の立場である。本項で扱う他の事象との関係もある。表現例について見よう。

　　〇アメガ　フッチャー　ヤレン　デ。(雨が降ってはたまらないよ。《雨天の
　　　難儀な道路工事を訴える。中年男》)

第三章　特定文末表現法　137

　○ワシャー　ナンニモ　シラン　デ。(俺は何も知らないよ。《疑問に答えて。青年男》)

これらの例は、自己の思念を告げた表現で、「デ」の告知の働きに、格別変わったところがあるわけではない。ただ、上述のとおり、話し手の内面が持ちかけられている点に留意したい。

　○モー　イノー　デ。(もう帰ろうよ。《母親が子に》)

こうあれば、一種の勧誘表現とも目されようか。自己の意思を相手に持ちかけた表現である。相手の同調を期待してはいるが、重視してはいない。いわば一方的な通告である。その点、例文のような、母親が子へ言う場合にはふさわしい。勧誘表現と言えば、「モー　イノー　ヤー。(もう帰ろうよ。)」のような、「ヤー」が支えた表現もある。「ヤー」の立つ勧誘には、相手の意向を重くみるニュアンスがある。さて、上の例文で、「デ」の位置に「ゾ」がきてもよい。が、こうあれば、押しつけるような指示性が際立つ。

　○アシター　アメジャロー　デー。(明日は雨だろうよ。《空模様を見ながら。初老女》)
　○マダ　ダーレモ　シルマー　デー。(まだ誰も知らないだろうよ。《ある事件のこと。青年女》)

推測の叙述を統括して行われる場合は、例文のとおり、長呼されて「デー」となるのが普通である。注意されるのは、この表現の場合、独白性があることである。この「デー」は、相手に告知する姿勢よりも、みずから確認する姿勢のほうが勝っているか。いきおい、告知の「デ」が示すほどの品位がない。これが果たして助詞系の「デ」かどうか。あるいは「ゾイ」からのものかと疑われもする。ただ、当該方言に「ゾイ」はない。ではあるが、瀬戸内海域およびその周辺一帯にはこれがあるらしい。山陰の出雲・石見の例も、藤原与一氏によって報告されている。同氏は、出雲のそれについて、「推想の意味に多くつかわれており、」(上掲書　P.303)と述べている。この指摘の用法は、当面の小野方言の「デー」のそれと類似する。仮に、「デー」がかつて存した「ゾイ」からの変化形であり、残存形であるとすれば、興味は深い。その際、「デー」は、「ゾイ」からの「ドイ」を経て成ったものか(zoi

\> doi ＞ dee)。

　○モー　イワーデモ　エカロー　デーノー。(もう言わなくてもよかろうよねえ。《第三者の言動について批判する。青年女》)

この表現例の場合は、上例の「〜　デー」形式によって表出された自己の思念・心意を、「〜　デーノー」と、新たに「ノー」を取ることによって、積極的に相手に訴えかけている。

　○マー　ウチジャー　ナカロー　デーノー。(まあ、私ではないよう。《いたずらの当事者と目されて反撥。小学生女》)

この例は、自己にかけられた嫌疑に反撥したものである。つづまるところ、「デーノー」とあれば、批判・反撥の表現をしたてるのが基本である。この表現形式に見られる「デー」も「ゾイ」からのものかと疑われる。少なくとも当面の「デー」には、助詞系とされる「デ」が示す告知の働きも、相手を顧慮した品位も認められない。しかも「〜エカロー　デーノー」「〜ナカロー　デーノー」は、限定された慣用的な形式であって、間接的な意味作用にも限りがある。おおむね若い女性の物言いである点も、ここに留意する必要があろう。

　　ちなみに、「何　デー。」のような問いの「デー」は、当該方言にはない。が、このような「デー」は、主として西部方言、特に瀬戸内海に沿った地域に多い。この「デー」も、「ゾイ」からの転化形と解する見かたがあるのではないか。問いの「デー」の行われる地域にはまた、問いの「ゾ」「ゾイ」の見られることが多い。

「デ」の複合形に「デナ」「デヨー(ジョー)」がある。

　○ハヨーニ　スマソー　デナ。(早くすまそうよね。《協同しての食材作り。中年女同士》)

　○ヤレヤレ。チョーテー　メニ　オータ　ジョー。(やれやれ。恐ろしい目にあったよう。《恐怖の体験を語ろうとする。老女》)

「デナ」は、相手に呼びかけながらの告知である。相手への思いがあり、それだけに情が細かい。品位もよい。「ジョー」も同様の告知であるが、「ヨー」とあるだけに大げさで呼びかけの効果も大きい。が、自己の座標はさほ

ど動かさない。その故もあってか、品位は表現に応じて広角的である。

四、「ニー」の支える表現

　「ニー」は格助詞「に」の転じて成った文末詞とされる（藤原　1986）。「ニー」そのものは、主として関東以西に分布するとされるが、その出自の推定については、必ずしも容易ではない。単純感声の「ニー」もあり、接続助詞「のに」を想定できる事象もあるからである。が、当該の小野方言の「ニー」は、おおむね格助詞系と認定してよさそうである。ただ、その用法は限られている。反語的な慣用法がそれである。例を見よう。
　　○タェーギ　タェーギ　キタユーテ　ナンニ　ナロー　ニー。（いやいや来たからといって何になろうか〈何にもならない〉。《手伝いを嫌がる子どもの態度を非難する。母親》）
　　○アェーツガ　ナンデ　ヨー　ショー　ニー。（あの男にとってもできるものか〈できない〉。《仕事を請けた人を見くびって。中年男》）
「ニー」は、この例のように、話し手の確固とした意思、判断の叙述を統括して行われる。しかもその意思・判断は、自己中心の感情的なものであるのがつねである。時に屈折した感情であることもある。この歪んだ特殊性もあって、「ニー」は、文中の疑問詞と呼応して反語的に行われるのがつねである。その上、他を推量する形式の叙述を統括するという、語法の上でも一定の慣用を見せる。あるいはすでに衰退期にあるものか。
　　○ダレガ　イコー　ニー。（誰が行くか〈行くものか〉。《行けと言われて反撥。青年男》）
　　○ナニガ　ウレシカロー　ニー。（なにが嬉しかろうか〈嬉しいはずがない〉。《嬉しいかと聞かれて。初老男》）
先の例が、他者の行動を非難して言うのに対して、これは話し手自身の思念を言う表現である。いずれも、同根の心情に発するものであることはむろんであるが、ただ注意されるのは、後者の場合、その叙述部が、自己の意思を言う形式で結ばれている点である。こうあれば、いっそう反撥の心情が表れ

やすい。
- ○ドー　ナロー　ニー。(どうにかなろうか〈ならない〉。)
- ○ナンジャロー　ニー。(何のことがあろうか〈問題ない〉。)
- ○ナンタロー　ニー。(何のことがあろうか〈問題ない〉。《上例よりもいっそう投げやりで強がりの言いかた。青年男》)

これなどは、一定の慣用文である。高揚した気分、ある意味では無責任な心情を表すことが多い。それだけに下品である（第六章五項　参照）。

五、「ジャ」の支える表現

ここで取りあげる「ジャ」文末詞は、断定助動詞から転じて成ったものかと推測される。これも思念・判断の表現を支えて存立している。
- ○ナキターダキ　ナク　ジャ。(泣きたいだけ泣くことだ。《いつまでも泣きやまない子に。中年の母親》)

泣く子に手をやいたあげく、傍観者の立場に立っての発言である。子に向かっての宣言、言いわたしでもある。突きはなしたニュアンスがあるが、話し手である宣言者の内心は穏やかではない。
- ○マタ　アシタ　イチンチ　ホス　ジャ。(また明日１日乾かすことだ〈乾かすことにしよう〉。《穀物の乾燥について。初老女》)

終日、天日で乾かしたのに、乾燥度が充分でない穀物を見ての発言である。自己の判断を客観的に表明したもので、自他を納得させる意図がひそむ。
- ○ヒトヤスミ　スル　ジャ。(一休みすることにするか。《畑仕事のひとくぎりで。中年男》)

休憩するのに、協同の誰もが納得の間合いである。分別くさい、老成ぶった言いかたで、この例の場合、連れの頭だった者の発言にふさわしい。

総じて、当該の「ジャ」は、自己の思念や判断を、客観的傍観的に表現しようとするところに特性がある。

六、「ジャー」の支える表現

　「ジャー」は「では」からのものか（藤原　1986，p.116　参照）。「未然形＋い（ん）《否定》では」がその原形であろう。慣用的な反語法である。
　　○ワシデモ　セー　ジャー。（俺だってやるさ〈やれないなんてことがあるか〉。《小学生男の強がり発言》）
　　○ヒトリデモ　イカー　ジャー。（１人でも行けるさ〈行けないことがあるか〉。《小学生男同士》）
「せいでは」「いかいでは」が上の例文の原形で、自己の思念・主張を、反語形式で表出したものである。かなり感情的な表現になっていよう。文末の「ジャー」は、既述のとおり「では」からの転化形であるが、文末での孤立状態が明らかであって、文末特定要素として把握するのが適当である。用法に制約があり、いわば、化石的な慣用法とも言えよう。
　これらの表現は、自己の能力を言う、いわば能力可能的な表現であるのが普通である。これらは、次例に示すとおり、
　　○ワシデモ　ケッコー　セー　ジャー。
のように、副詞「ケッコー」（十分に、うまく〈結構〉）を用いて、動作の完全な実現を、強調的に言い表すこともある。
　ところで、次例のような「ジャー」もある。
　　○ヨイヨ　オージョー　セー　ジャー。（全く閉口するよ〈往生する〉。《幼い子どもにやりこめられた体験を語って。中年男》）
これも同形式の表現である。上の反駁の言いかたとはややずれてはいるが、派生の類例とすることができようか。概して気安い間がらでのものである。
　ところで、ここに問題がある。上の「セー　ジャー」は、また「スラージャー」とも言うことがある。
　　○ワシデモ　スラー　ジャー。（俺だってやるさ。）
その１例である。この「スラー」はどういう成り立ちのものか。五段動詞には両形式はない。「行カージャー」（行かいでは）、「取ラージャー」（取らいで

は）であって、この1形式のみである。ところが、他の活用動詞の、一段・サ変・カ変などには両形式がある。「セージャー・スラージャー」（為る）、「ケージャー・クラージャー」（来る）のとおりである。「セー」「ケー」は、当該動詞の命令形と同形であることに注意したい。つまり、意味の混同を避け、明確化を図ろうとしたのか。たしかに「スラー」「クラー」形式のほうが分かりやすい。とすれば、この別形式は、使用頻度の高いラ行五段動詞に類推して成ったと考えるのがしぜんである。

　関連して、別に特殊例がある。
　○コッチノ　ホーガ　エー　ワージャー。（こっちのほうがいいに決まっているぞ。《遊びのなかで。小学生男同士》）

この「ワージャー」の「ジャー」はどういうものか。「ワー」は自己本位の主張を表す文末詞である。これを補助して行われる「ジャー」も、その主張を強化する働きを示していよう。まずは上来の「ジャー」（では）と同類とみてよかろう。ここで問題は、「エー　ワー」の成り立ちが明らかでないことである。「エー」は形容詞であって、むろん上の動詞例には当てはまらない。このような主張・反駁の表現の場合は、「エー」に限らず、述部に立つ形容詞を統括しては、「ワージャー」の行われるのが普通である。ただ、例えば「行カー　ジャー」の「行カー」形式そのものは、「行クわい」（動詞終止形＋文末詞わい）の融合形式からも成り立つ。現に、そうして成った、「モー　ワシャー　イカー。（もう俺は行くよ。）」などの表現は、日常ごく一般のことである。述部に形容詞の立つ場合に限っては、例えば「エー　ワー」も、この「行カー」の原形式（行クわい）に類推して成ったのかも知れない。原形式への潜在的な意識が生きていたことになる。とすれば、ここに「行カージャー」の「ジャー」がつくのは、しぜんのことであった（本節　八の3．項　参照）。

　反語法になるこの種の表現は、前掲の藤原（1986）に、東北、中部の一部の例が見られる。藤原氏はまた、備後方言系の島嶼、瀬戸内海大三島などの例をあげている。いずれにしても、化石的な特殊形式のようである。

七、「テー」「テヤ（チヤ）」の支える表現

　意思・思念を支える文末詞に「テー」がある。「テー」は「と言う」が転じて成った、動詞系の文末詞とされる（藤原　1986）。この「テー」には、一方に報告・伝達を表す用法もあるが、本項で取りあげるのは意思・思念を支える場合のもので、特色を見せるのもこの用法である。「テヤ」は「と言えば」からのものであって、両者の用法は類似しており、その相互関係が注意される。それぞれの用法・作用について、以下問題にしよう。
　○オイ、チョット　マテ　テー。（おい、ちょっと待てよ。《仲間の離脱を引き止める。青年男同士》）
　○モー　ナクナ　テー。（もう泣くなよ。《妹をなだめる。小学生男》）
他への命令・禁止の叙述を統括して、「テー」の行われた例である。相手の行動の規制を意図しての持ちかけである。「テー」には、その意図が明瞭に打ちだされている。ただ注意されるのは、この表現は、関連の場面や言動のなかで、つまり一定の脈絡のなかで行われることの多い点である。その意味で、「テー」は、念押しの働きを見せているとも言える。
　ところで、相手の行動を規制し、制止しようとしたにもかかわらず、相手がこれに従わなかった場合などには、
　○チョット　マテ　テヤ。（ちょっと待てったら。）
のように「テヤ」を用いて、規制の心意をいちだんと深め、重ねて相手に持ちかけることがある。
　○モー　イクナ　チヤー。（もう行くなってば。）
のように、「テヤ」は「チヤー」となることもある。こうあれば、規制の心情はいっそう深くなり、時にいらだつ。
　さて、「テー」は、自己の意思表出の叙述を統括しても行われる。
　○ワシャー　シラン　テー。（俺は知らないよ。《失せ物のゆくえについて聞く相手に。青年男》）
　○モー　シットル　テー。（もう知ってるよ。《情報を伝える相手に。青年

女》)

このような「テー」には、当然のことというニュアンスがあるか。相手の重ねての持ちかけを制する意図もあろう。この場合も、相手の問いかけに応じるという、一定の文脈のなかで行われるのがつねである。この種の表現の行われた後でも、重ねての相手の問いかけや詰問に対して、上述の「テヤ（チャー）」の立つことがある。

　○モー　シャー　セン　チャー。(もうしないってば〈しないと言ったろう〉。《行動を再三非難され、いらだって。小学生男》)

時にいらだち、それを最終的に制したい心意も働く。

　「テー」は、意思形式、推量形式の叙述を統括しても行われる。

　○ヒルネノ　ナカーニ　チョット　イッテ　コー　テー。(昼寝の時間の間にちょっと行って来ることにするよ〈〜行って来ようかい〉。《自己の他出の意図を家人に告げる。中年女》)

この表現の場合は、上来見てきた諸例とは違い、１人決意するおもむきの、内面的な思念の深さが認められる。ただし「他出」の用件は、当人にも家人にも、かねてから懸案となっていた事実である。その意味では、先に注意した表現上の脈絡が、潜在的には存しているとも言える。

　○ソージャロー　テー。イカニモ　ハヤカッタケ。(そうだろうよ。いかにも早かったから。《子の帰りの早さに驚く。中年男》)

帰宅が早かったのは車に便乗したためであるとの説明を聞き、納得した表現である。このように、推量形式の叙述を統括して「テー」の行われることも少なくない。このような表現にも、思念の深さ、分別くささが出る。

　○ハー　イッテモ　ツマルマー　テー。(もう行ってもだめだろうよ。《即売会は終わっていると推測。老女》)

類例である。自己の推断を「テー」に託している。上例と同様、分別くささがある。ところで、この推断も、話し手の従来の経験を踏まえていよう。上例の「納得」も、不審の思いが先行している。いずれも潜在的な脈絡と言えば言える。

　この種の分野に「テーナー」「テーノー」の複合形がある。

○ナ̄ント　ワリ̄ー　コター　デキン　テーノ̄ー。(まことに、悪いことはで
　　きないよなあ。《悪事が露見した人のうわさ。中年男》)
その1例である。「テーノ̄ー」のアクセントに注意したい。「～　テー」によ
って表出した自己の感慨を、改めて相手に持ちかけ、同意を求めている。
　総じて、「テー」は、何らかの脈絡関係のなかで行われる。それが顕在す
れば念押しの表現になりやすく、陰在すれば分別の表現になりやすい。概し
てこう言えるかも知れない。

八、「わい」「ワー」の支える表現

　当該方言には「わい」「ワー」文末詞があり、これが意思・思念の表現を
支える形式の1態として存立している。「ワー」は「わい」からのものであ
ろう。「わい」は「わたし」「わし」に起源を持つ、自称の代名詞から転成し
た文末詞とされる（藤原　1986）。自称起源であれば、自己を言う、あるいは
自己を立てる表現性が認められて不思議ではない。これについて、藤原与一
氏は、「話し手は、自己をひっさげて訴えようとする。自己のたちばを出し
て、相手に訴えようとする。」（同上書　p.379）と述べている。
　当面の自称起源の文末詞は、多彩な形式を生み、これを展開させて、全国
的に分布の網を広げている。その全国状況は藤原与一氏の上掲書に詳しい。
当該方言もその広がりのなかにあるが、ただ、注意されるのは、西日本にも
比較的多い、短呼の「ワ」がないことである。

1．「ワェー」
　「わい」は、語内に保持するai連母音の故に、「ワェー」〔wæ〕となって
実現しており、「ワイ」とあることはない。
　○ソリャー　イケ̄ン　ワェー。(それは駄目だぜ〈もう快復の見込みがない
　　ぜ〉。《親しい人の病状を聞いて。中年男》)
　○モー　セ̄ン　ワェー。(もうしないよ〈もうしないはずだよ〉。《いたずらを
　　した子を強く叱った後で。老女》)

いずれも話し手の思念・判断を表出したものである。相手に訴えかけてはいるものの、「ゾ」のようなおしつけの心情は希薄である。自己の思念や情念を自己本位に、自己の推断をも込めて表出するのが基本である。したがって社会性に乏しく、ごく下品である。

　○ソガン　コター　シラン　ワェー。(そんなことは知らないよ〈知るものか〉。《相手に反撥して。青年女》)
　○カシヤナンカェー　ホシューモ　ナェー　ワェー。(菓子なんか欲しくもないよ〈欲しいものか〉。《菓子で機嫌をとろうとした母親に反撥して。小学生男》)

「ワェー」は、このような反撥の表現に行われることも少なくない。自己本位の表現性を持つ事象が至りつく極点とも言える。

2．「ワー」

「ワー」は、既述のとおり、「わい」から変化して成ったものか。そのとおりであるとすれば、言うまでもなく「わい」よりも新しい。そう見れば、納得できる表現性を示してもいる。

　○モー　インデモ　エー　ワー。(もう〈手伝をやめて〉帰ってもいいよ。《野良仕事に飽きた子に。母親》)
　○コリャー　ウマェー　ワー。(これはおいしいよ。《試食してみて。中年女》)

このように「ワー」は、自己の判断を相手へ持ちかけているが、その呼びかけの働きがかなりはっきりしている。上項の「ワェー」(わい)が、すでに退縮して、極端な自己中心の表現性に局限化しているのに対して、「ワー」にはまだ社会性が生きている。換言すれば、「ワェー」が内向的で陰性であるのに比して、「ワー」は外向的で陽性である。が、いずれも同根の、自己中心的な事象であることに変わりはない。

3．「わい」の陰在形式

「わい」は、前行の事象の末尾音と融合して行われることがある。

○キョーワ　イカナー。(今日は行かないよ。《青年男同士》)
　○セージャー　マー　タノマー。(それではまあ頼むよ。《友人と別れぎわに。中年男》)
前例の「イカナー」は、「行カぬ」の「ぬ」と「わい」が融合したものであり、後例の「タノマー」は、「頼ム」の「ム」と「わい」が融合して成ったものである。地域によく熟した、気安い持ちかけである。「わい」そのものは、融合し陰在化してはいるが、自己の思念を持ちかける、本来の機能は生きている。
　○シモガ　フットラー。(霜が降ってるよ。《朝の発見を。小学生男》)
類例である。
　本項に関連する形式に、「雨が降ッットラーヤ」のような複合形式がある。これについては、第1節(呼びかけの表現)で取りあげた。
　なお、特殊例として、次の形式、「ラー」がある。
　○ハンゴロニャー　キマス　ラー。(〈何時〉半頃には来ますよ。《自分の訪問の時間を告げる。中年男》)
この文末に見られる「ラー」は、「ます」の古形式である「まする」(「です る」の場合も同様)の末尾音「る」と、当面の「わい」とが、融合して成ったものである。この形式は、言うまでもなく、「ます」「です」の行われる表現に限って行われる、いわば残存の古形式である。重厚な感じで、品位もよい。ただ、「ます」「です」を用いる敬体の表現は、日常多くはない。しかも、若い層にはそぐわない。主として中年以上の男性に行われる、気どった物言いとなっている。
　なお、「ラー」は、当該地域を含む備国の特色ともされるが、「わい」の融合現象一般は全国的なことである。全国状況の概観については、藤原与一氏の前掲書によって見ることができる。

結　　び

　意思・思念の表現を、これを支えて働く文末詞の視点から取りあげ、討究

してきた。ここに行われる文末詞は、既述のとおり、「ヨ」「ゾ」「デ」「ニー」「ジャ」「ジャー」「テー」「テヤ」、それに「わい」である。このうち、「ヨ」「ゾ」「デ」については、前節においても取りあげ、説明・告知の表現の面から問題にした。本節においても、基本的には、その働きは変わらない。記述の節を分けたのは、主として、当該の文末詞が統括して作用する、叙述の内容面による。本節で、特に注目されるのは、上の「ニー」以下の文末詞である。特に「わい」の存立と一連の働きは、この分野の、奥行きの深さを思わせる。

意思・思念の表現は、換言すれば、話し手自身の内面表出の表現である。生活表現の世界にあっては、これが存外に注目すべき分野を成している。内面表出は、時に一方的であり、時に屈折している。しかも、自己本位の表出である場合も少なくない。文末にあって、これら意思・思念の広がりに即応し、かつ集約して働く特定事象も、また、種類と活力、さらには表現性に富んでいる。それぞれに特定の意味作用をもって、この表現世界を豊かに支えている現実が注目される。

文　献

藤原与一（1982）『方言文末詞（文末助詞）の研究』上（春陽堂）
藤原与一（1985）『方言文末詞（文末助詞）の研究』中（春陽堂）
藤原与一（1986）『方言文末詞（文末助詞）の研究』下（春陽堂）

第四章　文の特定成分とその表現法

第1節　文頭の指示成分とその表現

は じ め に

　本節では、文頭に立って表現を特色づける特定成分、いわゆる指示詞とその働きについて問題にすることにしたい。
　指示のコ・ソ・ア・ド体系の存立については、日本語の世界に広く認められるところである。当該の中備後小野方言においても、もとより一連の語群の活用が目立っている。コ・ソ・ア・ドそれぞれが固有のなわばり領域を持っていて、特色のある指示用法と表現性を見せている。もとより、指示詞の機能する領野は文頭に限ったことではない。が、本節においては、その指示成分が、特に文頭に行われる場合を取りあげる。ここに指示の諸相が集中的に現れるからである。したがって、指示機能の基本用法に留意しつつも、主として特殊用法に注目して、その文頭用法の広がりの世界を問題にしたい。

一、コ系の指示作用

　コ系の事象が、話し手の意識が占める範囲を、指示の及ぶ領域とすることは、日本語の基本として認められていよう。話し手の意識が占める領域と言っても、心理的な作用の世界でのことである。客観的に画然した領域があるわけではない。また特殊用法といっても、この基本用法を大きく逸脱しているわけではない。ただ、地域の生活の慣習が育てた用法には、日本語表現法の可能性の幅を示すものとして注目すべきものがある。主としてこれに留意して討究を進めることにしたい。

1．基本的用法

(1) 事物指示（コレ）

　　○コリャー　ダレン　ヤ。（これは誰のかい。《鞄を示して。中年男》）
　　○コリョー　ユデテ　ミー。（これを茹でてみな。《栗を。老女》）

いずれも現前の物を指示しての用法である。

　　○コリャー　コマッタ　ノー。（これは困ったなあ。《老男》）

話し手が直面した、特定の事態を指示してのものである。

(2) 場所指示（ココ）

　　○コケー　アル　ガノ。（ここにあるじゃないの。《捜し物。青年女》）
　　○ココデ　マチョーレ　ヨ。（ここで待ってるのよ。《子に。母親》）

いずれも現前の場所を指示しての用法である。

　　○コンナケー　ダレヤラ　オラー　ヤ。（あそこに誰か居るよ。《やや離れた場所を指して。小学生男同士》）

「コンナケー」は「こんなこへ」であろうか。ここで「こんなこ」は、ア系に類似する意味作用を見せているのが注意される。

(3) 方向指示（コッチ）

　　○コッチガ　エー。（こっちのほうがいい。《菓子を見比べて。小学生男》）
　　○コッチー　ヨンナ。アチーケー。（こっちへ寄るな。暑いから。《体を寄せる子に。母親》）

いずれも方向を指示しての用法である。

「コノ」「コガーナ」もあるが、ここでは特に取りあげない。

2．特殊用法

　上項の基本的用法を踏まえながらも、当該方言の生活習慣のなかで、おのずからに生まれ育ったかと想察される特殊用法がある。もっとも、特殊とはいえ、いわゆる共通語の流れの世界でも、しぜんに慣用されている事象もある。その意味では、特殊用法と言うのにも注意を要する。

(1) 人物指示

　コ系の事象が、人物を指して行われることがある。

第四章　文の特定成分とその表現法　151

　　○コリャー　ダレ　ヤ。(この人は誰かい。《写真を見ながら。中年男》)
「コリャー」は「これは」である。この場合は、写真の人物を指しているので、事物指示と言えないこともない。が、次例の場合は、
　　○コリャー　ワシノ　イトコジャ。(この人は俺の従弟だ。《連れの人物を紹
　　　介して。青年男》)
明らかに人物指示と言ってよかろう。むろんコ系の領域内での用法である。
　　○コンナー　ナニュー　ショールン　ナラ。(あいつは何をしているんだい。
　　　《遠方の人物の動きを、傍らの者に。青年男》)
のような「コンナー」(こんなは)は多い。ここでは、ほとんどア系の事象のように行われている。時に蔑視の場合もある。
　　○コンナー　ミー。ハダシデ　アルキョール　ガ。(あいつを見ろ。裸足で
　　　歩いているよ。《裸足の幼児を見て。中年女》)
類例である。驚嘆しての表現である。コ系の人物指示には、やはり話し手の勢力内との意識が根底にあるのか。そういう認識に基づく成り立ちかのようである。「コンナラー」と言うこともある。
　　○コッチノ　シッタ　コッチャー　ナー。(当方の知ったことではない。)
共通語でも、時に聞かれる言いかたである。「コッチ」は、人物よりも「こちら側」の意味で、方向を指すニュアンスが強いかも知れない。共通語の、人を指す「こちら」も、方向を言う意味あいが根底にあろうか。「コッチトーラ」(こちとら)、「ケーツ」(こいつ)もある。
　　○ケーツガ　シャーガッタ。(この野郎がしやがった。《小学生男》)
「ケーツ」は「こやつ」の転とされる。侮蔑感がある。

(2) 宅(家)指示
　　コ系の「コレ」が、宅を指して言うことがある。
　　○タナバター　コレニ　ショーッチャッタンジャロー　オモンジャガ　ノ
　　　ー。(七夕祭りをお宅にはしておられたんだろうと思うんだがねえ。《昔の七
　　　夕祭りが話題になって。初老男同士》)
　　○ウン。コレニャー　ショーッチャッタ。ミトルケー。(うん。お宅にはし
　　　ておられた。〈俺は〉見ているから。)

村の旧家に集まった、初老男の酒席である。「コレ」はその旧家を指す、敬意のある言いかたである。当家の主人も一座のなかに居る。

　　○<u>コレニャー</u>　<u>モー</u>　イッチャッタデス　カ。(お宅にはもう行かれましたか。《近所の家への見舞いに。中年女》)

誘いの表現である。他家へ出向いてする冠婚葬祭のあいさつなどには、これの用いられることが多い。

　なお、この言いかたは、主として中国地方によく行われるもののようである（藤原　2000, p.190）。

(3)　**事物提示**

　話し手に属する事物・事態を示して、相手の注意を促す表現がある。

　　○<u>コリャー</u>。<u>ヒビガ</u>　キレタ。(これごらん。皸がきれた。《自分の手を示して。青年女》)

「コリャー」は「これは」であろうか。ここには、いくらか呆れた感情があるかのようである。進んで事態・状況を提示して、相手の同情・同感を誘う言いかたである。

　　○<u>コリャー</u>。<u>アリゴガ</u>　<u>イッパェー</u>。(これごらん。蟻がいっぱい。《落とした菓子に群がっている蟻に驚いて。小学生女》)

類例である。「これ」には、特異ではあるが、たしかに指示の機能が生きている。同時に、「見て、見て。」といった驚きや感嘆の感情が濃い。

(4)　**恐　縮**

　話し手の、事に当たっての恐縮・感激を表出する表現がある。

　　○<u>コリャー</u>　コリャー。<u>マー</u>　<u>ヨー</u>　オイデテ　<u>ツカーサッタ</u>　<u>ナー</u>。

　　　　(これはこれは。まあ、よくおいでて下さいましたねえ。《客人を迎えてのあいさつ。初老男》)

「コリャー」は「これは」であろう。指示詞と言うより、慣用化した感動詞と言ったほうがよい。共通語ふうのものでもある。当該方言では、上例のように、あいさつ表現にはこれが行われやすい。稀な人を迎えての恐縮・感激が、ここによく表れている。いきおい品位の高いものになる。概して、客に対する改まったあいさつの切りだしには、これの行われることが多い。

第四章　文の特定成分とその表現法　153

　　○コリャー　コリャー。(これはこれは。)
　　○コリャー　マー。(これは、まあ。)
ともあって、恐縮の心情が表出される。貰いものをした折りなどにも、
　　○コリャー　コリャー。メズラシー　モノー。(これはこれは。珍しいもの
　　　を〈下さいます〉。《お礼のあいさつ。初老男》)
と、「コリャー」の用いられることがしばしばである。ここに、謝意と恐縮
の思いがよく表れている。
　恐縮表出にコ系が活用されるのはなぜか。言うまでもなく、自己の感情
(驚き・恐縮の感情)表出の場面だからである。また、「これは」のように、
中止の形式を取ることによっても、言外に恐縮の心情があふれている。

(5)　呼びかけ・叱責
　コ系の「コリャ」(これは)が呼びかけに立つ表現がある。
　　○コリャ。チョット　マテ。(おい。ちょっと待て。《中年男同士》)
　　○コリャ。ドケー　イクン　ナラ。(おい。どこへ行くんだい。《友人に呼び
　　　かける。青年男》)
話し手本位の持ちかけになっていよう。ここにコ系が行われるのもしぜんの
ことか。「コリャ」の慣用は、もはや感動詞と言ってもよいものになってい
る。「これは」の中止形式も、言外の情意の重さを示していよう。その情意
が下向きに働いて、叱責の表現にもなっている。
　　○コリャ。ハヨー　アルケ。(こら。早く歩け。《小学生に。中年男》)
呼びかけが、時に叱責にもなる例である。下品な物言いにしかならない。
　なお、「これ」「こりゃ」「こら」は、共通語にも行われて久しい。

(6)　発始句
　文表現の切りだし、言いだしに行われる、特定の慣用句がある。
　　○コンナー　ダマットル　ホーガ　エー　ゾ。(あのことについてだが、黙
　　　っているほうがいいぞ。《懸案のことで。初老男》)
以前から話題になっていた懸案の事項について、話し手の思案を述べたもの
である。したがって、直前の話題には直接関係しないこともある。むしろ話
題の流れを変えての発言という場合が多い。直前に対話のない場合もある。

むろんその場合も、「コンナー」の指示する事態は、話し手の意識内に存する。換言すれば「コンナー」は、新しい対話の場の形成にかかわることがある。「発始句」とするゆえんである。しかもその機能は、ア系の「あのこと」というのに近いか。上項の「人物指示」でも、「コンナー」の、ア系指示に近い例を取りあげた。その場合も、話しかける相手は、話し手の心的領域内にいることは言うまでもない。当該方言で、コ系がア系に準じた機能を見せる事態が注目される。それにしても、「コンナー」は、自己の判断や思念を表出する、一方的な姿勢を見せている点で、コ系事象としての機能を保持していることは言うまでもない。

　○コンナー　ノー。ヤッパリ　ヤメタガ　エカロー。(あのことについてだがなあ。やはりやめたほうがよかろう。《中年男》)

「コンナー」が「ノー」に統括されて、1文（発文）を形成した例である。「発始文」と言ってもよい。こうあれば、ひとまず相手に呼びかけて、対話の場への参入と関心を促したものと解されよう。

　概して、コ系は、生活の特色ある襞とその深さを示して、日常、よく活用されている。

二、ソ系の指示作用

　ソ系の事象が、対話の相手の勢力が及ぶ範囲として、話し手が認めた領域を指示することは、広く理解されていよう。相手領域と言っても、心理的な世界でのことである。この場合も、上項のコ系と同様、画然とした範囲が設定できるわけではない。しかもその領域の認識と運用は話し手の意識の内にある。ここにもソ系の表現の性格と制約があろう。本項では、コ系の表現との対応に留意しながら、実情に即して記述することにする。

1．基本的用法
(1)　事物指示（ソレ）

　○ソリャー　ナン　ナラ。(それは何だい。《青年男同士》)

相手が手に持つ物を指示した例である。
　○ソリャー　エカッタ　ナー。（それはよかったねえ。《青年女》）
相手の説明内容を指示し、同感しての発言である。
　○ソリャー　ナェーケー。（その気づかいはいらないから。《好意に謝意を表す相手に。中年男》）
相手の謝意・善意を指示した例である。
　○ソリョー　ユーナ　テー。（そのことを言うなよ。《中年男同士》）
自己弁護を繰り返す相手に、手をやいての発言である。以上、いずれも、相手領域の物品・事態と認めての指示である。

(2)　**場所指示（ソコ）**
　○ソケー　オェートケ。（そこへ置いておけ。《子に。父親》）
　○ソコー　フンジャー　イケン　ゾ。（そこを踏んではいけないよ。《種蒔きを終えた畑に入った小学生女に注意。初老女》）

相手の領域圏内と認めた場所を指示した例である。相手領域とは、相手のいる地点、相手の行動や関心の及ぶ圏内と、話し手が認めた領域であることは改めて言うまでもない。

(3)　**方向指示（ソッチ）**
　○ソッチー　イクナ　ヨー。（そっちへ行くなよ。《幼児に。初老女》）
　○ソッチュー　モッチャロー。（そっちを持ってやろう。《大きな荷物を運ぶ際に。初老男》）

いずれも、方向を指示した例である。
　「ソノ」「ソガーナ」もあるが、ここでは特に取りあげない。

2．特殊用法

　ソ系も、基本的用法を踏まえながらも、やや用法に偏りの見られるものがある。が、これも、上項のコ系記述の際に触れたとおり、共通語の流れにも見いだされる程度のことではある。ただ、当該方言になじんだ用法として、方言特性の一端を担っている点を重視した。

(1) 接続用法

　ソ系で際立つのは接続用法である。ソ系が、相手領域を指示して行われることは改めて言うまでもないが、その指示の対象で、とりわけ注意されるのは相手の言動である。その指示の用法が、慣用の接続句を生んでいる。いわば、一種の「文脈指示」の用法である。
　　①セーカラ（それから）・セーカラコンダー（それから今度は）
　　○セーカラ　ドーシタン。（それからどうしたの。《青年女》）
相手の説明を聞いて、その先を促している。この場合は、相手の発言の流れが中心である。それとは別に、話し手が、自己の発言を継いでこう言う場合がある。
　　○セーカラ　ノー。フレー　ミズー　イレトケ　ヨー。（それからなあ。風
　　　呂に水を入れておけよ。《子に手伝いを言いつけて。母親》）
話し手が、相手に持ちかけた発言（この場合は要求）を継いで、「セーカラ」を用いている。この場合、先の発言はたしかに話し手のものでも、相手に持ちかけ、相手に受容されることをを期待したものである。すでに相手に受容されたものとして、相手領域に収まったものとして、それを継いでの発言にソ系が行われるのは、しぜんのことであろう。また、多数を前に物語をする場合などでも、
　　○桃が流れてきたゲナ。セーカラコンダー、お婆さんは、……。
のように、相手本位のソ系を用いて話を語り継ぐこともある。これも、上に述べたとおり、相手に焦点を合わせてのことと解される。
　　②セーデ（それで）・セーデモ（それでも）・セージャー（それでは）
　　○ハハー。セーデ　ワカッタ。（ははあ。それで分かった。《青年女》）
ソ系の「セー」が、相手の説明を指していることは言うまでもない。相手の説明を聞き、納得した体のものである。「ソリャー　ミー。」とも言う。
　　○セーデモ　アンタガ　シテジャケージャガ。（それでもあんたが〈悪さ
　　　を〉されるからよ。《遊びのなかで。小学生女同士》）
相手の苦情を受けての反撥である。「セーデモ」は、このように、押しかえしや反撥・不満の意を含んで、日常よく活用される。

「セージャー」も、相手の発言を受け、さらに内面の条理をたどって対話の展開を図ることもあるが、また、
　　○セージャー　マー　タノマー。(ではまあ頼むよ。《中年男同士》)
のように、相手との対話を打ちきる姿勢を示すことがある。この面で、「セージャー」は別辞にもなる。共通語にも見られる姿勢であり、用法である。
　③ソンナラ（それなら）
　　○ソンナラ　ヤメリャー　エー　ガ。(それならやめればいいことよ。《相手の説明を聞いて。中年女》)
相手の説明を受けての判断である。これがまた、相手との対話に切りを入れての、いわば上に類する、別辞の機能をも見せる。
　　○ソンナラ　マタ　クラー。(それならまた来るよ。《小学生男同士》)
その例である。ただ、「そんなら」だけが単独で別辞になることはない。
　藤原与一氏は、ソ系の機能について、「なぜ、『ソ』に関するものが、早くも、接続詞として安定し得たのか。ここにおもしろい問題があろう。」(藤原1994, p.213) と述べている。思うに、ソ系の事象は、コ系ア系と違って、相手の発言を受けて、また、相手とかかわる発言のなかで行われるのが主用法である。いわば「文脈指示」的な用法が際立っている。ここに、接続要素としての用法が慣用化する契機があったかと考えられる。

(2)　称揚・ねぎらい
　　○ソリャー　ソリャー。ゴタイヤクデシタ　ナー。(それはそれは。ご立派なお役目でしたねえ。《話を聞き終えて。中年女》)
一目置く相手の自慢話を聞き、相手を立て、称揚する。
　　○ソリャー　ソリャー。(それはそれは。)
こう言って、称揚の気持ちを言外に込めることもある。話し手にかかわる上首尾の話であれば、
　　○ソリャー　ソリャー。ゴシンパイ　オ　カケマシテカラニ。(それはそれは。ご心配をかけましたことで。)
などのように言って、ねぎらいと恐縮の意を表すこともある。いずれにしても、「それは」は、相手の発言を指し、それを深く受けとめて行われる。

(3) 強調

　　○ソリャー　エー　デー。イカニモ　エー。（とてもすばらしいよ。まことにすばらしい。《自己の見聞を強調する。青年女》）

「ソリャー」は、見聞内容を指示すると共に、それを越えて上首尾を強調する作用がある。第２文の「イカニモ」に対応する。

　　○ソリャー　オーケナ　オトガ　シタ　デナ。（それはそれは大きな音がしたよね。《落雷の瞬間を。中年男》）

落雷を目のあたりにした恐怖の体験を語っている。「それは」はここでも、音の大きさを強調する作用を果たしている。

(4) かけ声

　　○セー。ヤロー。（それ。やろう。《子どもに物をやる。老男》）

「セー」は「それ」であろうか。相手に物を渡す際のかけ声である。

　　○ソリャ。（それ。《親しい人に物を渡そうとして。老女》）

「ソリャ」は「それは」であろうか。これも、物を渡す際のかけ声である。やや離れたところから、軽く、投げて渡す場合などに行われやすい。相手の関心や注意を促すのである。「セー」が、いくらか蔑意を含むこともあるのに対して、これはねんごろである。

　　○ソリャ　ミー。ユーヨーニ　センケー　ヨー。（それ見ろ。言うようにしないからだよ。《子の失敗をなじる。父親》）

「ソリャ　ミー」は、注意を無視した失敗を、大げさに非難し、叱責する場合などによく用いられる。「ソリャ」は、やはり「それは」か。相手に、相手のしざまを指示する発想か。感情の動きの大きさを表していよう。いずれも、類する発想は共通語にもある。「ソリャー　ミー。」とも言う。

(5) 人物指示

　　ソ系は、基本的には人を指すことが稀である。

　　○ソッチガ　ユーケー　ヨー。（お前が言うからだよ。）

このような「ソッチ」もあるが、この場合も、相手個人よりも、相手側を言うことが一般である。それにしても「喧嘩ことば」であって、突放した侮蔑感がある。

○セーツー　ツカマエー。（そいつをつかまえろ。）

「そやつ」からの転とされるが、人もさることながら、それよりも鶏など、動物を指して用いられることが多いかのようである。これも卑語である。

三、ア系の指示作用

　ア系の事象が、相手も承知していると、話し手が判断した領域を指示することはよく知られていよう。これを換言すれば、話し手が、相手と共にあると認識する圏内に、対立する領域を指示することになる。すでに見てきたとおり、相手と共にあると認識する圏内と言っても、心理的な世界でのことである。これに対立する領域と言っても、また同様である。このあたりの認識と把握は、話し手の心的作用にかかっている。

1．基本的用法
(1)　事物指示（アレ）
　　○アリョー　マダ　モットル　ヤ。（あれをまだ持っているかい。《ある品物について、母親が子に聞く》）
　　○アリャー　イツジャッタ　カェーノー。（あれはいつだったかいなあ。《かつての出来事の日を思いだそうとして。老女》）

このように、聞き手も知っていると認識した領域の事物を指している。聞き手も知っていると認識しながらも、急には思いだせない事がらを、「あれ」で指すこともある。

　　○アリャー　エンジャ。ヨーグルトワ。（あれは〈体に〉いいのよ。ヨーグルトは。《食物の話の流れで。中年女》）

(2)　場所指示（アシコ）
　　○アシケー　エートルンジャ。（あそこに置いているんだ。《相手も知っている場所に。老男》）
　　○アシケー　オルナー　ダレ　ナラ。（あそこに居るのは誰だい。）

「あそこ」は「アシコ」「アスコ」と言っている。双方の知っている第三者

の家を、場所のつもりで指すこともある。
　　○アシコニャー　タェーテー　モットロー　テー。（あの家にはたぶん持っているだろうよ。《特殊な農機具を。中年男同士》）
(3)　方向指示（アッチ）
　　○アッチー　イットレ。（あっちへ行っていろ。《子に。父親》）
　　○アッチー　ノロー　カ。（あっちの車へ乗ろうか。《妻に。夫》）
第2文は、方向用法で「車」を指示した例である。もとより、車は「あれ」で指示するの普通であるが、ここでは、複数の車のうちからの選択を意味していることは言うまでもない。この用法も格別のことではない。
　「アノ」「アガーナ」もあるが、ここでは特に取りあげない。

2．特殊用法

ア系の事象も、基本的用法を踏まえながらも、用法に、地域的な特定の慣習が見られる。が、それも、共通語の流れに見いだされる程度のことで、特殊と言うには当たらないかも知れない。ただここでは、当該方言の指示用法の、実態的な側面として取りあげることにしたい。
(1)　人物指示
　ア系による人物指示は、日常ごく普通のことである。
　　○アレモ　ナンジャー　オジーサント　オナェードシデ。（あの人も、あの、おじいさんと同じ年で。《話題の人の年齢について。老女》）
　　○アリャー　シャンシャンシトラー。（あの人はしっかりしているよ。《ある人物について。青年女》）
「あれ」による人物指示例である。特に卑語感はないが、一目置く、疎遠な人については用いないようである。
　　○アェーツァー　エーカゲンナ　ヤツジャ。（あいつはずぼらなやつだ。《ある人物について。青年男》）
「アイツ」は「あやつ」からの転とされる。これは卑語である。
(2)　事態指示
　話し手・聞き手双方の圏外の事態を指示して相手の注意を促し、軽い驚き

を共有しようとする言いかたがある。
　　○アリャー。ナンヤラ　モットル　デー。(あれごらん。何か持っているよ。《遠くの道を帰って来る子を見て。母親が傍の娘に》)
　　○ユキガ　フットラー。アリャー。(雪が降っているよ。あれごらん。《遠くの山に積もっている雪を見て。青年女同士》)
「アリャー」は「あれは」であろう。発見の事実をいち早く傍の相手に指し示して、軽い感動を共有しようとしている。先のコ系にも、指示の事態は異なるものの、これに類する言いかたがあることはすでに確認した。ア系、コ系の類似の用法と感情が注意される。

(3)　不　審
　　○アリャ。ナンヤ。アリャー。(あれ。何かい。あれは。《青年男》)
「アリャ」は「あれは」であろうか。軽い驚きを伴った不審感を表出している。事態を共に目撃した、傍らの者に対して発したものではあるが、すでに感動詞化していよう。
　　○アリャー。ニゲター。(あれ。逃げた。《小鳥を取り逃がして。小学生男》)
意想外の事態の出来で、残念な思いが表出されている。これにも失敗を疑う不審感があり、その思いはむろん自己中心的である。感声的な表出になるのも当然か。

(4)　発始文
　　文表現の切りだし、言い始めに行われる、特定の慣用句がある。先項のコ系で、これに類する慣用句・慣用文を取りあげた。ここでも、コ系に類同の機能が観察される。
　　○アリャー　ノー。ハー　キニョー　スンダゲナ　デ。(あのなあ。もう昨日すんだそうだよ。《待っていた行事が。中年男が妻に》)
この表現の第1文は、発始文と言うことができる。相手を、対話の土俵に誘う意図を持ってのことである。「アリャー」は「あれは」であろう。話し手聞き手双方に、かねてから関心のあった事態に関して行われるが、話し手の一方的な持ちかけである場合もある。言いにくいことを切りだす場合のこともある。ともあれ、発始文のねらいは、相手を、同じ場への参入を促すと共

に、同じ場にあることを確認する作用にあると言ってもよかろうか。
　　○アリャー　ノー。キョーワ　ワシャー　イカレナー。(あのなあ。今日は、俺は行かれないよ。《同行できないことを告げる。中年男》)
断わりの表現である。約束を反故にすることの後ろめたさ、言いだしにくさがここにある。この発始文は、その心情をよく表していよう。

四、ド系の指示作用

　ド系の事象の指示する領域は、不定と言うほかはない。「不定称」とされるゆえんである。コ・ソ・アの指示領域外の不定・不明の場に、その指示領域があるとするのが、まずは穏当な見かたであろう。とすれば、他の疑問表現にかかわる諸語詞も排除がむずかしい。が、ここでは、形式本位に、ド系の事象を取りあげ、その機能を問題にすることにしたい。

1．基本的用法
(1)　**事物指示（ドレ）**
　　○ドレガ　ホシン　ヤ。(どれが欲しいのかい。《店の駄菓子を選びながら。父親が子に》)
　　○ドレダキ　デキタ　ヤ。(どれだけできたかい。《手伝い仕事の捗りぐあいを聞く。母親が子に》)
不定・不明の物や量を指示している。
(2)　**場所指示（ドコ）**
　　○ドケー　イク　ン。(どこへ行くの。《路上で。小学生女同士》)
　　○ドコデ　ヤスモー　カ。(どこで休もうかな。《長い道を歩きながら、連れの子に。母親》)
不定・不明の場所を指示している。
(3)　**方向指示（ドッチ）**
　　○ドッチー　イキャー　エー　ン。(どっちへ行けばいいの。《道の別れで。青年女同士》)

○ドッチガ　カツ　カノー。(どっちが勝つかなあ。《相撲。老男》)
不定・不明の選択を指示している。
　なお、「ドノ」「ドガーナ」もあるが、ここでは取りあげない。

2．特殊用法
(1) 人物指示
　　○ドレガ　センセー　ヤ。(どの方が〈お前の〉先生かい。《複数の人物を見て、子の小学生男に尋ねる。父親》)
「ドレ」で、人物を指示した例である。基本的に選択の意味作用がある。
　　○デーツガ　ユータラ。(誰が言ったんだ。《怒りをもって、仲間に問いつめる。青年男》)
「デーツ」は「ドイツ」である。「どやつ」の転とされる。卑語である。
　　○デーツモ　ケーツモ　ロクナ　ヤツジャー　ナー。(どいつもこいつもまっとうなやつではない。)
類例である。なお、ド系とコ系とが成語を成して、副詞として行われる例は多い。「ドーナリコーナリ」(どうなりこうなり〈どうにか〉)、「ドーゾコーゾ」(どうぞこうぞ〈なんとか〉)、「ドーナコーナーナー」(どうのこうのはない〈何の節度もなく・めちゃくちゃに〉)などはその例である。ド系にコ系が対応して行われるのは興味深い。

(2) 発始文
　　○デー。チョット　ミシテ　ミー。(どれ。ちょっと見せてみろ。《孫が持っている物を。老男》)
「デー」は「どれ」からのものか。文を起こす、あるいは言いはじめる場合に行われることが多いが、本来は、軽い要求をもって相手に呼びかけたものであろう。
　　○デー。(どれ。)
手を差しだすなど、相手への要求のしぐさと共に、このように呼びかけて意思を伝えることもある。
　　○ドリャ。イップク　スル　カ。(どれ。一休みするか。《一家の畠仕事で。

中年男》）

この「ドリャ」は何か。ここに「デー」とあってもよい。が、用法によっては、両者に差異の生じることもある。「ドリャ」は、相手への呼びかけもさることながら、自分に声をかけて、行動を起こすかけ声、気分を改めるきっかけとする場合がある。

　○ドリャ。モー　ヒトハリアェー　ヤル　カ。（どれ。もう一仕事やるとするか。《仕事の休憩を終えて。老男》）

その１例である。こうあれば独白的である。いずれにしても「デー」「ドリャ」は、類縁的な事象であろうか。両者とも、内面的な性格が勝っている。

五、発始文再述

　発始文とは、文を起こす、あるいは文を言い始める際に行われる、特定の慣用句・慣用文のことである。厳密には、発始文・発始句と言うべきであろう。これについては、すでに上項でも取りあげ、問題にした。すなわち、コ系の「コンナー〜」、ア系の「アリャー〜」、ド系の「デー・ドリャ」である。それぞれ固有の意味作用をもって、文を言い起こす際の場の形成に、一定の役割りを果たしている。ここで注意されるのは、この分野に、指示詞にかかわる事象が目立つ点である。このことは、新しく文を言い起こすにあたっても、話し手の心意に根ざす、いわば陰在の文脈や、現前の場意識に、何ほどかかかわる事態の多いことを示していようか。

　むろん発始文の形成は、指示に関する事象に限ったことではない。対話の世界は、さまざまな心理的思惑の交錯する場でもある。発始文の形成も単純ではない。本項では、上来問題にしてきた指示的事象にも、ある程度かかわるかとみられる、他事象によって形成された、若干の発始文を取りあげ、当該方言における発始文の補説としたい。

(1)　ナント（何と）

　「ナント」が発始文・発始句として多用される。

　　○ナント　ワシャー　ゴムシンニ　キテ　ミタンジャガ　ナー。（あの、

第四章　文の特定成分とその表現法　165

私はお願いに来てみたんですがねえ。《隣家へ行って。中年男》）

「ナント」は「何と」であろうか。上述のとおり、気分を改めたり、感慨を込めて新しい話題を持ちだしたりする場合に行われる。例文では、頼みごとのために、言いにくいことを切りだす発始句として行われている。

　○ナント　マー　アキレタ　コッチャ　ナー。（まことにまあ、呆れたことだねえ。《身近な事件のこと。中年女同士》）

この「ナント」は、感慨を込めての切りだし、言いだしである。

　○ナント　アチー　コッテス　ノー。（まことに暑いことですなあ。《他家を訪れてのあいさつ。老男》）

時候の、軽いあいさつである。「ナント」には、異常な暑さに驚く感慨が込められている。

　○ナント　ノー。（あのなあ。《話題の冒頭。家庭で。中年男》）

新しい話題を切りだす、その第1文である。これこそ発始文というべきか。まず、対話の場に聞き手を誘う意図がある。聞き手は、こう聞いて、気がかりな話題、懸案の問題が出るものと意を集める。

(2)　ナニ（何）

　「ナニ」も発始句として立つことがある。

　○ナニー、アシタノ　コトジャガ　ノー。（あの、明日のことだがなあ。《明日の行事について。中年男が妻へ》）

行事内容の変更を切りだそうとしている。相談の気構えである。「ナニー」は、そうした心情を表明するのに効果的である。

　○ナニー、チョット　ゴムシンニ　キタンジャガ　ナー。（あの、ちょっとお願いに来たんだがねえ。《隣家へ行って。中年男》）

これも相談・提案の気もちである。上の「ナント」ほどの改まり意識はないが、言いにくいことを切りだそうとする、控えの心意は表れている。

(3)　ゲニ（実に）

　○ゲニ　ダレーモ　ヤラン。（ほんとうは誰にもやらない。《珍品を見せびらかした後で。小学生男同士》）

さんざん気を持たせた後で、「ゲニ〜」となっている。「ゲニ」に導かれた文

に、本心が出る。「ゲニ」は、また「ゲニコト」となって用いられることがある。このほうが強調した言いかたになる。

　○ゲニコト　ソリャー　ホンマ　デ。(まじめなはなし、それはほんとうよ。《説明の後で。青年女》)

聞き手に誠意が見られないような場合、こう言って念をおし、理解を促す。この「ゲニコト」はまた、話題が拡散して、焦点がぼやけた場合など、本筋に引きもどそうととして行われることもしばしばである。

　○ゲニコト　イノー　ヤー。(まことのはなし、帰ろうよ。《なかなか腰を上げない友人に。青年男》)

最前からの誘いを、会話のひとくぎりのところで、改めて持ちかけている。

　○ゲニコト　ノー。(ほんとうはなあ。《対話のなかで。青年男》)

拡散した話題が、ひとしきり弾んだ後で、本筋の話にかえる、その第1文である。こうあれば、上項でも指摘したとおり、発始句と言うより発始文と言うのがふさわしい。とりあえず、聞き手を対話の場に引きもどす意図があろう。むろん聞き手は、第1文以下に続く話の内容に期待して、構える。

「ゲニ」は、他域でも行われるもののようで、藤原(1996)は、四国や中国のゲニを指摘している。

(4)　サリャ（されば）

　○サリャ　ドーヤラ　ノー。(はて、どうかなあ。《相手の問いを受けて。老女》)

「サリャ」は「されば」からのものであろう。古語が化石的に行われている例である。相手の問いを受けて、その応答に用いられるのがつねである。その点、上項の、話し手から切りだす発始文とは異なっている。が、応答文の冒頭にあって、その応答文を性格づける点では、これもまた、上来の発始文に準じて把握することができる。上例の「サリャ」は、相手からの問いをまずは受けとめ、ゆっくりと考える体のものである。ただ、その問いを受ける当事者も、かねてから疑っていたことがらである。

　○サリャ　サリャ、ソノ　コトジャ　テー。(それそれ、そのことだよ。《相手の問いを受けて。老女》)

第四章　文の特定成分とその表現法　167

「サリャ」が繰り返されている。相手の問いが、かねてからの疑問に重なったこともある。ここでは積極的に、自己の思念を吐露しようとしている。
　○サリャ　ノー。（さあなあ。）
ともある。鷹揚な受けであって、考える姿勢に深みがでる。
　「サリャ」は、「サラ」となることもあるが、少ない。概して古老の物言いである。「サリャ」は、他域にもあるもののようで、藤原（1996）にも、「中国地方などでは、よく聞かれてきた。」とある。

結　　び

　以上、文頭に立つ、指示の事象に関する諸用法と、その表現性を問題にした。基本的用法を踏まえながらも、生活の実情のなかで、その用法を拡大している事態が注目される。なかで注意されるのは、コ系事象の用法であり、活動である。コ系事象の活力が際立つのは、この事象の、話し手領域の指示作用に関係があろうか。対話の世界も、基本的には話し手の意識の世界である。コ系の領域への意識の厚さも、しぜん、ここにかかわり、対話を推進する、潜在的な活力ともなっていようか。そのコ系事象で、なお注目されるのは、ア系事象とのかかわりである。コ系事象の用法で、時に、ア系事象の用法に類似した点の見られるのが注意される。
　ソ系事象で注目されるのは、その接続用法である。ソ系の機能は、基本的に、いわゆる文脈指示である。このことが、他の事象とは異なった、接続用法を発達させている。
　文発始の機能や用法も、特別のことであろう。概して、指示に関する事象の働きが注目される。

文　献
佐久間鼎（1940）『現代日本語の表現と語法』（厚生閣）
三上　章（1972）『現代語法新説』（くろしお出版）
藤原与一（1994）『文法学』（武蔵野書院）

藤原与一（1996）『日本語方言辞書』中（東京堂出版）
藤原与一（2000）『日本語方言文法』（武蔵野書院）
神部宏泰（1992）『九州方言の表現論的研究』（和泉書院）

第四章　文の特定成分とその表現法　169

第2節　文中の接続成分とその表現

はじめに

　本節で問題にするのは、接続成分、いわゆる接続助詞の働きである。接続助詞が、文表現の展開において、その流れの方向を左右する、重要な働きを担う事象であることは、ここに改めて言うまでもない。当該の中備後小野方言においても、むろん接続助詞——接続成分の働きは著しい。この事象が、実際にどのような展開を見せているのか。これを、当域の人びとの生活と表現活動のなかで取りあげ、その表現の機能と活力について討究するのが、本節の目的である。

　なお、接続助詞とは、品詞として把握した場合のことであり、接続成分とは、文表現体の要素として把握した場合でのことである。具体の表現に生きて働く視点から、接続事象を把握しようとするのが、ここでの立場である。

　接続成分の働きについては、大きく順態接続と逆態接続とに分けて問題にするのが適当である。当該方言の記述においても、基本的に、この取りあげかたにしたがって進めていくことにする。

一、順態接続

1．確定接続の「ケー」

　順態接続の機能を持つ事象にあって、もっとも安定した勢力をもって活用されているのは「ケー」である。この事象は、確定の因果関係を示すのが基本である。その作用・用法を、以下に整頓して掲げよう。

(1)　**判断の根拠・理由**

　前件で、根拠や理由を示し、後件の判断や行動の正当性を主張しようとする表現がある。この種のものが、「ケー」の基本的な用法である。

○オチャー　ノンダケー　ネラレン。(お茶を飲んだから寝られない。《お茶の覚醒作用を気にして。中年女》)
○イヤー　オコルケー　イワンカッタ。(言えば叱るから言わなかった。《沈黙を非難されて。青年女》)
○アンガェー　デテ　クルケー　オブケル　ガノ。(不意に出てくるから驚くよ。《道の横から現れた人に向かって。初老男》)

前件の根拠も理由づけも、主観的なものであるのが、この「～ケー」の働きの要点である。それだけに、時に誇張した理由づけも行われることがある。例えば上の3例目は、話し手の側の一方的な誇張がよく出ていよう。ただ、事態がおのずから示す状況やその結果を表す場合も、この「ケー」が働くかのようである。

○ギョーサンノ　ヒトデジャ　モンジャケー　ウゴキャー　トレザッタヨー。(たくさんの人出だもんだから動きはとれなかったよ。《博覧会見学の報告談。中年男》)
○アメジャケー　デラレモ　セズ　コマリョールンジャ。(雨だから出られもしないし、困っているんだ。《青年男》)
○ミチガ　ワリーケー　アルケタ　モンジャー　ナェー。(道が悪いから歩かれたものではない。《ぬかるみの道を呪う。中年女》)

客体的な状況と、その状況下でのしぜんの行動・判断を述べた表現である。が、これも後件で展開する、話し手の行動や判断は、かなり誇張的である。いずれにしても、「ケー」による因果関係は、基本として主観的である。実際には客観的な因果関係とされがちなものも、けっきょくは、大きく主観によって包摂されるのが、「ケー」による接続表現である。

(2) 持ちかけの根拠・理由

後件で相手に持ちかける事がらの、根拠や理由を前件で提示し、その持ちかけを正当化し、納得させようとする表現がある。

○ヒガ　クレルケー　ハヨー　モドレ　ヨー。(日が暮れるから、早く帰れよ。《出て行く子に。母親》)
○アッコデ　マチョーッテジャケー　ハヨー　イケ。(あそこで〈友だち

が〉待っておられるから、早く行け。《通学の子を促す。母親》)

相手への勧めや促し（命令）の理由を、まず前件で述べている。始めに、勧めの意図を明らかにする表現手順とも解される。

　○ヒサ　イカザッタケー　ハー　ミカワットロー　デー。(永らく行かなかったから、もう見変わっているだろうよ。《久しぶりの訪問に心はずむ中年女。家人に》)
　○セバェーケー　ヤレマー。(狭いから、困るでしょう。《台所の狭さを気にして。手伝いの女性に。中年女》)

これらは、後件で、特定事態について推量している。その推量に至る由来や理由を、前件で述べているのがこの例である。ここでも「ケー」は、因果関係を前面に立てようとする、積極的な機能を果たしている。

　○ハラガ　ヘッタケー　イノー　ヤー。(お腹がすいたから、帰ろうよ。《青年男同士》)
　○ミョージョーサンガ　アガッチャッタケー　モー　ヤミョー　ヤー。(明星さんが上がられたから、もうやめようよ。《宵の明星を見て農作業のうちきりを提案。初老男》)

これらは、後件で、連れの者に提案し勧誘している。その勧誘行為の根拠や理由を、前件で述べているのがこの例である。

(3)　**根拠・理由の補充**

　前文で事がらや判断を述べ、後文で、その根拠や理由を、補充的に述べる例がある。前項の、いわゆる倒置的叙法である。

　○ソガーニ　マエー　デナ。アブナーケー。(そんなに前へ出るな。危ないから。《崖の突端にいる子に。祖母》)
　○ウエテテモ　ツマラン　ヨー。ミンナシテ　フムンジャケー。(植えておいても駄目だよ。みんなで踏んでしまうんだから。《花の苗に無頓着な子どもを嘆く。中年女》)

これらの例では、理由を後で、補充的に述べている。こうあれば、理由が強調される表現効果がある。

　○マタ　ヒッカカッター。オマェーガ　アェーダー　アケルケージャ。

（またひっかかった。お前が〈列の〉間をあけるからだ。《縄とびの遊びで。
　　　小学生男女同士》）
このように、理由を述べた後文の「〜ケー」を、断定辞で統括することもある。こうあれば、理由に関する判断・確信が、いっそう強調されよう。
　(4)　根拠・理由文
　　根拠・理由だけを述べた文がある。この種のものが存外に多い。
　　○チョット　イッテ　クルケー。（ちょっと行ってくるから。《自宅を出るときに。中年女》）
　　○ワシャー　モー　イヌルケー。（俺はもう帰るから。《会合の仲間に。青年男》）
これらの例は、「〜ケー」の、いわば理由文だけが孤立して行われている。この理由文の後に続くはずの、結果の叙述が略されたものとも解される。上の文でも、その省略の部分を、適宜補うことも可能であろう。例えば1例目は、〝後はよろしく〟とも、〝心配するな〟とも補えようか。しかし、いずれも不安定の感は残る。このままの文がもっとも安定していよう。すると、「ちょっと行ってくるよ」ぐらいの共通語訳があたっていようか。接続成分「ケー」は、文末に立つ慣習的な用法に限って、しだいに意味作用を変化させているのである。
　　○チョット　ジテンシャー　カルケー。（ちょっと自転車を借りるよ。《持ち主に声をかける。青年男》）
類例である。ここにはもはや、特定の因果関係は認めにくい。
　　この種の用法は、また、一部のあいさつことばに行われることがある。
　　○イマー　オリヨートリマスケー。（今は楽にしておりますのよ。《病気見舞いにきた人に、病状を伝える。家人》）
　　○ソリャー　ナェーデスケー。（そのお気づかいはありませんよ。《相手のお礼のあいさつに対して。中年女》）
いずれも、省略の跡をたどることはできる。が、ここで留めたところに、慎ましさも表れていよう。文末の「ケー」は、しだいに新しい表現性を見せ、特定化——文末詞化しつつあるのである。

(5) 分布と成立

　「ケー」類は、主として中国・四国、それに九州の中・北部を覆う広い地域に分布している。その成立については諸説があり、いずれも傾聴に価するが、定説とは言いがたい。そういうなかにあって、柳田国男氏、亀井孝氏の「ければ」系とする説（柳田　1934、亀井　1936）には、深い関心が寄せられる。後述の、逆接の「ケード」形式も、ここに思い合わせられる。「已然形＋ば」が古態の順接形式、「已然形＋ど（ども）」が逆接形式と大別される（山口　1989）なかにあって、当面の「ければ」が、上の当該地域では「ケー（ケン）」類となって確定順接を支えていると解することは、十分に理のあることである。また、同時に、共通語をはじめ全国に分布する「ケレド（ケード）」類が、「けれど」の後身であることも無理なく理解されよう。

２．仮定接続の「〜ば」

　仮定接続の機能をもって存立する事象に「〜ば」があり、当該方言においても、広く活用されている。

(1) 肯定形式の仮定

　「ば」は用言の仮定形について用いられるが、その前接音と融合して行われるのがつねである。つまり、「ば」は形に現れることはない。本項では、肯定形式に接する場合を取りあげる。

　　〇エー　コトー　スリャー　ヤッパリ　エー　モドリガ　クル　モンジャ。
　　　（いいことをすれば、やっぱりいい報いがあるものだ。《老女》）
　　〇ホシー　モンガ　アリャー　イエ。（欲しいものがあれば、お言い。《おもちゃ店で目を輝かす子に。母親》）

これらの例では、前件で「〜スリャー」「〜アリャー」と、ある事がらを仮定し、その仮定条件のもとで、後件の事がらを導いている。

　　〇ハヨー　イキャー　エーノニ。（早く行けばいいのに。《いつまでもぐずぐずしている姉を見て。妹が母親に》）
　　〇モー　エーカゲンニ　モドリャー　エー　ネー。（もう適当なところで帰ればいいのよ。《息子の帰りが遅いのを心配する。母親》）

これらのように、「〜ばよい」の形式をとる例は多い。日常の、他に対する軽い不満や願いが、こういう形でも表されている。
　　○チョット　ウリーガ　スリャー　ヨー　ゴザンスガ　ナー。(すこし雨が降ればようございますけどねえ。《路上のあいさつ。初老女》)
この形式が、あいさつことばでもよく行われている。上例も、気象に関する軽い願いとも言えようか。むろん、相手の同意を期待してのことである。
　　○コリョー　ニワトリー　ヤリャー。(これを鶏にやれば〈よい〉。《母親が娘に依頼する》)
　　○アシタデ　ノーテモ　キョー　イッテ　クリャー。(〈なにも〉明日でなくても、今日行ってくれば〈よい〉。《初老女が孫に促す》)
仮定形式の「〜ば」で、文を中止した例である。相手への命令・依頼の意図を、この形式で柔らかく持ちかける。この、いわば特殊な命令形式は、共通語でも一般的になりつつある。当該方言でも多い形式である。相手を刺激しないで要求を果たそうとする、しぜんの気づかいが生んだ形式である。文末での特定化が進めば、この事象も遊離してこよう。
　なお、ここに、触れておきたいことがある。例えば次の1例、
　　○マハカニ　カゼガ　クリャー　ヨイヨ　ヤレン　ヨナ。(真正面から風が来るとほんとにたまらないよ。《トラクターの運転。初老男》)
この例文の前件は、仮定というより、体験を述べる確定条件と言ってもよいほどのものである。が、この種の表現も、けっきょくは形式本位に、大きく仮定条件のなかに包摂されるべきものであろう。

(2)　否定形式の仮定
　「ば」が、否定助動詞の仮定形に接して行われる場合を、上項と区別して取りあげる。
　　○ハヨー　イカニャー　オクレル　デ。(早く行かねば遅れるよ。《通学したくの子に。母親》)
　　○ダレモ　オラニャー　モドル　ネー。(〈行ってみて〉誰もいなければ帰ることだよ。《集会の場所に行く娘に。父親》)
前件で仮定条件を示した、普通の因果関係の例である。その仮定条件のもと

で、後件の事がらが導かれているのは、上項の場合と同様である。この種の表現では、1例目のような「ハヨー〜ニャー」（早く〜ねば）の形式が目立つ。早急な相手の行為を促す表現である。

　ところで、否定形式の仮定では、次例のような形式をとる表現が多い。
　　○コニャー　テゴー　サセニャー　イケン。（子には手伝いをさせなければいけない。《子育ての信念を。老男》）
　　○ドーデモ　イカニャー　イケン。（どうしても行かねばいけない。《義理のある家への見舞い。中年女》）
これらの例のような「〜ニャーイケン」の形式が圧倒的である。
　　○ショーラシュー　セニャー　イケン　デ。（しっかりしなければいけないよ。《子に言い聞かす。母親》）
これは、相手に道理を説く表現である。この場合に限らず、人倫を説くにあたっては、この形式によることが多い。なお、「〜イケン」の他に、「〜ナラン」「〜ヤレン」もここに立つことがある。

　上の形式にも関連するかとみられるものに、次の形式の表現がある。
　　○モー　オキニャー。イツマデー　ニョールン　ナラ。（もう起きないと。いつまで寝ているんだい。《子を起こす。母親》）
　　○チャホドネャート　ダサニャー。（茶だけなりと出さないと。《客人に茶を出すよう孫娘に促す。祖母》）
当面の仮定形式で中止した表現である。上項でも、これに類する表現を取りあげた。そこでも指摘したとおり、相手への要求の意図を、この形式で柔らかく持ちかけている。相手を刺激しないで要求を果たそうとする、しぜんの気づかいが生んだ、いわば、特殊な命令表現形式である。

(3)　断定法の仮定

　体言を受けた断定助動詞の仮定形、「ナラ」がよく活用されている。「〜ば」形式の関連事象として、ここに取りあげておきたい。
　　○イクンナラ　モー　イカニャー。（行くのならもう出かけないと。《息子に声をかける。母親》）
　　○ドーゾ　キコンナラ　オーガッテ　ツカーサェー。（どうぞお好きなら召

しあがって下さい。《客に茶菓子を勧めて。中年女》）
「ナラ」が行われた実例である。全般に盛んである。
　この形式が特に際立つのは、
　　○ソンナラ　マタ　クラー。（ではまた来るよ。《軽い別辞。青年男》）
のような「ソンナラ」である。慣用的な言いかたで、特に仮定というわけではない。いわば、対話の尽きる潮時をとらえて、その流れを打ちきる姿勢を示したものである。「ソンナラ」が、「サヨーナラ」のように、別辞として慣習化しているとまでは言えないとしても、
　　○ソンナラ　ナー。（ではねえ。）
とあれば、場に支えられた別辞として、違和感はない。
(4)　過去・完了法の仮定
　過去・完了の仮定形に「タラ」があり、これがまたよく活用されている。「〜ば」形式の関連事象として、ここに取りあげておきたい。
　　○オイ。ウッタラ　カケレ。（おい。打ったら走れ。《野球に熱中する小学生男同士》）
　　○シンダラ　ツマラン　テー。（死んだらおしまいだよ。《老男同士》）
「タラ」が行われた実例である。地域に安定した言いかたである。

3．特殊接続

　ここに、特殊接続の事象として問題にするのは、「〜んこう・んこうに」（〜ッコー・ッコーニ）である。これを、上来の接続成分に類するものとして取りあげるのが適当かどうかについては、必ずしも自信があるわけではない。が、文中の節目に行われる特殊形式に注目して、ひとまずここで問題にすることにした。まず、例を見よう。
　　○ウタタニョー　セッコー　ホンニョー　セー。（転たねをしないで本式に寝ろよ。《転たねをしている孫に。祖母》）
　　○アスバッコー　ハヨー　イネ　ヨ。（遊ばないで早く帰れよ。《学校の帰りに遊んでいる学童たちに。中年男》）
　　○イッペンニ　クワッコー　チーター　トットケ　ヨ。（一度に食べないで

少しはしまっておけよ。《与えられた菓子を。母親》)

このように行われる。動詞の否定形を受けて立つのが本来の用法で、「〜ずに」に相当していようか。それにしてもこの特異な形式は、どのような成り立ちのものなのか。私案を出せば、「〜んかわり〈代わり〉」からのものではなかろうか。「セッコー」は「せんかわり」であり、「アスバッコー」は「あすばんかわり」である。次のような例もある。

　○ソ̄ガ̄ー　イ̄ゴ̄イ̄ゴ̄　セ̄ン̄コ̄ー　ジ̄ッ̄ト　シ̄ト̄レ。(そんなにごそごそしないでじっとしておれ。《落ちつきのない小学生男に。青年男》)

この例では、「センコー」となっている。「セッコー」は、「センコー」からの変化形式とも考えられるが、両者を意識して使いわけることはない。日常のしぜんの表現においては、「セッコー」のほうが一般的である。後件は命令形式で結ばれるのが普通である。

「セッコー」「センコー」は、また、「セッコーニ」「センコーニ」と言うことがある。

　○ソ̄ガ̄ー̄ニ　イ̄ワ̄ッ̄コ̄ー̄ニ　イ̄ッ̄パ̄ェ̄ー　ノ̄メ。(そんなに言わないでいっぱい飲め。《酒席で。中年男同士》)

その１例である。「いわんかわりに」からのものであろうか。前件に込めた情意が深い。

また、この形式で文を中止する表現もある。

　○ユ̄ー̄コ̄ト̄モ　キ̄カ̄ッ̄コ̄ー̄ニ。(言いつけも聞かないで。《勝手に外出した子をののしる。母親》)
　○ヨ̄イ̄ヨ　ロ̄ク̄シ̄ッ̄タ̄ー̄ニ　ミ̄モ　セ̄ッ̄コ̄ー̄ニ。(まったくろくに見もしないで。《いいかげんにあしらわれたくやしさ。青年女》)

その例である。いずれも不満の情が強く表出されている。全般に、この形式による表現は、話し手の思い、主観が、強く打ちだされることが多い。

なお、ここに「〜ット」の行われることがある。

　○ド̄ケ̄ー̄モ　イ̄カ̄ッ̄ト　ハ̄ヨ̄ー　モ̄ド̄レ　ヨ̄ー。(どこへも行かないで早く帰れよ。《出て行く子に。母親》)

上の「〜ッコー」に比べると少ない。この言いかたは西に広がっており、安

芸などではよく聞かれる（神鳥　1982）。

二、　逆態接続

　逆態接続の機能を持つ事象は、順態接続のそれに比して多く、また複雑である。本項では、当該方言において特に顕著な事象を取りあげ、その作用と用法について問題にすることにしたい。

1．確定逆接の「ケード」
　「ケード」が「けれど」であることは言うまでもない。「けれど」は、共通語をはじめ、ほぼ全国に分布する事象であるが、当該方言においても、これが確定逆接の働きをもってよく行われている。
　　○ギョーサン　アッタケード　トリガ　クーテ　シモータ。（たくさんあっ
　　　たけれど、鳥が食べてしまった。《収穫した作物。老女》）
　　○イマー　ツクランケード　サムー　ナリャー　ツクル。（今は作らないけ
　　　れど、寒くなれば作る。《家庭で作るこんにゃく。老女》）
「ケード」の用いられた実例である。前件で提示された流れに反する事がらが、後件で述べられるという例の逆接叙法が、ここでも確実に生きている。
　　○イマー　ダェーブ　ヨー　ナッチャッタケード　モー　イットキャー
　　　ズーット　ニョーチャッタン　デ。（今はだいぶよくなられたけれど
　　　もう一頃はずっと寝ておられたんよ。《ある病人について。老女》）
類例である。このように行われる「ケード」が、逆接の主要な形式である。
　　前件の条件提示だけで、叙述を中止する形式の表現もある。
　　○ワシャー　ナンニモ　シランケード　ナー。（俺は何も知らないけれどね
　　　え。《青年男》）
　　○ソリャー　ミンナ　ヨー　ヤッテジャケード　ノー。（それはみんなよく
　　　なさるけれどなあ。《仲間の仕事ぶり。中年男》）
前件の流れの、逆の帰結が後件に展開するこの叙法からすれば、前件での中止は、当然ながら、その後件をあえて省略し、流れのしぜんに託したものと

解してよい。ここにはおのずからに、言いたてをあえて押さえた、話し手の控えめな姿勢が表れていよう。先の項で取りあげた、順接の「ケー」の中止表現には、話し手の意思が前面に表出されているが、これにはそれが薄い。相手をうかがうようなところがある。なお上掲文には、文末に呼びかけの文末要素があり、中止形式のままに、換言すれば、帰結に関する不安定な判断のままに相手に持ちかけている。自己弁護の意識もあるか。

「ケードガ」も稀に行われる。

　○チョット　ハヤーケードガ　モドッチャッテー。（ちょっと早いけれど、帰ってやったよ。《集会に参加した青年男》）

「ガ」がつけば、前件を念入りに強調する意識が出る。この「ガ」は、次項の「ガ」との関連もあるか。

2．確定逆接の「ガ」

確定逆接の「ガ」を取りあげる。上項の「ケード」に比較すると、その使用はかなり限られている。

　○ヨンダンジャガ　キコエザッタ　フー　ヨー。（呼んだんだが、聞こえなかったらしいよ。《青年男》）

その1例である。「ガ」は、「ケード」に比して、逆接の働きが、いくらか消極的であるかのようである。換言すれば、後件を導く作用が希薄になっているかのようである。その故か、前件のみで中止する用法が多い。

　○フツカホド　コニャー　ヨー　ゴザンスガ　ノー。（2日ばかり〈夕立が〉来なければようございますけどなあ。《あいさつ。中年女同士》）

　○イマー　ネツァー　サガットルンデスガ　ナー。（今は熱は下がっているんですけどねえ。《病気見舞いの隣人に。家人の初老女》）

いずれも、あいさつことばの例である。「ガ」はこのように用いられることが多い。ほとんど慣用的で、中止の文末に、遊離していると解される特定例もある。

3．確定逆接の「ノニ」

確定逆接の「ノニ」を取りあげる。共通語でも一般的な事象で、その意味

作用に根本的な変わりはない。日常、よく行われる表現法である。
　○マダ　ウレトランノニ　クヨールンジャ。（まだ熟れていないのに食べているんだ。《青い果物を食べる子を非難。小学生男》）
　○ハヨー　イケ　ユーノニ　イカンノジャ。（早く行けというのに行かないんだ。《小学生女の動作にいらだって。青年男》）
いずれも、期待に反した相手の動作にいらだち、その不満を訴えたものである。「ノニ」の立つ逆接の場合は、前件の流れや期待に反する結果を後件で述べ、不満や非難の思いを訴える表現が多い。ただ、相手の動作が前件に立つ表現の場合は、
　○オイソガシーノニ　ヨー　デッツカーサッテ　ナー。（お忙しいのによく出て下さいましたねえ。《手伝いの隣人に。主婦》）
のように、相手の好意を取りたてる表現になる。
　前件の「〜ノニ」で叙述を中止する表現も目立つ。
　○セッカク　キタノニ。（せっかく来たのに。《誰もいない。小学生女》）
こうあれば、話し手の不満の思いが前面に出る。

4．仮定逆接の「テモ」

　仮定逆接の「テモ」を取りあげる。これも、共通語では一般的な事象で、当該方言においても、その意味作用に差異があるわけではない。上項の「ノニ」同様、よく行われる事象である。
　○ナンボー　セワー　ヤェーテモ　シンダラ　シマェー　ヨー。（いくら働いても死んだらすべてがおしまいだよ。《初老男の人生観》）
　○ハー　イッテモ　ツマルマー　テー。（もう行っても駄目だろうよ。《即売会も終わり。青年男》）
前件での仮定のもとで、後件の事がらが展開する。ここでは、前件の条件下での、話し手の所感や判断が述べられており、この種の表現が全般に多い。
　○モー　イカーデモ　エカロー　ガー。（もう行かなくてもいいだろう〈いいのではないか〉。《相手を牽制する。青年男》）
当該形式が否定形（行かん）を受け、「デモ」となって行われた例である。

なお、「テモ」には、確定逆接とみられる例もある。
○ナンボー　ユーテモ　ダレモ　デズ　ナー。(いくら呼んでも誰も出ないしねえ。《留守宅を訪ねた体験談。青年女》)

前件の内容は、たしかに既定の事実である。その点では「確定逆接」と言えよう。ただ注意したいことは、この場合、表現の意図は、前件の事がらをことさらに強調することにあって、いわば前件提示の主観性が勝っていることである。その点では、特殊な「確定逆接」例とすることができようか。類例は少なくない。

結　　び

　以上、中備後の小野方言に行われる、接続成分とその表現について討究してきた。確定条件にあっては、順接の「ケー」、逆接の「ケード」、それに「ガ」「ノニ」、仮定条件にあっては、順接の「～ば」類、逆接の「テモ」がその主な事象である。それぞれが特定の機能を発揮し、あい寄って接続表現の大局を支えている。いずれも、日本語の伝統的な形式である。当該方言の骨格の確かさを、改めて確認することができよう。それにしても、その作用や用法には、かなりの自在さが認められる。地域とその生活に根ざした活用が生んだ、人間性豊かな広がりでもあろう。それは、とりもなおさず、文表現における文中接続の、理と情の重さと解することができる。

文　献

柳田国男　(1934)「そやさかいに」『方言』4.1
亀井　孝　(1936)「理由を表はす接続助詞『さかいに』」『方言』6.9
神鳥武彦　(1982)「広島県の方言」『中国四国地方の方言』(国書刊行会)
山口明穂　(1989)『国語の論理』(東京大学出版会)
神部宏泰　(1992)『九州方言の表現論的研究』(和泉書院)
神部宏泰　(2003)『近畿西部方言の生活語学的研究』(和泉書院)

第3節　文末の断定成分とその表現

は じ め に

　断定表現と言えば多くの形式が問題になろう。が、本節では、対象を単純にし、用法の細部を明らかにするために、断定助動詞にかかわる表現に限って取りあげることにする。

　断定助動詞の全国分布については、国の東部域および山陰の「ダ」、西部域の「ジャ」、それに近畿および北陸・四国の一部の「ヤ」と、大局をこのように把握することができる（藤原　1962　参照）。が、細部細域にわたれば、実情は必ずしも単純でない。特に西部域において複雑な分布様相を見せる。そういうなかにあって、当該の中備後小野方言は、山陽に連なって「ジャ」形式一色の単純地域である。「ジャ」一色ではあるが、その実際の用法は、

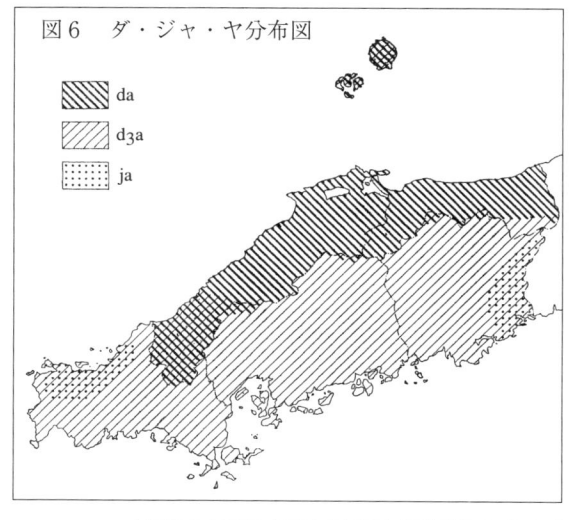

図6　ダ・ジャ・ヤ分布図
- da
- dʒa
- ja

（拙著「中国の方言」『方言と標準語』による。）

生活推移の諸相、諸事情にかかわって、多様であり微妙である。本節では、その実情について記述することにしたい。

中国における「ダ」「ジャ」「ヤ」の分布概括図を掲げておく。

一、言いきり形式とその用法

当該方言に行われる断定助動詞「ジャ」の基本的な意味作用は、判断・確認である。これにも諸相がある。

1．体言＋ジャ

体言を受けて行われる、基本的な形式とその用法を見よう。
○オナー　トシヨリノ　テンゴクジャ。(小野は年寄りの天国だ。《若者が少ないことを嘆き、皮肉って。老女》)
○アリャー　ウギースノ　コエジャ。(あれは鶯の声だ。《山からの鶯の声を聞きつけて。初老男》)

自己の判断を表して行われた例である。特定の事態に臨んでの話し手の判断が、まっすぐに表出されていよう。これが基本である。
○スナオナ　コジャ。(素直な子だ。《ある子を評して。中年女》)
○イナゲナ　ヤツジャ。(性悪な子だ。《ある子を評して。中年女》)

人間に関する善悪の評価である。ここでも「ジャ」が普通に働いて、判断・確認の表現法を、ごく日常的なものとして活用している。

次の特殊例も本項で取りあげておこう。
○ソレコソ　モッテケージャ。(それこそうってつけだ。)
○ソレジャー　ドッチツカズジャ。(それではどっちつかずだ。)
○ショーバェーワ　アガッタリジャ。(商売はあがったりだ。)

共通語でも見られる言いかたであるが、当該方言で「〜ジャ」の形で行われれば、それとして地域性が感じられる。

2．形式体言＋ジャ

(1) ～モンジャ

○ナ̄カナカ　ヤ̄ル　モンジャ。(なかなかやるもんだ。《ある男の好首尾を評価して。老男》)

○ナ̄ント　コマ̄ッタ　モンジャ。(まったく困ったものだ。《期待したことが不首尾に終わって。中年男》)

特定の事態に臨んでの、自己の判断と評価である。この種の表現には、何らかの詠嘆を伴うのが一般である。上の例でも、それがよく表れている。成人の物言いである。

(2) ～コトジャ（コッチャ）

○ゾ̄ーニュー　ク̄ーグラェーノ　コ̄トジャ。(雑煮を食べるぐらいのことだ。《送り正月の行事を説明して。老女》)

○ヤ̄レヤレ　コマ̄ッタ　コ̄ッチャ。(やれまあ困ったことだ。《事態の成りゆきを悲観して。老女》)

特定の事がらに対する確認・詠嘆である。上項の「～モンジャ」は、事態を受けての詠嘆に重点があるが、これには事態の確認に重点がある。その点では、両者は対照的な表現性を見せている。なお、「コトジャ」は「コッチャ」となることも少なくない。これも成人の物言いである。

3．～準体助詞＋ジャ

○ソ̄リャー　ワシンジャ。(それは俺のだ。《青年男》)

○ム̄スメガ　ヒ̄トリ　オルンジャ。(娘がひとりいるのだ。《ある人物についての説明。初老女》)

準体助詞「の」に接して行われた例である。ここではその「ノ」が撥音化している。この形で行われるのが普通であるが、音声環境によっては次例のように「ノ」と実現する。

○セ̄ーデモ　ワシャ̄ー　シランノジャ。(それでも俺は知らないのだ。《事件とは無関係であることを主張。中年男》)

「ノ」の前接音が撥音である場合は、当該の「の」はそのまま「ノ」と実現

する。言うまでもなく、撥音の連続を避けるためであろう。「〜イワンノジャ」（言わないのだ）、「〜イケンノジャ」（駄目なんだ）と、例は多い。準体助詞「の」が、前行の用言を体言化していることはむろんである。
　次例に類する事象の場合も、本項で取りあげることができるか。
　　〇キニョー　モドッタバージャ。（昨日、帰ったばかりだ。）
　　〇チョット　イッテ　ミルダキジャ。（ちょっと行ってみるだけだ。）
「バー」（ばかり）、「ダキ」（だけ）は副助詞であるが、ここでは準体助詞に準じる働きを見せている。この類例は多い。

4．指示関係語＋ジャ
　指示関係語が「ジャ」に統括されて、主として応答に立つことがある。
　　〇ソリャー　ソージャ。（それはそうだ。《相手に同意して。老男》）
「そ」系の指示関係語が行われた例である。言うまでもなく、相手に同意しての応答表現である。この種の表現は共通語においても普通である。
　　〇ソージャ。（そうだ。）
とあれば、相手の発言に同意してのことであるのは上述のとおりで、時に、相手の発言中、あいづちとして言うこともあるが、また、現前の相手の行動を可として、応援の意図でこう発することもある。
　　〇アッケー　アルナー　ミナ　ソジャ。（あそこにあるのはみないっしょだ。
　　　《自分の持ちものを示して。中年男》）
この例の「ソ」は、一連の同種を指す。「同類、いっしょ」ということである。これもソ系の指示語からのものか。
　　〇ソガージャ。（そのとおりだ。《中年男同士》）
とも言う。相手の発言を受けて、その内容が、当方の思惑や判断どおりであることを表明したものである。興味があるのは、次の言いかたである。
　　〇アガージャ。（そのとおりだ。）
これは、上例の「ソ〜」とあるのと、意味の実質は変わらない。が、ここには、相手の発言内容が、聞き手の理解・判断どおりという、積極的な同意の姿勢が出ている。そして、日常では、この表現のほうがよく行われるかのよ

うである。

5．「テジャ」尊敬法

「テジャ」尊敬法とは、「動詞連用形＋て＋じゃ」の形式をとる尊敬法を言う。その１例を掲げよう。
　○マー　オトーサンニ　ヨー　ニトッテジャ　ナー。(まあ、お父さんによく似ておられるねえ。《中年女が連れている幼児を見て。老女》)

「～テジャ」の形式で、話題の人物に敬意を表した表現である。「テジャ」尊敬法は、本来、三人称の世界、客体の世界に生まれたもので、いわば自然体の敬意を帯びている。当該方言ではこの尊敬法が盛んである。その存立状態の詳細については、第二章第１節において詳論した。

二、過去・未来形式とその用法

過去および未来・推量を表すには、次の形式による。

１．過去形式とその用法

過去は「～ジャッタ」によって表される。
　○アリャー　エー　ヒトジャッタ。(あの人はよい人だった。)
過去を回想して確認するのが、この表現法の基本である。
　○ソリャー　ヒガエリジャッタンジャ。(それは日帰りだったんだ。《小旅行の説明。中年男》)
こうあれば、過去の事態を、改めて現在時点で確認する言いかたになる。語法自体は、共通語でも見られやすい。ところで、「ジャッタ」は体言に接続して行われるのが原則である。が、次の場合はどうであろうか。
　○ミンナ　ヨロコンジャッタ。(皆さん、喜ばれた。《隣家へお使いしての報告。小学生女》)
この言いかたは、「ヨロコンデジャッタ」が縮約して成ったものであろう。いわば、上項で既述した「テジャ」尊敬法に属する表現法である。何がしか

の敬意の存する点に留意しなけばならない。

　○年寄りが亡くなって、クツレージャッタ　ノー。(……寛がれたねえ。《看病疲れの一家を思いやって。初老女》)

類例である。「クツロイデジャッタ」の縮約形であることに注意したい。

　○アッチャー　ヤナギヤト　キヨナガダキジャッタンジャケー。(向こうは柳屋と清永〈屋号〉だけだったんだから。《昔からの田植組》)

　○ジャッタ　カェーノー。(そうだったかなあ。《老男同士》)

この、応答の場合の「ジャッタ」の用法は、必ずしも一般的とは言えない。前行の表現を受け、対話の流れに乗りきったいきおいで出てくる表現法である。ただし、こういう条件下であれば、しぜんに行われて違和感はない。

　ちなみに、東隣の岡山県下で聞かれる応答の「ジャ。」(そうだ。)は、当該地域を含む広島県下にはない。

2．未来・推量形式とその用法

　未来または推量は「ジャロー」によって表される。

　○ハー　ハジマットルジャロー。(もう始まっているだろう。《小学校の運動会。中年女》)

これが、推量を表す、基本的な用法である。この推量を、話し手において未確認の事実と捉えれば、その確認は未来のことに属する。「ジャロー」の意味用法は、たしかに推量辞としての独自性を示すようにもなっているが、やはり断定の「ジャ」の一派としての確認作用も無視できない。ただ、注意されるのは前行語である。上例によっても見られるとおり、この場合、前行語は用言(この例の場合は助動詞)である。いわば「ジャロー」は、前行語を選ばない。ここのところに、推量辞としての新生も見られるかのようである。

　○モー　スンダジャロー。(もうすんだだろう。《運動会。初老男》)

　○モー　スンダンジャロー。(もうすんだんだろう。)

この両者とも表現可能である。前者は現状を遠望しての観察的推量であり、後者は時間や現場の状況などで判断しての、常識的推量である。

　○センセージャッタジャロー　カ。(学校の先生だったんだろうか。《最前会

った人物について思案する。老女》)

事前のできごとを確認すると共に、その状況からさらに推測して、事態の確認を深めようとしている。いわば「〜ジャッタジャロー」は、過去の事態に関する確認と推量を表して行われる語法である。

　　○バンズケテドモ　インデジャロー。(暮れ方にでも帰られるだろう。《客人の動静について。中年女》)

これは、例の「テジャ」尊敬に属する語法である。ちなみに、上項の過去形式では「インジャッタ」ともなるが、当面の未来・推量形式では「インジャロー」とはならない。こうあれば、本来の意味が保持できなくなる。

三、断定「ジャ」の特殊用法

「ジャ」は、断定機能を保持しつつも、その作用・用法を広げている。その実情について討究することにしたい。

1．疑問・詰問作用

疑問詞の立つ叙述を統括して、「ジャ」の行われることがある。
　　○ドケー　アルンジャ。(どこにあるんだい。《問いかけ。青年男》)
　　○ナニュー　ショールンジャ。(何をしているんだい。《中年男》)

こうあれば、問いかけの表現になる。「〜ジャ」は、確認の意図をそのまま相手に持ちかけることになる。
　　○コガーナ　コトー　ダレガ　シタンジャ。(こんなことを、誰がしたんだ。《花壇の荒れを見て。初老女》)

いたずらっ子を見すえての詰問・叱責である。単に問うよりも、事態確認のままに誰何した、いわば客観的な持ちかけであって、いっそう迫力がある。相手の発言を鸚鵡がえしに繰り返して、不審を投げかける表現がある。
　　○イキトー　ネェージャー。(行きたくないだって。《言いつけに反抗する子に。中年男》)

単なる聞きかえしの場合もあるが、事態によっては、怒りを含んだ詰問にな

第四章　文の特定成分とその表現法　189

る。この表現の場合がそれで、「ジャー」と長呼したところに、発言者の情念が出ている。
　　○ナンジャー。（何だ。《相手の発言を返して。青年男》）
こうあれば、険悪である。「モーイッペン　ユーテ　ミー。（もういっぺん言ってみろ。）」と続くこともある。
　ちなみに、「ナンジャー」は、単なる自問の意味で、間投表現に行われることがある。
　　○アレモ　ナンジャー　オジーサント　オナェードシジャ。（あの人も、あの、うちのおじいさんと同い年だ。《老女》）
　概して、この種の表現は、「ジャ」の、野趣に満ちた意味作用が、いっそう効果を発揮していよう。

　２．告知作用
　「ジャ」が告知の作用を見せることがある。
　　○アノ　ヒニャー　アーユー　サェーナンガ　アルンジャ。（あの日にはあんな災難があるんだよ。《車で転倒した体験談。初老男》）
この初老男は、被害を厄日の故と信じている。その体験と厄日の確信を相手に告知しているのが、この表現である。上昇調子の「ジャ」に注意したい。
　　○ムギチャー　ソケー　シトルンジャ。（麦茶をそこにこしらえているのよ。《暑い日の訪問者に。青年女》）
訪問者の希望を尋ねる意図の表現である。確認の「ジャ」を、そのまま相手への訴えに転じている。この場合も、相手目あての上昇調子が注意される。
　このような上昇調子を帯びた告知の「ジャ」は、かつてはほとんど聞かれなかったと言ってよい。ここ３、４０年来のことか。思いあたるのは、隣県岡山県下での状況である。この地域では、問題の「ジャ」が優勢である。中備後の当該方言にも、備中域からの、何らかの影響が認められるのか。いずれにしても、今後、この表現法は、いっそう拡大される情勢にある。このことは、断定辞が、一方では、呼びかけ性の文末特定要素として、その機能を帯びつつある、ひとつの兆候と受けとってよい。日本語の全般にも、この傾

向が見られやすいかのようで、いわば断定辞機能の衰微が指摘される。

3. 感声作用

ここに「感声作用」を見せる例としたものは、格別のことではない。断定「ジャ」の、1現象として理解することも可能な場合である。例を見よう。

　○ワー　アメジャー。（わあ、雨だあ。《突然の雨。小学生女》）

特殊な状況下に、思わず発したものである。「ジャー」の長呼に、瞬間の感情が表出している。仮に、この種のものを「感声化」の現象として取りたててみたい。

　○セージャー　ワシガ　ソンジャー。（それでは俺が損だあ。《遊びのなかで。小学生男同士》）

類例である。このような表現では、「ジャー」は叫びに近い。主張が同時に相手に対する牽制となっている。つまり、強い対他意識が出ている。

　○ナンジャー。（何だい。《期待をはぐらかされて。小学生男》）

落胆を表す「ジャー」である。これなどにも、話し手の情念が顕である。

この種のものは、「ジャ」の確認作用の特殊例としておくのが無難かも知れない。ただ、上項で、文末での特定化傾向を見せる事例を問題にした。その見かたからすれば、本項の感声的傾向も、気になるところである。単なる断定辞としての機能域を、どの程度にか逸脱する傾向を見せつつある特定事例として、ここに取りあげた。

4. 文末詞化

文末詞化したと判断される「ジャ」がある。断定辞の「ジャ」とどう区別されるのか。はじめに例を見よう。

　○ナキターダキ　ナク　ジャ。（泣きたいだけ泣くことだ。《いつまでも泣きやまない子に。中年の母親》）

泣く子に手をやいたあげく、傍観者の立場に立っての発言である。子に向かっての宣言、言いわたしでもある。突きはなしたニュアンスがあり、母親の呆れた思いもにじむ。

○マタ　アシタ　イッテ　クル　ジャ。(また明日行って来ることだ〈行って来ることにしよう〉。《荷物運びに。初老男》)

やりのこした仕事の始末を、段取りしての発言である。自己の判断を、いくらか距離をおいた形で表明したものである。換言すれば、判断を既定のこととして言い表したものである。

　　○ボツボツ　ヒルニ　スル　ジャ。(ぼつぼつ昼食にするか。《畑仕事のひとくぎりで。中年男》)

昼食の休憩に、協同の誰もが納得の間合いである。この場合も、その休憩判断を既定のこととして、やや客観的な言い表しかたになる。

　この「ジャ」は、「〜コトジャ」の意味作用に、いくらか似かよったところがあるかのようである。「ジャ」本来の機能が、話し手の特別な思念で特殊化されていよう。しかも、客観的な言い表しかたになっているとはいえ、相手への持ちかけ意識が根底にある。このことが、当面の「ジャ」を、本来の断定「ジャ」から遊離させたか。断定「ジャ」一般も、上項で指摘したとおり、文末特定化の傾向を見せつつある。が、当面の「ジャ」は、それに先んじて特定化したかのようである。

　なお、別に次例のような用法がある。

　　○コッチノ　ホーガ　エー　ワージャー。(こっちのほうがいいに決まってる。《遊びのなかで。小学生男同士》)

この「ワージャー」の「ジャー」はどういうものか。「ワー」は自己本位の主張を表す文末詞である。これを補助して行われる「ジャー」も、その主張を強化する働きを示していよう。これも断定「ジャ」の特殊用法としてよいのか。それとも見かけの「ジャー」で、断定の「ジャ」とは別物なのか。別物とすれば、次の事項が問題になる。断定「ジャ」以外にも、別に存立する「ジャー」(では)があるからである。

　　○ワシデモ　セー　ジャー。(俺だってやるさ〈やれないなんてことがあるか〉。《小学生男の強がり発言》)

「セー　ジャー」は「せいでは」が原形で、「ジャー」は、上述のとおり「では」からきている。これが上例の「ワージャー」の「ジャー」に関係が

あるのではないか。この観点も興味深いが、その考察の詳細については、第三章第4節で述べた。

　5．「ジャコトニ」（副助詞）
　○イマンナッテ　イカンジャコトニ　ユーテモ　ナー。（今になって行かないなんて言ってもねえ。《子の言動に困惑して。中年母》）
　○タエコラー　ネブタェージャコトニ　ユン　デ。（多恵子なんかは眠いなんて言うのよ。《妹を母親に言いつける。青年女》）
これらの例で、「ジャコトニ」は、副助詞の機能を果たしている。

　6．「〜ジャー〜ジャー」（並立助詞）
　○ミンナ　ナンジャーカンジャー　ユーシ　ノー。（みんな何とかかんとか言うしなあ。《世間の口を嘆く。初老男》）
　○マメジャー　トーフジャー　コーテ、（豆とか豆腐とか買って、……。）
これらの例で、「ジャー」は、並立助詞の機能を果たしている。

四、「ジャ」の関連事項

　関連して取りあげられる1事項がある。当該の実例から見よう。
　○ヨー　フル　モンジャー　アル。（よく降るもんだ。《長雨にうんざりして。中年男》）
「モンジャー」は、「もんでは」である。「は」が入って強調、そして詠嘆の言いかたになる。この例文の場合、長雨に閉口しての表現である。
　○ナント　ゲンキナ　モンジャー　アル。（ほんとうに、元気なもんだ。《元気に働く老人に感嘆して。青年男》）
これも、詠嘆の表現である。言うまでもなく、「ジャ」は「である」が原形式であるが、「は」の介在する「〜モンデワ」の特殊形式の場合に限って、陰在の「ある」が実現している。
　○ナカナカ　ヤルモンジャー　アッタ。（なかなかできた人間だった。《すで

に死去した人物の評価。中年男》)

「〜モンデワアッタ」とあれば、むろん過去形式である。この言いかたもつねのことである。すべて詠嘆の表現であって、その点でも局限的である。この表現の場合に限らず、概して「ある」の活動は注目される。

結　　び

　断定表現について、主として「ジャ」の働きに注目し、その形式の諸相と用法について討究した。形式の源流は「ジャ」一色の地域であって、その観点からすれば単純であるが、拡大する「ジャ」の用法の世界を見れば、活力の根強さを思わせる。その用法の広がりは、生活表現上必然の、史的推移の流れでもあるかのようである。それにしても、用法拡大の流れは、一方から見れば断定性の希薄化でもある。本来の機能と用法を踏まえながらも、断定の表現は、新しい推移に本性を委ねようとしているかのようである。その流れの方向は、他者をも大きく視野に入れた、いわば情の世界ということであろうか。当該方言を含めて、日本語全般の今後の推移が注目される。

文　献
藤原与一（1962）『方言学』（三省堂）
神部宏泰（1975）「中国の方言」『方言と標準語』（筑摩書房）
神部宏泰（1978）『隠岐方言の研究』（風間書房）
神部宏泰（1984）「裏日本方言の断定表現法」『方言研究ハンドブック』（和泉書院）
神部宏泰（2003）『近畿西部方言の生活語学的研究』（和泉書院）

第五章　述部叙法の諸相

はじめに

　文末決定性を本性とする日本語は、表現の重点を末尾に集約するのが基本である。その意味でも、文末に位置する述部は、表現を決定する重要な役割りを担っていると言えるのである。本章は、その述部に見られる注意すべき諸事項のうち、特に、態（アスペクト）、受身、使役、可能の諸叙法を取りあげ、その形式や用法、表現性などについて問題にするのが目的である。

　述部にかかわる枢要な叙法については、これまでにも、敬語法、断定法などを取りあげ、追究した。本章で取りあげようとする上の各叙法も、日本語においても、また当該方言においても、述部構造の中核として、文表現を支えている枢要な事項であることは、改めて言うまでもない。

一、態（アスペクト）

　動作・作用の進行と動作・作用の行われた結果の継続とは、異なった叙法で表される。

1．動作・作用の進行態（進行態）叙法

　現在、動作・作用が進行していることを表すには、動詞連用形に「おる」を、補助的につけて表す。「咲く」で言えば「咲き・おる」（サキョール）である。はじめに、動作の進行の場合を見よう。
　○ドケー　イキョール　ン。（どこへ行っている〈行きつつある〉の。《路上で。小学生女同士》）
　○サキー　イニョール　デ。（先に帰っているよ。《連れの者に声をかける。

中年女》）

「イキョール」は「行キ・オル」であり、「イニョール」は「去ニ・オル」である。「オル」は、前接の動詞連用形の末尾音〔i〕と融合して行われるのが普通である（Cioru ＞ Cjo:ru）。1例目は相手の動作を言い、2例目は自己の動作を言っている。「サキー　イニカキョール　デ。」（先に帰りかけているよ。）と言ってもよい。いずれも、その動作の、現在の進行を表す叙法である。

　○ナキナキ　モドリョール。（泣きながら帰ってきている。《弟がけんかをして帰ってくるのを見かけて、母親に報告。姉》）

類例である。次に、日常、使用頻度の高い言いかたを掲げよう。

　○コンナー　ナニュー　ショールン　ナラ。（あいつは何をしているんだい。《遠方の人物の不審な動きを見て。青年男》）

のような「シ・オル」は多い。

　○ワシャー　ココデ　イップク　ショーラー。（俺はここで一服しているよ〈休んでいるよ〉。《連れの者を使いに行かせる。老男》）

も、「シ・オル」の行われた類例である。次の「ヤリ・オル」の例、

　○マメデ　ヤリョール　フー　カ。（元気でやっている様子かい。《知人の消息を聞く。老女》）

これも、生活のなかで、よく聞かれる言いかたである。

　さて、自然現象の特定作用に関して、進行態叙法の行われることがある。

　○アメガ　フリョール　デー。（雨が降っている〈降りつつある〉よ。）

は、その1例である。雨の降る最中であることを言う。

　○モー　ウチニャー　サクラガ　サキョール。（もうわが家には桜が咲きはじめている〈咲きつつある〉。《知人に知らせる。中年男》）

類例である。2、3分咲きの頃を言うのがふさわしい。満開ともなれば、次項の「〜トル」によって表されることになる（次項参照）。「雪ガ降リョール」「風ガ吹キョール」「朝日ガ昇リョール」と、日常ごく普通の進行態叙法である。ここには自動詞も他動詞もない。

　ところで、注目される進行態叙法に次のようなものがある。

第五章　述部叙法の諸相　197

　○ホガークーテ　チー　ワスリョータ。(うっかりしてつい忘れるとこだった。《自嘲。青年男》)

「ワスリョータ」は「忘レ・オッタ」である。「忘れる」は、いわゆる瞬間動詞で、進行態の叙法にはなじまない。が、上例のように、完了の言いかたにかかわる場合には、現行場面でのできごととして、これの行われることがある。一般に、過去の習慣を言う場合には、「瞬間動詞」も「存在動詞」も、その動詞に「おる」を添えた、進行の言いかたが可能である。

　○ムカシャー　デンキガ　ロクジニャー　キョーッタ。(以前は電灯が6時には消えていた。《一時代前の話。老女》)
　○ウシガ　オチテ　ヨー　シニョーッタ。(牛が落ちてよく死んでいた。《一時代前の、山の上の牧場でのこと。老男》)

「消える」「死ぬ」は瞬間動詞である。が、過去の習慣として言う場合には進行の叙法が生きる。次は存在動詞とされる「ある」の例である。

　○イマ　マツリガ　アリョール　デ。(今、お祭りをやっている〈あっている〉よ。《旅の人に知らせる。小学生女》)

「ある」が進行態で表されている。この場合の「ある」は、特定の状態を言うのであろう。ただし用法は限られている。「ある」はまた、過去の習慣を言う場合にも、

　○マヤー　イナリサンノ　マツリモ　アリョータ。(以前は稲荷さんのお祭りもあっていた。《現在は途絶えた祭礼。老女》)

の例のように、進行態で表すことがある。特例である。

　形容詞で表す特定の状態も、過去の習慣を言う場合は、当面の進行態で表すことができる。

　○マヤー　マツリイヤー　タノシカリョータ。ココロガ　ハズミョーッタ。キモチガ　ウキウキショーッタ。(以前は、お祭りと言えば楽しかったものだ。心が弾んでいた。気持ちが浮きうきしていた。《昔の村祭りの回想。老女》)

「楽シカリョータ」とあるのが注意される。別例に「面白カリョータ」ともある。心情表現の形容詞に限られる。

2．動作・作用の結果態（継続態）叙法

　動作・作用の結果や状態が継続していることを表すには、動詞連用形に「て」のついた形式に、「おる」を、補助的につけて表す。「咲く」について言えば「咲い・て・おる」（サェートル）である。上項の「咲き・おる」が動作・作用の進行を表すのに対して、これは、「咲いた」結果・状態がそのまま継続して存続していることを表す。共通語が、両者を、「咲いている」の１形式で表すのと対照的である。

　はじめに、動作の結果・状態が継続する場合を見よう。
　〇ワシャー　ヨー　オベートル　デ。（私はよく覚えているよ。《かつての災害のことを。初老女》）
　〇ヒドー　ハレトル　ノー。（ひどく腫れているなあ。《相手の顔の傷を見ながら。中年女》）

「オベートル」は「覚えて・おる」であり、「ハレトル」は「腫れて・おる」である。「オル」は、上項の進行態叙法の場合と同様に、前接語の末尾音〔e〕と融合して行われるのが普通である（teoru＞toru）。１例目で言えば、「覚える」（記憶する）動作の完了した状態が、そのまま継続していることを表している。

　〇イチーキ　ウチー　キトラー。（いつも家に来ているよ。《近所の子どもが、遊びに。中年男》）

類例である。「キトラー」は「来て・おる・わい」である。

　いわゆる瞬間動詞とされるものは、この叙法で表されるのが一般である。
　〇コンナー　モッテ　イクノー　ワスレトラー　ヤ。（あいつは持って行くのを忘れているよ。《子のお使いぶりに呆れる。母親》）
　〇オーカンデ　イヌガ　シンドル　デ。（道〈往還〉で犬が死んでいるよ。《家に帰って知らせる。小学生男》）

この種の動詞に関しては、上項の進行態による表現はない。ただし、過去の習慣を叙述する場合は別である（既述）。
　〇クリガ　ギョーサン　オチトル　デ。（栗がたくさん落ちているよ。《夜来の風で、道に。小学生女》）

類例である。「落ちる」についても、進行態で叙述する表現は、普通にはない。この例の「栗」について言えば、栗が枝を離れて地面に着くまでを観察することも、またその時間を問題にすることも、普通にはないことである。「落ちた」状態を叙するのが、換言すれば、落ちて地面にある状態を叙するのが、たしかに、生活のなかでの把握のしかたである。

次のような、「似る」「利く」「〜する」「生きる」なども、継続態叙法でしか表せない。
　○ホンニ　ヨー　ニトル。（ほんとうによく似ている。《従姉妹同士の顔を見くらべて。老女》）
　○ウマェー。シオモ　ヨー　キートル。（おいしい。塩もよく利いている。《小豆のあんこを試食しながら。青年女》）
　○イナゲナ　カオー　シトル　デ。（変な顔をしているよ。《ある男についての感想。小学生女》）

その実例である。これらも特定の状態を表していて、時間には関係がない。
　自然現象について、結果の継続を叙述する場合を取りあげよう。
　○シモガ　フットラー。（霜がおりているよ。《朝の発見。小学生女》）
　○ケサー　コーリガ　ハットラー。（今朝は氷が張っているよ。《同上》）

その実例である。いずれの場合も、現実には、普通、当該現象の進行状況を観察することはない。その意味では継続態の叙述があるばかりである。他例で、例えば「咲く」の場合、これは両者の叙法が可能である。ただし、
　○サクラガ　サェートル。（桜が咲いている。）
と言えば、桜が咲ききった状態、満開の状態が、そのまま継続していることを表す。一方、進行態の、
　○サクラガ　サキョール。（桜が咲いている〈咲きつつある〉。）
と言えば、全体の１〜２分咲きの状態か。むろん、花１輪１輪について、開きぐあいを言うことはない。（ただし、桜でなく、大型の花の場合は、咲ききる前の状況を「咲キョール」と言うことはできる。）それに対して、
　○サクラガ　チリョール。（桜が散っている〈散りつつある〉。）
であれば、散る花びらの状況を目で捉えることができ、そのような状況の進

行を言うのに問題がない。

　○サクラガ　チットル。(桜が散っている。)

は、言うまでもなく、花びらが地面に散りしいている状態である。

　継続態の「命令」「完了」「否定」の言いかたを注意してみよう。

　○サキー　イットレ。(先に行っていろ。《子に。父親》)

の「イットレ」は「行ッテ・オレ」であって、「行ッタ」状態(動作の完了状態)の継続を指示している。

　○ヤレ　マー。ヨーニ　ワスレトッター。(やれまあ。すっかり忘れていた。《用事を思いだして。初老女》)

の「ワスレトッタ」は「忘レテ・オッタ」であって、「忘レタ」状態(作用の完了状態)が継続していたことを発見している。

　○マダ　サェートラン。(まだ〈桜は〉咲いていない。《中年女》)

の「サェートラン」は「咲イテ・オラン」であって、「咲カナイ」状態が継続していることを表している。

　継続態は、動詞の意味や性質にかかわるところがいっそう大きい。時に複雑でもある。観察者の立場であれば、その完全な把握は容易でない。それにしても、これを生活語として生きている人びとにとっては、いわば、ごく単純な用法であるところが興味深い。

　なお、進行態、継続態の使い分けの存する点が改めて注意されるが、これも、主として西日本の方言では、一般的なことである(国立国語研究所 1999　参照)。

二、受身と使役

　受身と使役の叙法について取りあげよう。これを、受動と能動とを表す、代表的な叙法として位置づけることもできる。

1．受身の叙法

　受身の叙法は、共通語の場合と同様、動詞の未然形に、助動詞「レル・ラ

レル」を添えることによって表される。
　　○アスバッコーニ　ハヨー　イナニャー　オコラレル　デ。(遊ばないで早く帰らないと叱られるよ。《下校途中の学童に。中年女》)
　　○オトーサン　イコー　ユーテ　イッペンワ　サソワレタンジャ。(お父さん、行こうと言って、1度は誘われたんだ。《同行しなかったいきさつを語る。中年男》)
　　○フーガ　ワリー。ミンナカラ　ワラワレタ　ガ。(きまりが悪い。みんなから笑われたよ。《変った服装を悔やむ。青年女》)
その実例である。「猫にカグラレタ（ひっかかれた）」「犬にキーツカレタ（噛みつかれた）」「蟬に小便をヒッカケラレタ（ひっかけられた）」のように、例は多い。サ変動詞の場合は「セラレル」が「サレル」となる。
　　○ジャマダキャー　スナ　ヤ。ナンベン　セーキューサレテ　ダスン　ナラ。(〈進行の〉邪魔だけはするなよ。〈いったい〉何べん請求されてから出すんだい。《相手の不誠実な行為をなじる。青年男》)
その1例である。なお、次のような例で、
　　○ソノ　ハナシャー　ヨー　キカサレタ。(その話はよく聞かされた。《老人の、若い頃の自慢話。青年男》)
の、「キカサレタ」のような例もよく聞かれる。この場合、押しつけがましいという迷惑気分が強く出ると、「キカセラレタ」となることも少なくない。言うまでもなく、前者はいわゆる使役動詞であり、後者は使役助動詞のついたものである。両者は意味も形も似ていて、実際には、なかなか区別をつけにくい。「歩カサレタ」「歩カセラレタ」などもその例である。他者の能動的な使役行為も、その使役を受ける立場からすれば受動の現象になる。「ラレル」はここに働いて、受身の関係を確かなものにしている。

2．使役の叙法

　使役は、共通語と同様に、動詞に、使役助動詞「セル・サセル」を添えて表すのが基本である。
　　○ヨイヨ　コマラセル　ヨノー。(まったく困らせるよなあ。《思わしくない

成りゆきに。中年男》）
　○ミ̄ンナシテ　ノ̄マセル　モンジャケ̄ー　オ̄ージョーシ̄タ　ヨ̄ー。（みんなで飲ませるもんだから参ったよ。《同窓会で酒を。青年男》）
その実例である。ところで、ここに問題がある。例えば次の例、
　○デ̄ー。ワ̄シーモ　チ̄ョット　ノ̄マシテ　ミ̄ー。（どれ。俺にもちょっと飲ませてみろ。《子のジュースをねらって。父親》）
この例で、「ノマシテ」となっているのが注意される。使役の助動詞であれば「ノマセテ」とあるところである。が、そういう言いかたはしない。厄介なのは、一方に「飲マス」のあることである。これは五段活用の、「飲ム」と対をなす他動詞である。「使役動詞」と言ってもよい。その連用形とまぎらわしいのが、上の「飲マシテ」である。意味も似かよっている。たしかに「乳を飲マス」と「乳を飲マセル」とでは、前者がしぜんの行為であるのに対して、後者には当事者のある意図・意思が加わる。が、両者同形式の連用形であれば、その区別はつけにくい。この種のものは、「行ク」「行カス」「行カセル」、「泣ク」「泣カス」「泣カセル」と例は多い。
　○コマ̄ーモンバー　ナ̄カスナ。（小さい子ばかり泣かすな。《父親》）
　○コマ̄ーモンバー　ナ̄カセナ。（小さい子ばかり泣かせな。《父親》）
こうあれば、少なくとも形の上では、両者の区別を、容易に見いだすことができる。ちなみに、禁止の「ナ」は、五段動詞には終止形につき、一段動詞には未然形につく。一段動詞の「見ル」「見セル」「見サセル」、「寝ル」「寝セル」「寝サセル」、「着ル」「着セル」「着サセル」などのグループには「見ス」など「〜ス」がない。他動詞は「〜セル」であり、使役は「〜サセル」である。他域の一般では、使役である「〜セル」が、ここでは他動詞であるのが複雑である。両者の史的関連の深さを思わせるが、現在では、使役系の「〜サセル」がしだいに影を薄め、「〜セル」一本に軸足を移しつつあるかのようである。
　○ダ̄レン　ヤ。チ̄ョット　ミ̄シテ　ミ̄ー。（誰のかい。ちょっと見せてみろ。《子が手にしていたものを。父親》）
この「ミシテ」は、他動詞の「見せ（て）」である。連用形が「〜シ」に統

合されているのも、将来の再変動の萌しなのか。ちなみに、安芸の広島で、使役助動詞は「ス・サス」である（神鳥　1982）。藤原与一氏は「見サン」「見しテ」「見す」が広島市にあることを指摘している（藤原　1954）。
　○センセーニ　ミサニャー。（先生に見せないと。）
筆者もこのような例を得ている。

三、可能の叙法

　可能は、「能力可能」と「状況可能」の別があり、それぞれが異なった叙法で表される。前者は、特定の動作・作用の実現が、その動作主体の能力に基づいて可能となる表現を言い、後者は、特定の動作・作用の実現が、外部の自然的、客観的状況に基づいて可能となる表現を言う。なお、共通語においては、両者の叙法を基本的に区別することはない。

1．能力可能

　「能力可能」については、上述したとおりである。すなわち、特定の動作・作用が、動作主体の能力に基づいて実現可能であることを叙した表現法である。当該方言においては、これが次のように行われる。
　○ヒトリジャー　ヨー　モタン。（1人では持てない。《重い荷物を。青年女》）
　○コガーナ　ムズカシー　ジャー　ヨー　ヨマン。（こんな難しい字は読めない。《新聞を見て。小学生女》）
いわば、能力不可能を表す例である。いずれも、自己の能力不足で実現不可能を叙した文である。この「ヨー　～ン」が、不可能を表す基本的な叙法である。この「ヨー」は何か。この問題に関して、なお次の例がある。
　○ダレマー　エー　セン。（誰もはとてもできない。）
　○ワシャー　エー　イカン。（私はとても行けない。）
これらの例では、「エー」が用いられている。おおむね古老に行われる言いかたである。ところで山陰の隠岐には、「エモ　シェヌ。（できない。）」「エ

モ エカエヌ。(行けない。)」のような、「エモ ～ヌ(ン)」形式の不可能法がある。これが、古叙法の「え(得)～ず」からのものであることは明らかであろう(神部 1978)。藤原(2001)は、大分、山口、石川、島根各県下の、関連する古語法をあげている(p.327)。当面の小野方言の「エー ～ン」もこれに関係があろう。

　○サカデ アノ テー ナッタラ ダレモ エー トメンケー ソリャー シヌル ヨー。(坂であんなことになったら、誰も止められないからそれは死ぬよ。《トラクターが坂道で横転し、運転者が死亡した話。無理もない結果だと言っている。老男同士》)

類例である。「エー ～ン」は、このようにしぜんに生きている。始めに掲げた文例中の「ヨー」も、この「エー」から変化したものかと考えられる。

　○マダ シニャー ヨー セン ワェー。(まだとても死ぬなんてことはできないよ。《無病の自分を語り、また安堵して。老女》)

「ヨー ～ン」の類例である。この種の例は多い。

　能力不可能形式は、また次のように、心理的な抵抗感に基づく不可能を表すことがある。

　○フーガ ワリーケー ヨー キン。(みっともないから、とても着られない。《古い型の洋服を勧める母親に。中学生女》)
　○ソガン コター ワシャー ヨー イワン ゾ。(そんなことは、俺はとても言えないぞ。《先方の嘆くような通告。中年男》)

いずれも、内面・内心の抵抗感による、不服・不満の表明である。その抵抗感は、世間の常識に反することへの抵抗感でもある。「(気持ちが悪くて)ヨー 食ワン」「(濁り水は)ヨー 飲マン」「(酷い傷は)ヨー 見ン」など、この種の言いかたも日常的である(神部1992ではこれを「主観状況可能」とした)。ちなみに、この形式は、主として中部西部から近畿・中国・四国の、広い地域に分布している(国立国語研究所 1999 参照)。

　さて、次の問題は、上の不可能法に対する可能の叙法である。例えば不可能法の「ヨー 読マン」に対しては、可能法の「ヨー 読ム」が期待されるところであるが、当該方言にはこれがない。可能法の実例を見よう。

○ワシデモ　ケッコー　スル。(俺でもできる。《小学生男》)
　○ヒトリデモ　ケッコー　キル。(1人でも着られる。《小学生女》)
このように、能力可能は「ケッコー　〜」の形式を取る。
　この形式の行われるのは、何も当該地域に限ったことではない。例えば、上項で実例を出した山陰の隠岐でも、能力可能はこれが普通である。「ケッコー　オー　ワナ。(うまくおんぶできるよ。)」は、その1例である(神部　1978参照)。山陰の隠岐や備後の当該域にこの形式が存するとすれば、少なくとも中国域では、他でも、かなり広い地域に分布しているのではないか。それにしても、『方言文法全国地図』に、当該の地域を含めて、これが全く現れていないのは、不思議と言う他はない。
　「ケッコー」は「結構」であろう。これが形容動詞として行われるのは一般のことであるが、副詞用法となると特殊である。当該地域でも、この可能法にしか用いられない。その意味は、「うまく・よく」ぐらいのところか。思うに、「得」の「エ→エー→ヨー」の変化は、しだいに「能く」を意味するようにもなったのか。あるいは、「能く」に導かれたものか。いずれにしても、ここに「結構」のかかわる余地が生じた。言うまでもなく「能く」と「結構」とは、上述のとおり、能力の程よい発揮を意味する点で、等価値的な機能を保有することになった。「結構」への傾斜は、新味を求めてのことであったのか。
　「得〜ず」の伝統は、「ヨー　〜ン」のような不可能法を先に安定させたのであろう。「ヨー〜」は、やがて肯定の可能形式を生んだ。「ヨー　スル」形式の発生は、不可能形式からのしぜんの展開であったろう。今日、近畿域を主域に、西部域の各地にこれが見られるのも、当然のことと首肯される(国立国語研究所　1999　参照)。それにもかかわらず、当面の中備後一帯では、その流れに無頓着であった。そして、上述のとおり、独自の可能形式を育てたのである。能力可能形式は、自己の存在や能力を主張しようとする、主観的な意識の世界を背景に形成されてきたものと考えられる。その特徴形式が、主として西日本に分布するのも興味深い。
　なお、当該方言における、能力可能の類例を掲げておこう。

○ワシャー　ケッコー　トメタケー　シナザッタ。(俺は止めることができたから死ななかった。《トラクターの横転を。老男同士》)
　　○ヒトリデ　ケッコー　モツ　ナ。(1人で持てるかね。《大型の道具を持ちあげようとしている青年男に。中年女》)

2．状況可能

　状況可能については、本項の当初において説明した。すなわち、特定の動作・作用が、外部の自然的、客観的条件に基づいて現実可能の表現を言う。当該方言においては、これが、動詞に助動詞の「レル・ラレル」をつけて表すのが基本である。
　　○コッチカラデモ　デラレル　コター　デラレルンジャ。(こちらからでも出られることは出られるんだ。《通りへの出口。老男》)
　　○オチャー　ノンダケー　ネラレン。(お茶を飲んだから寝られない。《眠れないことの説明。中年女》)
　　○アメジャケー　イカレモ　セズ　コマリョールンジャ。(雨だから行かれもしないし、困っているんだ。《青年男同士》)
その実例である。言語主体の意思や能力に関係なく、特定の動作が、外的状況に左右されて実現可能、あるいは不可能のさまを叙している。
　　○コノ　クツァー　コモーテ　ハカレン。(この靴は小さくて履けない。《古い靴を履いてみて。青年女》)
も、実現不可能の理由は外的事情にある。ただ、次の例、
　　○ヨゴレルケー　スワレン。(汚れるから座れない。《椅子が汚く、服の汚れを気にする。青年女》)
この「スワレン」も、外的状況に基づく判断とは言うものの、微妙である。心的な抵抗感も何ほどかかかわっているかも知れない。
　　○トテモジャーナェーガ　ミラレタ　モンジャー　ナェー。(とてもではないが、見られたものではない。《知人の大怪我。青年男》)
類例である。外的状況に触発されたとはいえ、心的抵抗感も大きい。同様の状況を、能力可能形式で、「ワシャー　ヨー　ミン。(俺はとても見ることが

できない。)」のように表すこともできよう。視点や形式は異なるが、心情面では、両者等価値的である。
　　〇コレナラ　ナゴー　キラレル。(これなら永く着られる。《譲られた服の型や色あいが適当で。青年女》)
これも類例とすることができよう。状況可能は、外的条件に基づく可能態であることに問題はないとしても、表現によっては、心的条件のかかわることも少なくない点に注意する必要があろう。
　いわゆる可能動詞の問題がある。
　　〇ゼニュー　カッタママジャー　シネンケー　ナーア。(金を借りたままでは死ねないからねえ。《自己の道徳観について。老男》)
　　〇キョー　イキャー　アシター　モドレル。(今日行けば明日は帰れる。《親戚への使い。青年女》)
これらの例には「死ネル」「戻レル」が見られる。対象の性質を言う「書ケル」「飲メル」「食エル」などは普通に行われている。が、可能動詞は、一般にはかなり限られているかのようである。
　　〇ナサケノーテ　ナコーニモ　ナケン。(情けなくて、泣こうにも泣けない。《悲嘆と腹立ち》)
　　〇ジルーテ　アルケタ　モンジャー　ナェー。(〈道が〉ぬかって歩けたものではない。《大げさな報告》)
のような慣用句めいた言いかたで、この種のものが出ることはある。ただ、一方から言えば、上の「泣ケル」「歩ケル」は、対象の性質を言う意味あいが濃い。普通には、
　　〇ハダシジャー　アルカレン。(裸足では歩かれない。)
のように、「歩カレル」を言うことが少なくない。
　　〇ソガン　コター　イワレン。(そんなことは言ってはならない。)
こうあれば、制止の表現となる。周囲の事情を盾に、相手の動作を制するのである。親が子に言うのにふさわしい。多くはない。
　なお、一段動詞に関しての、「見レル」「出レル」の類は、近時わずかに開かれることもあるが、かつては全くなかった。

結　　び

　以上、中備後小野方言の述部の叙法、態・受身・使役・可能について討究してきた。注意されるのは、態や可能の叙法には、事がらの状況に対応した形式の分化が見られることである。当該地域での、分化した叙法の細やかさは、上の記述に見られるとおりであるが、なお注目されるのは、その分化の叙法が、おおむね西日本に広く分布することである。そういう分化の見られない東日本との違いも問題になる、日本語の特殊事項である。

　可能の叙法で、能力可能は、比較的後世に発達したとみられる、主観性の濃い形式であるが、その形式の隆替が特に激しいのは九州地域である（神部1992 参照）。これをも含めて、可能態の討究は、日本語表現の重要問題として、今後さらに押し進める必要がある。

　使役の叙法も、史的変動のさなかにあるかのように観察される。受身の形式も、状況可能の形式と共に、まさに伝統的な事項として、史的興味の尽きない問題である。概して、本章で取りあげた諸叙法は、日本語の史的深淵のるつぼのなかにあり、古くてまた新しい問題である。さらには、その伝統と改新の活力が、日本語表現の要所である述部に蔵された活力であり、生命力であることを、改めて確認することができる。

文　献

藤原与一（1954）「文法」『日本方言学』（吉川弘文館）
藤原与一（1969）『日本語方言文法の世界』（塙書房）
金田一春彦（1976）『日本語動詞のアスペクト』（むぎ書房）
神鳥武彦（1982）「広島県の方言」『中国地方の方言』（国書刊行会）
渋谷勝己（1993）『日本語可能表現の諸相と発展』（大阪大学）
国立国語研究所（1999）『方言文法全国地図』4
神部宏泰（1978）『隠岐方言の研究』（風間書房）
神部宏泰（1992）『九州方言の表現論的研究』（和泉書院）

# 第六章　否定表現法

は じ め に

　否定の表現は、言語の表現の中で、際立って大きな分野を占めている。泉井久之助氏が「実現せられた表現はすべて、肯否のいずれかでなくてはならない。」(1956, p.133)と述べているとおりである。否定の表現が存在の認識をうち消すところに成立するとすれば、たしかにその広がりは大きい。ただ、注意されるのは、待遇表現法、断定表現法、命令表現法など、特定表現法として整頓できる諸類型を支える個々の文表現も、肯否のいずれかに属しているということである。したがって否定表現法として把握される表現法分野は、多様な諸相を内包して、他とは違った複雑さを見せる。このこともあって、否定表現を取りあげるにあたって、本章では、否定の表現形式本位に整頓して記述することにした。
　内面本位に見れば、否定表現の世界は、概して生なましい情意の動きを見せている。存在の認識をあえて否定し否認する心意は、時に高揚し、時に屈折したものを見せる。記述にあたっては、特にこの点にも留意したい。日本語方言の否定・否認表現の特性は何なのか。これを、中備後小野方言を対象にして問題にするのが本稿の目的である。

一、動作の否定法

　動作の否定法は、動詞に否定辞「ン」が接することによって表される。この「〜ン」形式は、国の西部地域に広く分布するものであることはよく知られていよう。小野地域では、これが次のように行われる。

1．「〜ン」形式の否定法

　「〜ン」形式の否定表現、「行カン」「来ン」「降ラン」「止マン」の類は、日頃、普通に行われる言いかたである。
　　○アンマリ　ヨー　キコエン。（あまりよく聞こえない。）
　　○マダ　モドラン。（〈あいつは〉まだ帰らない。《心配顔で》）
は、その実例である。ところで、上の例のように、日びの対話の表現で、「〜ン」が終止法として文末に立てば、これに伴った話し手の判断の強さが際立つ場合がある。これを気にする話し手は、この強さの緩和を意図して文末に特定の要素を置き、1文の表現を穏やかなものにしようとする。
　　○アシター　モー　イカナー。（明日はもう行かないよ。）
は、その例である。「イカナー」は「行カぬ」に、特定の文末要素「わい」が接合し、これが融合して成ったものである。対話の自然では、この形式の行われることが多い。
　　○ワシャー　シラナー。（俺は知らないよ。）
「〜シラン。」とあるよりは穏やかである。相手を顧慮した言いかたになっていよう。ここには、「わい」に限らず「ナ」「ノ」「ヤ」「ヨ」「デ」「カ」などの行われることもある。が、融合して一体化するのは「わい」の場合だけである。それにしても話者自身が融合を意識することはない。なお、「わい」は、「〜ぬ」の場合に限らず、前行の述部の末尾と融合することが多い。
　「〜ン」形式が単独で文末に立つ場合、日常の生活表現の実際では、話し手自身の心情や判断を表すことが際立っている。
　　○ワシャー　メシャー　クワン。（俺は飯は食べない。）
　　○ワシャー　モー　ナーンモ　イワン。（俺はもう何も言わない。）
　　○ワシャー　シラン。（俺は知らない。）
これらの例には、話し手自身の心情が表出されている。不満の内心が表れているととれる例もある。これまでに掲げた諸例も、おおむねこの傾向を示していよう。このような心情表現の傾向は、やがて特定の慣用をもたらす。

2．「〜ン」形式の慣用法

「〜ン」形式の慣用が指摘されるのは、「イケン」「ヤレン」「コタエン」「シラン」「シレン」「タマラン」「ツマラン」「ナラン」がその主なものである。なかで際立つのは「イケン」「ヤレン」である。

(1)「イケン」形式

「イケン」の「いけない」は、共通語ふうのものでもあり、類する言いかたは、全国的に何ほどか行われているのではないか。少なくとも関東のうちにはこれがある（方言研究ゼミナール　1995　参照）。当面の「イケン」は、主として中国の全地域に分布する。四国の愛媛県下にもこれが見られるようである（国立国語研究所　2002，207図　参照）。当該方言の、「イケン」の用いられた例を取りあげよう。

　　○ソリャー　イケン　ナー。（それは悪いねえ。《父親の病状を聞き、看護疲れの青年女に同情して。中年女》）
　　○モー　イケン　デ。（もうだめだよ。《死期の迫った人についてのうわさと判断。中年男同士、路上で》）
　　○ヨイヨ　イケン。ワスレッ　シモーテ。（さっぱりだめだ。忘れてしまって。《物忘れが激しくなったことを嘆く。老女》）

これらの例では、話し手の負の心情がまっすぐに表出されている。広く全年齢層に行われる。ところでこの事象が頻用されるのは、1文中において先行の「〜は」「〜ば」「〜て」の制約・条件下に行われる補助的用法である。

　　○ソコデ　アスンジャー　イケン。アンタラー。（そこで遊んではだめ。あんたたち。《中年女が子どもたちに》）

「〜は　イケン」の例である。ここでは「〜デワ」が「〜ジャー」となっている。否定形式を取った表現ではあるが、意味の実際は「制止」とした方がふさわしかろう。

　　○カモーチャー　イケン。（触っていたずらしてはだめ。《植木に触って遊んでいる子どもたちに。老女が》）

類例である。この場合は、制止と共に道徳的な心情も表れていよう。なお、この例では「〜テワ」が「〜チャー」となっている。子ども同士でよく、

「シチャー　イケン。(してはだめ。)」「ミチャー　イケン。(見てはだめ。)」などと、遊びのなかで相手を制止したりしている。この言いかたは女児に多いか。ちなみに、男児に多いのは、「スナ。」(するな。)「ミナ。」(見るな。)の直接的な禁止法である。

　　○ソリョー　オメーガ　ユーチャー　イケン。(そのことをお前が言ってはだめだ。《ぐちを言う仲間をたしなめて。初老男同士》)

この文には、制止と共に、立場や義務の認識を促す心意も表れていようか。

　　ついで、「～ば　イケン」の用法である。

　　○ソリャー　ツズケニャー　イケン。(それは続けねばだめだ。《薬を服用している老女に。老男が勧める》)

ここでは「～ねば」が「～ニャー」となっている。「～ば　イケン」形式のもので問題とするのは、すべてこの形式である。「～ねば」で当面の特定動作の解消を仮定し、「イケン」でこの事態を否定する。いわば二重の否定である。当然とする理をもって動作を促す心意がある。

　　○ソリャー　コニャー　イケン　ゾ。(それは来なければならないよ〈来るべきだ〉。《当然の義理・義務を説く。老男》)

類例である。分別くさい言いかたとなる。しぜん、大人の物言いである。

　　次に「～て　イケン」の用法である。

　　○シンドーテ　イケン。(苦しくてたまらない。《発熱して苦しんでいる少年女の訴え》)

主として状態の叙述(形容詞の叙述)を受けて行われ、その状態をいっそう内面化して強調する。この場合、「イケン」は、「たまらない」「がまんできない」「押さえられない」にあたっていようか。前掲の2者(～はイケン・～ばイケン)は、「イケン」によって、文中先行の叙述内容を否定しているのに対して、これは、それを強調している。

　　○ハズカシューテ　イケン。(恥ずかしくてたまらない。)

　　○ウレシューテ　イケン。(嬉しくてたまらない。)

類例である。いずれも若い女性の物言いであることが多い。

　　「イケン」の出自について触れたものに、『イケル』の否定形であり、不

可能法である。」がある（藤原　1954）。つまり「行ケル」の否定形ということであろう。共通語としても行われている実情もあって、特に異存はない。ただ、当面の小野方言には「行ける」可能法がない。該当する言いかたは「行カレル」である。「いけない」を受け入れ、「イケン」として活用したか。いずれにしても、「イケン」は、当方言への定着と慣用の古さを思わせる。

　一般に、動詞の否定形または否定の言いかたはよく行われる。否定形だけで存立している動詞もある。「イケン」もそのひとつである（隣接する岡山県下の「オエン」、近畿域の「アカン」もこれに類する。ちなみに、「オエン」は理解語ではあるが、生活語として使用することはない）。なお、動詞の表現法レベルのことになれば、「イケン」と同意を表す次の言いかたもある。

　　　イケン　　イケリャーセン　　イケルモンカェー　　イケマセン

それぞれに、意味・ニュアンスを異にする表現体であるが、語レベル、あるいは活用形式の世界のこととなれば、ここには否定形の他に、連用形、連体形が指摘される。したがって、厳密には「否定形」だけで存立する動詞とは言えないかも知れない。が、注意されるのは、これらの言いかたも、表現統体本位に見れば、すべて「否定表現形式」であることである。この事態を重視すれば、「イケン」は、少なくとも、否定形式をもって存立する動詞と言うことは許されようかと思う。

(2) 「ヤレン」形式

　「ヤレン」は、おおむね前項の「イケン」に類する機能を持つ事象であるが、それにしても、意味・用法がややずれている。例を見よう。

　　○ヨーマツバー　ユーテジャケー　ヤレン。(冗談ばかり言われるからやり
　　　　きれない。《老男にからかわれた青年女が》)
　　○アレガ　イチバン　ヤレン。(あれ〈無法駐車〉がいちばん困る〈堪えられ
　　　　ない〉。《無法駐車に通交を妨げられた初老男》)

これらの例のとおり、「ヤレン」は話し手自身が、自分の被った、あるいは味わった心的被害を言いたてるのが主眼である。「やりきれない」「堪えられない」というのがあたっていようか。前項の「イケン」に比べて、個人的な負の心情がいっそう深い。

○オーユキデ　ヤレナー。(大雪でやりきれないよ。《中年男の嘆き》)
類例である。
　「イケン」の用法との差がよく現れるのは、１文中において、先行の「～は」「～ば」「～て」の制約・条件下に行われる場合である。
　「～は　ヤレン」を見よう。
　　○アメガ　フッチャー　ヤレン。(雨が降ってはとても無理だ。《仕事支度をした中年男が、空を見上げながら》)
この例文での「ヤレン」は、特定条件下での、話し手自身の都合や心情を言ったものである。ここに「イケン」とあれば、状況によっては雨天を呪う、あるいは雨天を嘆く気持ちの勝る場合もあろう。「カモーチャー　イケン。(触っていたずらしてはだめ。)」は、先にも掲出した例である。この「イケン」の位置に「ヤレン」は来にくい。「イケン」とあれば、道徳的な背景にもよる制止の心情がある。「ヤレン」にはそれがない。話し手の被害意識が中心である。「ミチャー　イケン。(見てはだめ。)」の場合にしても同様である。しぜん、「～は　ヤレン」の使用は限られてくる。
　「～ば　ヤレン」にしても、行われることが少ない。
　　○シャンシャンセニャー　ヤレン　ゾ。(しっかりしないと〈こちらが〉堪えられないよ。《若者の働きぶりを評して。初老男の嘆き》)
ここに「イケン」とあれば、相手の奮起を、当人に直接促す表現になろう。
　「～て　ヤレン」は、他の場合とは違ってよく活用されている。
　　○アツーテ　ヤレン。(暑くてやりきれない。)
　　○サブーテ　ヤレン　ゾ。(寒くてやりきれないよ。)
主として状態の叙述（形容詞の叙述）を受けて行われる。先項でも述べたとおり、ここには「イケン」が立っても行われる。「イケン」は、その特定状態をいっそう内面化して強調する。ところが「ヤレン」とあれば、その状態下での、話し手自身の堪えがたいほどの不快の感覚を強調する。が、結局は共に特定状態の強調に他ならない。
　　○シンドーテ　ヤレン。(苦しくてやりきれない。)
類例である。ここに「イケン」とある例は前項で掲出した。「イケン」とあ

れば状態を強調し、「ヤレン」とあれば話し手の苦痛を強調する。
　「ヤレン」は「やれる」（可能動詞）の否定形式とされよう。が、「ヤレン」以外の形式は、活用されることがきわめて少ない。
(3)　「コタエン」形式
　　上項に類する意味作用をもって行われる形式である。
　　　○イトーテ　コタエン。（痛くてたまらない。）
　　　○ウレシューテ　コタエン。（嬉しくてたまらない。）
これも、主として状態の叙述（形容詞の叙述）を受けて行われる。「コタエラレン」と言うこともある。「堪えられない」という、これも、しごく強調した言いかたである。おおむね古老の物言いである。
(4)　「ツマラン」「カノワン」形式
　　「ツマラン」も否定形式によって立つ事象である。
　　　○コトシャー　イネモ　ツマラン。（今年は稲もだめだ。《天候不順による作
　　　　物の不作を嘆く。中年男》）
「ツマラン」は、この例に見られるように、おおむね「だめだ」の意味に相当する。が、前項の「イケン」「ヤレン」「コタエン」が辞的性格を帯びていたのに比べると、それがいくらか希薄か。
　　　○ツマラン　コトー　ユーナ。（役にも立たないことを言うな。）
体言にかかる言いかたである。「イケン」「ヤレン」にもこの用法はあるが「ツマラン」の方に客体性が勝っている。ただし、
　　　○ソリョー　ユーテモ　ツマラン。（そのことを言ってもだめだ。）
　　　○シンダラ　ツマラン　テー。（死んだらそれでおしまいだと言うんだ。《中
　　　　年男同士の酒席での論議》）
このように補助性をもって行われたものには、辞的性格も認められる。
　　「カノワン」も否定形式によって立つ事象である。
　　　○モットル　モンニャー　カノワン。（金を持っている者には勝てない。《酒
　　　　席でのぐち。初老男》）
このような用法の他に目立つのは次のものである。
　　　○オカシューテ　カノワン。（おかしくてたまらない。）

○フシギデ　カノワン。（不思議でたまらない。）

特定状態を受けて行われたものである。ここに「イケン」「ヤレン」「コタエン」も立ち得ることは先述した。「カノワン」は「ヤレン」の表現性に類似していようか。特定状態を受けての、話し手自身の深い感情を強調的に表している。

　　○イキトーテ　カノワン。（行きたくてたまらない。）

類例である。

(5) 「シラン」「ワカラン」形式

　両形式とも頻用されるが、これは否定形だけではない。他の活用形もよく運用されている。が、なかでも否定形の活用が際立っている。ここに特に慣用形式として取りあげるのは、「〜か　シラン」「〜か（も）　ワカラン」である。

　はじめに「〜か　シラン」を取りあげよう。

　　○ハー　イッタンカ　シラン。（〈あいつは〉もう行ったのかなあ。《1人いぶかる》）

　　○マー　ドーショーカ　シラン。（まあ、どうしようかなあ。《人から物を貰った青年女が当惑ぎみに》）

この形式の表現は、独白ぎみに、1人疑う言いかたになるのが普通である。しぜん、疑問詞と共に用いられることが多い。

　　○ドケー　ヤッタカ　シラン。（どこへ置いたかなあ。《物を置き忘れて》）

類例である。

　ついで「〜か（も）　ワカラン」を取りあげる。

　　○ハー　イッタカモ　ワカラン。（もう行ったかも知れない。）

不測の事態を推測して言う表現法である。共通語の「知れない」がほぼ対応していようか。

　　○ソノホーガ　エーカモ　ワカラン。（その方がいいかも知れない。）

類例である。

(6) 「アワン」「ナラン」形式

　両者とも、諸活用のなかで、否定形式が頻用される。

　　○ヤレソレノ　マニャー　アワン。（いざというときの間にはあわない。《嘲笑ぎみに。初老男》）

動作がのろい人物に対する批判である。他にも類する慣用的表現がある。
　○マヒョーシニ　アワン。(間拍子に合わない。)
　○マシャクニ　アワン。(間尺に合わない。)
「マシャク〜」は「マショクニ　アワン。」とも言っている。慣用句自体は共通語としても行われているが、当該方言例は、共に動作の鈍さにかかわる意味の言いかたである点が注意を引く。他に、
　○テニ　アワン。(手に合わない。《手にあまる》)
がある。これが、予想以上の機転を示した、抜け目のない子どもについて、感心して言うことが多い。青年についても言う。
　○ナカナカ　テニ　アワン　ヤツジャ。(なかなか手に合わない奴だ。)
　次は「ナラン」の例である。
　○アテン　ナラン。(当てにならない。《見込みはずれ》)
　○コトン　ナラン。(事にならない。《期待はずれ》)
　○ハナシン　ナラン。(話にならない。《問題にならない》)
共通語にも見られる慣用的な言いまわしである。どれもよく行われるが、他に「ナラン」の用いられることはまずない。ただ、次の１例、
　○アノカー　シゴン　ナラン。(あの子は〈悪で〉手がつけられない。)
の「シゴン　ナラン」はどうか。これも慣用的によく行われる。畑の雑草の始末に手をやくことなどにも言う。類例としておこう。「シゴ」は「扱く」からのものか。「片づけること、始末すること」の意味である。

(7) 「〜ン」形式の特定慣用句

　「〜ン」形式が特定体言と共に行われる慣用句がある。
　○イラン　サェータラー　ヤクナ。(よけいな世話をやくな。)
「イランサェータラ」は慣用句である。「サェータラ」は「才太郎」の変化形か。相手を憎にくしく牽制する言いかたである。
　○ソレコソ　イラン　サェータラ　ヨー。(それこそよけいなお世話よ。)
このように言うこともある。
　○ツマラン　ヤツジャ。(役に立たないやつだ。)
　○モトーラン　ヤツジャ。(つまらないやつだ。)

いずれも個人をなじる言いかたである。ここには、概して負の人物批評の慣用句が目立つ。
　「〜ン」の慣用法は多い。他にも、思わぬところにこれが生きている。

３．「〜ズ」形式の否定法
　否定表現は「〜ズ」形式によっても行われる。
　　○ナンボー　マッテモ　モドリャー　セズ。(いくら待っても帰りはしないし。《待ちくたびれて不服を言う。中年女》)
　　○ヤメル　ワケニャー　イカズ　ノー。(〈今さら〉やめるわけにはいかないしねえ。《立場のつらさを語る。中年男》)
「〜ズ」形式による表現の例である。否定の、いわゆる中止的用法である。これも古態の形式、と言えば言えないことはない。当方言に限らず「〜ン」の存する地域には一般的である。
　　○マー　オチャトモ　イーマセズ。(まあ、お茶とも申しませんで。《辞去しようとする訪問客を送り出しながら。主婦》)
送辞の慣用的なあいさつ表現である。中止のところに恐縮の思いがこもる。
　中止形式は、言い留めたところに話し手の想念がのぞく。「〜ズ」は概して話し手の負の情念であることが多い。

二、状態の否定法

　状態の否定法は、形容詞・形容動詞および特定の体言に、非存在を表す「ない」(形式形容詞)の接することによって表される。当該方言では、これが次のように行われる。

１．状態の否定法
(1) 「形容詞・ない」形式
　形容詞によって表される状態を、「ない」によって否定するのがこの表現法である。「シローナェー」(白くない)、「クローナェー」(黒くない)のよう

に行われるこの形式は、全国的に行われる表現法であるが、当方言においてもこれが一般的である。
　○キョーワ　ソレホド　サブー　ナェー。（今日はそんなに寒くない。）
　○アンマリ　ウモー　ナェー。（あまりおいしくない。）
「寒い」「美味い」の否定表現である。ところで、形容詞の連用形を受けて行われる「ない」には、ai 連母音の変化形式に基づく2態の実現形がある。その1態は、上の例文に見られるとおりの「ナェー」（nai ＞ næ:）であり、いま1態は「ナー」（ai ＞ a:）である。
　○イマー　ナンニモ　ホシュー　ナー。（いまは何も欲しくない。）
　○ナカナカ　グスー　ナー　ヨー。（なかなか楽ではないよ。）
は「ナー」の行われた例である。「グスー　ナー」は慣用的で、「ぐすい」（紐の結びなどがゆるい）の意の他の活用形はほとんど用いられない。

「ナェー」は当域の東側、備前・備中方面からの流れを受けての分布と解される。また「ナー」は西側の安芸へと連なる。「ナェー」の方に新味があるか。概して若い層によく行われる。対して「ナー」は、少なくとも「ナェー」よりは古くから存したものか。これには気安さがある。時にぞんざいで下品でさえある。これが投げやりに聞こえることもある。上の「ホシューナー」の例で言えば、状況によっては投げやりでふきげんに聞こえる場合がある。その表現性に比べれば、「ナェー」には誠意が感じられ、時に上品でもある。子どもが用いれば、可愛さの感じられる場合もある。ちなみに、ai 連母音の変化形にかかわる表現性の差異は、「ない」の場合に限らず、広く認められる（次章参照）。

　形容詞と「ない」との間に、「は」「も」の入ることのあるのも共通語の場合と同様である。次はその実例である。
　○ソガーニ　シンドーワ　ナェー。（そんなに苦しくはない。《風邪で臥している青年女。家人の問いかけに答えて》）
　○ワシラー　イトーモ　カユーモ　ナー。（俺なんか痛くも痒くもない。）

(2)　「形容動詞・ない」形式
　形容動詞によって表される特定状態を、「ない」によって否定するのがこ

の表現法である。共通語の「静かでない」に相当するものは「～ニ　ナー（ナェー）」形式によって表される。

　○アンマリ　ケッコーニ　ナー。（あまり結構（綺麗）でない。）
　○アンマリ　キレーニ　ナェー。（あまり綺麗でない。）

その例である。ちなみに「結構な」は整った見事さを言うことに重点があり「綺麗な」は美麗さを言うことに重点がある。当域では後者が新しい。

　ところで、「～ニ」は「アッタ（特別な場合はアルも）」をも後接させて存在を強調する。「静かニアッタ」「元気ニアッタ」がそれである。この形式が古語の「～なり」にかかわるものであることは明らかで、主として備後以西の中国の山陽域に分布する。当面の「～ニ　ナー」否定形式もここにかわっており、古態法と言ってもよかろう。

　形容動詞と「ない」との間に、「は」「も」が入り得ることは共通語の場合と同様である。

　○タェーシテ　ジョーズニャー　ナー　ガノ。（たいして上手ではないがね。）
　　《評判の絵画作品を批評して。中年男》）
　○アンマリ　ゲンキニモ　ナェーンジャ。（あまり元気でもないんだ。《友人に、元気そうだなと声をかけられて。老男》）

前者の「～には…」（～ニャー…）には取りたての意識があり、後者の「～にも…」（～ニモ…）には漠とした不調全般を言うニュアンスがある。

2．状況の否定法

(1)「～ない」形式の慣用法—1—

　「～ない」形式が、特定の状況の否定にかかわる慣用法がある。まず、「訳はない」（ワキャー　ナー）、「世話はない」（セワー　ナー）、「気がねはない」（キガニャー　ナー）などが取りあげられる。

　○ソガン　コター　ワキャー　ナー　ガノ。（そんなことは訳はないよ。）

「ワキャー　ナー」は、日頃よく行われる慣用法である。ここには気安い優越感が見られ、時に高揚した精神状態ものぞく。男性に多いが女性もまた使用者である。「問題なし」の意の慣用表現である。

○イ̄キサェースリャー　シャー　ナェー。(行きさえすればいい〈世話はない、大丈夫〉。《不安がる子に。母が》)

ここには「セワー　ナー（ナェー）」「ショワー　ナー（ナェー）」「シャーナー（ナェー）」などの変化形が現れる。これも日常よく行われる、「問題なし」の意の慣用表現である。立てかえ金を支払おうとする人に「シャー　ナェーケー。」（……から）と言って押し返すこともあり、また、苦役を提供した人がねぎらわれて「シャー　ナェー。」（なんでもない）と、軽くことばを返すこともある。用域は広い。

「問題なし」と言えば、次の例がある。

○ト̄コー　ナ̄エー。(申し分がない。)

これも慣用の言いかたである。「トコー」は「とかく」で、いわば副詞であるが、当該方言ではこの慣用法が用いられるのみである。作物でも仕事でも、満足のいくできばえについてこう言い、ほめことばの所感・批評である。成人の物言いである。

(2) 「〜ない」形式の慣用法―2―

人の性向を表す特定の慣用的な言いかたがある。

○カ̄エーショーガ　ナー。(甲斐性がない。)
○コラ̄エージョーガ　ナー。(忍耐力がない。)
○イ̄ジガ　ナー。(意地がない。)
○ミ̄ヤワセガ　ナー。(見合わせ〈常識な判断〉がない。)

いずれも性向の慣用的表現である。性向は負の評価をする言いかたが多い。村の道徳律に適わない者は、秩序や和を乱すとして批判される。これが村の社会である。年輪を重ねた村の生活のことばに、否定形式の性向表現が目立ち、しかも慣用的であるのも一定の理があろう。ここに慣用的としたのは、否定を取らない言いかたもできるからである。が、これは少ない。道徳律に適う者は、当然のこととして村人の意識に深く残ることがない。ここには慣用が生まれにくい。

(3) 「〜ない」形式の慣用法―3―

「〜コター　ナー（ナェー）」（〜ことはない）の形式を取る慣用法があり、

主として成人の間でよく行われる。
　○タェーシタ　コター　ナー。シレタ　モネー。（たいしたことはない。知れたものよ。）

状況からして、軽いとする判断の表現である。その点からすれば、先の「問題なし」としたものの部類に入ろう。が、ここでは形式を優先させた。共通語にも見られる言いかたであるが、当方言の生活にもなじんだ慣用表現である。この観点からすれば、「〜行くことはない」「〜急いだことはない」「〜に越したことはない」なども、これに類する言いかたとされよう。
　○ヨージンニ　コシタ　コター　ナェー。（用心に越したことはない。）
　形容詞・形容動詞の立つ当該形式も普通に行われる。
　○ハー　イタェー　コター　ナェー。（もう痛いことはない。）
　○ソガーニ　ニギヤカナ　コター　ナェー。（そんなに賑やかなことはない。《都会帰りの青年女が都会を語る》）

先項（状態の否定法）で取りあげた形式のものに比較すると、これには体言化された一般性が認められる。共通語の用法と大差はない。

三、断定判断の否定法

　上来、討究し記述してきた「動作」「状態」の否定法において、大筋の否定表現類型を取りあげた。いわば肯定判断に対する、「〜ン」「〜ない」形式による否定判断の表現類型である。にもかかわらず、ここにあえて項を改めたのは、断定にかかわる否定判断の表現を問題にするためである。

　肯定の断定表現において、「〜ジャ」は叙述内容を確認・判断する特定の陳述性をもって行われる。この断定表現を、換言すれば断定判断の対象になった事態の存在を、否定する表現法をここで取りあげる。その、断定判断の否定は、「〜ではない」形式によって表される。
　○ウソジャー　ナェー。ソレダキャー　ユメジャー　ナェー。（うそではない。それだけは夢ではない。《小学生女が母親に訴える》）
　○アリャー　イケタ　モンジャー　ナェー。（あいつはさっぱりだめな人間

だ。)

特別のことではない。日常、普通の表現法である。これがあいさつの場で、
　○ソガーニ　ユーテ　モラウホドン　コトジャー　ナェーデス　ガー。
　　（そんなに言っていただくほどのことではありませんよ。《贈り物の礼を言
　　う近所の主婦に。中年女》）
のようにも行われている。文例のとおり、「～ナェー」は「デス」をとって
も行われるが、ここに「～アリマセン」を用いることはない。
　この形式が、問いかけの表現に用いられることも多い。
　○ソリャー　アンタンジャー　ナェー　ン。（それはあなたのものではない
　　の。《置かれたままの包みを指して。中年女同士。》）
女性に多い言いかたである。文末の「ン」が柔らかい。
　○キニョー　ユータジャー　ナェー　カ。（昨日、言ったではないか。）
こうあれば詰問調になる。しぜん男性に多い物言いである。

四、過去・未来の否定法

1．過去の否定法
(1)　動作の過去否定法
　動作の過去否定の形式は多様である。一般的なのは「～ザッタ」である。
少なくとも半世紀前当時は、全般にこの言いかたが普通であった。
　○ダーレモ　コザッタ　デ。（誰も来なかったよ。《留守番の小学生女の母親
　　への報告》）
　○タチノキリョーワ　モラワザッタンジャ。（立退き料は貰わなかったんだ。
　　《かつての住居の始末について語る。老男》）
「～ずあった」が出自とされる「～ザッタ」は、室町時代末の京都ではすで
に古く、次項の「～ナンダ」に席を譲りつつあったかのようであるが（松村
明　1969，他）、今日では国の西部に広く分布している（国立国語研究所
1999，151 図　参照）。当地域もその分布領域内にあり、盛んである。
　○オカシューテ　ヤレザッタ　デ。（おかしくてたまらなかったよ。《笑いを

我慢した時の報告話。青年女同士》）
　　○マエニャー　ハキマセザッタ。（以前は履きませんでした。《靴など。老女
　　　の回顧談》）
類例である。
　　注意されるのは、その強調形式の「～はせざった」である。
　　○ワシャー　イキャー　セザッタ。（俺は行かなかった。《中年男》）
このように言うこともあるが、少ない。「～セザッタ」は「～サッタ」となって行われるのが普通である（sezatta ＞ satta）。
　　○ダレモ　オリャー　サッタ。（誰もいなかった。《小学生男の報告》）
この「～サッタ」はさらに「～ハッタ」となることもある（satta ＞ hatta）。上の例で言えば「～イキャー　ハッタ。」である。前行の〔a〕母音の口構えに同じてのことか。ここにはその構えを妨げることの少ない〔h〕の方が立ちやすかったものと思われる。当方言にはｓ＞ｈの変化音は少ないが、それでも音環境によっては現れることもある（次章参照）。ただ、次の例、
　　○ソリャー　アリマサッタ　ナー。（それはありませんでしたねえ。）
この例の「アリマサッタ」が「アリマハッタ」となることはまずない。敬語使用のていねい意識に基づくことか。
　　なお、この「～サッタ」は備後に一般的のこととされる。
　　動作の過去否定は、また「～ナンダ」形式によっても表される。
　　○コトシノ　ショーガツァー　ドッケーモ　イカナンダ。（今年の正月はど
　　　こへも行かなかった。《青年女の回顧談》）
先述のとおり、この形式の否定法が、国の中央で、「～ザッタ」にかわって行われ始めたのは室町時代末の頃とされるが、その史的事実のままに、今日では、近畿およびその周辺地域（中部・中国東部・四国北部地域）など、主として「～ザッタ」の内側に分布している（国立国語研究所　1999，151図参照）。当該の小野地域で、この表現が行われるようになったのはそんなに古いことではない。おおむね1950年頃以降のことか。当時、女性によってごく稀に行われるこの言いかたを聞いて、「よそことば」の感を持った人は多かろう。
　　小野地域は、先述のとおり、備中との境に位置している。国境（県境）に

沿った備後・備中双方の地域は、山稜の多い地形とはいえ、しぜんの通婚圏でもあった。この環境は、両地域の、古来から続いた何らかの交流を思わせる。現に、時に備中ことばが話題になる。このような情況のなかで、「〜ナンダ」も東から浸透してきたのか。備中はすでに「〜ナンダ」が優勢であった。その浸透も、備後も南部の方が早かったようである。

さて、「〜ナンダ」は、今日ではかなり聞かれる。初老の男性からも聞かれることがある。が、その使用度も、「〜ザッタ」の土着的な根強さには及ばない。今日の両者を比較して、「〜ザッタ」は主情性が勝っていよう。

動作の過去否定は、さらに「〜ンカッタ」形式によっても表される。この形式は、否定辞「〜ン」の行われる、国の西部地域（九州西部域は別か）に広く存立するもののようで（方言研究ゼミナール　1995）、取りあげられたどの地域でも、若い層中心のものである。当面の小野地域でも同様で、まさに新来の言いかたである。

　○ワシャー　シランカッタ。ソンシター。（俺は知らなかった。損をしたよ。
　　《知らないで無駄足を踏んだ子が不服を言う》）

は、その1例である。

「〜ザッタ」の伝統的な地盤の上に、「〜ナンダ」が浸透し、さらには「〜ンカッタ」が新しい地歩を築こうとしている。ここ50年の隆替の激しさを、感深く観察することができる。

(2)　**状態の過去否定法**

状態の過去否定は、「〜ナカッタ」によって表される。

　○チットモ　ウモー　ナカッタ。（少しもおいしくなかった。）

これは、形容詞によって表される過去の特定状態を否定した（負の認識で表現した）1例である。ここには「チットモ」（少しも）、「タェーシテ」（たいして）、「アンマリ」（あまり）など、否定形式と呼応する特定の副詞（陳述副詞）の行われるのが普通である（この事態は過去表現の場合に限らない）。次は類例である。

　○タェーシテ　オモシロー　ナカッタ。（それほどおもしろくなかった。）

ついで、形容動詞によって表される過去の特定状態を、同様の形式によっ

て否定する表現を取りあげる。
　○アンマリ　キレーニ　ナカッタ。（あまり綺麗でなかった。）
老若にわたって、全般によく行われる表現法である。

2．未来の否定法
(1)　動作の未来否定法
　動作の未来否定は、基本的には動詞に「まい」の接することによって表される。これが地域に伝統的な表現法である。
　○ダーレモ　シルマー。ソガン　コター。（誰も知らないだろう。そんなこ
　　とは。《自分の物知りを誇るニュアンスもある。中年男》）
連母音を含む本来形の「まい」は「マー」〔ma:〕とも「マェー」〔mæ:〕ともなって実現する。このことは、先に「ない」の場合について述べた。それぞれの表現性についても、「ない」のそれとほぼ同様である。「マー」に古風なぞんざいさがあり、時に分別くささが現れる。一方、「マェー」には新来の若わかしさが認められる。
　○コレダキジャー　チョット　タルマェー　カ。（これだけでは少し足りな
　　いかなあ。《煮物の材料の種類と量を気にする。青年女》）
「マェー」の行われた例である。若い女性の明るい率直さも、ここに表れていよう。
　「まい」は、五段活用の動詞には終止形に接続するが、一段活用の動詞には未然形に接続する。この点、共通語の場合と同様である。
　○マダ　ダレモ　ミエマー。（まだ誰も姿が見えないだろう。《老女が物見役
　　の小学生男に確認する》）
一段活用動詞に接した例である。「オキマー」（起きまい）、「キエマー」（消えまい）と、法則的である。周知のとおり、出自の「まじ」はひとしく終止形接続であったのが、活用の種類によって接続を分けたのは、室町期の終止形消失に原因があるとする説がある（『日本語の歴史』4）。特に、終止・連体両形を異にした二段動詞系は、否定の言いかたへの類推で早くも未然形接続へ移ったようである。それにしても問題として残るのは「サ変」「カ変」

「ナ変」の変格動詞の場合である。
　○ダーレモ　ホンニ　スマェー。（誰も本当にしないだろう。）
　○ヒトリジャー　エー　クマー。（1人では来れないだろう。《子ども1人の来訪をきづかって。老女》）

「スマェー」（するまい）、「クマー」（来るまい）はその例である。ここで「まい」は、しいて言えば、古活用の「終止形」に接続している。あるいは変格動詞の場合は、「終止形」が消失する以前に結びついた特定形式のままに、中央を離れて流動することもあったか。使用頻度が高いにもかかわらず、孤立形式であったことに起因していよう。「変格」の本領である。とすれば、これも残存した古形式に違いない。ともあれ当地域では、「終止形」にも「未然形」にも接続しない「まい」の存することが注意される。なお、「ナ変」（死ヌル・去ヌル）も「死ヌマー」「去ヌマー」である。ちなみに禁止辞「ナ」が動詞に接続する場合も同様の方式による。すなわち五段動詞には終止形、一段動詞には未然形、変格動詞には古活用の終止形である。

さて、近来は、若い層の間で、「まい」に替わって「〜ンジャロー」（〜ないだろう）を用いることが多くなってきている。
　○ゴマンジャー　キカンジャロー。（5万円では無理だろう。《相場》）

これを「〜キクマー」と言うこともある。が、比較すれば、この方がぞんざいで分別くさい。

(2)　状態の未来否定法

状態の未来否定は、基本的には形容詞・形容動詞に「ナカロー」の接することによって表される。
　○アンマリ　ウモー　ナカロー。（あまりおいしくなかろう。《自分の手料理をきづかって。青年女》）

形容詞の立つ例である。「ナカロー」を「アルマー」（あるまい）と言うことも多い。これも地域になじんだ形式である。この方が意識のこもった言いかた（強調）か。ごく稀に「ナカルマー」と言うこともある。古風な言いかたである。一方、若い層では「ナカロー」を「ナェージャロー」（ないだろう）とも言う。女性に聞かれやすい。

○アンマリ　ケッコーニ　ナカロー。(あまり綺麗でなかろう。)

形容動詞の立つ例である。ここに「アルマー」「ナカルマー」「ナェージャロー」の行われることもあるのは、先の例の場合と同様である。

五、強調・反撥（反語）の否定法

否定の心意を強調的に表出する、特定の表現法がある。その表現は、概して品位の低いものになりがちである。特に反語・反撥の表現ともなると、話し手の感情表出が際立ってくる。

1.「～は　セン」形式の否定法

「見はしない」「来はしない」などの否定法は、おおむね関東以西に分布している。特に西部地域においてはこの否定法が盛んである（国立国語研究所1999，161，162図　参照）。当該地域においても、これが、「～ン」の否定の強調法としてよく行われている。

　○アェーツァー　ナーンモ　シリャー　セン。(あいつは何も知りはしない。《話題の男を非難ぎみに。中年男》)

　○ナンボー　ユーテモ　ワカリャー　セン。(いくら言って聞かせても分かりはしない。《悪童に手を焼いて。老女》)

いずれも話題の主を強調ぎみに非難したものである。この表現法は、自己を言うより他を言うのにふさわしいかも知れない。次例も他者非難である。

　○チットモ　キコヤー　セナー。(少しも聞こえはしないよ。《新しい補聴器を試着してみて。老女》)

器具の不調を大げさに訴えた表現である。好首尾を期待した周囲は驚く。

もとより自己の否定感情を表出することもある。

　○ワシャー　ウリャー　ヘン　ゾ。(俺は売りはしないぞ。《初老男》)

山林の売買に関する共通の話題を受けての発言である。ここで「～売ラン。」と言ってもよい。が、例文のようにあれば、売買についての一座の関心を踏まえ、「売るなんてことはしないぞ」と、強調的に否認することになる。

第六章　否定表現法　229

「行くか」「行かないか」などと相手からせつかれて、
　○ワ̄シャー　ド̄ケーモ　イ̄キャー　セ̄ン。（俺はどこへも行かない。）
と言うのも、相手の関心や問いを受けてのことである。概してこの形式は、特定の情報や状況の中での否定判断を、強調的に表出する場合に行われる。
　○ク̄ローテ　ミ̄ヤー　ヘ̄ン。（暗くて見えはしない。《闇夜で。青年女》）
にしても、行動を規制する闇夜状況での強調的な否定判断である。

　なお、この強調法が、近畿圏およびその周辺地域で、「行カヘン」「来ーヒン」などのように「〜ヘン」「〜ヒン」と変化して一般化し、従来の「〜ン」を衰退せしめているのは周知のとおりである（神部　2003　参照）。

2．「〜カェー・モンカェー」形式の否定法
(1)　「〜カェー」形式

　「〜カェー」形式による否定法は、反撥（反語）の表現法である。
　○ジ̄ューマンモ　ス̄ル　カェー。（10万円もするかい〈決してしない〉。《ある物の値段について。中年男》）
　○ワ̄シガ　シ̄ル　カェー。（俺が知るかい〈まったく知らない〉。）

　「カェー」は、もともと「か」の属の問いかけの文末詞（文末特定要素）「かい」である。が、「かい」は「カイ」の形では行われることがなく、語内の ai 連母音の変化形に導かれた「カェー」〔kæ:〕であるのが一般である。本来、「かい」は「か」に比して主情性が強く、かなり特殊的である。本項の場合のような反撥の表現にはこれがふさわしい。換言すれば、この主情性をもって、反撥用法が慣用化し得ていると言えるかも知れない。
　○ア̄ガン　ト̄ケー　ダ̄レガ　イク　カェー。（あんなところへ誰が行くかい〈誰も行くはずがない〉。《青年男同士》）
この形式の否定表現には疑問詞（誰）が立ちやすい。こうあれば、否定の心意がいっそう強調される。行為者は自他誰のことであってもよい。自己の場合も行為を客体化し、当然のこととして否定する。強調のいきおいである。

(2)　「〜モンカェー」形式

　「〜モンカェー」形式による否定法も、反撥（反語）の表現法である。

○ソ̄ガーナ　バカナ　コトガ　ア̄ル　モンカェ̄ー。(そんなばかなことがあるものかい〈あるはずがない〉。《中年男同士で》)

「モンカェー」も文末詞である。先の「カェー」に比して、「モン」を保持するだけに、事態を、常識に反することとして取り立てる働きが強い。それだけ反撥が強調されるということでもある。

　○カ̄モー　モンカェー。(かまうものか〈かまうわけがない〉。《常識に反する行為に及んで。少年男同士》)

世間の常識の無視であり、反撥である。ところで、この表現で注意されるのは、先の「〜カェー」の場合と違って、疑問詞の立ちにくいことである。疑問詞による一般化への意識を、「〜モン」が果たしているからであろう。

3．「〜ニー」形式の否定法

「〜ニー」形式の否定法も、反撥の表現法である。実例を見よう。

　○ダレガ　ミ̄ューニー。(誰が見ようか〈見たりする物好きな者がいるはずはない〉。《誰か見ると不安がる子に。母親が》)

「ニー」も文末詞である。接続助詞の「のに」から転じて成ったものとみられるが、同種の文末詞とされるものは他地域にも、主として関東以西に広く分布する（藤原　1986　参照）。当該方言で行われる「ニー」は、上掲の反撥表現の場合に限られる。「ニ」一般の、主観性の強い自己表出を主とする用法と、他地域への広い分布状況からして、当該方言のそれは残存の用法とすることができるのか。ただし「ニー」の反撥用法は、他に、少なくとも備後・備中の内にもある。

　反撥の用法に立つ「ニー」は、疑問詞を受けて行われるのを常とする。しかも叙述部の末尾は意志表現形式を取る。「疑問詞……意志形＋ニー」形式を取ることで反撥（反語）の効果を高めている。

　○ヒト̄リデ　ドケー　イコー　ニー。(1人でどこへ行こうか〈行けるはずがない〉。《帰りの遅い子を心配する母親に。父親が》)

ここで「ニー」は主情性・屈折性の強い思念表出の働きを見せていよう。

　○ド̄ー　ナロー　ニー。(どうなろうか〈どうかなるものでもない〉。)

これもほとんど慣用的に行われる。打つ手のない状況での、みずから諦める思いもある言いかたである。逆に意気のあがった、慣用表現もある。
　○ナンタロー　ニー。(何であろうかい〈何ということもない〉。)
これが、空元気の場合もあるが、さっぱりとした言いようではある。
　○ナンガ　オモシロカロー　ニー。(何がおもしろかろうか〈さっぱりおも
　　しろくない〉。《催しものを見て来ての感想。中年男》)
「ニー」が、形容詞の立つ叙述を統括した例である。類例は多い(第三章第4節　参照)。

4．「～Ｖャー」形式の否定法

「～行キャー」「～来リャー」の類を、便宜、「～Ｖャー」形式とした。
　○ソガン　トケー　ダレガ　イキャー。(そんなところへ誰が行くか〈誰も
　　行かない〉。《行くことを勧められて。青年男》)
これも疑問詞の「誰」を受けて行われるもので、強い反撥を表している。行為者とされる者は自他、いずれであってもよい。が、自己の場合にいっそう反撥感情が強いようである。
　ところで、「～Ｖャー」形式自体は、中国山陽地域などに分布する。さらに、「誰ナラ。」(誰か。)などの「ナラ」を、成立・用法の面から推してこれと類縁のものとすれば、この「ナラ」の分布は広く、近畿南部、中国山陽、四国などに存立する(藤原　1986　参照)。ただ、出自が体言接続の断定助動詞「ナラ」は、当面の反撥用法には係わらない。
　○ナンガ　ワルケリャー。(何が悪いか〈何も悪くない〉。《やったことをなじ
　　られて。少年男同士》)
形容詞の立つ叙述を受けた表現である。ここに古老など「～ワルカリャー」と言うことがある。両者には史的差異が認められて注目される。
　さて、「～Ｖャー」の特定形式を用言の仮定形とするむきもあるか。たしかに形は類似している。が、その成立について見ると、仮定形と同一視することに疑問がないわけではない。この問題については、第三章第２節で詳述した。

六、その他の否定法

以上の否定法の他に、なお問題にするべき表現法がある。

1．応答の否定法

　他からの問いかけに対して、否定の応答をすることもしばしばである。その主要な形式は次のとおりである。
　　○インニャ。　　　○インヤ。　　○イーヤ。
これが、全般に行われる、日常普通の、否定の応答表現形式である。丁寧には「イーエ。」がある。これは共通語の場合と変りない。相手の礼に応じる場合の１例、
　　○ソガーナ　コトー　シテ　モローチャー　イケマセン　ガー。（そんな
　　　ことをしていただいてはいけません〈困ります〉のよ。）
　　○イーエ　ナー。タッタ　ヒトツデスケー。（いいえねえ。たったひとつですから。）
贈り物の謝礼を受け、それを軽く押し返すあいさつことばである。ここには「イーエ　ナー。」のように、「イーエ」に「ナー」を添えて用いている。
　謝礼のことばを受けて、また、
　　○イーエ　ナー。ソリャー　ナェーデスケー。（いいえねえ。お礼には及び
　　　ませんから。《こちらの負担はないことを言う》）
このようにも言う。相手の要求を即座に否認する場合に、
　　○ヤレヤレ。（いやだ〈話にならない〉。《少年男》）〈注、アクセントに注意〉
のように言うこともある。聞く耳を持たないという体の、にべもない否認のしかたである。ここに、「ダレ　ガー。」（誰が〈行くか〉。）（誰が〈するか〉。）のように反撥形式をもって言うこともあるが、これのほうがやや特殊である。

2．否定辞の立つ特定修飾部

　強調のために否定形式を活用した、特定修飾部がある。
　　○ドヒョーシモナェーコトー　ユーテ。（とんでもないことを言って。《相手

をたしなめる。初老女》）

「ドヒョーシ」（突拍子）も、程度の並はずれたことを言う副詞で、よく用いられる。これに「～モナェー」（～もない）がついて、その表す程度をいっそう強調している。上の例は、これに、さらに「コトー」（ことを）がついて、程度をさらに大げさに強調したもである。ただし、こうあれば「を」格となり、用法は限られる。この修飾部形成で注意されるのは、強調のために否定形式を活用している点である。「ドヒョーシ～」はまた「トッピョーシ～」と言うこともあるが、あまりなじまない。

　〇マー　ギョーサンモナェーコト　ツカーサッテ　ナー。（まあ、たくさん
　　　　下さいましてねえ。《貰い物のお礼。初老女》）

類例である。「ギョーサン」（仰山）も、量の程度の甚だしいことを言う副詞で、日常、よく行われる。これに「～モナェー」がついて、その表す程度をいっそう強調している。このことは、すでに上例でも説明した。さらに強調して「コト」がついているが、この場合は「を」格には立っていない。あくまで量の甚だしいことを強調した言いかたである。なお、当該方言には、「ギョーサン」と同様に、量の程度を表す「エット」がある。これについても「エットモナェーコト」と言うことがあるが、「ギョーサン～」の場合に比べて少ない。「ギョーサン」の方が、量を言う程度が、いっそう甚だしいからであろう。次例も、強調の気分と形式は類似のものである。

　〇ヤッチモナェーコトー　ユーナ。（つまらないことを言うな。）

「ヤッチモナェー」は「贋次もない」であろうか。取るにたりない、くだらないことを言う。この言いかたのままでも、述部によく用いられる。

　なお、「～のなんのはない」が注意される。

　〇ウマェーナンナーナェー　ウマカッタ。（うまいのなんのはないうまかっ
　　　た。《味がよかったことを強調して。初老男》）

「うまいとかうまくないとか言う余地はない」と言うことで、これも程度を強調している。体験・観察に基づく特定状態が、この表現の対象になる。

　〇シゴトー　シテカラ　クヤー　ナンデモ　ウマェーナンナー　ナー。
　　　（仕事をしてから食えば、何でもうまいのなんのはない。《老男》）

○ドーナコーナーナー、(どうのこうのはない、《問題なしに》)

これも上に類する形式であろう。これも述部に立つことができる。総じて、否定形式は、慣用の強調法に活用されることが少なくない。

結　　び

　以上、小野方言の否定表現法について取りあげた。上述の記述によってもうかがわれるとおり、この世界は抜きんでて多様な表現形式を見せている。こういう状況にあってとりわけ注意されるのは、否定の慣用法の多彩なことである。巨視的に見れば、方言表現の世界は、まさに慣用の世界と言えないこともない。なかにあって、否定にかかわる慣用は特別である。しかも、強調の表現法が際立つ。この事態からも、否定表現の、方言と方言生活上に占める位置の重さを推測することができる。ついで注目されるのは、否定形式に古態が目立つことである。このことは、上の慣用法とも密接にかかわっていよう。古態形式から新来・新生形式へと、史的推移の軌跡を現前の否定法の世界に展望できるのも興味深い。

　総じて、村の生活の秩序や倫理、表現の心理や機微が、この否定法の世界にとりわけ色濃く反映しているかのように観察される。

文　献

藤原与一（1954）「文法」『日本方言学』（吉川弘文館）
藤原与一（1986）『方言文末詞〈文末助詞〉の研究』下（春陽堂）
泉井久之助（1956）『言語の研究』（有信堂）
松村　明（1969）『古典語現代語助詞助動詞詳説』（学燈社）
方言研究ゼミナール（1995）『方言資料叢刊』5
国立国語研究所（1999）『方言文法全国地図』4
国立国語研究所（2002）『方言文法全国地図』5
神部宏泰（1978）『隠岐方言の研究』（風間書房）
神部宏泰（2003）『近畿西部方言の生活語学的研究』（和泉書院）

第七章　音声―音変化の諸相

はじめに

　これまでの章で、小野方言の、主として表現の世界を問題にしてきた。ここには、人びとの日常の生活に根ざした言語表現の真実が、如実に表れている。その深みを見せる表現の生態も、音声によって具体化していることは言うまでもない。音声は表現の外面である。表現を表現たらしめる音声の世界もまた、内面の生動に応じて微妙である。本章では、その表現生活と共に生きる音声の事態を取りあげる。

　音声を取りあげるにあたっては、主として音変化を問題にする。この分野に、表現と一体化した音声の動態が、いっそうよく観察されるからに他ならない。また、当然ながら当該方言音声の特色も、ここに集約的に表れていると考えられる。

一、連語音上の連音節変化

　はじめに、語と語とが連なったところに見られる音変化――連音節変化を取りあげる。前項の語の末尾音節と、後項の語の頭音節との間に起こる音変化である。当該方言においては、後項に助詞がきて起こる音変化が著しい。

1．前項語＋は

　前項語は名詞であることが多いが、助詞であることもある。その前項語に助詞「は」が接した場合の音変化を問題にする。前項語末尾音節（前項語が1音である場合はその音節）の母音によって、音変化の様相が異なる。言うまでもなく、助詞「は」は「ワ」〔wa〕と発音される。

(1) 〜a + wa

　○アシター　イッテ　ノ。（明日は行かれるの。）
　○ケサー　コーリガ　ハットラー。（今朝は氷が張っているよ。）
　○オヤー　ヨロコンデ　ナー。（親は喜んでねえ。）

これらの例に見られるとおり、前項語の末尾音がaの場合、例えば「アシタワ」は「アシター」〔aʃitaː〕、「ケサワ」は「ケサー」〔kesaː〕、「オヤワ」は「オヤー」〔ojaː〕のように、前項語の末尾音と助詞の「ワ」〔wa〕とは完全に融合している。それはちょうど、前項語の末尾母音を長呼したのに類似している。

(2) 〜o + wa

　○オナー　トシヨリノ　テンゴクジャ。（小野は年寄りの天国だ。）
　○ワシガ　キモナー　ドケー　ヤッタ　ヤ。（私の着物はどこへ置いたのかい。《風呂あがりの老女》）
　○ソガーナ　コター　シラン。（そんなことは知らない。）

このように、前項語の末尾音がoの場合、例えば「オノワ」は「オナー」〔onaː〕、「キモノワ」は「キモナー」〔kimonaː〕、「コトワ」は「コター」〔kotaː〕のように、前項語の末尾音と助詞の「ワ」〔wa〕は融合して行われる。この現象は、むろん前項語が助詞であっても同様である。

　○ムカシター　カワッタ。（昔とは変わった。）
　○ワシナー　ドレ　ヤ。（俺のはどれだい。）

このように、「ムカシトワ」は「ムカシター」〔mukaʃitaː〕、「ワシノワ」は「ワシナー」〔waʃinaː〕となる。「〜デワ（では）」の「〜ジャー」、「〜モワ（もは）」の「〜マー」もその類例である。

　○セージャー　ワシャー　イヌラー。（それでは俺は帰るよ。）
　○ダレマー　エー　セン。（誰もはできない。）

なお、前項語の末尾がo母音音節であるか、母音音節のみの1語かである場合は、「顔ワ」は「カワー」〔kawaː〕、「緒ワ」は「ワー」〔waː〕のように発音される。

第七章　音声―音変化の諸相　237

(3)　〜u + wa
　　○ハラー　モー　スグジャ。（春はもうすぐだ。）
　　○ウギーサー　マダ　ナカン。（鶯はまだ鳴かない。）
　　○セーツァー　ダレン　ヤ。（そいつは誰んだい。）
このように、前項語の末尾音がuの場合、例えば「ハルワ」は「ハラー」〔hara:〕、「ウギースワ」は「ウギーサー」〔ugi:sa:〕、「セーツワ」は「セーツァー」〔se:tsa:〕のように、前項語の末尾音と助詞の「ワ」〔wa〕とは融合して行われる。

　なお、前項語が1音節である場合は、例えば「酢ワ」は「サー」〔sa:〕のように発音される。

(4)　〜e + wa
　　○サキャー　ノンデ　シモータ。（酒は飲んでしまった。）
　　○マミャー　モー　ウエタ。（豆はもう植えた。）
　　○コリャー　ダレン　ナラ。（これは誰のかい。）
このように、前項語の末尾音がeの場合、例えば「サケワ」は「サキャー」〔sakja:〕、「マメワ」は「マミャー」〔mamja:〕、「コレワ」は「コリャー」〔korja:〕のように、前項語の末尾音と助詞の「ワ」〔wa〕は融合して拗音化する。なお、前項語の末尾音節がe母音音節である場合は、例えば次の例、
　　○イヤー　ボロケテ　シモータ。（家はぼろになてしまった。）
のとおり、「イエワ」は「イヤー」〔ija:〕のように発音される。また、前項語がe母音音節1語である場合は、例えば「柄ワ」は「ヤー」〔ja:〕のように発音される。

　　○ニャー　セン。（寝はしない。）〔ɲa:seɴ〕
　　○ミヤー　ヘン。（見えはしない。）〔mija:heɴ〕
などは、強調の言いかたであって特殊ではあるが、ここにも「〜e + wa」の融合した例が見られる。助詞に接した場合の融合例もある。
　　○ミチャー　イケン。（見てはいけない。）
　　○シンジャー　イケン　ゾ。（死んではいけないぞ。）
このように、「〜テワ（ては）」は「チャー」〔tʃa:〕、「〜デワ（では）」は「ジ

ャー」〔ʒaː〕となっている。

(5) 〜i＋wa

　　○コトシャー　マダ　モチャー　クートラン。(今年はまだ餅は食っていない。)
　　○ワシャー　メシャー　クワン。(俺は飯は食わない。)
　　○マツリャー　マダジャ。(祭りはまだだ。)

このように、前項語の末尾音がiの場合、例えば「コトシワ」は「コトシャー」〔kotoʃaː〕、「モチワ」は「モチャー」〔motʃaː〕、「メシワ」は「メシャー」〔meʃaː〕、「マツリワ」は「マツリャー」〔matsurjaː〕のように、前項語の末尾音と助詞の「ワ」〔wa〕は融合して拗音化する。なお、前項語がi母音音節1語である場合は、例えば「胃ワ」は「ヤー」〔jaː〕のようになる。

　　○イキャー　セン。(行きはしない。)〔ikjaːseɴ〕
　　○モドリャー　セン。(帰りはしない。)〔modorjaːseɴ〕

などの、「行キワ」「戻リワ」にも、強調の言いかたであって特殊ではあるが、「〜i＋wa」の融合した例が見られる。

　　○バンニャー　モドル。(晩には帰る。)

この例には、助詞「ニワ」の「ニャー」〔ɲaː〕が見られる。

(6) 〜撥音＋wa

　　○ラェーネンワ　エー　トシジャロー。(来年は良い年だろう。)
　　○オバサンワ　ゲンキソーナ　ナー。(おばさんは元気そうだねえ。)

このように、前項語の末尾音節(拍)が撥音である場合は、「ワ」はそのままの形で現れ、当然ながら融合しない。言うまでもなく、融合は直前の母音との間に起こるのが法則である。

(7) 〜長音＋wa

　　○キョーワ　イカナー。(今日は行かないよ。)

このように、前項語の末尾音節(拍)が長音である場合は、「ワ」は融合しない。長音のできかたはさまざまであるが、いずれにしろ連母音の融合の結果である。すでに融合して成った音と「ワ」は融合しない。

　　○ウンドーカェーワ　スンダ。(運動会は済んだ。)

○オマェーワ　イカンノ　カー。（お前は行かないのか。）
　　○センセーワ　オッテ　カ。（先生はおられるか。）
この例に見られる長音も、連母音の融合音である。
　　○ソガー　サブーワ　ナカッタ。（そんなに寒くはなかった。）
ここには、形容詞のウ音便が、前項語として立っている。

　2．前項語＋を
　前項語は、上項同様名詞であることが多い。その前項語に助詞「を」が接した場合の音変化を問題にする。前項語末尾音節の母音によって、音変化の様相が異なる。言うまでもなく、助詞「を」は「オ」〔o〕と発音される。
⑴　～a＋o
　　○ウター　ウタヨール。（歌をうたっている。）
　　○アンター　マチョーッタン　デ。（あなたを待っていたのよ。）
　　○オチャー　ノンダケー　ネラレン。（お茶を飲んだから眠れない。）
このように、前項語の末尾音がaの場合、例えば「ウタオ」は「ウター」〔uta:〕、「アンタオ」は「アンター」〔anta:〕、「オチャオ」は「オチャー」〔otʃa:〕のように、前項語の末尾音と助詞の「オ」〔o〕は融合して行われる。それは、前項語の末尾音を長呼したした形態に類似する。
⑵　～o＋o
　　○ヨー　テゴー　スル。（よく手伝いをする。）
　　○カオー　ドーシタ　ン。（顔をどうしたの。《腫れた顔を見て》）
　　○トー　タテトケ。（戸を閉めておけ。）
これらの例に見られるとおり、前項語の末尾音がoの場合、例えば「テゴオ」は「テゴー」〔tego:〕、「カオオ」は「カオー」〔kao:〕、「トオ」は「トー」〔to:〕のように、前項語の末尾音と助詞の「オ」〔o〕は融合して行われる。それは、前項語の末尾音を長呼したした形態に類似する。
⑶　～u＋o
　　○ミズー　タヌクナ。（水をいらうな。）
　　○クツー　ヌゲ。（靴を脱げ。）

○フクー　ヌガニャー　イケマー。(服を脱がないとだめだろう。)

このように、前項語の末尾音がuの場合、例えば「ミズオ」は「ミズー」〔mizu:〕、「クツオ」は「クツー」〔kutsu:〕、「フクオ」は「フクー」〔Φuku:〕のように、前項語の末尾音と助詞の「オ」〔o〕は融合して行われる。それは、前項語の末尾音を長呼した形態に類似する。

(4)　〜e＋o

　　○ウタタニョー　セッコー　ホンニョー　セー。(転寝をしないで本式に寝ろ。《転寝をしている子に。母親》)
　　○ハタキョー　フムナ。(畠を踏むな。)
　　○テョー　ハナスナ　ヨー。(手を放すなよ。)

このように、前項語の末尾音がeの場合、例えば「ウタタネオ」は「ウタタニョー」〔utataɲo:〕、「ハタケオ」は「ハタキョー」〔hatakjo:〕、「テオ」は「テョー」〔tjo:〕のように、前項語の末尾音と助詞の「オ」〔o〕は融合して拗音化する。なお、前項語の末尾音節がe母音音節である場合は、例えば次の例のように、

　　○イヨー　シランノ　カー。(家を知らないのか。)

このように、「イエオ」は「イヨー」〔ijo:〕と発音される。なお、前項語がe母音の1語である場合、例えば「柄オ」は「ヨー」〔jo:〕となる。

(5)　〜i＋o

　　○ハナシュー　シテ　クレー。(話をしてくれ。)
　　○ナスビュー　ツクッテモ　ツマラン。(茄子を作ってもだめだ。)
　　○モチュー　クータ。(餅を食べた。)

このように、前項語の末尾音がiの場合、例えば「ハナシオ」は「ハナシュー」〔hanaʃu:〕、「ナスビオ」は「ナスビュー」〔nasubju:〕、「モチオ」は「モチュー」〔motʃu:〕のように、前項語の末尾音と助詞の「オ」〔o〕は融合し、拗音化して実現する。なお、前項語が1音節か、i母音1語である場合は、「木オ」は「キュー」〔kju:〕、「胃オ」は「ユー」〔ju:〕と発音される。

(6)　〜撥音＋o

　　○ゴハンオ　タベナサェー。(ご飯を食べなさい。)

○セッケンオ　ツカーサェー。（石鹸を下さい。）
　　○コマーモンオ　ナカスナ。（小さい子を泣かすな。）
このように、前項語の末尾音節（拍）が撥音である場合は、「オ」はそのままの形で現れ、当然ながら融合しない。その点、上の１．(6)項に類する。
(7)　〜長音＋o
　　○ハー　ベントーオ　クヨーラー　ヤ。（もう弁当を食っているよ。）
　　○クローオ　シタケー　ノー。（苦労をしたからなあ。）
　　○ボーオ　タテトケ。（棒を立てておけ。）
このように、前項語の末尾音節（拍）が長音である場合は、「オ」は融合しないでそのままの形で現れる。その点、上の１．(7)項に類する。

3．前項語＋ヘ・に

　前項語は、上項同様名詞であるのが普通である。その前項語に助詞「ヘ」「に」が接した場合の音変化を問題にする。「ヘ」「に」は、当該方言では共に「エ」〔e〕と発音される。前項語末尾音節の母音と、その「エ」は融合して行われる。したがって、この場合も前項語の末尾母音によって、音変化の様相が異なる。

(1)　〜i＋e
　　○コッチー　ケー。（こちらへ来い。）
　　○マチー　デタガル。ワカェーモナー。（町へ出たがる。若者は。）
このように、方向や帰着を表す「ヘ」は「エ」〔e〕となり、前項語末尾母音と融合して、「コッチエ」は「コッチー」〔kottʃi:〕、「マチエ」は「マチー」〔matʃi:〕のように発音される。
　　○ネキー　カワガ　アル。（傍〈根際〉に川がある。）
は、場所を示す「に」であろう。このような場合も、同様に「ネキエ」は「ネキー」〔neki:〕となる。それは、前項語末尾母音〔i〕を長呼した音に類似する。

(2)　〜e＋e
　　○コバタケー　イッテ　キタ。（小畠〈地名〉へ行ってきた。）

○イリエー　イッタ。(入江〈屋号〉へ行った。)

このように、前項語の末尾音がeの場合、例えば「コバタケエ」は「コバタケー」〔kobatake:〕、「イリエエ」は「イリエー」〔irie:〕のように融合して行われる。それは、前項語末尾母音〔e〕を長呼した音に類似する。

　　○ウエー　オクナ。(上に置くな。)

は、「～e」に、「に」の「エ」が接した例である。〔uee ＞ ue:〕

(3)　～u＋e

　　○チューゴキー　イッタ　テー。(中国へ行ったって。)

　　○オキー　イッテ　オクレー。(奥へ行って下さい。)

このように、前項語の末尾音がuの場合、例えば「チューゴクエ」は「チューゴキー」〔tʃu:goki:〕、「オクエ」は「オキー」〔oki:〕のように融合して行われる。

　　○タンシー　シモートケ。(箪笥にしまっておけ。)

は、「～u」に、「に」の「エ」が接した例である。〔taɴsue ＞ taɲʃi:〕

(4)　～o＋e

　　○ドケー　イクン。(どこへ行くの。)

　　○キョーテー　イク。(京都へ行く。)

これらの例のように、前項語の末尾音がoの場合、例えば「ドコエ」は「ドケー」〔doke:〕、「キョートエ」は「キョーテー」〔kjo:te:〕のように融合して行われる。

　　○ハヨー　フレー　ハエーレ。(早く風呂に入れ。)

は、「～o」に、「に」の「エ」が接した例である。〔ɸuroe ＞ɸure:〕

(5)　～a＋e

　　○ヒロシマェー　イッタ。(広島へ行った。)

　　○ワカタェー　インドレ。(自分のうちへ帰っておれ。)

これらの例のように、前項語の末尾音がaの場合、例えば「ヒロシマエ」は「ヒロシマェー」〔çiroʃimæ:〕、「ワカタエ」は「ワカタェー」〔wakatæ:〕のように融合して行われる。

　　○ヤマェー　ハエトッタ。(山に生えていた。)

は、「〜a」に、「に」の「エ」が接した例である。〔jamae ＞ jamæː〕

(6) 〜撥音＋e
　○ペ̄キンエ̄　イッタ。（北京へ行った。）
　○ホ̄ンエ　カ̄ェーテ　アル。（本に書いてある。）

このように、前項語の末尾音節（拍）が撥音である場合は、「エ」はそのままの形で現れ、当然ながら融合しない。

(7) 〜長音＋e
　○ガ̄ッコーエ　イク。（学校へ行く。）
　○ボ̄ーエ　ク̄クリツケトケ。（棒に括りつけておけ。）

このように、前項語の末尾音節（拍）が長音である場合は、「エ」は融合しないでそのままの形で現れる。

　以上の1．2．3．の融合現象は、濃淡・音質の差はあるものの、中国のほぼ全域において観察される（飯豊他　1982）。なかでも、当該地域を含む備国3国には、ほぼ共通した音声現象が見られて興味深い。概して当該域における融合現象はいちだんと著しく、またそれを長呼するのが際立っている。

4．活用語仮定形＋ば

(1) 動詞仮定形＋ba
　○キ̄ョー　イキ̄ャー　アシ̄ター　モドレル。（今日行けば明日は帰れる。）
　○チ̄ート　モ̄ッテ　イヌ̄リャー。（少し持って帰れば。）

このように、「バ」は前項の仮定形の末尾音と融合して、「行けバ」は「イキ̄ャー」〔ikjaː〕、「去ぬれバ」は「イヌ̄リャー」〔inurjaː〕のように拗音化する。

(2) 形容詞仮定形＋ba
　○ホ̄シケリャー　カ̄ウ　ネー。（欲しければ買うことよ。）
　○モ̄タケリャー　ワ̄ケテ　モテ。（重ければ分けて持て。）

このように、「欲しけれバ」は「ホ̄シケリャー」〔hoʃikerjaː〕、「もたけれバ」は「モ̄タケリャー」〔motakerjaː〕のように、融合して拗音化する。

(3) 助動詞仮定形＋ba
　○モ̄ー　イカニ̄ャー　イケン。（もう行かなければいけない。）

○フラニャー　エー　ガ。(降らなければいいけれど。)
例として否定の助動詞の場合をあげた。「行かねバ」は「イカニャー」〔ikaɲa:〕、「降らねバ」は「フラニャー」〔Φuraɲa:〕のように、この場合も融合して拗音化する。

　5．動詞連用形＋オル
　動詞連用形に「オル」がつけば、文法面では動作や作用の進行を表す(第五章一項　参照)。
　　○ドケー　イキョール　ン。(どこへ行っているの。)
　　○マダ　フリョール。(まだ降っている。)
これらの例のように、「オル」は前項の連用形の末尾音と融合して、「行きオル」は「イキョール」〔ikjo:ru〕、「降りオル」は「フリョール」〔Φurjo:ru〕のように拗音化する。

　6．動詞「する」未然形＋ザッタ（否定助動詞過去形）
　　○ワシャー　イキャー　セザッタ。(俺は行きはしなかった。)
このような「セザッタ」は融合して、普通には、次のように「サッタ」〔satta〕となって行われることが多い。
　　○ワシャー　イキャー　サッタ。(俺は行きはしなかった。)
この「サッタ」はさらに変化して、「ハッタ」〔hatta〕となることもある。このような融合が起こるのは、例文の「イキャー（行きは）」のような、強調の言いかたが先行する場合に限る(第六章四項　参照)。
　　○ダレモ　オリャー　ハッタ。(誰もおりはしなかった。)
その1例である。

　7．動詞連用形＋テ＋動詞・助動詞
(1)　～テ＋オル
　「動詞連用形＋テ＋オル」は、文法面では状態や結果の継続を表す(第五章一項　参照)。

○モー　サクラガ　サェートル。(もう桜が咲いている。)

　この例のとおり、「〜テオル」は「〜トル」〔toru〕のように、融合して発音される。次は類例である。

○オカー　ユキガ　フットッタ。(奥地は雪が降っていた。)

(2)　〜テ＋アゲル

　「動詞連用形＋テ＋アゲル」は、文法面では受益関係を表す。

○コッチュー　モッタゲル。(こっちを持ってあげる。)

　この例のとおり、「〜テアゲル」は「〜タゲル」〔tageru〕のように、融合して発音される。次は類例である。

○テゴー　シー　キタゲタ。(手伝いをしに来てあげた。)

(3)　〜テ＋ヤル

　「動詞連用形＋テ＋ヤル」も、文法面では受益関係を表す。上項の形式が丁寧体であるのに対して、これはやや下向きの言いかたである。

○ワシガ　イッチャル。(俺が行ってやる〈まかしておけ〉。)

　この例のとおり、「〜テヤル」は「〜チャル」〔tʃaru〕のように融合し、拗音化して発音される。次は類例である。

○アシタ　オセーチャラー。(明日教えてやるよ。)

(4)　〜テ＋オクレル

　「動詞連用形＋テ＋オクレル」は、文法面では丁寧な依頼を表す（第二章第1節　参照）。

○チョット　キトクレー。(ちょっと来ておくれ。)

　この例に見られるとおり、「〜テオクレル」は「〜トクレル」〔tokureru〕のように融合して発音される。次は類例である。

○ヨー　キトクレタ　ナー。(よく来ておくれたねえ。)

(5)　〜テ＋ジャッタ

　「動詞連用形＋テ＋ジャッタ」は、文法面では断定（過去）を表す（第四章第3節　参照）。

○ダレヤラ　キチャッタ。(誰か来られた。)

　この例に見られるとおり、「〜テジャッタ」は「〜チャッタ」〔tʃatta〕のよ

うに融合して発音される。次は類例である。
　〇オトーサンワ　モドッチャッタヤ。（お父さんは帰られたかい。）

　以上、連語音上での音節変化について記述した。概してこのような音声環境での音節融合は著しい。ここで特に際立つのは、拗音化と長音化である。これを、当該域の音声生活の1特徴とすることができようか。

二、語音上の連母音変化

　語音上での音変化については、注意するべき事象が多い。が、本項では特に問題をしぼって、当該方言において顕著な、連母音の融合現象について取りあげることにしたい。

1．ai 連母音

　語音上の ai 連母音は、通常、〔æː〕〔aː〕と発音される。ただし、それぞれの融合音が現れるには、一定の条件がある。

(1)　名詞上の ai
　〇ダェーコント　ハクサェーオ　ウエタ。（大根と白菜を植えた。）
名詞語中の ai は〔æː〕であって、ここに〔aː〕は現れない。例のとおり、「大根」「白菜」は「ダェーコン」〔dæːkoɴ〕、「ハクサェー」〔hakusæː〕である。この融合現象は、語頭・語中・語尾、いずれに位置する ai も変わりない。

　　　アェーダ〔æːda〕（間）　　ダェーズ〔dæːzu〕（大豆）　　タェーコ
　　　〔tæːko〕　マェーニチ〔mæːɲitʃi〕（毎日）　　ハェー〔hæː〕（灰）
　　　ジザェーカギ〔ʒizæːkagi〕（自在鍵）　　オニタェージ〔oɲitæːʒi〕（鬼退
　　　治）　　チューカェーニン〔tʃuːkæːɲiɴ〕（仲介人）
　　　ハンダェー〔handæː〕（飯台）　　ミマェー〔mimæː〕（見舞い）　　シン
　　　パェー〔ʃimpæː〕（心配）　　ウンドーカェー〔undoːkæː〕（運動会）

　この融合現象は、上例に見られるとおり、和語も漢語も区別がなく、すべての語に現れる。

(2) 副詞上の ai

　○ワ̄リ̄ア̄エ̄ー̄　ス̄ズ̄シ̄ー̄　ノ̄ー。(わりに涼しいなあ。)

　○ド̄ダ̄エ̄ー̄　ワ̄ヤ̄ジャ。(まったくむちゃくちゃだ。)

これらの例の、「ワ̄リ̄ア̄エ̄ー̄」〔wariæ:〕、「ド̄ダ̄エ̄ー̄」〔dodæ:〕のように、副詞に見られる ai は、すべて〔æ:〕と発音される。

　　タ̄ェ̄ー̄ガ̄エ̄ー̄〔tægæ:〕(大概)　　　タ̄ェ̄ー̄テ̄ー̄〔tæ:te:〕(大抵)

　　ア̄ン̄ガ̄エ̄ー̄〔aŋgæ:〕　　サ̄エ̄ー̄サ̄エ̄ー̄〔sæ:sæ:〕(再さい)

その類例である。〔a:〕の見られない点で、名詞に準じる。

(3) 形容詞上の ai

　形容詞には ai 連母音がよく見られる。この ai は〔æ:〕〔a:〕両様の融合を起こす。〔æ:〕とあることが多い。

　○ナ̄ガ̄エ̄ー̄ノモ　アリャー　ミ̄ジ̄カ̄エ̄ー̄ノモ　アル。(長いのもあれば、短いのもある。)

　○コ̄リ̄ャ̄ー̄　ウ̄マ̄エ̄ー̄　ワー。(これはうまいよ。)

ここには、「ナガイ」の「ナ̄ガ̄エ̄ー̄」〔nagæ:〕、「ミジカイ」の「ミ̄ジ̄カ̄エ̄ー̄」〔miʒikæ:〕、「ウマイ」の「ウ̄マ̄エ̄ー̄」〔umæ:〕が見られる。言うまでもなく形容詞は、当面の ai が語尾に位置するのが普通である。さらに実例のいくつかを掲げよう。

　　ア̄カ̄エ̄ー̄〔akæ:〕(赤い)　　カ̄タ̄エ̄ー̄〔katæ:〕(固い)　　ワ̄カ̄エ̄ー̄〔wakæ:〕(若い)　　ハ̄ヤ̄エ̄ー̄〔hajæ:〕(早い)

　これら形容詞の ai 連母音は、また、「ア̄カ̄ー̄」〔aka:〕、「カ̄タ̄ー̄」〔kata:〕のように、〔a:〕とも発音される。当然ながら両発音の差は、単なるゆれによるものではない。両者の間には、表現効果の上でも一定の差異がある。比較すれば、〔æ:〕がていねいで、やや意識的か。〔a:〕はごく日常的で、ややぞんざいである。前者に若わかしい感があり、後者に老成した感がある。誤解を恐れながらも、前者が女性的、後者が男性的とも言えるか。文末詞「ナ」が女性的で、「ノ」が男性的と、概略言うのに似ている。「ない」を例にとれば、

　○ソ̄リ̄ャ̄ー̄　ア̄ン̄タ̄ン̄ジャ　ナ̄エ̄ー̄　ン。(それはあなたのではないの。)

○ワ̄タシンジャ　ナ̄エー。（私のではない。）

これらの例は、若い女性の物言いにふさわしい。

　　○ワ̄シャー　ワ̄カー　トキカラ　ク̄スリュー　ノ̄ンダ　コトガ　ナ̄ー。
　　　　　（俺は若い時から薬を飲んだことがない。）

とあれば、老いた男性の物言いにふさわしい。このような違いは、単に慣用と言うだけでなく、史的な背景もあるかのようである。それについては、以下の資料も通観した上で、なお後段で再考しよう。

(4)　動詞上の ai

　①　語幹の ai

「入る」「参る」両語には、語幹に ai がある。この語の場合、

　　○フ̄レー　ハ̄ェーレ。（風呂に入れ。）
　　○モ̄ー　マ̄ェーッタ　デ。（もう参ったよ。）

このように、「ハ̄ェール」〔hæ:ru〕、「マ̄ェール」〔mæ:ru〕とあるのが一般で、ここに〔a:〕は現れない。

　② 　連用形の ai

いわゆるハ行動詞の連用形に、ai が認められる。

　　○ミ̄ンナデ　ワ̄ラェーマシタ　デ。（みんなで笑いましたよ。）
　　○タ̄ェーセツニ　ア̄ェーナサル　コッチャ　ノ̄ー。（大切な扱いに合いなさることだなあ。《老人同士、家族の心遣いに共感して》）

ここにも、「ワ̄ラェー」〔waræ:〕、「ア̄ェー」〔æ:〕と、〔æ:〕が現れるばかりである。なお、その連用形は、敬語に上接して行われているのが注意される。〔a:〕のぞんざいな表現性は、たしかにここにはそぐわない。それにしても、一般に、「マス」「ナサル」など敬語に上接する動詞は、連用形本来の形である。上例の、ハ行動詞の連用形「笑イ」「合イ」も、その形のままに上接している。その語尾のiは、直前のaと同化・融合することはあっても、それも、いわゆる相互同化であって、aに化すること（順行同化）はなかったのであろう。そのiは、連用の意味を支える発音であったからである。

　③　イ音便形の ai

イ音便形に、ai の認められる語がある。

○ハナガ　サェータ。(花が咲いた。)
○ウシュー　ツナーダ　デー。(牛をつないだよ。)

この例の「サェータ」〔sæ:ta〕は、また「サータ」〔sa:ta〕とも、「ツナーダ」〔tsuna:da〕は、また「ツナェーダ」〔tsunæ:da〕とも発音される。イ音便によって生じた ai は、〔æ:〕も〔a:〕も発音可能なのである。むろん、〔a:〕がぞんざいな発音であることは言うまでもない。

　さて、問題はサ行動詞の場合である。
○ソテー　ダェートケ。(外に出しておけ。)
○テョー　ハナーテ　ミー。(手を放してみろ。)

この「ダェーテ」「ハナーテ」の発音も、イ音便の結果か。それにしても、「出イテ」「放イテ」のように言うことはない。一方、カ・ガ行動詞の音便形は、例えば「サェーテ」(咲いて)、「テーデ」(研いで)と言うのが普通ではあっても、「咲イテ」、「研イデ」への復元が、意識の上で容易なのである。ところが、サ行動詞のほうを復元しようとすれば、「出シテ」「放シテ」となる。日常、このように不同化で言うのが普通だからである。にもかかわらず「ダェーテ」「ダーテ」(出して)、「ハナェーテ」「ハナーテ」などとも発音されるのは、この動詞が、かつてイ音便であった、その痕跡が、ai 連母音の同化の発音の上に潜在しているからなのか。

(5)　助動詞上の ai

① 敬語命令形の ai
○マー　オカケナサェー。(まあお掛けなさい。)
○コッチー　キナェー。(こちらへ来ない。)
○ヨロシュー　ユーテ　ツカーサェー。(よろしく言って下さい。)

このように、「ナサイ」「ナイ」「ツカーサイ」の語末の ai は〔æ:〕と発音されている。これが〔a:〕となることはない。〔a:〕のぞんざいさが、ここにそぐわないこともあろう。ていねいな意識があれば、語尾の i の発音までもおろそかにしない。その結果が〔æ:〕発音(双方から引きあった、いわゆる相互同化)である。つまり〔æ:〕には、i への意識がある。いわばこの場合、〔æ:〕はていねいな発音なのである。

②　推量「まい」の ai
○<u>ソーユー</u>　<u>ワケニモ</u>　<u>イクマェー</u>。（そんなわけにもいかないだろう。）
○<u>ソリャー</u>　<u>イケマスマェー</u>。（それはいけないでしょう。）
○<u>ナンボーナンデモ</u>　<u>シランター</u>　<u>ユーマー</u>。（いくらなんでも知らないとは言わないだろう。）

このように、「マイ」は「マェー」〔mæ:〕とも「マー」〔ma:〕とも発音される。両者の発音の基本的な表現性については上述したとおりであるが、この場合、「マェー」には、自己の判断を真面目に表明する面があり、「マー」には、常識的な判断を、時には無責任に表明する面がある。

③　願望「たい」の ai
○<u>イッショニ</u>　<u>イキタェー</u>。（いっしょに行きたい。）
○<u>オチャガ</u>　<u>ノミター</u>。（お茶が飲みたい。）

この場合も、「タイ」は、「タェー」〔tæ:〕、「ター」〔ta:〕両様の発音が可能である。両者に、上述したとおりの表現性の差が認められることはむろんである。なお、

○<u>ボクモ</u>　<u>イキタェーデス</u>。（僕も行きたいです。）

の文例での「タェー」は、「ター」とはならない。「デス」の表現性と調和しないということもあろう。

(6)　ai 連母音統括

上述のとおり、ai 連母音は、多くの語に存在する。そのいずれも同化して現れるが、その同化にも、〔æ:〕〔a:〕両様の発音がある。名詞および副詞には、前者の、いわゆる相互同化しか見られない。動詞語幹や「ハ行動詞」の連用形、敬語の命令形に存する ai も、この類である。他の、形容詞、一部の動詞および特定助詞の類には、両様の発音が観察される。

名詞の類に順行同化が見られないのはなぜか。ai の i が、実質上、語の意味を支える、欠かせない要素になっているからではないか。同化は起こっても、a と i とはそれぞれに主体的な存在を示して相互に他を牽引し、一方に化することができなかったかと思われる。言いかえれば、相互同化は、語の形にこだわった発音なのである。ここには、語によっては、律儀を評価する

何らかの敬意の潜在する余地がある。敬語の命令形に、相互同化しか見られないのも、このことに関係があろう。相互同化の〔æ:〕が、女性的とも評されることがあるのも、また、ここに起因しよう。そう言えば、若い女性の返事に「はい」の「ハェー。」がある。

対して、形容詞、動詞の音便形および特定助詞の類は、辞的要素のかかわる余地の大きい語である。例えば形容詞は、文末に立つ形容詞は特に、話し手の情意が表れやすい。〔a:〕はごく気楽で、ぞんざいな表現効果を表しやすいが、これも、この発音を選択する、話し手の何らかの表現心意がある。緊張して発音すれば、〔æ:〕となりやすい。このような律儀な発音は、上でも触れたとおり、品位は悪くない。時に潜在的な敬意を伴う。

両変化音の混在現象は、当該地域に限らず備後一帯に見られるかのようである。それを、西にたどれば安芸である。安芸は〔a:〕の盛んな地域であって、備後の〔æ:〕と対立している（藤原　1997、神鳥　2001、町　1987）。一方、備後の東方に広がる備中・備前は、〔æ:〕を始めとする相互同化の地域である。このような分布状況を大観すれば、備後は、東方からの流れと、西方への流れが交錯する位置にある。とすれば、あるいは備後も、かつては〔a:〕の盛んな地域であったのではないか。その古層の上に、東方から新しく〔æ:〕が波及してきた。当該地域における両音の存立状況は、明らかに、順行同化の〔a:〕が、早くから土地になじんでいた事態を物語っている。また、相互同化の発音の実際は、確かに若わかしい語感を持っている。

当該地域ではまた、最近、年少の女性に、わずかに同化音の〔e:〕も聞かれることがある。これが〔æ:〕からの変化形であることは、容易に推察できよう。さう言えば、備後南部地域にこの音がよく聞かれる。この現象は、備中南部へと続く。と言うより、備中南部からの影響とするのが適切である。備後地域の同化音の存立についての解釈の試みはさまざまあるが、いずれにしても、備中・備前の相互同化を問題にすることなくして、当該地域の同化音を説くことはできないのである。

中国地方における、ai 連母音の変化音分布図を掲げておこう（次頁図7参照）。

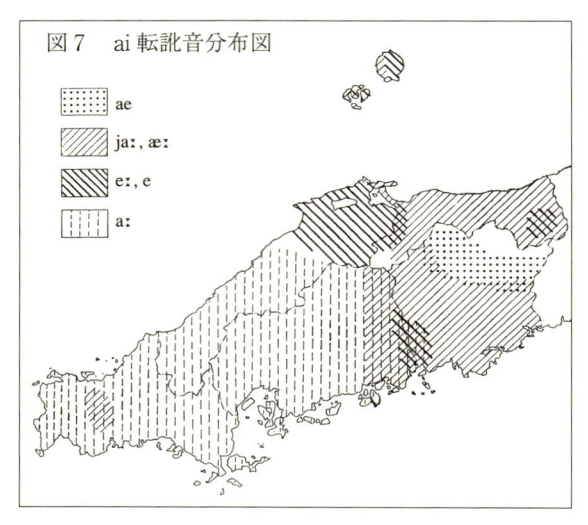

```
図 7   ai 転訛音分布図
```
::::: ae
▨ jaː, æː
▧ eː, e
||| aː

（拙著「中国の方言」『方言と標準語』による。）

2. oi 連母音

語音上の oi 連母音は、いわゆる相互同化の〔eː〕と発音される。

　○ニエーガ　ヒデー。（匂いがひどい。）
　○コリャー　オモシレー。（これはおもしろい。）

この例では、「ヒドイ」が「ヒデー」〔çideː〕、「オモシロイ」が「オモシレー」〔omoʃireː〕と発音されている。

　　ケーツ〔keːtsu〕（こいつ）　　ヘートー〔heːtoː〕（陪堂・乞食）
　クレー〔kureː〕（黒い）　　シレー〔ʃireː〕（白い）　　カシケー
　〔kaʃikeː〕（賢い）　　チョーテー〔tʃoːteː〕（気疎い・恐い）

これらの例のように、形容詞の語尾には、当該音がよく見られる。

　動詞イ音便上にも、oi の相互同化音が見られる。

　○ソケー　エートケ。（そこに置いておけ。）
　○コレデ　クツレーダ。（これでくつろいだ。）

「オイテ」が「エーテ」〔eːte〕、「クツロイデ」が「クツレーデ」〔kutsureːde〕になっている。なお、サ行動詞の音便については、ai の場合に見たとおり、「干して」は「ヘーテ」〔heːte〕とも言うが、「ホシテ」が一般で

第七章　音声―音変化の諸相　253

ある。なお、次例、
　　○ハヨー　ケー。（早く来い。）
は、動詞命令形に見られる相互同化の例である〔koi ＞ ke:〕。

3．ui 連母音
　語音上の ui 連母音は、遡行同化の〔i:〕と発音される。
(1)　名詞上の ui
　　○エー　ウリーデシタ　ナー。（よい雨でしたねえ。）
この例文では、「潤い」が「ウリー」〔uri:〕となっている。
　　　　テヌギー〔tenugi:〕（手拭い）　　シンリー〔ʃinri:〕（親類）　　イーノー
　　〔i:no:〕（結納）　　ニーモン〔ɲi:moN〕（縫い物）
類例である。
(2)　形容詞上の ui
　形容詞上には ui がよく見られる。
　　○キョーワ　サビー　ノー。（今日は寒いなあ。）
　　○ナント　アチー　ナー。（たいそうまあ暑いねえ。）
これらの例文では、「サブイ」が「サビー」〔sabi:〕、「アツイ」が「アチー」
〔atʃi:〕と発音されている。
　　　　ワリー〔wari:〕（悪い）　　ヌキー〔nuki:〕（温い）　　エギー〔egi:〕
　　（えぐい）　　ウシー〔uʃi:〕（薄い）　　シビー〔ʃibi:〕（渋い）
類例である。
　ところで、当該地域では、「遠い」「多い」を「トイー」「オイー」と言っている。これの原形は何であろうか。「痒い」を「カイー」、「じるい〈しるい〉」を「ジリー」と言うのは問題ないとして、「コイー」（濃い）、「スイー」（酸い）と言うのも気にかかる。これをていねいに言うつもりで「コユイ」「スユイ」と言うこともある。また、「だるい」を「ダリー」と言うが、「ダイー」とも言う。「ダイー」には明らかに「だゆい」への意識がある。「だるい」「だゆい」、共に古語の「懈し〈たゆし〉」を引く変化形であるとすれば、「ダイー」の原形を「だゆい」とすることに理があろう。ここで、先の「トイ

ー」(遠)、「オイー」(多)についてひとつの推量を出せば、時を遡って至りつく当該地域での原形は、あるいは「とゆい」「おゆい」であった可能性もあるのではないか。

なお、この言いかたは、山陽地域には広いかのようである。

(3) 動詞上の ui

語幹の語尾が u である動詞のイ音便形に、ui 連母音の同化音が観察される。
　○マヤー　アリーテ　イキョータ。(以前は歩いて行っていた。)
　○フクー　ニーデ　カケトケ　ヨ。(服を脱いで掛けておけよ。)
「アルイテ」が「アリーテ」〔ari:te〕に、「ヌイデ」が「ニーデ」〔ɲi:de〕になっている。

(4) 副詞上の ui

　○チー　ワスレトッタ。(つい忘れていた。)
「ツイ」が「チー」〔tʃi:〕となって発音されている。

4．ei 連母音

　○ジセーノ　カワッタ　モンジャ。(時世の変わったものだ。)
　○トケーガ　トマットル。(時計が止まっている。)

この例のように、「時世」「時計」に見られる ei は〔e:〕と発音され、例外はない。

　○ナニュー　スルンモ　ヨダケー。(何をするのも大儀だ。)
「よだけい」の「ヨダケー」〔jodake:〕は、形容詞に見られる例である。形容詞の類例は少なく、「チーケー」〔tʃi:ke:〕(露けい)があがる程度である。

5．ii 連母音

この連母音は形容詞に多い。いわゆるシク活用に属する語は、ここでの好例である。次はその1例である。

　○コカー　スズシー。(ここは涼しい。)
　○ミナ　クーテ　シモーンガ　オシー。(みな食べてしまうのが惜しい。)
「涼シイ」が「スズシー」〔suzuʃi:〕、「惜シイ」が「オシー」〔oʃi:〕と同化

して発音されている。
　　オカ̄シー（おかしい）　　ヒモ̄ジー（ひだるい）　　ヒズラ̄シー（まぶしい）　　サベ̄シー（寂しい）　　イタ̄シー（難しい・つらい）
類例である。

三、語音上の特色音節および音節変化

1．〔ʃe〕〔ʒe〕音

〔ʃe〕〔ʒe〕音が、特定の古老に、残存的に聞かれることがある。
　○シェン̄シェーレンチューモ　シリ̄ャー　シェ̄ン。（先生連中も知りはしない。）

ある古老の示した1例である。一般にはあまり見られないこの発音が、知識人であるこの老人にはよく聞かれる。興味あることに、緊張したり、意識が高まったりしたときに、いっそうよく現れるかのようである。口腔をしめ、舌を口蓋につけるようにして発音するからであろう。
　　シェ̄ーカツ〔ʃe:katsu〕（生活）　　ノ̄ーシェー〔no:ʃe:〕（農政）
　　シェケ̄ン〔ʃekeɴ〕（世間）　　シェン̄ゴ〔ʃeŋgo〕（戦後）
は、その老人の示した発音例である。むろん、〔ʃe〕は、この老人のみのものではない。そうではあるが、少なくとも今日では、普通にはあまり聞かれなくなっている。
　○ジェン̄コクテキナ　コト̄ジャケー、（全国的なことだから、）
〔ʒe〕の例である。これも、例の老人のものである。

2．撥　音

撥音には、特色を示すものが目立つ。そのこともあって、撥音関係のものを、特に本項に一括した。
(1)　**撥音添加**
　○マン̄ダ　モド̄ットラン。（まだ帰っていない。）
　○ヤンガ̄テ　モド̄ルジャロー。（やがて帰るだろう。）

「マンダ」〔manda〕、「ヤンガテ」〔jaŋgate〕には、語中に「ン」が添加されている。史的に見れば、鼻母音の鼻的要素の音節化であろう。が、ここでは共時論的に、添加として扱っておきたい。類例も多い（藤原　1997　参照）。

　　　ウシンガ〔uʃiŋga〕（牛鍬）　　マンガ〔maŋga〕（馬鍬）　　トンギル〔toŋgiru〕（尖る）　　テングルマ〔teŋguruma〕（手車）　　アリンゴ〔ariŋgo〕（蟻）　　ツンブリ〔tsumburi〕（蕾）　　ワランズ〔waranzu〕（わらじ）　　シトンビョー〔ʃitombjo:〕（4斗俵）　　タンビニ〔tambiɲi〕（度に）

　○インマサッキ　キタバージャ。（今しがた来たばかりだ。）

の、「インマ」〔imma〕は、上例と違って、後接する〔ma〕の子音に影響されての撥音挿生とみられるが、この種の発音は共通語でもよく聞かれる。

　　　アンマリ〔ammari〕（あまり）　　ソノマンマ〔sonomamma〕（そのまま）　　テンマル〔temmaru〕（てまり）　　オンナシ〔onnaʃi〕（同じ）

(2) 撥音省略

　○ワシーモ　ハンブ　クレー。（俺にも半分くれ。）

この例文の「ハンブ」〔hambu〕は、末尾の「ン」が省略されている。

　　　デェーブ〔dæ:bu〕（だいぶん）　　キンカ〔kiŋka〕（金柑）

も、その例である。合歓木を「カーカ」〔ka:ka〕と言うのもこの例か。なお、「誕生」を「タジョー」〔taʒo:〕と言うが、これは語中の撥音の省略された例としてよかろう。「昆布」の「コブ」〔kobu〕もある。

(3) ナ行音の撥音化

　○ソリャー　ダレン。（それは誰の。）
　○ワシンジャ。（俺のだ。）

この例文のように、準体助詞の「ノ」は撥音化するのが普通である。これが文末詞化したものも、次例のとおり撥音化して「ン」となる。

　○ドケー　イク　ン。（どこへ行くの。）

ただし、述部の否定辞「ン」に接する場合は、

　○アンター　イカン　ノン。（あんたは行かないの。）

のように、「ノ」のままで、その後に「ン」がくる。撥音の連なりを避けた

第七章　音声―音変化の諸相　257

現象と思われる。
　〇ナニュー　スルンモ　ヨダケー。（何をするのも大儀だ。）
類例である。「するのも」が「スルンモ」となっている。「履物」の「ハキモン」、「食い物」の「キーモン」もある。
　尊敬語の「ンサル」も、「ナサル」の「ナ」が撥音化したものである。
　〇ドケー　イキンサル　ナ。（どこへいらっしゃるの。）
「イキナサル」が「イキンサル」となっている。この撥音化は、史的にみれば単純でない（第二章第1節　参照）。が、ここでは、変化の事実を指摘するに留めたい。
　〇モー　イキンサンナ。（もう行くのをおやめなさい。）
この例文に見られる末尾の「ン」は、「～ンサルナ」の「ル」が、後接の「ナ」〔na〕の子音に同化して撥音化〔Nsanna〕したものである。「取ンナ」「切ンナ」のとおり、ラ行五段動詞の、「ナ」を取る禁止形にはこの現象が起こる。
　格助詞「に」もまた、同様の環境によって撥音化する。
　〇トートー　ユキン　ナッタ　ノー。（とうとう雪になったなあ。）
「雪ニ」の「ニ」が、後接の「ナ」〔na〕の子音に同化して、撥音化〔jukinnatta〕している。このような環境であれば、ほとんど例外はない。

(4)　長音〔o〕の撥音化
　「唐辛子」の「トンガラシ」〔toŋgaraʃi〕、「小便」の「ションベン」〔ʃombeN〕、「幽霊」の「ユーレン」〔juːreN〕がある。

(5)　撥音の〔ɲi〕音化
　「ボニ」〔boɲi〕（盆）、「ブニ」〔buɲi〕（分）がその例である。
　〇ボニガ　キタ　ノー。（盆が来たなあ。）
　〇コノ　ブニャー　ダレン　ヤ。（この分は誰のかい。）
　この音声現象は、観点を変えれば〔N〕へのi母音の添加とも言える。当該地域に限らず、備後一帯に広く観察される現象である。

3．音節の母音交替

(1) Ca＞Co

　　○ムシロー　タトム。（筵を畳む。）
　　○カミュー　ハソム。（紙を挟む。）

「タタム」が「タトム」〔tatomu〕に、「ハサム」が「ハソム」〔hasomu〕になっている。

(2) Ca＞Cu

　　○タブコー　スー。（煙草を吸う。）

「タバコ」は「タブコ」〔tabuko〕である。

(3) Co＞Ca

　　○マット　コッチー　ケー。（もっとこちらへ来い。）

「マット」〔matto〕の他にも、「マチート」〔matʃi:to〕（も少し）、「マーイッペン」〔ma:ippeɴ〕（もういっぺん）などがあり、この種の言いかたはよく聞かれる。

(4) Co＞Cu

　　○アシュー　ヌベル。（足を伸べる。）
　　○カズー　カズエル。（数を数える。）

ここでは、「ノベル」が「ヌベル」〔nuberu〕に、「カゾエル」が「カズエル」〔kazueru〕になっている。「焦げる」が「クギル」〔kugiru〕、「遊ぶ」が「アスブ」〔asubu〕になる例もある。

　　○ソケー　ヨズクナ。（そこへのぞくな。）
　　○ナンズ　クレー。（何かくれ。《子が親に》）

とも言う。「ノゾク」が「ヨズク」〔jozuku〕に、「ナンゾ」が「ナンズ」〔naɴzu〕になっている。「南瓜」を「カブチャ」〔kabutʃa〕、「あそこ」を「アスコ」〔asuko〕と言うのもその例であろう。

(5) Ce＞Ci

　漬物や味噌・醬油を収納する小屋を「ショーキビヤ」〔ʃo:kibija〕と言う。これが「塩気部屋」であるとすると、「ショーケ」が「ショーキ」に、「ヘヤ」が「ビヤ」になっている。また、上にもあげた「焦げる」の「クギル」

〔kugiru〕、「丈」の「タキ」〔taki〕もここでの例であろう。

(6) Ci > Ce

○ゲシー ノボンナ。(岸〈土手〉に登るな。)

「ギシ」が「ゲシ」〔geʃi〕になっている。「オーケナ」〔o:kena〕(大きな)、「エンペツ」〔empetsu〕(鉛筆)も日常的である。「浴び」の「アベ」〔abe〕(水泳)、「にらむ」の「ネラム」〔neramu〕もある。

(7) Ci > Co

○ゲター ヒコジッテ アルキョール。(下駄を引きずって歩いている。)

これには、「ヒキズル」の「ヒコジル」〔çikoʒiru〕が見られる。

(8) Cu > Co

「婿」が「モコ」〔moko〕、「嘘」が「オソ」〔oso〕になる例がある。「ノノコ」〔nonoko〕(布子)、「ヨーハン」〔jo:haɴ〕(夕飯)、「クスボル」〔kosuboru〕(くすぶる)もその例であろう。

(9) Cu > Ci

「シンギク」〔ʃiŋgiku〕(春菊)、「ショーイ」〔ʃo:i〕(醤油)、「イビ」〔ibi〕(指)、「イカタ」〔ikata〕(浴衣)、「イオ」〔io〕(魚)、「イゴク」〔igoku〕(動く)、シテル〔ʃiteru〕(捨てる)があげられる。

○エーシコーニ ヤットル。(うまくやっている。)

の「エーシコー」が「よい趣向」であれば、ここでの例である。上にあげた「ヒコジル」(引きずる)もある。

(10) Ci > Cu

○キョーワ クタブレタ。(今日はくたびれた。)

この例文に「クタブレル」〔kutabureru〕が見られる。

○カブガ ハエートル。(黴が生えている。)

この例文の「カブ」〔kabu〕もその例である。「てまり」の「テンマル」〔temmaru〕、「わらじ」の「ワラズ」〔warazu〕「ワランズ」〔waraɴzu〕もある。

(11) **母音省略**

「帽子」の「ボシ」〔boʃi〕、「行李」の「コリ」〔kori〕が取りあげられる。

見かたを変えれば、長音省略である。

4. 音節の子音交替

(1) kV ＞ gV

「蟹」の「ガニ」〔gaɲi〕、「蒟蒻」の「ゴンニャク」〔goɲɲaku〕がある。観点を変えれば、語頭濁音の例とすることができる。

(2) sV ＞ hV

この変化音にかかわるのは〔se〕である。各地で問題にされがちのこの変化傾向は、ここでは比較的弱いかのようである。

　○ソガン　コター　シリャー　ヘン。（そんなことは知りはしない。）
　○マダ　フリョーリャー　ヘン。（まだ降ってはいない。）

この例のように、「～しない」の「～ヘン」〔heN〕が目立つ。

　○ソガン　コター　アリマヘン。（そんなことはありません。）

の「アリマヘン」も、類同の現象である。

　○ヘージャー　イッテ　クラー。（それでは行ってくるよ。）

の例文に見られる「それ～」にも、いったん「セー～」となった後に、さらに「ヘー～」と変化したものが見られやすい。

なお、「七輪」を「ヒチリン」〔çitʃiriN〕、「質屋」を「ヒチヤ」〔çitʃija〕と言うが、質の違いにおいて、上の類とは一線を画すべきものか。

(3) dV ＞ zV

　○ハラー　ナゼテ　クレー。（腹を撫でてくれ。）

「ナデル」の「ナゼル」〔nazeru〕がある。

(4) mV ＞ bV

　○マダ　ネブター。（まだ眠たい。）
　○キョーワ　サビー。（今日は寒い。）

「ネムタイ」が「ネブター」〔nebuta:〕に、「サムイ」が「サビー」〔sabi:〕になっている。「煙たい」の「ケブター」〔kebuta:〕、「寂しい」の「サビシー」〔sabiʃi:〕と、かなり法則的である。「漏る」の「ブル」〔buru〕、「眠り」の「ネブリ」〔neburi〕もある。

(5) その他

　他に、「覗く」の「ヨズク」〔jozuku〕、「枇杷」の「ビヤ」〔bija〕、「徳利」の「トク」〔toku〕、「草履」の「ジョーリ」〔ʒo:ri〕などをあげることができる。

結　　び

　以上、当該方言の音声の世界について、特に音変化の観点から記述した。その現実は、相当に複雑で、いわば個性的である。その音声相に、表現の内面の動態が、如実に表れているように思われる。

　その音声相を大観して言えば、母音の変相の豊かなことである。特に母音の連続面に見られる融合化は、連語上においても、また語音上においても際立っている。その融合は、概して拗音化、長音化が著しい。これが、音声面の特色と言えるかも知れない。単音節においても母音の変相が目立つ。そのような中にあって、撥音の多彩な点は注目に価しよう。

　このような音声傾向は、当該方言に孤立した現象ではない。備後一帯に、また備中・備前に、広く関連関係に立っている。この点にも、関心と注意とを怠らないようにすることが肝要であろう。

文　献

藤原与一（1997）『日本語方言音の実相』（武蔵野書院）
藤原与一（2001）『日本語方言での特異表現法』（武蔵野書院）
神鳥武彦（1977）「言語地域―発音の特色」『中国方言考』3（ゆまに書房）
神鳥武彦（2001）『共時方言学攷』（清文堂）
町　博光（1987）『芸備接境域方言の方言地理学的研究』（渓水社）
町　博光（1994）「芸備接境域方言における〔ai〕連母音の同化事象（2）」『国語方言の生成と展開』（和泉書店）
飯豊毅一他（1982）『中国四国地方の方言』（国書刊行会）

第八章　語詞の世界

第1節　名詞分野

はじめに

　中備後小野方言の、言語生活上、注意すべき語詞を取りあげ、生活を基盤に活動する、語詞の実態について討究したい。ここで問題にする語詞は、「名詞」「動詞」「形容詞・形容動詞」「副詞」の各分野である。語詞の形態をまず取りたて、各語詞の働く生活上の生命力の討究が記述の中心である。言うまでもなく、本章記述の眼目は、それぞれの語詞が生きる、風土と生活を明らかにすることにある。換言すれば、その語詞記述を通して、生活の実情が見えてくることを目標としたい。

　名詞分野の記述にあたっては、上述の趣旨に基づき、語詞・語彙のすべてにわたることにはこだわらない。生活上注意するべき名詞語詞を問題とし、特に、その生活性、特殊性、体系性に留意することにした。とはいえ、この3者を融合させることは容易でない。優先させたのはむろん生活性である。共通語と形式を同じくしていても、生活を支えている語詞には留意し、地域風土のなかでの生きかたを問題にした。言うまでもなく、名詞分野には、生活の実態が反映しがちである。「生活環境」「生業」「衣食住」「生活者」「交際」「冠婚葬祭」の各分野に分かって記述するのも、その実態をいっそう具体的に把握したいためである。

　なお、特別の語詞を除いては、他域への分布状況については、特に触れない。また、各語詞のアクセントの表記は、いわゆる平板型については省略した。この方針は、他の分野記述についても同様である。

一、意味と生活

1. 生活環境

(1) 自然環境

① 山・地形・他

ヤマ（山）

当該の小野地域は山の村落である。「ヤマェー　イク。（山へ行く。）」と言えば、山仕事が目的であることが多い。「ヤマン　ナットル。（山になっている。）」は、木や藪が生い茂っている状態を言う。

テンコツ（山の頂上）　**テッペン**（山の頂上・天辺）

両者に差異はないが、前者のほうが日常的か。藤原（1961）は、「テンコツ」は、「テンコ・ツジ（ヂ）」という複合語の、「ジ（ヂ）」の落ちたものとしている。「ツジ」（辻）は隣接する備中・備前に多い。

サコ（迫・谷を上がった中腹一帯）　**タワ**（撓・峠）

「迫」は一般名であって、固有名詞ふうに特定の場所を指すことはないが、「迫」を屋号とする家があり、複合の「ミヤザコ（宮迫）」「フナガサコ（船が迫）」「ウエザコ」（上迫）もある。いずれも、狭間の谷を少し上がった、山の中腹あたりに位置する農家である。迫の屋号の多いことからも、当地の地勢がしのばれる。鏡味（1982）は、岡山以西に多い地名としている。また、谷あいの山地を拓いた段状の田んぼを、「サコダ」（迫田）と言うことがある。ただ、現在では放置され、荒地となっているところが多い。

「峠」も坂を上った、やや見晴らしのよい所を言う。「カンジガタワ」（勧進が峠）という特定の場所もあり、「カンジガドー」（勧進が堂）という辻堂もある。別に、「タワ」という屋号の家もあり、また姓もある。

ノロ（丘陵地域・野ろ）　**タニ**（谷・野ろに対する谷一帯）

村の丘陵地帯の集落を「ノロジョー（野ろ一帯）」と言い、住人を「ノロノモン（野ろの者）」と言うことがある。一方、村の低地の集落を「タニジョー（谷一帯）」と言い、住人を「タニノモン（谷の者）」と言うことがある。

ジョー（場・一定の場所）
　○コノ　ジョーエー　ハエールナ。（この場所に入るな。）
は、その１例である。上の「〜ジョー」に関係があるか。村落のうしろにあたる地域を「ウシロジョー」（後一帯）とも言う。

ナルト（平地・→ナリー〈平らな〉）
　平地の少ない当地域では、この語詞が特別な意味を持つ。

サカ（坂・→サカミチ〈坂道〉）　**イシガンツー**（石の多い坂の悪道）　**ウマノセナ**（小丘陵・馬の背《馬の背に似た地形からきている》）

　②　川

カワ（川）　**オーカワ**（大川）
　山の村落の谷間には、大小の川がある。村の最も低い谷間を流れる大きい川は「大川」であり、他町村との境界にもなっている。これを当該の川の固有名詞ふうに用いることもある。
　○オーカワエー　オヨギー　イク。（大川に泳ぎに行く。）
「大川」には鮎も生息し、流域には発電所もある。それにもかかわらず、野ろの耕作は水不足で苦労することが多い。特に夏場の旱魃は深刻である。

コダニ（小川・小谷）　**ドードー**（小川の特定場所）
　村落の谷を回る小川である。灌漑用にも利用される。「メダカ」「エビ」などもいた。が、農薬のせいか、40〜50年前頃から見られなくなった。「どうどう」と言う場所には小滝があった。これも滝の音からきた名称であろうか。その滝の下には「クルマ」（車）と称する、共同使用の水車があったが、今は廃れた。
　なお、家庭の飲み水、洗い水として利用する自然の湧き水を、池ふうに掘り囲んで、これを「カワ」と言うことがある。

　③　空間

ソラ（上・空）
　上空を指すのが当域でも一般であるが、特に「上方」を指すことがある。
　○ソラエー　ヒーゴガ　スー　シトル。（上〈土間の上方〉につばめが巣を
　　作っている。）

むろん「上方」を「ウエ」(上)とも言う。が、「ソラ」と言う場合は、空間的な距離感があるか。

モト（下・元）　**ジベタ**（地面）

　○モテー　オクナ。（下へ置くな。）

「モト」にも地面の意味がある。また「足元」の意でも用いるようである。

ネキ（側・根際）　**ネト**（側・根拠）　**ハナト**（端・端処）

　○ネキー　クナ。（側へ来るな。）

(2)　**天象季節等**

　① 天象

テントーサン（太陽・天道さん）　**オテントーサン**（同）

　○テントーサンオ　オガメ。（天道さんを拝め。）

「天道」は信仰の対象としての意味あいが強い。

テン（天）

　○テンノ　シナサル　コッチャデ、（天のなさることだから、〈やむをえない〉《旱魃の苦況のなかでのあきらめ。老女》）

この例に見られる「天」も、「天道」に近い。なお、日常、「太陽」の語を用いることはない。

オヒーサン（日・お日さん）

　このほうが生活になじんでいる。「〜サン」づけを見ても、古来、これも尊崇の呼びかたであったようである。しかし「天道」ほどの信仰感はなく、むしろ親愛感がある。その故か、「ヒ」（日）に関する熟語は多い。ただしその多くは、共通語としても行われる語である。

ヒノデ（日の出）　**ヒノイリ**（日の入り）　**ヒノクレ**（日の暮れ）　**ヒグレ**（日暮れ）

　○ヒノクレガ　ハヨー　ナッタ　ノー。（日の暮れが早くなったなあ。）

ヒガオ（日顔・日射し）　**ヒアタリ**（日当たり）　**ヒナタ**（日向）

　○キョーワ　ダェーショー　ヒガオガ　スル　カノ。（今日は、少しは日が射すかな。《雨続きの後で》）

ヒデリ（日照り・旱魃）　**ヒヤケ**（日焼け《枯渇状態》）

○マメモ　ヒヤケデ　ツマラン。（大豆も日焼けで駄目だ。）

　旱魃で、作物が枯死する状態が「日焼け」である。むろん、皮膚の「日焼け」もあるが、この意味ではあまり用いない。なお、「日当たり」の反対語に次の語がある。

ヒカゲ（日陰）　オンジ（陰地・日陰地）

　前者は一時的であり、後者は恒久的である。「オンジ」は、濃淡の差はあるものの、中国全般、四国の一部に分布する（藤原　1990）。

○オンジジャケー　デキン。（陰地だから〈作物が〉育たない。）

　このように、当域で用いられる「日」の熟語が多いのを見ても、古来、日常生活の上では、漢語の「天道」よりも和語の「日」の方が、よくなじんだ普通の言いかたであったかのようである。

オツキサン（月・お月さん）　オッツキサン（同）　オホッサン（星・お星さん）

「月」「星」を「～サン」で呼ぶことが多い。「ツキ」「ホシ」とも言うが、「～サン」で呼べば、生活上、親しみのある言いかたになる。

○オツキサンガ　デチャッタ。（お月さんが出られた。）

　②　雨・他

アメ（雨）　オーヌケ（大雨・大抜け）

○オーヌケガ　シタ。（大雨が降った。）

「大抜け」は桁はずれの大雨を言う。「天の底がヌケル」という比喩が当域にもある。

ユーダチ（夕立）　カミナリ〈カミナリサンとも〉（雷）　イナビカリ（稲光）

　いずれも、共通語にも行われる語群である。「夕立は馬の背を分ける《小丘の一面だけ降る》」という、よく知られた言いぐさもある。夕立でも、落雷（カミナリガ　オチル。）を伴う雷雨は激しく、その恐怖を体験して語る村人は幾人もいる。

コブリ（小雨・小降り）　コサメ（小雨）　キリサメ（霧雨）

　上とは逆に「小雨」の場合である。

○コブリン　ナッタ。（小降りになった。）

「小降り」の対極には「ホンブリ」（本降り・本格的な雨）がある。

ウリー（慈雨・潤い）

　○エー　ウリーデシタ　ナー。（いい雨でしたねえ。《あいさつ》）

キチガェーアメ（驟雨・気違い雨）　キツネノヨメイリ（天気雨・狐の嫁入り）

　異常な降りかたを比喩的に言い表した語で、共通語でも一般的である。

　　③　風

カゼ（風）　オーカゼ（大風・台風）

　「風」の名称は少ない。季節に関する風の名称は特に少ない。山村の農作と風のかかわりは、比較的薄い。このことが、その語詞・語彙の貧しさに関係があろう。方位に関するものは、共通語に通う一通りのものはある。「ヒガシカゼ」（東風）「ニシカゼ」（西風）「ミナミカゼ」（南風）「キタカゼ」（北風）がそれである。これも、稀に用いる程度のことである。

タツミ〈タツミカゼとも〉（東風・巽風）　キタケ（北風・北気）

　「巽風」は、当域で東風であるのが注意されるが、それにしても、古老でも知る人は少ない。「北気」は初冬の北風である。冷雨を伴うこともあり、冬の到来を報せる。他の、季節に関する風については、春風も秋風も、上述のとおり特別な言いかたはない。

ホーチョーカゼ（寒風・包丁風）

　冬の烈風を言う。風の鋭さを包丁の切れ味に例えた言いかたである。

　　④　季節

　「春」「夏」「秋」「冬」以外に、四季を指す、地域特別な言いかたはない。節ぶしの年中行事が、新しい季節の到来を告げるのが実情である。なかでも新鮮なのは次の事項である。

シンネン（新年）　ショーガツ（正月）〈後述〉　セックー（節供）〈後述〉

　「新年」「正月」は言うまでもないが、ここで特に触れておきたいのは上巳と端午の節供である。上巳の蓬と菱餅、端午の菖蒲と柏餅は、新しい季節の到来を強く印象づける。

セッキ（節季）　カンノイリ（寒の入り）　サンリンボー（三隣亡）

　「節季」は特に年末を言う。年を送る多忙な時期である。「寒」は暦の上だけでなく、現実の寒さが「寒」を強く意識させる。この時期は冬ごもりの日

第八章　語詞の世界　269

常である。「三隣亡」は節気に関係なく、日常、運のないときに言う。
　　○キョーワ　サンリンボージャ。(今日は三隣亡〈運がない〉。)
　⑤　明け暮れ
アサ(朝)　アサマ(朝間)　アサガタ(朝方)　アケガタ(明け方)
「朝間」「朝方」は、「朝の間・朝のうち」の意で用いられる。
　　○アサマー　イソガシューテ　ノー。(朝間は忙しくてなあ。)
　　○アサガタニャー　モドッテ　キタ。(朝方には帰ってきた。)
ヒル(昼)　ヒルマ(昼間)　ヒルマエ(昼前・正午前)　ヒルスギ(昼過ぎ・正午過ぎ)
「昼間」は「昼の間・昼のうち」の意で用いられる。「昼」に関しては、時が長く、活動の時間帯であるだけに、その区切りかたがやや細かい。
バン(晩)　バンゲー(夕方・晩景)　バンガタ(晩方)　クレガタ(暮れ方)　キョーバン(今晩・今日の晩)　キニョーバン(昨晩)
　　○バンゲーニ　イッテ　コー。(夕方に〈～へ〉行って来よう。)
「晩景」と「晩方」、それに「暮れ方」は、だいたい晩になる前の薄暗がりを言うが、3者ともほぼ同じ意味で用いられている。「晩景」は、古くから当地に行われる語のようである。
　　○キョーバン　イコー　ヤー。(今晩行こうよ。)
「キョーバン」は、主に備後から岡山県下に分布している(『日本言語地図』6)。
　　○キニョーバン　モー　スンダ。(〈それは〉昨夜、もう済んだ。)
ヨル(夜)　ヨーサ(夜・夜さり)　ケーサ(今夜)　ヨナカ(夜中)
「夜」は「晩」と同じ意味で用いられる。しいて言えば「晩」のほうが生活になじんでいるかも知れない。「今晩」はあいさつとしても慣習化しているが、「今夜」は気どった言いかたである。「夜分」にも同様の語感がある。
　　○ヨーサニ　アッコー　トールナー　キアェークソガ　ワリー。(夜にあそこ〈淋しい場所〉を通るのは気もちが悪い。)
この「ヨーサ」が古語の「夜さり」の名残りであることは明らかであるが、問題は「ケーサ」である。「今朝」について、『岩波古語辞典』は、「コ(此

の転のキと、アサ（朝）との複合語の約であろう。」と推定している。「今日」についても、「キ（此）アフ（合）の約か。」としている。この推定に基づけば、「ケーサ」も「キ・ヨーサ」からのものかとも考えられる。が、他にも「今・夜さり」の「コ・ヨーサ」からのものとする考えかたもあろう。いずれにしても、注意される語詞である。

　　○ケーサー　ヒエマス　ナー。（今夜は冷えますねえ。）

　なお、「ケーサ」（今夜）をあげれば、対応して、「ケサ」（今朝）をあげなければなるまい。

　　○ケサー　コーリガ　ハットラー。（今朝は〈池に〉氷が張っているよ。《厳冬の朝》）

　なお、「翌日」は「アケノヒ」である。

(3) **動物・植物**

　① 動物

　山村であるだけに、生活の周辺に生息する小動物の種類は多い。が、その多くには関心が薄い。今日、都会でもてはやされている兜虫や鍬形の類にしても、あまりにも身近な存在で、地域の子どもはほとんど関心を示さない。と言うより、むしろ気もちの悪い存在である。いま、生活上の関わりと、子どもの関心とを目安にすれば、おおむね次の諸動物が取りあげられる。

ハチ（蜂）　クマンバチ（熊蜂）　アシナガバチ（足長蜂）　ミツバチ（蜜蜂）　ツチバチ（土蜂）　ハチノコ（蜂の子）

　蜂は身近な存在である。しかも刺される恐怖があるため、無関心ではおれない。「熊蜂」は体も大きい。軒下などに円形の大きな巣を造る。この習性は雀蜂のものである。とすると、当域では、あるいは雀蜂を「熊蜂」と誤解しているのかも知れない。「足長蜂」も小振りな蓮の実状の巣を造る。その巣から取り出した「蜂の子」は、蛋白源として食用にすることがある。「蜜蜂」も多いが、これを飼育することはない。

キリゴ（いなご）　バッタ（ばった）　コメツキバッタ（米つきばった）　カマキリ（蟷螂）

　稲が実る頃になると、田んぼに「いなご」が飛びかう。ただ、これを食用

第八章　語詞の世界　271

にする習慣はない。「米つきばった」は子どもの遊びの対象である。が、たいして関心があるわけではない。「蟷螂」も同様である。
チョンギース（きりぎりす）　**コーロギ**（こおろぎ）
　秋ぐちになると、夜間、草むらで鳴きはじめる。鈴虫、轡虫はいない。
セミ（蟬）　**アブラゼミ**（油蟬）　**クマゼミ**（熊蟬）　**ニーニーゼミ**（にいにい蟬）　**ツクツクボーシ**（つくつく法師）
　蟬の種類は多く、いっせいに鳴く声は耳を聾さんばかりである。「油蟬」が代表である。が、その種類を意識することはほとんどなく、総称の「蟬」でかたづく。「熊蟬」は少ない。「つくつく法師」は声が特殊である上に、他の蟬の声が一段落ついた、夏の終わり頃から鳴きはじめる。季節の推移を感じさせて何かものがなしい。
トンボ（とんぼ）　**シオカラトンボ**（しおからとんぼ）　**ボニトンボ**（赤とんぼ・盆とんぼ）　**オーカワトンボ**（鬼やんま・大川とんぼ）
　「とんぼ」は「しおからとんぼ」が代表である。が、これも「蟬」同様、総称の「とんぼ」で通用し、種類の別を特に言わない。ただ、「赤とんぼ」は、盆過ぎ頃から飛びはじめ、群れる上に色も特殊である。これが関心を呼んだのか。「盆〜」の異称も、季節の推移への感傷と、祖先の霊の浮遊のイメージとが重なってのことかも知れない。
ホタル（蛍）　**オニムシ**（鍬形・鬼虫）　**カブトムシ**（兜虫）　**カミキリムシ**（髪切虫）　**コメツキムシ**（米つき虫）　**ツミ**（穀象虫）
　甲虫類である。かつて「蛍」は多かった。平家蛍が中心である。「米つき虫」は子どもの遊びの対象である。他はおおむね歓迎されることがない。
アリンゴ（蟻）　**グルモージ**（蟻地獄）　**マェーマェー**（かたつむり）
　「ぐるもうじ」は古老のものである。子どもは、掘りだすときに唱える「もくもく出え出えもく出え出え。」からか、「モクモク」とも言った。「まいまい」もまた古老のもので、子どもは「デンデンムシ」である。
ドジョー（泥鰌）　**タヌシ**（田螺）　**ニラ**（蜷）
　「泥鰌」「田螺」は田んぼの泥のなかに生息している。その泥のイメージが災いしてか、食用に供することはない。「蜷」は川の清流に住む。土用の丑

の日に、鰻の代わりに捕食するのが習慣である。

クチナオ（蛇・朽縄？）　**ハミ**（蝮）　**ネズミトリ**（青大将・鼠取り）　**シャカオ**（縞蛇）　**ジョーリキリ**（とかげ・草履切り）

　「くちなお」は「蛇」の総称である。この総称が通用し、普通には種類にこだわることはない。ただ、特別の「蛇」がいる。「蝮」と「青大将」である。「蝮」に咬まれる被害は絶えず、夜道や湿地を歩く場合は用心する。一方ではこれを珍重もした。捕らえて「ハミジョーチュー」（蝮焼酎）にするためである。生きたまま、焼酎を満たした瓶のなかに入れ、これを何年も保存して薬用にした。瓶の底に、とぐろを巻いた蝮のいる焼酎は、不気味ではあったが貴重品でもあった。現在は聞かない。なお、「ハミ」類は近畿・中国・四国に多い（『日本言語地図』5）。

　「青大将」は倉のなかなどにも住んでいる。鼠を捕食するためである。「鼠取り」の異名はここからきている。長大で不気味であるが、人びとは、これを駆除することなく見逃した。

　「とかげ」は、踏みつけると、踏みつけられた尾を切って逃げる。いわゆる尻尾切りである。「草履切り」はここからきている。子どもたちは、面白がって「実験」をする。この名称は、備中および伯耆西にもある（『日本言語地図』5）。

　鳥類にも触れておこう。次は生活の周辺にいる鳥である。

ヒーゴ（燕）　**スズメ**（雀）　**カラス**（烏）　**ハト**（鳩）

　「燕」は益鳥である。こんな観念は伝統的にあった。事実、目前で害虫を捕食する早業は、益鳥たるを信じさせるに十分であった。「燕」は民家の土間に営巣する。人びとは、これを縁起がよいとして歓迎し、出入りに支障のないように、留守のときも戸口の一角を開けておいたりして保護した。雛が生まれると、共にその成長を楽しんだ。なお、「ヒーゴ」は古老のもので、岡山・鳥取、それに但馬に分布の主域をもっている（藤原　1990）。

　それに対して、「雀」「烏」は害鳥である。特に稲の実る頃の雀の害には苦しみ、人びとは、それを撃退する方法に工夫をこらした。「烏」もまた、作物を荒らして人びとの憎しみを買った。縁起の悪い鳥として、その鳴き声に

第八章　語詞の世界　273

不吉を感じたりもしている。逆に、妙に人懐かしいのが「鳩」の鳴き声である。鳴き声と言えば、次の鳥がいる。

ウギース（鶯）　**ホトトギス**（杜鵑）　**ヒバリ**（雲雀）　**フルツク**（ふくろう）

「鶯」「杜鵑」の鳴き声は、人びとの心をいやし、また季節の推移を印象づけた。早朝、霧の深い谷間を鳴いてわたる杜鵑は、一種の神秘ささえ感じさせる。空高くさえずる「雲雀」は、また、杜鵑と違った晴朗さがある。「ふくろう」は夜の鳥で、姿を見かけることはめったにないが、夜、山から聞こえてくるその鳴き声は、妙に淋しさを誘った。なお、「フルツク」は、山陽一帯および四国に広く分布している（藤原　1990）。

②　植物

ウメ（梅）　**モモ**（桃）　**サクラ**（桜）

生活の周辺にある、どの土地にもある植物である。「梅」「桃」は、花も実もこう呼んで区別しない。梅の実は、各家庭で「梅漬け」を作るが、これも「梅」と呼んで、言いかたに区別はない。「桜」への愛着はここでも変わりないが、特に名所として育てることはしない。桜の木で製した板（桜板）は、肌理が細かく強靭であって、家作の「縁板」「床板」として珍重する。

カキ（柿）　**トーガキ**（無花果・唐柿）　**クリ**（栗）　**ナシ**（梨）　**ハランキョー**（李・巴旦杏）　**ビヤ**（枇杷）　**ギンナン**（銀杏）

「梅」「桃」に継いで、実のなる木をあげた。在来種の「柿」は大木になる。が、実は概して小振りである。「キネリ」（木ねり）「シブガキ」（渋柿）の別がある。「木ねり」は木成りのままに甘くなること、つまり「甘柿」であるが、普通には「あまがき」とは言わない。「渋柿」はむしろ珍重する。未熟の段階で多量に採取し、潰して液状の「シブ」（渋）を採り、醗酵させて「柿渋」を作る。これで紙を張りあわせて「渋紙」を作ったり、薄紙を張って笊や籠の補強（「ハリッコ」〈張籠〉）に用いたりして、現在はともかく、かつては生活の必需品であった。柿の柔らかくなったものは「ズクシ」（熟柿）で、皮をむいで干したものは「ツルシガキ」（干柿・吊し柿《縄目に挟み、吊して干す》）である。「干柿」は、正月のお供え用としても欠かせない。皮は別に干して保存し、子どもの間食用とした。柿の用途は存外に広い。なお、

「トーガキ」の分布は山陽側に広い（藤原　1990）。

　山に自生した「栗」は多い。その実の時期には「栗拾い」も忙しい。干して保存用にもする。「カチグリ」（勝栗）である。なお、栗の木は腐食しにくく、線路を支える杭用として出荷したり、椎茸栽培用の榾木として利用したりする。「梨」も在来種がほとんどである。大木になった梨の木もあり、長めで小振りの実がなる。不作の年によく実をつけるというので、「ゴクナシ」（穀なし）とも言った。「銀杏」は、実も木も「ギンナン」である。

ナルテン（南天）　ヒーラギ（柊）　サルスベリ（百日紅）　カイドー（海棠）　モミジ（紅葉）　マキ（槙）

　庭木として一般的なものである。「南天」は多い。「難転」をかけて縁起ものとしているようである。

　野草類に転じよう。

ホーシ（土筆・法師）　フキ（蕗）　フキノトー（蕗のとう）

　春の野に芽ばえる、季節の恵みである。

シャジッポー（虎杖）　シンザェー（酸葉）

　いずれも酸味の強い野草であるが、新芽の柔らかさとその酸味を子どもたちが好み、生食する。古老は「虎杖」を「タジナ」とも言った。あるいは古名の「たぢひ」に関係があるか。

　そう言えば「春の七草」には関心がない。七草を食する習慣がないので、その草にも関心がないということか。ただ、「セリ」（芹）はある。が、一方によく似た毒芹もあるため、しぜん関心も薄くなる。

スモートリバナ（菫・相撲取り花）　タンポポ（蒲公英）　ゲンゲ（蓮華草）

　いわば「菫　蒲公英　蓮華草」で、春の野を彩る花である。が、花を愛でるのではない。「菫」は、名前どおり果たして相撲をとるのか、子どもの実演の対象であり、「蒲公英」には冠毛が風に飛ぶさまに興味を持った。「蓮華」は田に種を播いて育て、鋤き込んで緑肥にした。

　秋の七草も、グループそものには関心はないが、一部の花はある。

ボニバナ（女郎花・盆花）　キキョー（桔梗）　ナデシコ（撫子）　クズンボーラ（葛・葛の原）　カヤ（茅）

「女郎花」は、盆の墓に欠かせない花である。この時期になると、山を色どる花でもある。「盆〜」の名もこれにちなんでいよう。先の「盆とんぼ」が思い合わされる。盆の墓には「桔梗」と、若干の「撫子」も添えた。いずれも野生である。

「葛」は多いが、「かずら」としてしか意識していない。程よく育った蔓を採取して、例えば、稲掛け（ハデ）などで、杭や横木を括るのに用いる。柔軟である上に強靭で、腐食しにくい。葛粉の採取には関心がない。「茅」も茅葺き（ワラヤネ）用に刈りとって保存するが、穂（薄）には特別関心がない。なお、秋と言えば「彼岸花」がある。「チョーチンバナ」（提灯花）と言っている。花の首のところを折り曲げると、提灯に似ているところからの発想であろう。この花に好いイメージはない。神仏に供えることもない。

イヌノヘグサ（どくだみ・犬の屁草）　**ミコシグサ**（現の証拠・神輿草）　**センブリ**（千振）　**ジジーババー**（春蘭・爺婆）

いずれも薬草である。比喩発想の造語であるのがおもしろいが、由来は古く、また広いもののようである。「どくだみ」の臭気に基づく「犬の屁草」も、さこそと納得されるし、実りきったときの「現の証拠」の形も、たしかに神輿に似ている。「春蘭」の花心も、そう思って見ればまさに「爺婆」である。ここには、古今にわたる比喩発想の、素朴さ、豊かさ、そして健全さがうかがわれる。そう言えば、「猿の腰掛け」も時に話題になる。上述の「猿すべり」の出来と共に観賞したい。ところで、これらの薬草が、実際に使用されたか否かは不明である。特に近年は、置薬の便利さにすっかり依存していたかのようである。が、最近は、その置薬の慣習も絶えた。

ジョーゴダマ（竜の髭の実）

「竜の髭」そのものではなく、その実に子どもが関心を持った。手作りの突き鉄砲の玉にするためである。筒の前後に込めて突くと音がして飛んだ。

2．生　業

生業は農業が中心である。農作は、大きく稲作と畑作、それに山仕事などに分かれる。「ヒャクショー」（百姓）が農業従事者の通称である。

(1) 稲　作
　① 田地

デンジ（田地）　**タ**（田・田んぼ）

　田んぼの一般的な名称である。前者にはやや硬さがある。「デンジューウッテ、（田地を売って、）」などのように、田の土地面に重点があり、耕作の対象としては、まず用いない。その点、後者の「田」の意味は広い。むろん耕作の対象としても用いる。「タ　ツクル。（田を作る。）」と言えば、田の耕作や稲作を意味する。

クボ（田・窪）　**オークボ**（大窪）

　当地域は山村であって、田地に適した土地が少ない。したがって、谷間や窪地を拓くことになる。「窪」はそのような田地を指す。やや広い田地は「大窪」である。この名称で、固有名詞ふうに特定の田地を指すこともある。

マチ（田・町）　**オーマチ**（大町）

　田地を「町」ということがある。「町」は、一般には田地の区画の単位とされるが、「窪」との区別は必ずしも明瞭でない。

　　○フタマチ　ウエタラ　ヒガクレタ。（2区画〈2枚の田〉植えたら日が暮れた。《田植え》）

フケダ（深田・湿田）　**サコダ**（迫田）

　質の悪い田地である。「深田」は、湿田で泥も深い。当然、実りも悪い。「迫田」は谷間の段状の小田を言う（既述）。大した収穫も望めない。

　特定の田地を「イツセ」（五畝）「サンセ」（三畝）のように、その広さで指すことがある。この名称には、一窪開墾するごとに、思いを込めてその田の広さを意識した、かつての農民の苦闘の跡が刻まれてもいるのか。

クボナオシ（窪直し）　**シンガェー**（新開）

　小田を開墾して大田に造り直すこともした。「窪直し」である。「新開」とも言ったようである。が、減反の近年はそれもない。

　② 田つくり

アラオコシ（粗起こし）　**シロカキ**（代掻き）

　「粗起こし」は、田んぼの土を起こして柔らかくすると共に、底まで気を

通し、また日光を当てるのが目的である。その前に、牛に踏ませた堆肥、山で刈りとった芝類を田んぼに播いておく。これは早い時期にやる。「粗起こし」を「ター　ヒク。(田をひく。)」とも言う。「代掻き」は、田植の直前に行う。田んぼに水を引き入れて土とよく掻き混ぜ、泥状にする。かつては両者とも牛を使用した。これを「シロー　カク。(代を掻く。)」とも言った。牛につけて引かせる鋤は、「粗起こし」用が「ウシンガ」(牛鍬)、「代掻き」用が「マンガ」(馬鍬)である。「馬鍬」と言っても馬が飼育されていたわけではない。その名称と共に物が入ってきたのか。いずれも屈強な男性の仕事であった。「ウシツカェー」(牛使い)とも言った。現在はトラクターが使用されていて、牛は不要になっている。

アゼ(畦)　アゼウチ(畦打ち)　アゼヌリ(畦塗り)　ゲシ(田の岸)

「畦打ち」は「畦」の内側を鍬で削ぎ落とすことを言う。そして新しく塗り代える。「畦塗り」である。こうして田の水漏れを防いだ。「畦」を荒らすのは「ウグロ」(土龍)と「ケラ」(螻蛄)である。

タノミズ(田の水)　ツツミ(堤)　ミゾ(溝)　シーミゾ〈しい溝〉

「田の水」の管理は重要で、雨水にしか頼れない田んぼでは、上手の適当な場所に「堤」を築く。「溜め池」である。年によっては干上がることもあったが、平素は、水を湛えた堤は子どもの夏の泳ぎ場所でもあった。「しい〈意不明〉溝」は、山側から湧き出る清水を導くための、簡単な溝である。田んぼのなかの山ぎわに作る。そこを流れる間に、わずかでも温まることをねらったものであろう。「田の水を当てる」「田の水を落とす」、いずれも水の管理としては欠かせない作業である。「ミズモチ」(水持ち)のよい田悪い田、これも田んぼの評価につながる。

③　田植

ナエ(苗)　ナワシロ(苗代)　ナエトリ(苗取り)　ナエサゲ(苗　提げ)　ナエクバリ(苗配り)

「苗代」は種籾を播いて苗を育てる田で、こう言うのは当該地に限ったことではない。「代」は、田の区画を指したとされるが、当地でも「代掻き」「苗代」「代満て」の複合語に残るのみである。「苗提げ」は田植の本田への

移送であり、「苗配り」は本田での苗の配置である。畦から田の中へ適当な間隔で苗束を投げ入れることもあった。

タウエ（田植）　**ウエテ**（植える人・植手）　**ツナウエ**（綱植）　**ワクウエ**（枠植）　**セージョーウエ**（正条植）

「田植」は、かつては近所数軒の共同で行うのが慣習であった。「田植組」と言った。当日は、当家で食事も用意し、供応にも多忙をきわめた。「タェーコダ」（太鼓田）もあった。いわゆる大田植である。花田植とも言ったか。飾った牛の代掻きの後で、「サゲ」（下げ）と呼ばれる棟梁が、田の畦で「田植太鼓」を叩き「田植歌」を歌う。その音頭に合わせて、服装を揃えた「早乙女」が苗を植える。賑やかなお祭り騒ぎの田植であったが、人手のない、トラクター時代の現在は廃れた。

「綱植」は、「タウエズナ」（田植綱）を引いて筋目を立て、その筋目に沿って植える植えかたであり、「枠植」は、間隔を整えた大型の枠を田の面に転がして跡をつけ、その跡にしたがって植える植えかたである。前者は水を張った田んぼに適し、後者は水を落とした田んぼに適した。植手の人数や田んぼの広さにもよった。近来は、縦横間隔の揃った「正条植」が重んじられることもあったようだ。稲株間の、風の通りをよくするためである。

シロミテ（代満て）　**ドロオトシ**（泥落とし）

田植の終わった祝いである。各家ごとに、家族で祝う。「代満て」は、植えるべき「代」がなくなったことを言う。植える面から見れば、その「代」が「満てた」のであり、田植を待つ代の面から見れば、その「代」がなくなったのである。一般に当地域で、「ミテル」とは「無くなる」ことを言う。この問題についての考察は、次節「動詞分野」の項に譲りたい。「泥落とし」も同様の祝いである。祝いの内容に違いがあるわけではないが、この言いかたのほうが庶民的で、実際的である。

④　収穫

農民は、田植以来、苗の育成に心血を注ぐ。水の管理、肥料の散布、害虫（浮塵子など）の駆除、病害（稲熱病など）の予防と、涙ぐましい。なかでも「タノクサトリ」（田の草取り）は、夏の炎天下で腰を曲げての厳しい作業で

第八章 語詞の世界　279

ある。農作業のなかでもっともつらいと言う個人もある。こうして、秋の収穫に漕ぎつける。

イネ（稲）　イネカリ（稲刈り）　イーソ（結いそ）

　「稲刈り」も近所協同でやる。「テマガェー」（手間替え）という労働交換方式で、相互に協力しあうのも普通のことである。刈り取った稲を束ねるのに「結いそ」を用いる。「結いそ」は、4～5本の藁の先端部分を簡単に綯い合わせたもので、刈り取り近くなると数千本を作る。刈り手は、これを適当量、腰につけて作業に臨む。

ハデ（稲架）　ハデグエ（稲架杭）　ハデザオ（稲架竿）

　刈り取った稲の束を掛け、乾かすための、規模の大きい木組みが「稲架」である。日当たりを求めて高く設営する。田んぼのなかに仮設するのが普通であるが、田の岸（ゲシ）などに常設している農家もある。「稲架杭」は地面に打ちこむ支柱であり、「稲架竿」は横に渡す竿である。仮設の場合は、これらの杭や竿を、平素は別の場所に保存しておく。刈り取った稲は、この稲架に集めて竿に掛ける。なお、「ハデ」「ハゼ」は、中国全域および四国の東北部に広く分布している（藤原　1990）。

イネコナシ（稲扱ぎ・稲熟し）　イネコギ（稲扱き）

　稲架で乾かした稲束は、「こなし小屋」に運びこみ、稲穂から実（籾）を扱き落とす作業に移る。この作業が「稲こなし」である。単に「こなし」とも言う。「イネコギ」（稲扱き）は新しいか。

　　○モー　コナシモ　スンダシ、（もうこなしも済んだし、）

センバ（千歯）　トーミー（唐箕）

　こなしの作業で、欠かせない農具が「千歯」である。千歯は、古くはその名のとおり櫛の歯状のものであった。その歯に稲穂をかけて引き、籾を落とす。それがやがて足踏み回転式の脱穀機に変わった。驚異の新農具であったが、名称だけは旧式のものを受け継いだようである。「唐箕」は、風力を利用して、扱き落とした籾と塵とを分ける、効率のよい農具である。籾を扱き落としたあとの「藁」は、牛の飼料・敷藁、縄・草履・むしろ・かます作りなど、多様な需要に備えて小屋などに保存する。野に「ワラグロ」（藁ぐろ）

を作って保存することもある。
　⑤　籾・米
モミ（籾）　**モミズリ**（籾摺り）　**スクモ**（籾殻・すくも）
　「籾摺り」によって、「籾」が、「米」と「籾殻」とに分離される。なお「スクモ」は、中国域では一般的である（『日本言語地図』4）。
トース（唐臼）　**トーミー**（唐箕）〈既述〉　**センゴク**（千石）
　「籾摺り」に活用されるのが「唐臼」である。直径1メートルもある円形の摺臼で、1～2人がかりで手動する大型のものである。既述の「唐箕」は米と籾とを分けるために、「千石」は米をさらに良粒と粃（シーラ）とに選別するために用いる。いずれも物ものしい名称の農具である。特に「唐臼」「唐箕」の「唐」の漢語が注意されるが、物の由来は定かでない。
コメ（米）　**タダゴメ**（粳）　**モチゴメ**（糯米）
　「ただ米」とは、「もち米」と区別する必要のある場合に限って言うが、普通は「米」である。これに対して「もち米」の呼称はつねのことである。
ゲンマェー（玄米）　**ハクマェー**（白米）
　この言いかたは新しいか。「玄米」が普通で、特に言う必要もなかったようである。かつては、「白米」も、炊いて「シロメシ」（白飯）〈シレーメシとも〉とか「ギンメシ」（銀飯）とか言ったが、冠婚葬祭の折りにふるまわれるもので、平素の食生活からすれば珍しい馳走であった。大麦を混入した「ムギメシ」（麦飯）が日常であったのである。
(2)　畑　作
　①　畠
ハタケ（畠）　**マェーバタケ**（前畠）　**オンジ**（陰地畠）　**ウシロ**（後畠）　**ウマノセナ**（馬の背畠）
　位置や地形によって名づけられている。「陰地」は日当たりの悪い陰地の畠であり、「後」は家の後に位置する畠である。「馬の背」は中心部が高くなった地形の畠である。畠名は、農家によって個別に名づけられるのが普通で、一般名ではない。特定的ではあるが「コードノバタケ」（高殿畠）と呼ばれる畠もある。初冬、畠のなかにやぐらを組んで、神楽を演じたことからきた

第八章　語詞の世界　281

名であると言う。畠に麦が芽生えたばかりの時期であったらしい。おもしろいことに、麦の新芽は、見物に集まった人びとに踏まれてかえってよく育ったと言う。麦踏みが思いあわされるが、当地にその農法はない。　畠はまた、作物によっても呼びわけられる。

ム<u>ギ</u>バタケ（麦畠）　<u>ダェーズ</u>バタケ（大豆畠）　ア<u>ズキ</u>バタケ（小豆畠）　イ<u>モ</u>バタケ（芋畠）　ク<u>ワ</u>バタケ（桑畠）　ソ<u>バ</u>バタケ（蕎麦畠）　コ<u>ンニャク</u>バタケ（蒟蒻畠）　ナ<u>バ</u>ラ（菜原）

　主なものをあげたが、畑作物の数（数十種）だけ畠の呼び名もある道理である。「菜原」は野菜畠である。野菜は毎年ほぼ決まった特定の場所、一定の小区域に作る。それが菜原である。「〜畠」のような一般名でないのが注意される。

② 作物

<u>ムギ</u>（麦）　マ<u>メ</u>（豆）　ア<u>ワ</u>（粟）　キ<u>ビ</u>（黍）

　これに「米」を加えて五穀とされる。当地域ではこのすべてを栽培している。「米」については上述した。「麦」についても後項でやや詳しく取りあげる。「豆」も主要な作物である。

<u>ダェーズ</u>（大豆）　ア<u>ズキ</u>（小豆）　ササゲ（大角豆）　ナ<u>ツマメ</u>（空豆・夏豆）　エ<u>ンドー</u>（豌豆）　ソ<u>コマメ</u>（落花生・底豆）

「豆」の種類である。普通、「マ<u>メ</u>」と言えば「大豆」を指す。大豆を豆類の代表とする認識であろう。一般の淡黄色の大豆の外に、「黒」をつけて区別する「クロマメ」（黒大豆）がある。この豆は、田の畦に植えて栽培するので、「アゼマメ」（畦豆）とも言う。煮豆や豆餅を作るのに用いる程度の需要であって、畦栽培の収穫で十分なのである。「夏豆」「底豆」も名称は特異ではあるが、西日本を中心に分布は広い。「黍」は、実で餅を作り殻で箒を作る。が、少ない。「ト<u>ーモロコシ</u>」（唐もろこし）を指しても「キ<u>ビ</u>」と言う。むしろこのほうが普通である。

イ<u>モ</u>（芋）　サツマイモ（甘藷・薩摩芋）　キ<u>ンカ</u>イモ（馬鈴薯・金柑芋）　ジ<u>ーキ</u>イモ（里芋・琉球芋）　コイモ（子芋）　ヤマノイ<u>モ</u>（山芋）　ツ<u>クネ</u>イモ（つくね芋）

「芋」は芋類の総称であると共に、特に「甘藷」を指す。「甘藷」が芋類の代表格である。以前は、冬の寒気による腐食を避けるため、囲炉裏の周囲の座の下に洞を作って貯蔵した。「薩摩芋」と同様、渡来元を意識した名称が「琉球芋〈里芋〉」である。「子芋」はその親芋についた子の芋である。「金柑芋」の比喩も注意されるが、中国域に広く分布する言いかたのようである（『日本言語地図』4）。ちなみに、禿頭の「キンカアタマ」（金柑頭）があることにも触れておこう。なお、蒟蒻の球茎を「蒟蒻イモ」と言うことがある。

○コンニャクモ　イマー　イモガ　ナェーンジャ。（蒟蒻も今は芋がないんだ。）

野菜の種類も多い。

ハクサェー（白菜）　ダェーコン（大根）　ナスビ（茄子）　ウリ（瓜）　キューリ（胡瓜）　ランキョー（辣韮）

「白菜」「大根」が野菜の代表か。上掲のものはまた、漬物としても貴重である。「茄子」「瓜」は味噌漬けにもする。「辣韮」ももっぱら漬物として珍重した。山村の食生活に、漬物は重要な意味を持つ。

ネブカ（葱・根深）　ワケギ（分葱）　ニラ（韮）　タマネギ（玉葱）　ニンニク（大蒜）　ランキョー（辣韮）〈既述〉

「葱」の一群である。こうしてみると、この一群の存在の大きさに、改めて気づかせられる。いずれも食生活には欠かせない、貴重なものである。

チシャ（萵苣）　チュージャク（芥子菜）

在来種の「萵苣」は、現在は廃れた。「芥子菜」も同様である。前者は「萵苣揉み」として、後者は漬物として、永く親しまれた野菜である。

③　麦

畑作物の代表として、特に「麦」を取りあげる。

ムギ（麦）　オームギ（大麦）　コムギ（小麦）

「麦」は総称であるが、「大麦」を指すことも多い。「大麦」は、かつては米に混入し、主食として食した。また味噌の原料としても貴重であった。「小麦」は粉にしてうどんや団子にした。また醬油の原料にも用いた。かつては味噌・醬油はすべて自家で造ったが、現在は少ない。

ムギマキ（麦播き）
　「麦播き」は、あらかじめ耕した畠に畝を立て、「ガンギ」（雁木・溝）を切る作業から始まる。その溝に、多量の草木灰と混ぜ合わせた種を播く。草木灰は基肥になる。なお、「灰」を入れる、専用の「ハェーゾーキ」（灰笊筥）、種入りの灰を担いで畠へ運ぶ「ハェーフゴ」（灰畚）がある。共に麦播きには必須の農具である。

ナカウチ（中打ち・中耕）　ツチカケ（土掛け）　クサトリ（草取り）
　麦の生育を助ける作業の語群である。芽吹いた畠の、畝の間を股鍬で耕して土を柔らかくすると共に、土中に大気を通す作業が「中打ち」である。「土掛け」は、青芽の上に畝間の土を柄鍬で掬いあげて掛け徒長を押さえる。雑草を取り除くのが「草取り」である。

モトゴエ（基肥）　ハェー（灰）　カリゴエ（刈り肥）　ダヤゴエ（駄屋肥）　ダル（人糞尿）　カェーゴエ（金肥・買い肥）
　施肥も育成のためには欠かせない。「基肥」として重要なのが、既述の草木灰である。常づね、雑草や雑木、籾殻などを焼いて「灰」を作った。そのことを「クヨシ」（燻し）と言う。燃えあがりを押さえて燻らせる。そのほうが肥料成分が濃いとした。場所は野良にしつらえた「ハンヤ」（灰屋）である。折おり、あちこちの灰屋から煙があがるのも、農村の一風景である。「刈り肥」は、芝を刈り取って野に積み（グロ）、腐食させたものであり、「駄屋肥」（「ダゴエ」〈駄屋〉とも）は、牛舎（ダヤ）で牛に踏ませた敷藁の堆肥である。人糞尿の「ダル」もよく活用された。その施肥を「ダルー　ウツ。（だるを播く。）」と言う。「コエタゴ」（肥担桶）・「コエジャク」（肥杓）も、その際の専用農具である。

ムギカリ（麦刈り）　ムギコナシ（麦熟し）　ムギワラ（麦藁）
　刈り取った麦は、そのままこなし小屋に運ぶ。「麦藁」の用途はない。

ニワアゲ（麦こなし終了の祝い・庭あげ）

　④　鍬
クワ（鍬）　マタグワ（股鍬・備中鍬）　イタグワ（板鍬）　エグワ（柄鍬）　チョーノグワ（手斧鍬）　ツルハシ（鶴はし）　テコマ（手細）

「鍬」は総称である。各鍬の名称は形状からきていると思われるが、それぞれ役割りは違っている。よく活用されるのは「股鍬」であろう。3本の股になった鍬で、主として畠を耕すのに用いる。「手斧鍬」は「手斧」（チョーノ・チョーナ）に似て、細身の頑丈な鍬である。固い土を掘るのに適している。「てこま」は「細さらい」の小型のもので、草取りの場合など、片手で使用する。「手細さらい」の短縮形か。田起こし用の「牛鍬」「馬鍬」は既述した。

(3) 山仕事

① 炭焼き

スミヤキ（炭焼き）　**スミガマ**（炭窯）　**スミギ**（炭木）

「炭焼き」は、かつては盛んであった。これを職業にする人もいた。山の要所に「炭窯」が築かれ、「炭木」の切り出しで裸の山も多かったが、現在ではすっかり廃れた。

スミ（炭）　**クロズミ**（黒炭）　**シロズミ**（白炭）　**カタズミ**（堅炭）　**ケシズミ**（消し炭）

「黒炭」と「白炭」とは製法の違いである。表面に灰が白く付着しているのが「白炭」で、火力が強い。「堅炭」は、炭窯で製した本式の炭を言う。自家の囲炉裏の燠を、消し壺で作った「消し炭」と区別するためである。消し炭は柔らかく、火力も劣るが、こたつなどに使って重宝した。

② 薪作り

キコリ（樵）　**クベキ**（薪・焼べ木）　**ワルキ**（割木）　**バェータ**（ばいた）　**エダキ**（枝木）　**キグロ**（木ぐろ）　**キゴヤ**（木小屋）

囲炉裏やかまどで焚く「薪」は、多量に必要とした。特に冬場の消費量は大きい。「割木」は木の幹の部分を割ったもの、「枝木」は木の枝の部分である。「割木」を「ばいた」と言うこともある。古語である。山で作ったこれらの薪は、そのまま山に積んで乾燥させた。「木ぐろ」である。適当のとき、「木小屋」に運んで貯蔵した。

③ 植林

植林と言えば、山への「杉」「檜」の植えつけにほぼ限られる。

第八章　語詞の世界　285

エダウチ（枝打ち）　**シタガリ**（下刈り）　**マビキ**（間伐・間引き）

　手入れの作業である。これら植林の一連の仕事も、かつては盛んであったが、現在はない。山は荒れる一方である。

(4)　牛飼い

　牛は黒の役牛である。かつて牛飼いが盛んであったことは上でもすでに触れた。農耕、堆肥、そして利殖のためである。

ダカェー（駄飼い）　**ダオケ**（駄桶）　**ダミズ**（駄水）　**ダヤ**（駄屋）　**ダヤゴエ**（駄屋肥）〈既述〉　**ダゴエ**（駄肥）〈既述〉

　「駄飼い」を始め、「駄〜」一連の語が注目される。言うまでもなく「駄」は馬を指すのが普通であるが、当域では牛だけで、馬は飼育しない。「駄桶」は牛の飼料を入れる桶、「駄水」は牛の飲み水でる。牛舎は「駄屋」と言った。「駄肥」は牛舎の敷き藁を堆肥としたもので、上ですでに触れた。「駄」と言えば「駄賃」（お使い賃）もある。不思議に「牛〜」と、「牛」を冠した語が乏しい。代掻き用の農具も「馬鍬」である。「牛〜」で思いあたるのは、田の粗起こし用の「牛鍬」ぐらいであろうか。

ザブ（飼料・ざぶ）　**カェーバ**（飼葉）

　牛の飼料である。藁を刻んだものが中心。これに米糠、煮麦、「飼葉」、駄水などを加える。「ざぶ」の原義は不明。あるいは擬音か。「飼葉」は大豆の葉を言うのが普通である。

コッテー（特牛・雄牛）　**オナミ**（雌牛）　**ベッチ**（子牛）

　「雄牛」の「こてい」は古い語のようである。この言いかたは、発音に変異はあるが、九州を含む西日本一帯に分布する。「雌牛」の「おなみ」もほぼ同様である。「小牛」の「べっち」の分布はそれより狭いが、それでも備後およびその周辺に見られる（『日本言語地図』5）。

ハヤリ（発情）

　「逸り」か。異常にいきりたつ。牛の発情に限って言う。

　牛も夏場は放牧する。が、牧場に放しっぱなしということはない。朝方に放牧し、夕方に連れて帰るのが普通である。

3．衣・食・住

(1) 衣

① 衣服

フダンギ（普段着）　ヨソイキ（余所行き）　チョコチョコギ（外出着）　イッチョーラ（一張羅）　シゴトギ（仕事着）　ネマキ（寝間着）

　「普段着」は日常家で着る衣服、「仕事着」はいわゆる野良着である。半纏・股引〈後述〉が中心である。日常は、終日の作業のために、仕事着のまま日を過ごすことの多いのが実状であった。「余所行き」は外出着である。「ちょこちょこ着」は、それこそちょこちょこの外出に着るもので、「余所行き」と区別はつけにくいが、このほうがいくらか普段着に近いか。余所行きのなかで、もっとも上等の衣服を「一張羅」と言った。特に子どもの衣服について言うことが多かったようである。

　　○イッチョーラー　キテ　ドケー　イクン。（一張羅を着てどこへ行くの。）

　なお、盆用や祭用の晴れ着を「ボニゴー」「マツリゴー」と言うことがある。主として子どもの衣服についてである。「ゴー」は「号」か。

ハンテン（半纏）　モモヒキ（股引）　バッチ（下穿き）

　男性の仕事着である。別に「ホーカブリ」（頰かぶり）がある。これは仕事着とは言えないが、手拭いは必需品である。頭に巻いて日を避けたり、首や腰に下げ、汗を拭いたりして重宝した。

モンペ（もんぺ）　マェーダリ（前掛け・前垂れ）　テオェー（手覆い）　カッポーマェーカケ（割烹着・割烹前掛け）

　女性の仕事のいでたちである。ここでも手拭いは必需品である。「割烹着」はやや上品なもので、特に戦時中は、「もんぺ」と共に、外出用の、一種のユニホームであった。

　「普段着」も、夏分と冬分とで違うのは当然である。

ワタイレ（綿入れ）　ノノコ（布子）　ハンチャ（半纏）　セナコ（背子）　サルコ（猿子）　タンゼン（丹前）

　冬分の不断着である。「綿入れ」は綿入れ着物の総称である。「布子」は綿

入れ着物、「はんちゃ」も綿入れである。「背子」も綿入れであるが、袖がない。「猿子」は背の部分だけに当たる綿入れで、肩の部分につけた紐様のものに手を通して常用する。だいたい女性のものである。「サルコ」は岡山県や因幡、瀬戸内に多いようである（藤原　1990）。「丹前」は客用として用いる。奥地の山村であるだけに冬の防寒着は整っている。

　衣服と言えば、以前（半世紀前頃）は着物が普通であった。学童も、少なくとも女児は、着物通学が普通であった。

　　○ムカシャー　フカー　ナカッタンジャ。（以前は、服は無かったんだ。《古
　　　老の説明》）

キ̄モノ（着物）　ヒト̄エ（単衣）　ア̄ワセ（袷）　ナ̄ガギ（長着）

「単衣」「袷」は、おおむね夏分、冬分の着物の別である。「長着」は男性の怠け者の服装を特に言うもので、非難めいて用いられる。

　　○ヒ̄ルカラ　ナ̄ギューー　キテ　ノ̄ー。（昼間から長着を着てなあ。《ある男
　　　性の非難》）

ソ̄デ（袖）　ツツッポー（筒袖）　ネ̄ジソデ（捩袖）　ゲ̄ンロク（元禄）　ナ̄ガソデ（長袖）

　女性の着る着物の袖の名称であるが、これによって着物の形も決まる。日常は、仕事に便利な「筒袖」が普通であったようである。なお、子どもの着物には、腰や肩に「アゲ」（上げ）のあるのが普通であった。成長に合わせて大きさを調節するためである。

セ̄ンタク（洗濯）　ボ̄ーロゼンタク（襤褸洗濯）　フ̄トンゼンタク（布団洗濯）

「洗濯」には、水洗いの他に、針仕事の「繕いもの」の意もある。

　　○キョ̄ーワ　ア̄メガ　フ̄ルケー　セ̄ンタクー　ショ̄ー　テ̄ー。（今日は雨
　　　が降るから洗濯をすることにしようかい。《老女》）

「襤褸洗濯」は、まさにこの意である。日常着る衣類を、襤褸と言って卑下することもあるが、襤褸洗濯の場合は別に卑下して言うわけではない。繕いものの対象が、襤褸と言うにふさわしいものであっても、普段着・仕事着の気らくな繕いをこう言った。本来、これにも、水洗いの意が含まれていたのかも知れない。「布団洗濯」の場合は、たしかに水洗いと針繕いの、両方

の意で用いられている。まず、布団の外布を剝いで水洗いし、糊づけする。乾くと、元の綿を入れて縫い合わせる。その折りに、綿を打ち直すこともあった。内容はともかく、「洗濯」を裁縫するの意で使う地域は、中国西部、四国、九州東北部にまとまっているらしい（佐藤 2002）。

ニーモン（縫い物）　ツクレーモン（繕い物）　ツギ（継ぎ）　ツギアテ（継ぎ当て）

　「縫い物」は、衣類を縫う作業を指すが、「繕い物」は、衣類の繕い作業の他に、対象の衣類そのものを指すこともあるかのようである。微妙なのが「継ぎ」である。衣類の破れに布を当てて修繕することを言うこともあるが、注意されるのは、修繕のための布切れを「継ぎ」と言うことがむしろ多い点である。やがて修繕用という用途を離れて、布切れ一般を指すことにもなっている。

　〇キレーナ　ツギ。（綺麗な継ぎだこと。《布切れを見て。青年女》）
「継ぎ当て」となればはっきりしている。その作業と衣類を指す。

　② 履物

ジョーリ（草履）　ワラジョーリ（藁草履）　タケンカワジョーリ（竹の皮草履）　コッテージョーリ（雄牛草履）　ワランズ（草鞋）　ゴムジョーリ（ゴム草履）　アサウラ（麻裏）

　「草履」は「藁草履」が中心である。藁で編んだ草履である。冬の間に、大小数十足も作りためておく。子どもがいればなおさらである。それを、破れれば取り替えて、家中の者が一年間履く。「竹の皮草履」は竹の皮製である。上等で永持ちしたが、特別のものである。布切れで編むこともあった。これは主として、学童の、冬分の上履き用である。藁くずが出ないために重宝された。「雄牛草履」は、鼻緒のつけかたが牛の角の形に似ているところからきている。「草鞋」は、長距離を歩く作業や山仕事に適している。むろん男性用である。が、しだいに「地下足袋」に取って替わられ、比較的早い時期に姿を消した。藁草履類も、現在では廃れている。

　「ゴム草履」「麻裏」は市販のものである。常用というわけにもゆかず、永く藁草履と併用された。

ゲタ（下駄）　サシゲタ（差下駄）　ヒラッカ（日和下駄）　マツリゲタ（祭下駄）
カップリ〈カッポリとも〉（駒下駄）

　「差下駄」は雨天用であるが、山村の地形では、長距離を歩くのには適さなかった。「日和下駄」は、ちょっと引っかけるというときには便利であったが、それも家庭内でのことが多かったか。一般に、下駄は農村には不向きの、非日常的な履物である。盆や祭りなど祝いごとで出向く場合には、改まった和服のよそおいで「日和下駄」を履くことがあったったが、平素はあまり用いなかったようである。「祭り下駄」は祭り用に新調した下駄である。特に女児などには、早くから用意してやった。「かっぷり」は、女児専用の駒下駄である。その名称は、履いて歩くときの音からきていよう。

クツ（靴）　ゴムグツ（ゴム靴）　フカグツ〈ゴムナガとも〉（長靴・深靴）　ウンドーグツ（運動靴）

　かつては、「靴」は雨天用であった。平素、藁草履の児童も、雨天には「ゴム靴」で通学した。ゴム製の「深靴」も雨天用であるが、雪の日にも履いた。「ナガグツ」（長靴）とも言ったが、これは新しい。「運動靴」は子どもの憧れの履物で、「運動」には関係なく、日常の履物ではあったが特別のもので、気らくに履ける藁草履と併用するのが普通であったようである。

　③　帽子

ボシ（帽子）　ムギワラボシ（麦藁帽子）　ガッコーボシ（学童帽子）　アカボー（赤帽）

　一般的なのが「麦藁帽子」である。老若男女ともこれであった。「かんかん帽」もあったが、これは特定の人のもので、農民には関係がなかった。むろん「麦藁帽子」は夏のものである。冬分、成人は、男女とも特に用いなかったようである。防寒のため、手拭いで頭を覆うことも少なくなかった。もっとも男性には、戦中・後の一時期、「戦闘帽」のくずれが活用された。学童では、男児用の黒帽子もあったが、通学はもっぱら運動用の「赤帽」であった。女児は用いない。興味のあるのが「スッチョーボシ」（鳥打ち帽）である。もっともこの種の帽子を着用する村人はいなかったが、外から入って来る人に稀に見られた。「スッチョー」とは「ずるい」というほどの意であ

る。この帽子を被った人間は、まじめにに見えなかったようである。

(2) 食

① 食制

アサメシ（朝飯）　**ヒルメシ**（昼飯）　**バンメシ**（晩飯）

　日常、普通の言いかたである。「昼飯」を、特に「ヒル」とだけ言うこともある。

　○ボツボツ　ヒルニ　ショー　ヤー。（ぼつぼつ昼飯にしようよ。）

アサハン（朝飯）　**チューハン**（昼飯）　**ヨーハン**（夕飯）

　私的な場であっても、やや改まって用いられる言いかたである。

　○チューハンニ　シマショー　ヤー。（昼飯にしましょうよ。）

例文のように、この系列の語には、敬語の呼応するのが普通である。

チョーショク（朝食）　**チューショク**（昼食）　**ユーショク**（夕食）

　新しい言いかたである。改まった、公的な場で用いられることが多い。

ハシマ（間食・箸間）　**ヨナカリ**（夜食・夜ながり）　**ワケ**（食べ残し・分け）　**ネコワケ**（食べ残し・猫分け）

　「箸間」は、昼飯と晩飯との間の、軽い食事である。農繁期には欠かせない慣習であった。この言いかたは、中国域に広く見られるかのようである。「夜なかり」も古語の流れであって注意される。初冬の一夜、舞い明かす神楽での夜食をも、こう言うのが慣例であった。村人は、一家をあげて頭屋に集い、酒食を用意して楽しんだ。「分け」は食べ残しを言う。猫は必ず食べ残しをするというところから、「猫分け」とも言ったらしい。

　○ネコワケョー　スナ。（食べ残しをするな。《子どもをたしなめる》）

② 飯類

メシ（飯）　**ムギメシ**（麦飯）　**アズキメシ**（小豆飯）　**マゼメシ**（五目飯）　**クリメシ**（栗飯）　**イモメシ**（芋飯）

　かつては米（粳・タダゴメ）に大麦を混入した「麦飯」が普通であった。

　○ムギバーワ　ズンド　ウモー　ナカリョータ　ヨー。（麦ばかりの飯は、
　　あまりおいしいものではなかったよ。）

このように回想する老人もある。平素は麦だけを主食とした家庭もあったの

第八章　語詞の世界

か。小豆を混入した「小豆飯」は祝いごとの折りに、主として根菜を混入した「五目飯」は晴れの席でのものであったが、栗や甘藷などを混入した飯は日常の主食でもあった。
　「メ̄シ」はまた、「ゴ̄ハン」（御飯）とも「ゴ̄ゼン」（御膳）とも言う。共に敬意のある言いかたである。
　　○メ̄シュー　クー。（飯を食う。《日常》）
　　○ゴ̄ハンオ　タベル。（御飯を食べる。《丁寧》）
　　○ゴ̄ゼンオ　オア̄ガッテ、（御膳を召し上がって、《尊敬》）
ニ̄ッコ（煮込み飯）　オジ̄ヤ（雑炊）　イモガ̄エー（芋粥）
　野菜などを混入した「煮込み飯」は、子どもには歓迎された。「雑炊」も甘藷を混入した「芋粥」も、稀のものとして迎えられたようである。
ヒヤメシ（冷飯）　ウム̄シメシ（蒸し飯）　コガ̄レ（焦げ飯・お焦げ）
　「蒸し飯」は「冷飯」を温めるための手段である。少量の水を加えて温めた。また、釜の底についた「お焦げ」は、特に子どもに喜ばれた。
　変わったものに炒り米がある。
ヤッコメ（焼き米）　ヒラ̄エーコメ（拾い米）
　実る直前の青米を、籾のまま炒り、搗いて殻を取り去ったものである。湯をかけて少しふやかし、塩味で食べる。独特の風味があって、珍重された。「ヒラエーコメ」は「拾い米」のことか。落穂のことかと思う。落穂を集めて「焼き米」に製したものであろうか。すると、原料の米に、実りの前と後との区別があったことになる。が、大正期以前はともかく、昭和の当時、落穂を拾う習慣はなかった。結局、青米で製した同じ「焼き米」を、両方の名で呼んだようである。
ソ̄バ（蕎麦）　ウドン（うどん）　ダ̄ンゴジル（団子汁）
　「蕎麦」「うどん」とも自家製である。原料の蕎麦も小麦も、畠の主要作物である。手打ちにした「蕎麦」は「ソバ̄キリ」（蕎麦切り）とも言う。その手打ちも、主に主婦が担当した。つなぎの小麦粉を交ぜなかったので、それこそ純粋な蕎麦切りであったが、腰が弱くてすぐ切れた。大根の千切りを入れた醤油汁で食べるのが習慣である。蕎麦粉を入れた味噌汁は「ネッ̄テツ」

と言った。子どもには人気がなかったようである。「うどん」も手打ちである。これは馳走として喜ばれた。小麦粉または米の粉を練って団子にし、味噌仕立ての汁に入れたものが「団子汁」である。囲炉裏に吊した鍋で煮ることも多かった。一家団欒の冬の食べ物であった。

③　餅

モチ（餅）　マメモチ（豆餅）　ヨモギモチ（蓬餅）　ヒシモチ（菱餅）　アワモチ（粟餅）　キビモチ（黍餅）　カキモチ（欠き餅）

　「餅」は特別のものである。祝いごとなど、晴れの特別の日には餅がつきものである。これは現在も変わりない。「ショーガツモチ」（正月餅）は言うまでもない。桃の節句の「菱餅」もそれである。「欠き餅」は「正月餅」のひとつの保存方法である。黒大豆を入れた「豆餅」、蓬を入れた「蓬餅」も、見るからに心楽しいものである。ただ、「粟」「黍」などを入れた餅は日常のものであって、客などには供さなかったようである。丸型の餅が普通であるが、豆餅、菱餅は別である。

　団子と呼ばれる餅類がある。

ヨモギダンゴ（蓬団子）　アワダンゴ（粟団子）　キビダンゴ（黍団子）

　実状は蓬餅・粟餅・黍餅と差はない。ただ、この種の餅は、生地に、糯米（モチゴメ）の他に粳米（タダゴメ）を加える。その粳米中心に見れば団子である。一般に、団子は粳米（あるいはその粉）の多いものについて言う。例えば「蓬餅」も観点を変えれば「蓬団子」である。それにしても、団子の類は、粳米がかなりの割合を占めた常食用である。なお、菱餅に糯米が多いと、尖った角が早く固くなり、長期の保存には適しない。

トリツケモチ（取りつけ餅）　キナコモチ（黄粉餅）　アンビ（餡入り餅）

　つきたての柔らかい餅に、小豆餡をまぶしたものを「取りつけ餅」または「取りつけ」と言う。餅つきの手を休めて、すぐにその場で食べた。幸せを感じる瞬間である。なかに餡を包み込んだ餅は「あんび」である。これは保存に堪えた。なお「黄粉餅」は黄粉をまぶした餅である。

ボタモチ（牡丹餅）　カシワモチ（柏餅）

　「～餅」と通称しても、杵でつくわけではない。が、両者とも糯米、粳米

を使用する点は同じである。前者は彼岸、後者は端午の節句につきものであるが、それ以外の折りにも作ることがあり、近所におすそわけなどした。

④　鮨

サ̄カナズシ（魚鮨）　キツネズシ（稲荷鮨・狐鮨）　マ̄キズシ（巻鮨）　オシ̄ズシ（押鮨）

「魚鮨」は、年1度、11月の村祭りに作った。魚はこのしろである。わたを取りさった後に飯をつめて漬け込み、醗酵させた伝統的なものである。祭りには欠かせない鮨で、祭り客にも土産としたが、現在では廃れたようである。

「狐鮨」「巻鮨」「押鮨」は主として晴れの弁当用である。運動会や神楽など、楽しみに出かける晴れの日には、これを重箱に詰めて弁当とするのが習いであった。弁当でなくても、祝いごと、慶びごとの膳にこれを添えて、供応の馳走とした。ちなみに、弁当と言えば、三角の「ムスビ」（握り飯）がある。子どもの遠足はこれであった。幼年時の、新聞紙に包んだ「むすび」を想起して、その感覚や味を懐かしむ老人もある。

⑤　自家製食材・調味料他

自家で加工し、または製したものに限ろう。

ツケモン（漬物）　コーコー（漬物・香香）　タクワン（沢庵漬）　ミ̄ソズケ（味噌漬）　ウメズケ（梅漬）　ランキョー（辣韮漬）

山村の食生活では、「漬物」は欠かせない。「香香」は「漬物」と同義であるが、一方に「沢庵漬」があるために、これと区別する必要があるときは特に「白菜漬」を指すこともある。漬物は白菜漬と大根漬とが主なものである。かつては芥子菜漬もあったが廃れた。晩秋、白菜も大根も、大桶に大量に漬け込む。家族の1年中の主な副食である。よく醗酵した漬物は、まさに田舎の珍味である。「梅漬」「辣韮漬」の「梅」「辣韮」は、漬物に用いられるばかりである。したがって「ウメ」「ランキョー」の呼び名で漬物を指すのが普通である。ちなみに、納豆はない。

ミ̄ソ（味噌）　ショ̄ーイ（醬油）　アマ̄ザケ（甘酒）　ショーノミ（醬油の実）

醗酵の食品で重要なのは「味噌」「醬油」である。どちらも自家で造るの

が普通であった。味噌で味つけした「味噌汁」は、「オツケ」(お付け)とも「オツ」とも言う。後者は略形であろう。このほうが日常的である。ちなみに、味噌汁を鍋から掬いあげる器具に「カェーガラ」(貝殻)があった。大型の貝殻に竹の柄をつけたもので、戦時中の代用品である。醬油のもろみは「ショーノミ」(醬油の実)と言って、独特の風味がある。小瓶に取りわけて飯台に置き、好みによってご飯にかけて食べた。もろみに付く「黴」は「サザエ」と言ったか。また、稀に、すぐ酸っぱくなる「甘酒」も造った。

トーフ(豆腐)　**コンニャク**〈ゴンニャクとも〉(蒟蒻)

「豆腐」も「蒟蒻」も自宅で造る。材料も自作したもので、純粋な自家製である。自家製とはいえ、慶びごとなどのために造るのが一般で、共に馳走として喜ばれた。「豆腐」は「シミドーフ」(凍み豆腐)にして保存することもある。厳寒の夜、適宜に切った豆腐を屋外に置いて凍らせる。これを乾燥させて仕上げる。高野豆腐と同類である。

⑥　食器類

ハンボー(飯びつ・半ぼ)　**メシゾーキ**(飯笊笥)

「飯びつ」は木製の桶状のものであるが、「飯笊笥」は竹で編んだ籠で、上に半円状の把手がついている。夏分はこれに飯を入れ、風通しのよいところへ釣り下げておく。腐敗を防ぐためである。

ゼン(膳)　**ハコゼン**(箱膳)　**ハンダェー**(ちゃぶ台・飯台)

客用の膳は各種ある。が、これは割愛しよう。「箱膳」は、かつては普通に用いられたが、今はない。家族1人ひとりが、自分の食器を入れておく木箱である。木箱の蓋を裏返せばそのまま膳になる。食事のときは、各自で、収納されている戸棚から取りだし、終われば食器を収めて戸棚に運ぶ。囲炉裏を囲む冬分は常のことであったが、夏分は箱膳をやめて、大型の「飯台」を囲むこともあった。

チャワン(茶碗)　**チャクミ**(湯呑・茶汲み)　**テシオ**〈テショーとも〉(小皿・手塩)　**ワン**(椀)　**ゴキ**(椀・御器)

「箱膳」に入れておく、常の食器である。むろん箸も入れた。これらの食器が、個人に決まっていることも多い。その場合は、「ジョーギ」(定規)と

も、「ジョーギジャワン」（定規茶碗）、「ジョーギバシ」（定規箸）などとも言った。特に子どもは、自分の茶碗の絵模様に愛着した。「茶汲み」「手塩」も注意される言いかたである。中国域に広いか。

ハチ（鉢）　チャビン（茶瓶）　キュース（急須・茶注ぎ）　キビショー（急焼・醬油注ぎ）

　飯台に載ることの多い食器である。「急焼」は醬油注ぎ専用である。

　⑦　台所用具

キリバン（まな板）　マナイタ（真魚板）　マナバシ（真魚箸）

　普通に使用する「まな板」は「キリバン」である。が、別に「マナイタ」という用具もある。主に魚を料理するときに使用する大型のものである。その魚の料理に限らず、麺類や野菜を茹でたりするときに用いて便利なのが「真魚箸」である。長さが50センチもある大型のもので、竹や木を材料に自作した。また、包丁類も、「菜きり」「刺身」「出歯」などと、揃っていることは言うまでもない。

カガツ（摺り鉢）　デンギ（摺りこぎ）

　用途の多い器具である。両者とも西日本に何らかの分布を示しており（『日本言語地図』4）、当域もその地域のただなかにある。

　⑧　茶

チャ（茶）　バンチャ（番茶）　シンチャ（新茶）　センチャ（煎茶）

　茶も自家でつくる。茶の木は、どの家でも周辺に植えてある。茶の硬葉を乾燥させ、それを煎って製した「番茶」が、常用のものである。茶の新芽の「新茶」も、二番芽の「煎茶」も、自家で蒸したり揉んだりして製するが、量はたいしたことでもなく、おおむね来客用である。

チャツボ（茶壺）　チャビン（茶瓶）〈既述〉　チャズケ（茶漬）

　煎った番茶は「茶壺」に入れて保存する。食事どき、茶壺からつかみ出して「茶瓶」に入れ、飲用する。飲用に「茶汲み」〈既述〉が使用されることは言うまでもない。「茶漬」もここに掲げておこう。

ソチャ（粗茶）　サンチャ（山茶）　スチャ（素茶）　チャグチ（茶請け・茶口）
チャボン（茶盆）

来客に対しては、供応する茶を、謙遜して「粗茶」または「山茶」と言うことがある。
　○ソ̄チャデ　ゴザンスガ。（粗茶でございますけれど。《客に勧めて》）
　○サ̄ンチャトモ　イ̄ーマセンデ。（山茶とも申しませんで。《客を送りだしながら。恐縮して》）
茶請けがなく、茶だけを供応する場合は、「素茶」と言って恐縮する。また、茶は「茶盆」にのせるのが普通であるが、その茶盆が間に合わず、手で直に応対する場合は「テボン」（手盆）と言っている。
　○マ̄ー　テ̄ボ̄ンデ　ス̄ミ̄マセン。（まあ、手盆ですみません。）

(3)　住
　①　家屋
オ̄モヤ（母屋）　ナガヤ（離れ座敷・長屋）　ク̄ラ（倉）　コナシゴヤ（熟し小屋）〈既述〉　ダヤ（牛小屋・駄屋）〈既述〉　ショーキビヤ（塩気部屋）
　1軒の家を構成する主な家屋である。「長屋」は「ザ̄シキ」（座敷）と言うこともある。「牛小屋」の二階を座敷にしている家もある。藁を収納している家もあって、「牛小屋」の二階の用途はさまざまである。「倉」のない家もある。「塩気部屋」は漬物類や味噌・醤油を保存する場所である。牛のいなくなった「牛小屋」は、現在では車庫や農機具収納庫に改造している。
キゴヤ（木小屋）〈既述〉　ハンヤ（灰屋）〈既述〉　テェーヒゴヤ（堆肥小屋）
　やや離れて、これらの付属小屋がある。農家には必須の小屋である。
　②　屋根
ヤネ（屋根）　クサ̄ヤネ（草屋根）　ソギヤネ（柹屋根）　カワ̄ヤネ（皮屋根）　カ̄ワラヤネ（瓦屋根）
　「草屋根」は干した茅で葺いた屋根を言う。以前はこれが普通であった。が、しだいに茅も得づらくなり、それにつれて屋根屋職人（ヤネヤ）もいなくなって、今では「瓦屋根」が多くなった。「柹屋根」も以前は多かった。「ヒ̄カワ」（檜皮？）と呼ばれる職人もいたが、今はいない。なお、草葺きの家を「ク̄サヤ」（草屋）または「ワ̄ラヤ」（藁屋）、柹葺きの家を「ソギヤ」（柹屋）、瓦葺きの家を「カワ̄ヤ」（瓦屋）と言うことがある。

○アノ　クサヤデス。(あの草屋根の家です。《人に家を教えて》)

③　間取り

母屋の、一般的な間取りの名称を取りあげる。

デー(出居)　**オーデー**(大出居)　**ナンド**(納戸)　**オクナンド**(奥納戸)　**ネマ**(寝室・寝間)　**アダ**(表・端の間)

　田の字型の間取りが普通である。「出居」は、表側の、土間に近い「アダ」の部屋を言う。普通、家族の居間や寝間に使う。その奥が「大出居」である。これは客間である。「出居」の裏側が「納戸」で、その奥が「奥納戸」である。物など収納するのに用いるが、また、老人、あるいは若夫婦の寝間にもなる。子どもの勉強部屋になることもあり、かなり自在な空間である。表側に「エンエ」(縁)がある。「縁」が、「大出居」の奥側へと曲がって続いていれば「マワリエン」(廻り縁)である。が、「廻り縁」のある家は少ない。各部屋の仕切りには、「カラカミ」(襖・唐紙)、「ショージ」(障子)、「イタド」(板戸)を用いる。なお「奥」に対する端近を「アダ」と言っている。ちなみに、「寝間」で、「フトン」(布団)なしで寝ることを「アゲー　ネル。」(上げて寝る。)と言う。

④　居間・台所・土間

　田の字型の部屋の前側に居間・台所・土間がある。ここが日常生活の主な場所である。かつて居間には「いろり」があった。

ユリー(いろり)　**ヨコザ**(主人座・横座)　**シモザ**(客座・下座)　**カカーザ**(主婦座・嬶座)　**ヨメザ**(嫁座)

　「いろり」は生活の中心的な場である。特に冬分は、家族みんな、多くの時をここで過ごした。赤あかと燃えた火は、幸せの象徴でもあった。いろりの火の中心には、直径20センチ程度の大木を適宜に切った、「ヒーケ」(火埋け)を入れた。火の持ちと火力を強くするためである。いろりの火を燃えたたせる「フィーダケ」(吹き竹)、火を掻く「ヒバシ」(火箸)、燠を取る「ヒカキ」(十能・火掻き)は必須の道具である。「ゴトク」(五徳)や「テッキ」(鉄灸〈餅焼き用〉)も、いろりで用いる主要な器具である。天井から吊した「ジザエーカギ」(自在鉤)には、いつも茶瓶か鍋が掛かっていた。こ

の情景も、しぜん、田舎の豊かな思いを育てた。

　いろりの周囲は「ユリーバタ」(いろり端)と言うが、その四方の各座には名称がある。「横座」は正面の座で、「カミザ」(上座)である。主人座でもある。「下座」は横座の右側の座で、「キャクザ」(客座)でもある。近所の、こころやすい来客はここで迎えた。「嬶座」は横座の左側の座で、主婦の座である。「嫁座」は横座の向かいの座である。この場所からいろりの木をくべるので、「キジリ」(木尻)とも言う。悪条件の座である。

ハシリ(台所の流し・台所)　ハンドー(水瓶・飯銅)　クド(かまど)

　「はしり」は、「流し」が本来の意味かと思われるが、洗い水の流しに限らず、しぜん、台所全体を指すようになっている。その流しの側には「飯銅」がある。古来、飲料水の確保には、どの家も苦労したかのようである。井戸・横穴を掘り、湧水を利用した堀池などを整備して、そこから水桶で台所に運んで水瓶に貯えた。懸け樋で水瓶に導く場合もある。現在では、おおむね水道が整備されているか。なお、「台所」は土間の延長であって、畑仕事のいでたちのままで働ける。「かまど」もここにしつらえてあって、仕事帰りのままに煮炊きができた。そのかまどには、「ドーコ」(銅壺)を塗りこんだものもある。

ニワ(土間・庭)　ヘェーリグチ(入り口)　ツマド(妻戸)　アガリハナ(上がり端〈居間への上がり口〉)

　土間を「庭」と言う。この言いかたは全国的分布している(『日本言語地図』4)。かなりの広さがあるので、雨天の場合や夜など、軽い作業はここですることができる。そのためもあってか、「カラウス」(唐臼)や大釜などを土間にしつらえた家も多い。なお「妻戸」は土間の横の入り口である。正面入り口に用いる外側の板戸を「オード」(大戸)と言っている。夜間に閉める。

⑤　周囲

モーリ(まわり)　カド(前庭・門)　セド(裏庭・背戸)

　前庭は「門」であって、「庭」とは言わない。この言いかたも、主として中部から中国にかけて広く分布している(『日本言語地図』4)。やや広い空

間になっていて、穀物を乾かすなど軽い農作業ができる。「背戸」は家の裏の戸を言うが、裏庭全体を指すようになっている。

4．生活者
(1) 家　族
① 名称
オ̄トー（父）　オ̄カー（母）　オ̄ジー（老父）　オ̄バー（老母）　オ̄トデー（兄弟・弟兄）　マ̄ゴ（孫）　ヒ̄ーマゴ（曾孫）

　これが、家族の、通常の名称である。子どもの兄弟は「おとでい〈弟兄〉」であるが、特に男女を区別する必要がある場合は、「オ̄トコノコ」（男の子）・「オ̄ナゴノコ」（女の子）である。また、主婦を「カ̄カー」と言うこともある。
　　〇ウ̄チノ　カ̄カーガ　イ̄ヨーッタ。（うちの家内が言っていた。《夫が近所の
　　　者に》）
ソ̄ーリョー（長男・総領）　ア̄トトリ（長男・後取り）　カ̄カリゴ（長男・掛り子）
オ̄トゴ（末子・乙子）　オ̄トンボー（末子・乙坊）

　男の子については、こうも言う。言うまでもなく、「長男」を重んじてのことである。「総領の甚六」ということばもあるが、あまり言わない。次男については、「ニ̄バンゴ」（二番子）のように言うこともある。稀に、次男以下を「ヒ̄ヤメシギー」（冷飯食い）と言うこともあるが、これも表だってのことではない。女の子については、特に言わない。

　老父・老母については、「ジ̄ー」「バ̄ー」、「ジ̄ーサ」「バ̄ーサ」、「ジ̄ジー」「バ̄バー」とも言うが、蔑称である。なお、「ジ̄ジー」「バ̄バー」には「ク̄ソ」をつけて「ク̄ソジジー」「ク̄ソババー」と言うこともあるが、こうあればむろん憎悪感がでる。

オ̄ジーグラシ（叔父暮らし）　オ̄バーグラシ（叔母暮らし）　イ̄カズゴケ（行かず後家）

　父の兄弟で、結婚適齢期を過ぎても、なお未婚のまま家にいる者について言う。「叔父」「叔母」は、家を出ている者についても言うが、これには格別の匂いはない。一方、1人身を余儀なくされた「叔父暮らし」「叔母暮らし」

「行かず後家」ともなると、少なくとも明朗さはない。
カナオヤ（仮親）　**カナゴ**（仮子）
　契約して、他人同士が、仮の親、仮の子になる習慣がここにもあった。仮親は仮子を庇護をし、仮子は仮親の手助けなどして、仮の親子の情を結ぶ。が、この風習もしだいに絶えた。
　② 呼称
オトッツァン（お父さん）　**オカー**（お母さん）　**オジー**（おじいさん）　**オバー**（おばあさん）　**アーサン**（兄さん）　**ネー**（姉さん）
　末子を基準にとれば、家庭内ではこのように呼んだ。父・兄には敬称のつくのが注意される。が、昨今では、
オトーサン（お父さん）　**オカーサン**（お母さん）　**オジーサン**（おじいさん）　**オバーサン**（おばあさん）
のように、「～サン」をつけて呼ぶのが一般的になってきた。兄は、新しく「ニーサン」とも言い、姉は「ネーサン」である。「オーケーネーサン」（大きい姉）「コマーネーサン」（小さい姉）とも言う。
　老父が、自分の子である主人に呼びかける場合、あるいは他人に話す場合など、「オトー」と言うことがある。また、老父が、嫁である主婦に呼びかける場合、あるいは他人に話す場合など、「オカー」と言うことがある。
(2) 近隣仲間
　① 呼称
　家族名称に「サン」をつけて呼ぶのが普通である。その場合は、屋号をつけることも普通に行われている。
　　○福永屋ノ　オトッツァン。（……のお父さん。）
　　○宮迫ノ　オカーサン。（……のお母さん。）
　　○平佐ノ　オジーサン。（……のおじいさん。）
「オッツァン」（おじさん）と呼ばれる老人もあるが、これには、人物評価の、別のニュアンス（愚鈍）もある。
　　○チョット　オッツァンジャ　ノー。（〈あの人は〉ちょっとオッツァンだなあ。《ある人物を評して》）

第八章　語詞の世界　301

アーサン（兄さん）　ネーサン（姉さん）

　比較的若い主人を「兄さん」、主婦を「姉さん」と呼ぶこともある。この場合も、屋号をつけて言うことが多い。

　　○田口ノ　アーサン。（……の兄さん。）
　　○舟が迫ノ　ネーサン。（……の姉さん。）

　名前に「サン」をつけて呼ぶこともある。親しい老人には「ヤン」をつけることも少なくない。

　　○山根ノ　シズヤン。（……の静一さん。）
　　○田口ノ　カタヤン。（……のかた〈女性名〉さん。）

　名前に「サ」をつけることもあるが、これはやや蔑称か。当人に向かっては言わないのが普通である。他家の主婦を指して、「カカサ」と言うこともあるが、軽い蔑称である点に変わりはない。また、かつては他家の主婦を、稀に「カクサン」と言うこともあったが、今はない。「カカサン」にかかわりを持つ言いかたか。なお、成人について、その名前に「チャン」をつけて呼ぶこととは、普通にはない。

　②　人称

アンタ（あなた）　オメー（おまえ）　ワレ（おまえ・貴様）

　相手を呼ぶ言いかたである。ただし、いずれも年配者には用いない。「あんた」が全般に用いられる、ごく普通のものである。「おまえ」は、主として男性の用いる、気らくな言いかたである。「われ」は、感情の濃い言いかたで、時に相手を罵倒し、時に幼児を慈しむ。

　　○ワレノ　シッタ　コト　カェー。（貴様の知ったことかい。）
　　○ワリャー　ヨー　シタ　ノー。（おまえはよくしたなあ。《子に》）

　怒気を発して威嚇する場合に、「オドレ」を言うことがある。

　　○オドリャー　ナニュー　シャーガッタンジャ。（貴様は何をしくさったんだ。《青年男同士》）

ワシ（俺）　ウチ（私）　ワタシ（私）　コッチトー（俺）

　自分を指す言いかたである。「わし」が全般に用いられる、ごく普通のものである。ただし若い女性には少ない。かつては、若い女性には「うち」が

多かったが、しだいに「わたし」に変わった。
　○ウチニモ　ツカェー。（私にも頂戴。）
　男性の成人が、意気がって「コッチトー」と言うことがある。
　○コッチトーラー　シランゾ。（俺たちは知らないぞ。）
　(3)　性　向
　　①　無頼漢
ゴンゾー（権蔵・無頼漢）　ゲドー（外道）　オーモノタレ（法螺吹き）　ジナクソ（でたらめ者）　ホットー（法灯・悪の張本人）
　人に害を与えかねない性質の人間である。「ゲドー」は「ゲドーサレ」と言うこともある。当然、蔑みは強い。また「ジナクソ」は「ジナクソタレ」とも言う。ただ、この場合は、「でたらめ」を言う人間の意になる。
　○オマェーガ　ホットー　ヨー。（お前が張本人だよ。）
　　②　けち・嘘つき
ヨクシットー（欲張り・けち）　ヨクドー（欲張り・けち）　ウソイー（嘘つき）ウソタレ（嘘つき）
　「けち」「嘘つき」の類である。これも、村の和合を乱す、憎むべき性質の人間である。
　　③　馬鹿・阿呆
アンゴー（とぼけた馬鹿・阿呆）　ポンスー（阿呆）　ヒョーロクダマ（表六玉・阿呆）　バカタレ（馬鹿太郎）　スドナシ（忘れんぼう）
　抜けたところのある馬鹿者である。時に嘲笑の対象にもなる。
　○オバーサンワ　スドナシジャ。（おばあさんは忘れんぼうだ。）
　　④　横着者
オーチャクモン（横着者）　ヒキタレ（不精者）
　「ひきたれ」は、主として女について言う。自分の身のまわりはむろんのこと、家のなかの整理などもおろそかにする不精者である。
　○アリャー　ヒキタレジャケー。（あいつはヒキタレだから。）
　　⑤　追従言い
チーショーイー（追従言い）　オベンチャラ（便巧者）　チョーシモン（調子者）

ヒョーゲンジー（おどけ者・剽軽爺）

　他人にへつらう性質の人間である。「おべんちゃら」は、「便巧者」の外に、「弁口」の意もある。

　　○オベンチャラー　ユーナ。（へつらいごとを言うな。）

⑥　食い意地

ジーボー（食いしんぼう）　**ジータレ**（食いしんぼう）

　いずれも、意地汚い「食いしんぼう」である。後者のほうにいっそう蔑意がある。

　　○コンナ　ジータレ　ガ。（この食いしんぼう野郎が。）

⑦　やんちゃ

シオカラ（腕白小僧・塩辛）　**コシットー**（悪童）　**ワガサ**（わがままな子・がさつな子）　**ヨダルヒキ**（夜、いつまでも寝ない子）

　子どもの性質を言う。ここには、しぜんマイナス評価の意があがる。

　　○コンナ　コシットー　ガ。（この悪がきめが。）

　　○マタ　ワガサー　ショール。（また、乱暴をしている。）

⑧　働き者

ハタラキモン（働き者）　**シンビョーニン**（辛抱人）　**コラェージョー**（がまんづよい性格）

　人のまじめさや勤勉さを言う語である。実はこれが少ない。むろん「働きもの」は多い。が、働くことは普通なのである。村の秩序や和平を乱す者、普通の生活からはみ出す者こそ、人びとの糾弾意識の対象になる。この意識が特定の語詞を生む。

　なお「性向」は、形容詞・形容動詞によって表されることも少なくない。人の性質やその傾向を言うのには、形容語が適している。

(4)　性　行

　本項は、上項の「性向」との区別をつけがたい点もある。が、ここでは、人の性質が行動に表れたとみられる語を、特に取りあげることにする。

クジクリ（苦情〈公事〉言い）　**マンガチ**（吾勝ち）　**アマンジャク**（天の邪鬼）　**イジゴエ**（いら声・意地声）　**クチゴタエ**（口答え）

「くじ」は、不満や苦情を訴える子どもの行為について言うことが少なくないが、成人についても言うことがある。
　○ギョーサン　クジュー　クリャーガッタ　ヨー。（〈あの野郎め〉ひどく小言を言いくさったよ。）

「まんがち」も子どもに見られがちである。
　○マンガチュー　ダスナ。（吾勝ちのふるまいをするな。《食べ物を真っ先に取りこもうとする子を制して。親》）

「意地声」は、いらいらのつのった尖り声である。これも親が子に対してすることが多いが、成人の間でもときに見られる。目上にさからう「口答え」は、子どもの行為であるのが普通である。

シーキョーシ（酔狂人）　ナキジョーゴ（泣き上戸）

　酒飲みの酔狂には手を焼く。平素はおとなしい人が豹変する。「泣き上戸」も酔狂の一種である。手を焼くことには変わりない。

(5)　身　体

　①　全体

ミガラ（体・身柄）　カラダ（体）　タキ（背丈・たけ）　セー（身長・せい）

「身柄」が日常的であるが、「体」と同意というわけではなく、「身柄」は具体の生身に関心があり、「体」は体格面に重点がある。
　○ミガラガ　イター。（〈使いすぎて〉体が痛い。）
　○エー　カラダー　シトル　ノー。（いい体格をしているなあ。）

「たけ」と「せい」もほとんど同意ではあるが、いくらか違いも認められる。「たき」は長さ・寸法に重点があり、「せい」は身長に重点がある。
　○タキガ　タルマー。（背丈が足らないだろう。《着物の寸法》）
　○チート　セーガ　オーケー。（少し背が高い。）

　なお、発育不良の子を蔑んで「シーラゴ」（粃子）「カセゴ」（かせ子）とも言う。「カセゴ」は牛についても言うことがある。

　②　部位

アタマ（頭）　カミゲ（髪毛）　チジュー（ちじれ髪）　ガッソー（乱れ髪・冗僧）
シラ（白髪）　キンカ（禿頭・金柑）　ギリ（旋毛）

第八章　語詞の世界　305

「髪毛」は単に「カミ」とも言う。「カミユー　トク。(髪を解く。)」かつて「ちじれ髪」は蔑まれた。特に女児童はいじめの対象でもあったか。「乱れ髪」は、不精の結果として、これも非難の対象であった。「白髪」は黒髪にいくらか交じっている程度が気になった。

　○アッ、シラガ　アル。(あっ、白髪がある。《数本の白髪を見つけて》)

　先に「金柑芋」(じゃがいも)を取りあげたが、禿頭の「金柑」も比喩のきいた命名である。中国全般にある(『日本言語地図』3)。「旋毛」は、頭の中央にあるのをよしとし、はずれていれば意地悪とされた。丸坊主の男児など、これを気にした。はずれている子も、わりと多かったのである。なお、「ギリ」類は西日本に多い(『日本言語地図』3)。

カオ(顔)　カバチ(顔)　フタェーグチ(額・額口)　マシゲ(眉毛)　ホーベタ(頰・頰辺)　ミミタブラ(たぶ)　クチベロ(唇)　ベロ(舌)　ハブ(歯茎)　ツバキ〈ツバとも〉(唾液)

　「かばち」は悪意のある言いかたである。

　○ヒョータンカバチュー　ニヤシアゲチャル　ゾー。(瓢箪かばちを叩きあげてやるぞ。《学童同士》)

「瓢箪かばち」は、瓢箪のように青くて長いかばちの意で、いっそう悪意のこもった言いかたである。「額口」「頰辺」は、それぞれ額や頰の全体を指して言う。

　○ホーベタェー　ナンヤラ　チートル　ゾ。(頰に何かついているぞ。)

　「耳」については、「フクミミ」(福耳)とも「オタフクミミ」(お多福耳)とも言うことがあるが、「福耳」は、大きい耳を好意的に解した言いかたである。「お多福耳」も同様であるが、これには、やや揶揄のニュアンスもあるか。「ツバキ」は「ツ吐き」が語源とされており、当域では古老のもので、「ツバ」より古い。「ツバ」はその略形か。

テ(手)　ウデ(腕)　ヒジ(肘)　テクビ(手首)　イビ(指)

　「手」は総称であると同時に、特に「手首」から前の部分を指す。それにしても、「腕」と「手」との区別はかなり曖昧である。例えば、腕を骨折した場合、「腕を折った」とも「手を折った」とも言うことができ、このあた

りは特にこだわらない。なお、他人の「手」を、悪意を持って「ホテデ」と言うことがある。

○ホテデョー　ダスナ。(馬鹿手を出すな。《手を出す子を制して》)

なお、食物を、箸を使わず手でつかむことを「テズカミ」(手づかみ)とも言う。卑しい、不作法な行為とされる。

アシ(足)　モモタブラ(腿)　ヒザ(膝)　スネンボーズ(膝頭・すねの坊主)　スネ(すね)　ムカーズネ(向うずね)　ショーズト(ふくらはぎ)　トリコノフシ(足首)　キビシャ・キビス(かかと)　アシノイビ(足の指)

「足」は総称である。「手」の場合と同様、足も各部位の指しかたがかなり曖昧である。特に、「膝」「膝頭」「すね」の指す部位は、必ずしも明らかでない。「膝」と言って「膝頭」を指すことがあり、また、「すね」と言って「膝頭」を指すこともある。「膝頭」を中心に、このあたりは一体の認識なのである。それでも用法によって、区別意識の出ることがある。「膝が寒い」と言えば、その指す部位にゆれはない。しかし「すねが痛い」と言えば、「膝頭」を指すことも多い。概して、部位名が意識されるのは、傷病に関してであることが多い。「足がだるい」と言えば足全体を指す感じであるが、「向うずねを打った」と言えば、その部位と痛さは特定的である。いわゆるこむらがえりの痛さも、特定の部位「ふくらはぎ」に関してである。膝頭も、子どもなどはよく負傷し、特定の痛みの対象になる。肉刺も、かかとや足の裏にできることが多い。

○アシノ　ウラェー　マメガ　デキタ。(足の裏にまめができた。《長距離の歩行で》)

「トリコノフシ」類は西日本に広く分布する。また、「キビス」類も、北陸から九州北部にかけて分布している(『日本言語地図』3)。

③　傷病

ケガ(怪我)　ヤケド(火傷)　ホーチャク(化膿)　カサ(瘡)　メベートー(麦粒腫・目乞食)　ミミコー(耳だれ)

「怪我」の人を見舞うとき、丁寧の意識で、「ケガ」とは言わないで「アヤマチ」(過ち)と言ってあいさつすることがある。

○アヤマチュー　サレタソーデ、（過ちをなさったそうで、）

　かつては「化膿」を恐れた。よく効く薬がなかったからでもある。それはやがて「瘡」になった。学童など、頭や手足に瘡を出した子は多かった。栄養の偏りを指摘する声もあった。が、今はまったくない。

ヒビ（ひび）　アカギレ（あかぎれ）　シモヤケ（霜やけ）　サカムゲ（逆むげ）

　冬分はこれらに悩まされたものである。「ひび」を切らした子は多く、また「あかぎれ」を切らした老人は多かった。「あかぎれ」には、焼いた松脂が効くとされた。患部に松脂をつけ、上から焼け火箸で焼いたりした。

カタコリ（肩こり）　ケンビキ（肩癖）　ネタガェー（寝違え）

　「肩びき」は、背すじを引くような肩のこりを言う。「肩こり」も、「肩がこる」とか「肩が痛い」などと言うここのほうが多い。

ハライタ（腹痛）　ハラクダシ（腹下し）

　わりと多い病であった。この場合も、「腹痛」と言うより、「腹が痛い」とか「腹がにがる」などと言うことのほうが多かったようである。こんなとき頼りになるのは「置き薬」である。業者が各家庭に薬を置いておき、使った分だけを後で集金し、また補充する仕組みである。病人は、業者ごとの箱や袋の中から、効きそうな薬を選び出して服用した。孫を看病する老女が、孫の腹を撫でながら口ずさんだ唱えごとがある。「ババン　ナーレ。ハコンナーレ。マイダーノ　コエン　ナーレ。（ババになれ。ハコになれ。前田の肥になれ。）」「ばば」も「はこ」も人糞のことであろう。が、これらのことばは現存していない。唱えごとの中にのみ生きた、あるいは唱えごととしてのみ伝承された古語と言うことができよう。

カゼ（風邪）　ネツ（熱）　ネツケ（熱気）　ハナ（鼻水）　タチクラミ（脳貧血・立ち暗み）

　「風邪」も日常のありふれた病である。「熱」に伴う頭痛を言う体言はない。「頭が痛い」「喉が痛い」が普通である。この場合も置き薬の「頓服」を飲み、発汗に意を用いた。卵酒がはばをきかせたのもこのときである。

(6)　子どもの遊び

オジャミ（お手玉）　ハジキ（はじき）　パッチ（めんこ）　マブロ（ビー玉・マー

ブル）

　「お手玉」「はじき」は女児の遊び、「めんこ」「ビー玉」は男児の遊びである。「めんこ」は自作することも多かった。「まぶろ」は「玉」とも言い、ゲームに興じもしたが、また、玉を集めて楽しむこともあった。

オニゴト（鬼ごっこ）　**カクレンゴ**（かくれんぼ）　**トンギ**（片足とび）

　常の遊びである。「かくれんぼ」で、見つけられずに降参することを「アゲ」（上げ？）と言っている。「トンギ」は中国東部に点在する（『日本言語地図』2）が、少数派である。

ムサシ（六指）　**カルタ**（かるた）　**タコ**（凧）　**タカアシ**（竹馬）

　冬場の遊びである。「六指」は、古い伝承的な遊びで、正月にほぼ限られた。広紙に図を引き、蛤の殻を駒として楽しんだ。「かるた」も、子ども雑誌の付録についていた程度のもので、むろん本格的なものではない。「凧」も子どもの手製である。うまく上がるまで何度も作りなおした。古くは「イカ」と言ったか。「竹馬」もむろん子どもの手製である。

　なお、遊びの仲間に入れることを「ヨニスル」（与にする）と言い、はずすことを「ハネニスル」（撥ねにする）と言った。

アベ（浴び・水泳）　**シーリ**（水潜り・水入）

　○シーリニ　イク。（水潜りをする。）

5．交　際

(1) 相互扶助

　① 近所づきあい

クミウチ（組内）　**ヨリアェー**（集会・寄りあい）　**テゴ**（手助け・手合力）　**モノイー**（あいさつ・物言い）

　「組」と呼ばれる近隣の小集団が、生活上の公的な扶助体制である。組の「集会」は、伝達や協議に欠かせない。一時、「常会」と呼称するよう指導されたようであるが、「寄りあい」のほうが、しぜんでなじみやすかった。「てご」は「手合力」の省略形であろう。田植や刈り入れなどの農作業に、「てご」は必須である。また冠婚葬祭の場合などにも、組や近所の、手助けや共

感が必要であった。いわゆる共存共栄が、集団や個人の、しぜんの生きかたであったのである。このような状況ではなおさらのこと、「あいさつ」は、行きずりのそれから慶事・弔辞のそれに至るまで、村での生存や和合を支える、必然の生活行為でもあった。「物言い」の悪い人間は、当然のことながら非難の対象になった。

キンジョズキアェー（近所交際・近所づきあい）　**ヒトズキアェー**（人交わり・人づきあい）　**ミマェー**（見舞い）　**オクリゼン**（送り膳）　**トビ**（お返しの小品）　**イーツギ**（伝達・言い継ぎ）

「近所づきあい」は家同士のつきあいであるが、個人のレベルでは「人づきあい」と言うことがある。人に対する接しかた、気くばりのしかたの問題である。「人づきあいがよい」「人づきあいが悪い」は、村人同士のしぜんの個人評価であった。どの家も隣家は大切にした。言ってみれば、大家族の成員のようなものである。病人が出れば見舞い、慶事があれば共に喜んだ。

　〇ツキアェージャケー　ドーシテモ　イカニャー　ノー。（つきあいだからどうしても行かねばなあ。《見舞いに》）

客を招待したとき、たまたま隣家に病人があったりさしつかえがあったりすると、馳走の膳を送り届けた。「送り膳」である。送り膳に限らず、珍しい物や初物があれば、何かと隣家におすそわけするのが習わしでもあった。その入れ物に入れて返す、軽い品物を「トビ」と言う。

　〇ナンニモ　トビガ　ノーテ　ナー。（何もお返しが無くてねえ。）

「トビ」は、中国域の各地に分布する（藤原　1990）が、藤原与一氏は、この「トビ」について、「止め」の「トミ」からのものかと推定している（藤原　1986）。

かつては、いったん事が起こると、隣家から隣家へ、次つぎと口頭で伝達をした。「言い継ぎ」である。電話の発達した今日、この方式も廃れた。

②　あいさつ

ゴブサタ（ご無沙汰）　**ゴブニン**（ご無沙汰・ご無音）　**ゴムシン**（ご無心）　**ゴムリ**（ご無理）

改まったあいさつで用いられる語詞である。接頭辞「ゴ」のついたままの

形の漢語構成であって、慎みの気もちがよく表れている。「ご無音」は、古老に、

　　○コリャー　マー　ゴブニン　シトリマシテ。(これはまあご無沙汰しておりまして。)

のように行われる。また、「ご無心」は願いごとの場合に用いられる。

　　○チョット　ゴムシンニ　キテ　ミタンデスガ。(ちょっとお願いに来てみたんですが。)

「ご無理」も、やや強引な頼みごとである。

　　○キョーワ　ゴムリュー　イーマシテ。(今日はご無理を申しまして。)

エンニン（延引）　**シツレー**（失礼）

共に漢語であり、しかも話者の慎みを表しているが、これらには接頭辞の「ゴ」はつかない。

　　○エンニン　シトリマシテ　ナー。(〈お返しが〉遅れておりましてねえ。《お詫び》)

エガオ（笑顔）　**ブエガオ**（無笑顔）

客へのもてなしを言う。実際には、もてなしが十分でなかったことへのわびに用いられる。

　　○ナンノ　エガオモ　アリマセンデ。(何の愛想もありませんで〈すみません〉。)

　　○ブエガオデ　スミマセン　ナー。(愛想が無くてすみませんねえ。)

　③　家

ウチ（わが家・内）　**ウチカタ**（わが家）　**ワカタ**（自分の家）

自家は「内」である。「内の母」は「わが家の母」、つまり「私のお母さん」である。

　　○ウチー　イヌル。(わが家に帰る。)

「内かた」もほぼ同じ意味で用いられるが、しいて言えば、「内」は家庭に重点があり、「内かた」は家屋に重点がある。

　　○ソリャー　ウチカタェー　アル。(その品物は私の家にある。)

なお、「あなたの家」は「アンタンカタ」、「お前の家」は「オマェーカタ」

である。「わかた」は反照的な意味をもって用いられる。
　　○ワカテーモ　アロー　ガー。（〈そんな物は〉自分の家にもあるだろう？ね。《お前の家に》）

イエ（家屋・家）
「家」は「家屋」の意が強い。
　　○オーケナ　イエジャ　ノー。（大きな家だなあ。）
ただし、「家」にも家庭の色あいをにじませることがある。
　　○アノ　イエニャー　コドモガ　オラン　ゾナ。（あのうちには子どもがいないよね。）
「家」はまた、「家系」の意味でも用いられている。
　　○イヤー　アトトリガ　トルンジャ。（家は長男が継ぐんだ。）
　　○ダェーダェー　カンヌシノ　イエジャ。（代だい神主の家系だ。）

(2)　**不　実**
ヨーマ（でまかせ・妖魔？）　**ジナクソ**（でたらめ）　**ワヤ**（むちゃ）　**カバチ**（弁口）　**サェータラ**（いらぬ世話・才太郎）
「ようま」は、弁口についても、また行動についても、実意のないでまかせを言う。
　　○ヒトガ　ヨーマー　ユータトコロデ　ナントモ　ナー　ガノ。（人がでまかせを言ったところで何ともないよね。）
　　○ヨーマー　スナ。ヨーマー。（でたらめをするな。でたらめを。）
「ヨーマ」を「ヨーマツ」と言うこともある。「ようま」の変形か。
　　○ヨーマツバー　ユーテジャケー　ヤレン。（冗談ばかり言われるからいやでしかたがない。《からかわれた青年女》）
「じなくそ」「わや」も弁口、行動について言う。
　　○ジナクソー　ユーナ。（でたらめを言うな。）
　　○ワヤー　スナ。（むちゃをするな。）
「かばち」が、悪意の「顔」を表すことは前項で触れたが、ここではこれが、弁舌・弁解・軽口・文句など、不実の弁口を指している。
　　○カバチュー　タレナ。（文句を言うな。）

「さいたら」も、物知り顔の、不要な世話走りの者を非難する。
　○イラン　サェータラ　ヨー。（よけいなお世話だよ。）
(3) 往来（道）
　「交際」の最後は「往来」である。実際には「道」を取りあげよう。
ミチ（道）　ヤマミチ（山道）　サカミチ（坂道）　アゼミチ（畦道）　ミチウチ
（道補修・道打ち）
　山村の道は「山道」「坂道」である。「畦道」は、田畑の畦の道である。本来は道でない畦を、普通のように往来した。踏まれていつのまにか道になった畦もある。年に1度、住民総出で道の補修をした。「道打ち」である。道の周囲の崩れを鍬で打ち広げ、はびこった草を除く。
オーカン（道路・往還）　チカジ（近道）　トーマーリ（遠廻り）
　主要の道を「往還」と言うことがあった。ほとんど固有名詞ふうである。主要道と言ってもやはり坂のある道である。ただ、役場や社寺、学校に通じる道であって、人の通行は比較的多かった。「チカジ」は「近路」か。いずれ、山道か畦道である。
ドーロ（道路）　テーキ（バス・定期）
　新道を「道路」と言った。車の通る道である。車の通る道を造るというのは年来の悲願で、村の事業として建設を始めたのは50～60年も前のことである。それまでにも、村の谷間を巡る大川に沿って道路があり、「定期」と称する「乗合自動車」も運行していた。その道路を、高原の村へも導こうというのである。村民総出の難工事であった。2ヶ所、3ヶ所と試みられた。遠く山を迂回して登る新道の建設は、何年にも及んだのである。結局、その悲願が実るのは、20～30年の歳月を経た後のことであった。現在では、各戸にまで車道が通じている。自家用車や作業車の保有は普通のこととなった。

6．慶事・葬儀
(1) 正　月
ショーガツ（正月）　カドマツ（門松）　シメナワ（注連縄）　カミダナ（神棚）
カミカザリ（神飾り）

第八章　語詞の世界　313

「正月」を迎える準備として、家の入口の正面に「門松」を立てる。松や竹は自家の山から集める。大きく門ふうに作り、それをくぐって家に出入りするようにした。ただ、こうする家は限られているかのようである。村中こぞってということではない。「注連縄」にも幾種類かある。「神棚」には垂らしの藁を密にした大型のものを飾る。縄状のものは門松にも飾る。縄を輪のように丸めたものは、倉、小屋、駄屋など、母屋に付属する各家屋の入口のすべてにかける。神棚は供え物で飾る。「神飾り」である。神棚の前に細竹を横に吊し、これに供え物をかける。「モチバナ」（餅花《竹の小枝に小さい餅をつけたもの》）・「ダェーダェー」（橙）・ウラジロ（裏白）・「コブ」（昆布）・「ホンダワラ」（海藻の一種）・「ツルシガキ」（干柿・吊し柿）・「シオイワシ」（塩鰯）などがかけられる。むろん「オミキ」（お神酒）や餅も棚に置かれる。

トシトコサン（歳徳神）　カミマツリ（神祀り）　トーミョー（灯明）

「正月」は、早朝の「神祀り」から始まる。「歳徳神」を祀るとするが、別のしつらえをするわけではない。家の平素の神棚が、歳徳神の存在場所になる。主人は神飾りの済んだ神棚に「灯明」を点して祝詞の一部を唱え、家族一同は神前にぬかづいて新年の息災と安全を祈る。

ゾーニ（雑煮）　ブリ（鰤）　ハマグリ（蛤）

「雑煮」は丸餅で、「鰤」「蛤」のすましで祝う。子どもなど、食べた餅の数を競い、食べた蛤の殻の多さを自慢した。なお、お年玉を「ハチジョー」と言ったが、語の由来は不明である。あるいは「八帖」か。

(2)　節　句

モモノセックー（桃の節句）　ヒシモチ（菱餅）〈既述〉

3月3日の「節句」は女の子の節句とされる。この日を祝う「菱餅」については先の項でも触れた。蓬の新鮮なかおりの菱餅が印象的である。ただ、雛祭りの風習はなかったようである。

ショーブノセックー（菖蒲の節句）　ショーブ（菖蒲）　カシワモチ（柏餅）〈既述〉　チマキ（茅巻）

5月5日の「節句」は男の子の節句とされる。この日に作る「柏餅」については先の項でも触れた。この節句で特に印象的なのは「菖蒲」である。屋

根に差し、風呂にも入れて、その独特のかおりを楽しんだ。
　タ̄ナ̄バタ（七夕）
　７月７日の「七夕」は、ほとんど行われていなかったようである。しかし古老は、かつて地主など特定の家では祀っていたと語っている。例の、小竹の枝に願いごとを書いた短冊を下げて祝い、翌日、それを小川に流したと言う。この風習も早く廃れたものらしい。他の節句はしない。

(3)　盆

ボ̄ニ（盆）　ム̄カエビ（迎え火）　ハカマェ̄ー̄リ（墓参り）　ニーボン（初盆）　ウ̄ラボン（裏盆）

　〇ボニガ　キタェー　ナー。（盆が来たよねえ。）
このようなあいさつには、盆を迎える村人の感慨が出ている。季節の推移への感慨と先祖への思い。盆は、誰にとっても、人生への思いをひそめる、ひとつの機会なのである。なお、「ボニ」は、おおむね中国域東部に分布している（広戸　1965）。

　「盆」は、前もっての墓掃除から始まる。周囲の草を引き、掃き清める。竹筒で作った「ハ̄ナ̄タテ」（花立て）を新しくして花を生ける。花は、野山を歩いて採取してくる。「ボ̄ニ̄バナ」（女郎花・盆花）〈既述〉が中心であるが、花であれば何でもよい。この一連の作業も容易でない。旧家ともなれば墓は数十基ある。「墓参り」は、盆の期間中、毎日するのが原則である。むろん家族揃ってのことである。線香、蠟燭、それに米、水は欠かせない。「裏盆」は盆の翌日の16日である。「盂蘭盆」と混同するむきもあるか。家の仏前に供えた、茄子、胡瓜、とうもろこしなどを小川に流して仏を送る。なお、「初盆」「裏盆」の場合は、「盆」の発音は「ボン」である。

(4)　村祭り

マ̄ツリ（祭礼）　オ̄ミヤ（お宮）　ハ̄チマンサン（八幡さん）

　秋の収穫も終わった11月、村の八幡神社の「祭礼」がある。村民あげての心はずむ行事である。八幡神社は「お宮」とも通称するが、「八幡さん」と言って親しまれている。祭神に関心はない。

ノボリ（幟）　ジ̄ンギ（楽打ち・神祇）　ナ̄ラシ（練習・慣らし）　マェ̄ーノモーシ

第八章　語詞の世界　315

(前夜祭・前の申し)
　祭りが近づくと、お宮の森に「幟」を立てる。この風景が、いっそう人びとの心をはずませる。「神祇」と称する「楽打ち」は、祭礼の主要イベントである。選ばれた若者が、「シャグマ」(赤熊)など一定の衣装を身につけ、乱舞しながら大太鼓とかねを打ち鳴らす、伝統の演技である。この練習を「慣らし」と言っている。小グループでも練習をするが、数日前に合同の習しをする。その太鼓やかねの音がまた、人びとを、1年に1度の夢の世界へと誘った。前夜祭の「前の申し」は、祭礼に先だっての神への奏上を言ったものか。

<u>トーヤ</u> (頭屋・当屋)
　祭礼当日は、神社の東側集落と西側集落の2ヶ所に「頭屋」を設ける。頭屋は、当該集落内の家の1軒が当番として奉仕する。当日早朝、楽打ちの関係者は所定の頭屋に集まる。「<u>シシマェー</u>」(獅子舞い)も、東西に分かれて参加する。一定の神事の後、列が組まれ、神祇の楽打ちが始まる。一同は神社までの道を、獅子舞いを先頭に、楽の演技と共に進む。一方のグループの進行状況に合わせて速度を加減し、双方ほぼ同時に神社前に到着するようにする。ここで揃って神社境内への「打ちこみ」となる。境内には人があふれた。村民だけでなく、各家に招かれていた親戚の「<u>マツリキャク</u>」(祭り客)も参拝した。露天の屋台も並ぶ。祭礼の気分はいよいよ盛りあがる。

<u>シンジ</u>(神事)　<u>ゴクー</u>(ご供)　<u>ハツオ</u>(初穂)　<u>ミコシ</u>(神輿)　<u>オタビ</u>(お旅)
<u>オタビショ</u>(お旅所)
　祭礼の中心は言うまでもなく「神事」である。神に「初穂」をはじめ五穀の「ご供」を供え、「ミコマェー」(巫女舞い)などを奉納し、「ノリト」(祝詞)を誦して信徒の加護を祈る。これには、神社の責任者である「<u>シャショー</u>」(社掌)をはじめ、近隣の八幡神社から招かれた「<u>タユー</u>」(神官・太夫)たちがあたる。村民からは「<u>シントソーダェー</u>」(信徒総代)だけが列席する。重要神事とはいえ、祭礼に集まった他の多くの村民には、概して退屈な行事であったかも知れない。ただ、巫女舞いが始まると、拝殿の窓という窓には人が群がった。選ばれた小学生女2人の舞いには、人びとの関心が集ま

ったのである。

　祭礼のフィナーレは、「神輿」の行く「お旅」である。選ばれた数人の若者が白装束でこれを担ぎ、定められた「お旅所」に向かう。神官以下、神祇の楽打ち、参列者のすべてがこれに従った。むろん一般村民の多くも同様である。小高い岡の上のお旅所は、籠の広い地域からも遠望できた。これを望む人びとは、祭りの終わりと共に年の終わりを思い、歓果てた後の、いっそうつのる寂寥感に身を任せたのである。

(5)　婚　礼
シューゲン（婚礼・祝言）　ヨメトリ（嫁取り）　モコトリ（婿取り）
　「祝言」は伝統的な言いかたである。が、俗には「嫁取り」とも「婿取り」とも言っている。嫁は「どこどこ〈屋号〉の嫁さん」と言い、婿は「どこどこ〈屋号〉の婿さん」と言う。嫁や婿が、労働力として期待されることは言うまでもないが、「手間」などと言うことはない。かつては祝言も、迎え入れる自宅で行ったが、現在は会館などで行うのが普通になっている。それと共に「結婚式」と言うようになってきた。つきものの記念写真も「結婚写真」である。祝言時代には記念の写真もなく、呼び名もない。それよりも現在の深刻な問題は、嫁にも婿にも来る人がきわめて少ないことである。

サカズキゴト（盃事）　ミョートサカズキ（夫婦盃）　オヤコサカズキ（親子盃）
シンリーサカズキ（親類盃）
　「盃事」は、媒酌人のとりしきるのが慣例である。夫婦、親子、親類と、順次盃を交わす。

ミアェー（見合い）　ナコード（媒酌人・仲人）
　「見合い」と言っても、当人の意思が尊重されたわけでもない。見合いに至るまでには、「仲人」によって、ほとんどのことが決められてもいたかのようである。かつては、祝言の当日、はじめて相手を見たという例さえもある。「仲人」は、相手探しから祝言まで、すべてのことに権限を持ち、責任を持った。それだけに、結婚後も、何かと相談相手になった。概して、結婚にかかわる、伝統的で複雑な風習はなく、あったとしても、廃れてしまっている。

(6) 葬　儀

ソー（訃報・喪）　ヨトギ（通夜・夜伽ぎ）

　死者があると、近所や縁者に「訃報」を出す。これら一切のことは、組内の然るべき世話人が取りしきる。かつては訃報も、「言い継ぎ」〈既述〉で伝達した。

　　○アシケーモ　ソーオ　イワニャー。（あそこにも訃報を言わないと。）

　「通夜」は常のとおりである。亡者の部屋には家族や親戚が集い、台所には近所の主だった人が集まって、葬式の段取りなどを協議する。

シンモー（葬式・新亡）　チョーバ（帳場）　ツツミ（包み・包み金）　カェーソー（会葬）　ドソー（土葬）　カソー（火葬）

　かつては「新亡」と言ったが、最近では「葬式」と言うのが普通のようである。「帳場」は受けつけである。近所の会葬者は米を持参して申告する。相互扶助の風習によるものであろう。その量は、かつて受けた過去の例による。つまり、帳場で作成した帳面は永く当家に保存され、後日、他の当該家に死者があった場合の参考にするのである。１升とか２升とかの米に、何がしかの金（ツツミ）を添えることもあったか。ところで、以前は「土葬」が中心であった。「火葬」は悪病の死者に限られた。が、現在では火葬のみである。

ノベオクリ（野辺送り）　タチバ（立場）　シュッカン（出棺）

　「野辺送り」も土葬の頃のことである。葬式の後、引き続いて野辺送りとなった。会葬者のほとんどはこの葬列に従った。「立場」は、出棺前に、家族縁者のみに供される膳のことを言う。その膳など齋の類は、近所の主婦たちが、当家の台所をいっさい取りしきって用意した。火葬となれば、葬式の後は、主として縁者が火葬場へ従うのが通例である。なお、「オテラ」（お寺）は「テントクジ」（天徳寺）である。

二、語形成

1．単純語

(1) 単純名詞

　当該方言の生活上基本的な単純名詞は、その多くを共通語に見いだすことができる。例えば、農村の作物として一般的な五穀は「コメ」(米)・「ムギ」(麦)・「アワ」(粟)・「マメ」(豆)・「キビ」(黍)であって、日本語の、基本的かつ伝統的な物と名との、流れと広がりの深さを確認することができる。身体語などもその例である。そういうなかでも、いくらか地方性の認められる単純名詞を取りあげるとなると、中央ではすでに廃れたかとみられる、いわゆる古語の類（かつては複合語であったとしても、今は問わない）がある。「ヨーサ」(夜・夜さり)・「ケーサ」(今夜・キ〈此〉・ヨーサ)はその例としてよかろう。「オセ」(大人・大兄)・「オナゴ」(女子・オミナゴ)・「ホーシ」(土筆・法師)・「ヒーゴ」(燕)・「ナスビ」(茄子)・「クド」(竈)などもその類例とすることができようか。意味がいくらかずれて行われる語もある。「ニワ」(土間・庭)・「カド」(庭・門)・「カワ」(湧水池・川)・「ソラ」(上・空)・「クルマ」(水車・車)などがその例である。発音に違いの見られる語もある。「ボニ」(盆)・「ブニ」(分)・「ガニ」(蟹)などである。

　「テゴ」(手助け・手合力)・「テコマ」(小鍬・手細攫い)は、本来、いわば複合語とみるべき語であろう。が、いずれも後が省略された形で行われている。接辞「オ」が接して成ったと思われる「オツ」(汁・おつけ)にしても同様である。その使用の実態は単純名詞と言うにふさわしい。本来、複合語であった語が、頻度の高い使用実態のなかで、形も意味も、単純語らしい実質を担うものは他にもある。「テシオ・テショー」(小皿・手塩)・「テマ」(手間)はその類であろう。「ハシマ」(間食・箸間)・「ホヤ」(電球・火屋《もとはランプのガラス製の筒か》)・「ハンヤ」(灰屋)・「ネキ」(側・根際)・「ヨナカリ」(夜食・夜ながり)・「オトデー」(兄弟・弟兄)なども、生活の実情のなかで、にわかには複合の本来語に思い至ることができない。

漢語についても同様の事態がある。「キビショー」(醬油注ぎ・急焼)・「キュース」(茶出し・急須)は、日常の食卓に欠かせない必需品である。「カーカ」(ねむの木・合歓)・「クジ」(子のむずかり、苦情・公事)なども、日常生活に溶け込んでいて、単純名詞に準じる扱いが適当である。

なお、幼児語に、「オッチョ」(化物)・「アッカ」(酒)・「アッポ」(綺麗・赤)がある。「オッチョ」は「おお、ちょうと〈ちょうとい〉」からか。「ちょうとい」は「気疎い」からの「恐ろしい」の意であり、「チョーテー」とも言う。「アッカ」は「ああ、から〈辛い〉」からの語かも知れない。「アッポ」は「天晴れ」に由来するかと考えている。

(2) 動詞連用形名詞

動詞連用形由来の単純名詞にも注意される語がある。「晴れ」も「曇り」も該当語であるが、頻繁に行われる類語に「ウリー」(雨・閏ひ)がある。慈雨を言うのが普通である。「ハシリ」(台所の流し・走り)も伝統的な語であって注意されよう。飯を炊くとき、鍋の底につく「コガレ」(焦げ・焦がれ)も古い言いかたである。布切れの「ツギ」(継ぎ)もある。農作業の分野では、草木を焼いて灰をつくる「クヨシ」(燻し)、稲を扱く「コナシ」(熟し)、篩の「トーシ」(通し)も注意される。牛については、発情の「ハヤリ」(逸り)、消化作用の「ハミ」(食み)がある。

「祭り」も該当語であるが、その折りの神祇の「ナラシ」(慣らし)は特定的である。また、家庭での小祭りを「キヨメ」(清め)と言う。なお、子の着物の「アゲ」(上げ)、返礼の小品「トビ」(止め?)もここでの適例である。概して、この種の語には、古態の伝統的な語が目立つ。

2．複合語

(1) 名詞＋動詞連用形

「タネマキ」(種播き)・「イネカリ」(稲刈り)・「ムギカリ」(麦刈り)など、農作業の世界にはこの種の複合語が多い。作業や労働など、人の日常の生活行動がそのまま体言化されているからである。いわば「こと」の世界である。その複合をやや細かく見ると、いくつかの種類に分類される。

「ナカウチ」（中耕・中打ち）・「クサトリ」（草取り）・「ツチカケ」（土かけ）と、例は多い。これらの動詞は他動詞であって、前項の名詞はヲ格に立っている。「チャクミ」（湯呑み・茶汲み）・「ヒーケ」（火埋け）・「ヒカキ」（十能・火掻き）・「ナベスケ」（鍋敷き・鍋置き）・「アシアゲ」（踏み台・足上げ）なども類例とされよう。

　この種の複合語が人の特性を表すことがある。「サケノミ」（酒飲み）はその1例である。「オーザケノミ」（大酒飲み）となれば、いよいよ具体的である。「オーメシギー」（大飯食い）・「オーモノタレ」（大ほら吹き）もその類例とされよう。「ヤマモチ」（山持ち）・「イショーモチ」（衣装持ち）・「ビョーキモチ」（病気持ち）・「コモチ」（子持ち）もその人を指している。「ウソイー」（嘘つき）、「ウソコキ」（嘘つき）もある。

　「ヒデリ」（旱魃・日照り）・「ヒアタリ」（日当り）・「ヒグレ」（日暮れ）などの動詞は自動詞である。前項の名詞はいわば主格に立っている。「テヒヤギ」（手空き・手乾ぎ）・「カタコリ」（肩こり）・「ハカイキ」（捗行き）・「アメフリ」（雨降り）なども類例である。

　以上の複合語は、いわば文形成の語順のままであって、その点ではごくしぜんの複合である。当該の複合語はこの種のものが中心である。

　むろん別の複合方式もある。野菜の種について、「ハルマキ」（春蒔き）・「アキマキ」（秋播き）と言うのはどうか。前項の名詞は、播く対象よりも播く時を示していることは明らかである。「チャズケ」（茶漬け）・「アトイレ」（後妻・後入れ）も、前項の名詞は、後項の動詞の作用する場所、すなわちニ格に立っていると言えないこともない。そう言えば、「ハカマェーリ」（墓参り）・「ミヤマェーリ」（宮参り）などもこの類例か。

(2)　**動詞連用形＋名詞**

　「キーコ」（食い粉）は、「はったい粉」を言う。いかにも直接的な複合語である。「ツリー」（井戸・釣り井）もあったが、今はほとんど廃れた。「ヤッコメ」（焼き米）・「ヒラェーコメ」（拾い米）は、実る直前の青米や、収穫後の落穂で作ったもので、かつてはどの家にもあった、素朴でグルメな食品である。この種の複合語は、前項の動詞が後項の名詞の意味の、形質や機能を

限定するのが一般である。「シミドーフ」(凍み豆腐)・「ヤキドーフ」(焼き豆腐)は、豆腐の形質や変相について、「凍み」か「焼き」かを示している。「マキズシ」(巻きずし)・「オシズシ」(押しずし)も前項の動詞が「すし」の形質を区別している。

　後項が「もの」である場合は、前項の動詞の、限定作用の働きが大きい。「ツケモン」(漬物)・「ニモン」(煮物)・「カェーモン」(買物)・「カズモン」(数物《限られた数の物》)・「ノコリモン」(残物)・「モラェーモン」(貰い物)などの別は、前項の動詞の意味にかかわっている。

(3)　名詞＋名詞

　この種の複合語の量はもっとも多い。これも、前項の名詞の修飾作用は大きい。が、上で取りあげた動詞連用形のそれとはいくらか異なっている。

　「ナツダェーコン」(夏大根)・「ナツマメ」(空豆・夏豆)の前項名詞は、言うまでもなくこの作物の獲れる季節を表している。「ボニバナ」(女郎花・盆花)・「ボニトンボ」(赤とんぼ・盆とんぼ)も同様である。「ナツフク」(夏服)・「フユフク」(冬服)も日常的である。また、「アサメシ」(朝飯)・「ヒルメシ」(昼飯)・「バンメシ」(晩飯)の前項は、その時を示していよう。

　「ツマド」(妻戸)・「ソコマメ」(落花生・底豆)・「ヤマミズ」(山水)・「サコダ」(迫田)の類は、前項が場所を表している。

　「イタグワ」(板鍬)・「マタグワ」(股鍬)・「チョーノグワ」(手斧鍬)は、その鍬の形態を指している。「オニムシ」(鍬形虫・鬼虫)・「クマンバチ」(熊蜂)・「ハコゼン」(箱膳)の類もまた、その形状を譬えていよう。「ボタモチ」(牡丹餅)・「キツネズシ」(稲荷ずし・狐ずし)・「ネブカブシ」(歌下手・根深節)も、その様態を模した比喩が効いている。

　「メシゾーキ」(飯籠)・「トブクロ」(戸袋)・「スミガマ」(炭窯)「チャグチ」(茶受け・茶口)・「ショーキビヤ」(漬物小屋・塩気部屋)の類は、「これこれ用」ということで、いわば後項の語の用途を表していよう。「ウシンガ」(牛鍬)・「マンガ」(馬鍬)もこの類か。

　「ムギメシ」(麦飯)・「アズキメシ」(小豆飯)・「アワモチ」(粟餅)・「ヨモギモチ」(蓬餅)の類は、材料を示していよう。「ワラヤ」(藁屋)・「クサヤ」

（草屋）も同類である。「ワラジョーリ」（藁草履）・「ゴムジョーリ」（ゴム草履）もここに入ろう。「カミオ」（紙緒《紙を巻いた草履の緒》）・「イシガケ」（石垣）もある。

「ムギバタケ」（麦畠）・「イモバタケ」（藷畠）などは、作物の種類による区別を表している。当然、作物の種類だけ畠の名称もある。

他にも、さらに自在な複合例は多い。概して、この種の複合語は、前項の名詞が、後項の名詞の意味や用途を規定し、種別している。

(4) 動詞連用形＋動詞連用形

「イーツギ」（言い継ぎ）は、用件を家から家へ次つぎと口頭で言い伝えることを言う。かつてはこれが有力な伝達方法であった。「テングノクリ」（手繰り渡し）は、大勢が一列に連なり、手から手へ物を受け渡して運ぶことを言う。それが防火用のバケツであったりすれば、今日ではさしむきバケツリレーである。「ノクル」は「次つぎと手渡しする」ことである。村の協同生活の一端であった。「デハヘーリ」（交際・出入り）・「イキキ」（交際・行き来）は、日常の軽い「ツキアェー」（付き合い）を言う。

「タチクラミ」（めまい・立ち暗み）や「ネタガェー」（寝違え）もよく起こる症状である。牛の飼料の藁を刻む大型の刃物の「オシギリ」（押し切り）、雨の日の「チリバネ」（跳ね）、勝負の「カチマケ」もある。植物の種が自然に生えることを言う「コロバェー」（自生）は「転び生え」であろうか。そう言えば、食い残しの「キーサシ」（食い止し）「キーワケ」（食い分け）も、子どものよくやる行為であった。

(5) 形容詞語幹＋名詞

「カルコ」（軽籠）は、藁で編んだ背負い籠である。今日ではさしむきリュックサックといったところであろう。弁当などちょっとしたものを入れて運ぶのに重宝した。「チカジ」（近道・近路）・「チカメ」（近眼・近目）も日常的である。本焼きの炭を「カタズミ」（堅炭）と言うが、これにも製法の違いによって「クロズミ」（黒炭）と「シロズミ」（白炭）がある。色で言えば、「クロマメ」（黒豆）・「シロカベ」（白壁）・「アカナバ」（赤茸）がある。「ナガズボン」（長ずぼん）・「ナガギ」（長着）は地方的な言いかたか。「長ずぼん」

は男子学童の上級生用である。短い半ずぼんに対しての言いかたである。
(6)　名詞＋形容詞語幹
　「シオカラ」（塩辛）は腕白小僧を言う。「塩が辛い」とも。「ネブカ」（葱・根深）も伝統的な言いかたである。「ハライタ」（腹痛）・「ハイタ」（歯痛）もある。そう言えば、正月の神飾りに欠かせない「ウラジロ」（裏白）もここに入ろう。
(7)　形容詞語幹＋形容詞語幹
　金平牛蒡を「カラウマ」と言うが、これは「辛甘」か。

3．漢　語

　「語形成」の面から、体言・名詞の漢語要素を問題にする。当該域に行われる漢語に限ったとしても、その広がりの把握は容易でない。近来流入の漢語となると、例えば、教育・行政を中心とした漢語、通信・交通・機械農具関係の漢語など、いわゆる新漢語は、この節にわかに増えている。ただ、本項では、これらの語には興味が薄い。それよりも、当該地域のような山深い農村社会が、かつて、どのような漢語を受け入れ、どのように生活語化してきたのか。いわば、地域になじんだ漢語を通して、伝統的な生活の一端をかいまみることに関心がある。
　漢語については、特に、地域独特ということはほとんどない。そういうことよりも、生活とのかかわりを重視したい。このことは、しぜん、地域性の豊かな語に注視することにもつながろう。それが、共通語にも存するか否かは、今は特に問わない。が、共通語に行われる語との間に認められる、音声や意味に関する地域的変容は、おのずから問題になろう。
(1)　生活環境分野
　山の頂上を言う「テンコツ」（天こ辻《重箱読み》）・「テッペン」（天辺）がある。前者のほうが一般的か。俗な感じがある。山の頂上ばかりが目に入る山村の日常である。珍しいことではない。「テントーサン」（天道さん）は日輪であるが、「さん」づけでしか言わない。信仰や崇めの対象である。畏怖の対象として「テン」（天）を言うこともある。

○テンノ　シナサル　コッチャデ。(天のなさることだから。《災害のあきらめ》)

「バン」(晩)も漢語の意識のないほどのものである。「バンゲー」(晩景)・「コンバン」(今晩)・「バンガタ」(晩方《重箱読み》)など、ごく日常的である。「ヤブン」(夜分)もあるが、これは改まっており、あいさつなどに行われる。

○ヤブンニ　アガリマシテ。(夜分に参上しまして。《夜の他家訪問のあいさつ》)

夜のあいさつにまた、次の言いかたがある。

○バンジマシテ。(今晩は。)

「晩めく」の意の動詞の「晩じる」かとされるが、他の用法はない。この種のあいさつ文に見られるのみである。

季節に関しては、特に年末を言う「セッキ」(節季)、南瓜を食べることに決まっている「トージ」(冬至)、冬の厳しさを実感する「カン」(寒)がある。「セック─」(節句)や「ヒガン」(彼岸)、「ボニ」(盆)も、季節や生活の節目を感じさせる身近な語である。

植物には漢語が多い。「カーカ」(合歓)はどのような由来のものか。目立つ木でもなく、さして有用な木でもない。かつては庭木ででもあったのか。なお、この言いかたは山陰に多い。「ナルテン」(南天)は庭木の定番である。「ビヤ」(枇杷)・「ギンナン」(銀杏)・「ハランキョー」(巴旦杏)などいずれも大木で土地になじんでいるが、在来種ではない。「トーガキ」(無花果・唐柿《重箱読み》)も家の周辺によく見かける。柿に関する一連の語のなかで、「ズクシ」(熟柿)だけが漢語であるのも注意を引く。

(2)　**生業分野**

農地の分野に「デンジ」(田地)・「オンジ」(隠地)がある。「田地」はやや固い言いかたであるが、「隠地」は日常的である。田んぼを拓く「シンガェー」(新開)もある。これには大工事の意味あいもある。「ジヌシ」(地主《重箱読み》)・「コサク」(小作《湯桶読み》)もここに入れておこう。以前は「小作」が多かったようである。

農業分野で漢語がやや目立つのは、米麦の収穫用農具である。「センバ」(千歯《重箱読み》)・「センゴク」(千石)・「トーミー」(唐箕《重箱読み》)・「トース」(唐臼《重箱読み》)は収穫農具の花形である。これらも、かつて新農

具として伝来したものであろうか。ちなみに「唐〜」の語は、他に「唐柿」「唐辛子」がある。いずれも、新奇、あるいは新来を強調した命名か。

　野菜類には漢語が多い。「ダェーコン」(大根)・「ニンジン」(人参)・「ゴンボー」(牛蒡)・「ハクサェー」(白菜)・「ホーレンソー」(菠薐草)・「シンギク」(春菊)と、今日の代表的な野菜はこの種のものである。近来の、新種あるいは新品種の到来が推察される。

　牛の「ダヤ」(駄屋)・「ダオケ」(駄桶)・「ダミズ」(駄水)・「ダゴエ」(駄肥)は、いずれも重箱読みの語であるが、一連の「駄」が注意される。かつて当該域は名牛の産地であった。この世界への「駄」の定着は、興味ある背景を思わせる。

(3)　衣・食・住分野

　履物に「ジョーリ」(草履)・「ゲタ」(下駄)がある。その実用の広がりを見ても、定着の古さが偲ばれる。

　「キビショー」(醬油注ぎ・急焼)・「キュース」(茶出し・急須)は、上述のとおり、日常の「ハンデェー」(食卓・飯台)に欠かせない。「アサハン」(朝飯《湯桶読み》)・「チューハン」(昼飯)なども言うが、やや改まった言いかたである。主として自家用の米を言う「ハンマェー」(飯米)は、近来のことか。飯桶の「ハンボー」(半ぼ)もある。

　「チャ」(茶)はごく日常的である。「茶」と言えば、普通「バンチャ」(番茶)指す。客に謙譲の気もちで「ソチャ」(粗茶)・「サンチャ」(山茶)・「スチャ」(素茶《湯桶読み》)と言うこともある。「チャクミ」(湯呑み・茶汲み《重箱読み》)・「チャグチ」(茶請け・茶口《重箱読み》)など、茶に関する複合語も多い。

　酒の「トク」(徳利)・「チョコ」(猪口)も生活に溶け込んでいる。

　世によく例示される生魚の「ブエン」(無塩)も日常の生活語である。

　「かまど」にはめ込んだ「ドーコ」(胴壺)、「いろり」で使用した「テッキ」(鉄灸)・「ゴトク」(五徳)は、それぞれに重宝な器具であった。また、「チョーチン」(提灯)は夜道のために、大小の「ユタン」(風呂敷・油単)も物を包んだり運んだりするために、なくてはならない家庭用具であった。学

童たちのなかには、学校の用具を油単に包んで斜めに背負い、通学する子もいたほどである。今日の鞄やリュックの感覚である。

(4) 生活者分野

性向・性行の分野に漢語がやや目立つ。「ゴンゾー」(權蔵)・「ゲドー」(外道)・「カンシャクモチ」(癇癪持ち)・「オーチャクモン」(横着者)・「チョーシモン」(調子者)・「チーショーイー」(追従言い)・「シーキョーシ」(酔狂し)など、その多くは重箱読みであり、他域でも一般的な語であるが、当域でも他をけなす言いかたとして行われている。他を称揚する語にも「シンボーニン」(辛抱人)などがある。なお、主として子どもの性行を言う語に「クジ」(むずかり、苦情・公事)・「ギョーギ」(行儀)がある。この種の分野の語は名詞よりも形容詞に目立つ。

「ショー」(性)・「ショーブン」(性分)・「ショーネ」(性根《重箱読み》)・「イジ」(意地)もよく行われる。

○ソーユー　ショーブンジャケー　ショーガ　ナー。(そういう性分だからしようがない。)

○ショーネニ　イラン。(性根に入らない。)

○イジガ　ナー。(意地がない。)

(5) 交際分野

「キンジョ」(近所)は、近隣あるいは近距離の意で用いられていて、指しかたがかなり抽象的である。いわば人の集団としての集落は、組とか組内とか言うのが普通である。近所の労働交換の「テゴ」は「手合力」の約か。このことには先項でも触れた。もめごとの仲裁を「バンゾー」と言うが、これを「伴僧」とする説もある。「ボーチ」(某地・他所)は幼児語である。関連して、「ヘートー」(乞食・陪堂・祝い人?)もここに入れておこう。

ここで注目されるのは、あいさつ分野である。「ゴブニン」(御無音)・「ゴブサタ」(御無沙汰)・「ゴムシン」(御無心)・「ゴムリ」(御無理)・「ゴヨージン」(御用心)・「ゴネン」(御念)・「ゴフコー」(御不幸)などが、改まったあいさつに行われる。いずれも、接頭辞「御」のついたままでの慣用である。「エンニン」(延引)・「シツレー」(失礼)もある。「オジャマ」(お邪魔)・「オ

第八章　語詞の世界　327

シャーサン」（お世話さま）もここにあげられようか。あいさつにしか用いられない語である。
　○ゴブニン　シマシテカラニ。（ごぶさたいたしまして。）
　○ゴネンノ　イリマシテ。（ごていねいなことでございまして。）
　○エンニン　シトリマス。（〈お返しを〉延引しております。）
　道を「オーカン」（往還）と言うのは古くからである。バスを「テーキ」（定期）と言うのは新しかろう。また、荷札を「エブ」（絵札）と言った。
　経費を「ヒヨー」（費用）とも「ニューヨ」（入用）とも言う。財産を「シンショー」（身上）と言うことがある。財産家は「ブゲンシャ」（分限者）であり、借金は「シャクセン」（借銭）である。金策は「ゼニサンダン」（銭算段）と言った。費用をかけても無駄なことを「イレブッツー」（入れ仏事）と言うのはおもしろい。

(6)　慶事・葬儀分野
　1歳の誕生日を「タジョー」と言い、餅をつき、「セキハン」（赤飯）を炊き、近所の人を呼んで祝うのが習慣である。その折、子の健やかな成長を祈って餅に子の足跡を付け、参会者へのお土産とする。
　婚礼を「シューゲン」（祝言）と言うのは古いことではなかろう。一方に「嫁取り」「嫁入り」もある。
　祭りは村の大きな行事である。「シンジ」（神事）・「ジンギ」（神祇）・「ゴクー」（御供）・「トーヤ」（頭屋《重箱読み》）など、この分野には漢語が目立つ。「シシ」（獅子頭）・「タェーコ」（太鼓）も祭りのものである。祭りを離れても、「シャショー」（社掌）・「タユー」（太夫）・「シント」（信徒）は神社関係である。社寺への「キシン」（寄進）・「キトー」（祈禱）もある。ちなみに、宗旨では「シントー」（神道）と言っている。
　葬儀は「シンモー」（新亡）と言っている。「ソーシキ」（葬式）とも言うが、これは新しいか。訃報は「ソー」（喪）である。「ドソー」（土葬）・「カソー」（火葬）は一般のことであろう。寺の、「ダンケ」（檀家）・「オショー」（和尚）も特別のことではない。「和尚」は「オッサン」と通称している。なお、宗旨は「ブツ」（仏）と言うのが普通である。

結　び

　以上、名詞各分野について注意すべき語詞を取りあげ、記述した。先述のとおり、この分野には生活の実情が反映しがちである。山村生活の実態と、ここに生きた人びとの哀歓が、この分野には如実に現れていよう。記述にあたっても、そのような語詞の内面を見ることに特に留意した。その視点を重視し、語詞のすべてを尽くすことも、共通語に類語が存することも、深くは問題にしなかった。生活の実情の把握は、上述のような記述によっても十分に可能であろう。

　それにしても、ここ半世紀の、農村の生活の変貌は一驚に価する。たしかに、伝統的な生活文化の衰退と、新しい様式の流入は、当然の時代的推移である。若者には都会の風潮が刺激的であろう。農村の生活語詞の記述が、このような現実に無関心であってはならず、またいたずらに過去を回想するものであってはならないが、やるせない思いはどうしようもない。ただ、農村の大地が育んだ人とその生活は、根底において強靭である。生活語の生命もまた然りである。史的現実を生きる生活語の永遠性を、今は強く思うばかりである。

文　献

藤原与一（1961）「西部方言の語彙・中国・四国」『方言学講座』　3　（東京堂）
藤原与一（1986）『民間造語法の研究』（武蔵野書院）
藤原与一（1990）『中国四国近畿九州方言状態の方言地理学的研究』（和泉書院）
国立国語研究所（1967～1974）『日本言語地図』　1～6
広戸　惇（1965）『中国地方五県言語地図』（風間書房）
広戸　惇（1982）「中国方言の概説」『中国四国地方の方言』（国書刊行会）
鏡味明克（1982）「中国方言の語彙」『中国四国地方の方言』（国書刊行会）
佐藤亮一他（2002）『方言の地図帳』（小学館）
神部宏泰（1978）『隠岐方言の研究』（風間書房）

第2節　動詞分野

はじめに

　当該方言における動詞の世界は、また多様である。記述にあたっては、原則として、共通語に行われる動詞と、形式や意味を等しくするものは省略したい。紙幅の都合である。何らかの点で、地方性の認められる語詞を中心に取りあげていくことにする。

　地方性と言っても単純でない。純粋に地域独特の語はないと言ってよいのではないか。現在、共通語として影の薄い語でも、かつては盛んであったかとみられるものもある。いわゆる古語と目される語が、活力をもって行われていることもある。また、共通語と同類とみられる語でも、その形式や意味に偏りのあるものもある。共通語とされる語でも、関連上取りあげることが有効な場合もある。要は、動詞の世界を通して、地域の生活の一端を把握することにある。

一、意味と生活

1．動　作
(1)　社会的行為
　①　交際
ヨブ（招待する・呼ぶ）
　　○コンダー　ドコドコ　ヨブン。（今度はどの家を招待するの。）
　　○アッコモ　ヨンダ　ホーガ　エカロー。（あの家も招待したほうがいいだろう。）
　　祝いごとへ招待するこを言う。招待されるほうは「呼ばれる」である。
　　○エンリョノー　ヨバレテ　キマシタ。（遠慮なくよばれてきました。）

これは、招待者の家へ出向いた際のあいさつである。ここで、「呼ばれる」は「ご馳走になる」の意にもなっている。
　　○コリョー　ヨバレテ　ミュー。（これをいただいてみよう。）
「呼ぶ」は、別に、振るまいを乞う場合にも用いられることがある。
　　○オチャー　イッパェー　ヨンデ　ツカーサェー。（お茶を一杯振るまって下さい。）
なお「呼ばれる」のこのような用法は、濃淡の差を見せながらも、全国的に広く分布しているかのようである（藤原　1997）。
ツレノー（同伴する・連れ合う）
　　○ミンナ　ツレノーテ　イコー　ヤー。（みんないっしょに行こうよ。）
② 不実
カモー（からかう・かもう）
　　○コマー　コー　カモーナ。（小さい子をからかうな。）
イラウ（からかう・触ってもてあそぶ）
　　○コドモー　イラウナ。（子どもをからかうな。）
「かもう」よりも「いらう」のほうに、ちょっかいを出して弱者をもてあそぶ意味あいが強いか。いずれにしても、両者とも悪意の行為である。
　　○ソリョー　イラウナ。（それに触れるな。）
ものに触ってもてあそぶ場合もこう言う。
エゾーカス（冗談を言ってからかう）
　　○コドモー　エゾーカスナ。（子どもをからかうな。）
これも子どもが対象になりがちであるが、大人についても言う。でたらめの冗談を言うことのほうに重点があるか。女性など冗談と知りつつ応じて、大げさに被害者を演じることもある。概して陽性である。
サシクル（ごまかす・差し繰る）
　　○オマェーガ　サシクッタンジャロー　ガー。（お前がごまかしたんだろう、きっとな。）
姑息なごまかしである。うまくつじつまを合わせた程度のことであるが、抜けめのない小悪党の行為ではある。

第八章　語詞の世界　331

ドズク（たたく）
　○カバチュー　タレリャー　ドズク　ゾー。（文句を言えばたたくぞ。）
ハツル（たたく・削る）
　○ワリャー　ハツッチャル　ゾ。（貴様はたたいでやるぞ。）
　共に威嚇である。「どずく」には拳骨の重量感があり、「はつる」には平手の鋭さがある。むろん「たたく」も「しばく」もある。これらの動詞が程よく適宜に行われ、表現の厚みを見せているのが、この方言社会である。
コラエル（忍耐する・許す）
　○イトーテモ　コラェートレ　ヨ。（痛くてもがまんしておれよ。）
　○モー　コラェーチャレ。（もう勘弁してやれ。）
セロー（ねたむ・そねむ）
　○セローテモ　ツマラン。（ねたんでもしかたがない。）

　③　貸借
カル（借りる）・**カセル**（貸す）
　○チョット　シオー　カッテ　ケー。（ちょっと塩を借りて来い。）
　○モー　ダレーモ　カセン。（もう誰にも貸さない。）
　「借る」はラ行五段活用である。この言いかたは西日本全体にある（『日本言語地図』2）。なお、「貸せる」の連用形「貸せて」は、「カシテ」となるのがしぜんである。
　○ワシーモ　カシテ　クレー。（俺にも貸してくれ。）
ナス（返す・済す）　**マドー**（弁償する・償う）　**カヤス**（返す）
　○カッタ　モナー　ハヨー　ナセ。（借りた物は早く返せ。）
　○マドーテ　クレー。（弁償してくれ。）
　○カヤセ　ユーノニ　マダ　カヤサン。（返せと言うのにまだ返さない。）
　「済す」は古語か。稀に行われる。やや、義務的なニュアンスがあるかも知れない。「弁償する」の意もあるか。「まどう」は、まさに「弁償する」の意である。学童の間でも聞かれる。「かやす」は「かえす」からの変化形であろう。これは一般的で、広く用いられている。

(2) 家庭的行為

① 集・散・復

ツドエル（集めたままにする）

　○イソガシューテ　マダ　ツデータ　マンマジャ。(忙しくてまだ集めて放ったたままだ。《刈り取った粟の穂》)

ツドー（重なる・集う）

　○ナニモカニモ　イッペンニ　ツドータ。(何もかも一度に重なった。)

事が重複することを言う。共通語の「集まる」意ではない。

ツクネル（一ヶ所に放置する）

　○マタ　センタクモノー　ツクネトル。(また、洗濯物を〈竿からはずしたまま縁先に〉ほったらかしている。《娘を非難する。母親》)

上掲の「つどえる」と、この「つくねる」は、両者ともよく似た語であるが、後者のほうが無責任で、横着であり、語も下品である。

サバク（散らかす・捌く？）

　○コリャー。コガーニ　サバェーテカラニ。(ご覧。こんなに散らかしてまったく。《子の遊んだ後を見、あきれて。母親》)

家具や玩具など、雑然と取り散らかすことを言う。「捌く」と関係があるかどうか。

トル（しまう・取る）

　○コリャー　トットコー。(これはしまっておこう。)

「しまう」の意では、「取っておく」の形だけで行われる。事にあたって一時保管の軽い気持ちが動き、これを用いることもある。

トリアゲル（しまう・取りあげる）

　○コリョー　トラェーゲトケ。(これをしまっておけ。)

上の「とる」よりも念がいっている。大事に思う物を、厳重に保管するニュアンスがある。また、もと保管していた場所へ戻す意もあるか。

ナオス（修理する・直す）　**ナオル**（元どおりになる・直る）

　○ヨーヨー　ナエータ。(ようやく直した。《壊れた自転車》)

　○コリャー　モー　ナオラン。(これはもう直らない。《同上》)

「直す・直る」は修理の意だけで行われている。なお、医療の「治す」「治る」は、語源はともかく、当然ながら別語である。

タクナル（変に重なる）
　○シャツガ　タクナッテ　ウズナイー。（下着が変に重なって〈手を動かすのが〉難しい。）

　②　戯れ・せがみ

ゾエル（ふざける）
　○イッペー　ノンドルケー　ゾエテ　テニ　アワン　ヨー。（一杯飲んでるからふざけてどうしようもないよ。《酒飲みの悪ふざけ》）

ソバエル（ふざける）
　○コドモガ　ソバエーテカラニ。（子どもがふざけて、まったく。）

「ぞえる」は成人の、「そばえる」は子どもの行為と言えるか。子どもは珍しい客などがあり、みやげを貰ったりすると心が異常に弾む。その嬉しさのなかで、ふざけたり騒いだりするのが「そばえる」である。

ツバエル（調子にのって騒ぐ）
　○コリャ。ソガー　ツバエナ。（これ。そんなに騒ぐでない。《ふざけあっている子どもに。うるさがっている父親》）

「つばえる」も、主として子どもの行為である。浮かれての騒ぎである。

ヤゲル（しつこくせがみ、うるさく騒ぐ）
　○イツマデーモ　ソコデ　ヤゲンナ。（いつまでもそこで騒ぐな。《ヤゲル子に。老女》）

これも主として子どもの行為である。「ヤゲル」子はうっとうしい。大人の癇に触ることが多い。（ヤゲローシーとも）

スバル（不平を言う・いじける・ひねくれる・窄る）
　○アェーツァー　マダ　スバリョール。（あの子はまだ不平を言っている。《子の態度に閉口して。母親》）

主として子どもの行為である。親への反抗で、陰気でうっとうしい（スバローシーとも）。

ジャミル（しつこくねだる）

○ジャミルバー　セッコーニ。(ねだるばかりしないで。《泣いてねだる子に
　　手をやいて。母親》)
　子どもの行為である。不服の泣き声も盛大である。陽気ではある。
　③　煮炊き
タク（炊く）
　○メシュー　タク。(飯を炊く。)
　「炊く」は、このように飯類について言うのが一般的な用法である。ただ共通語と同様に、一方に「焚く」の意の語もあって、やや複雑である。「フロー　タク。(風呂を沸かす。)」はこの意であろう。「焚きつける」も風呂の場合に限った言いかたで、飯には言わない。「炊く」も、雑炊やお粥については用いない。この場合は「コシラエル」(作る) が適当であろう。昨今の、電化した炊飯器やガスの風呂の場合も、やはり「たく」である。
ニル（煮る）
　○ダェーコンオ　ニル。(大根を煮る。)
　「煮る」は、このように、おおむね野菜や魚肉類について言う。この場合も共通語と変わりない。ただ、「関西では、御飯でも魚でも芋でも豆でもすべて「炊く」だということは、広く常識となっている。」(柴田　1995) とされている。たしかに、『日本言語地図2』によれば、近畿圏に「炊く」が分布している。当域でも、野菜を入れた汁類となると「煮る」とは言わないが、かと言って「炊く」とも言わない。この場合も「こしらえる」であろうか。
ウムス（蒸す・むしむしする）
　○モチゴミョー　ウムショール。(糯米を蒸している。)
　対応する自動詞は「ウミル」である。
　○ヨー　ウミトル。(よく蒸しあがっている。)
　また、暑くて湿気の高い状態を言うこともある。
　○キョーワ　ウムス　ノー。(今日は蒸すなあ。)
カス（浸す）
　○ダェーズー　カシトク。(大豆を水に浸しておく。)
　大豆・米など、穀類を水に漬けてふやかすことを言う。古語か。

ウベル（水を注ぐ・うめる）
　○チョット　ウベテ　クレー。（ちょっと水を注いでくれ。）
　湯に水を注ぐことを言う。「うめる」の変化形か。ただし、土などに物を「埋める」意はない。

(3) **個人的行為**
　① **体の動作**

カシコマル（正座する・畏まる）
　○チャント　カシコマレ。（きちんと正座しろ。《親が子に》）
　日常の生活のなかで、正座する機会は多い。家庭内でも、慶弔など改まった場席では正座する。特に女性は、普段でもこれが普通であった。子どもにも、しぜんにそれがしつけられたのである。なお、「カシコマル」類は、関東南部から中国四国にかけて、広く分布している（『日本言語地図』2）。

ヒザークム（あぐらをかく・膝を組む）
　○ミンナ　ヒザー　クメ。（みんな、あぐらをかけ。《教師が児童に》）
　日常、しぜんの、楽な座りかたである。この言いかたも、主として中国四国から九州西部に分布する（『日本言語地図』2）。

イヌル（帰る・去ぬる）
　○コンダー　イツ　イヌル　ヤ。（今度はいつ帰るかい。）
　○モー　インダン　カー。（〈あいつは〉もう帰ったのか。《姿が見えないので》）
　古語的な「ナ変動詞」である。「帰る」意で用いられるが、基底に「去る」の意を踏まえているようである。

モドル（帰る・戻る）
　○フミカー　モー　モドッタ　ヤ。（芙美子〈子〉はもう帰ったかい。）
　これも「帰る」意で用いられるが、これは、自家への帰着を言うのが基本である。つまり、「去ぬる」には離れることに、「戻る」には帰着することに重点がある。本来の意味が生きているか。

イゴク（動く）
　○ゴソゴソ　イゴカンコーニ　ジット　シトレ。（ごそごそ動かないでじっ

としておれ。《子に注意する。父親》)

「動く」の語頭音に地方性が見られる。この種の変相は他にも多い。

ヨカル（寄りかかる）

　○ソガーニ　ヨカンナ。（そんなに寄り掛かるな。《体を強く寄せかける子に。母親》）

　体の支えにするほど寄りかかることを言う。壁や木などに体をもたせかける場合にもこれを用いる。

コケル（倒れる・転ぶ・転ける）

　○コケテ　ナキョール。（転んで泣いている。《泣く子を説明して》）

　「サデコケル」は、接頭辞「サデ」を取って、悪意のある言いかたになっている。「スベリコケル」（滑り転ぶ）も日常よく聞かれる。

ツクバム（しゃがむ・つくばる）

　○ツクバンデ　ナンヤラ　ショール。（しゃがんで何かしている。）

シャガム（かがむ・しゃがむ）

　○モット　シャガメ。（もう少しかがめ〈見えるぞ〉。）

　② 頭・口・目・鼻の動作

ノル（あおむく）

　○チョット　ノッテ　ミー。（ちょっとあおむいてみろ。）

ネラム（にらむ）

　○コッチュー　ネラミョール。（こっちをにらんでいる。）

ヨズク〈**ノズク**とも〉（のぞく）

　○ソコー　ヨズクナ。（そこをのぞくな。）

　「のぞく」は、軽く「顔を出す」「訪問する」の意でも行われている。

　○モット　ハヨーニ　ノズカニャー　イケザッタノニ　ナー。（もっと早くに顔を出さねばならなかっかのにねえ。《見舞いに行って》）

エズク（吐く）

　○ミタダキデ　エズクヨーナ。（見ただけで吐くようだ。《解剖図》）

タグル（咳く・吐る）

　○カジョー　ヒーテ　タグリョール。（風邪をひいて咳いている。）

「タグル」は、共通語ではまず用いないが、古語にはある。

イガル（叫ぶ・怒る）
　○オーケナ　コエデ　イガル　モンジャケー。（大きな声で叫ぶものだから〈驚いた〉。）

カズム（嗅ぐ）
　○テノ　ニエーオ　カズム。（手の匂いを嗅ぐ。）

　③　手の動作

カグル（ひっ掻く・かなぐる）
　○カオー　カグラレタ。（顔をひっ掻かれた。）

ハグル（めくる）
　○ハヨー　ハグレ。（早く〈本を〉めくれ。）

タヌク（水を掻きまわす）
　○ソコデ　ミズー　タヌクナ。（そこで水遊びをするな。）
　「たぬく」は主として子どもの遊びの行為である。水溜りを手で掻きまわして遊んでいる子にについて言うのが一般である。

ナシグル（こすりつけて拭う）
　○ソケー　ナシグンナ。（そこへこすりつけるな。）
　手などについた汚物を、何かにこすりつけて拭うことを言う。

ソクー（束ねる）
　○ワラー　ソクー。（藁を束ねる。）
　藁や枝木などを束ねることであるが、また、あかぎれなどを治療することも言う。杉の脂を患部に塗り、焼いた火箸で押さえる。荒療治である。

ユワエル（結ぶ）
　○シッカリ　ユワェートケ。（しっかり結んでおけ。）

サガス（掻き交ぜる・探す）
　○チョット　サガェートケ。（ちょっと掻き交ぜておけ。）
　麦など穀物を天日に乾しているときなど、掻き交ぜて日によくあたるようにする。

サバル（ひっぱる）

○シッカリ サバレ。(しっかりひっぱれ。)

ノサガル（手をかけて体をあずける）

○オカーサンノ セナェー ノサガッタ。(お母さんの背中に乗っかった。《戯れて。子》)

ノクル（順次手渡す）

○ナランデ ノクレ。(並んで手渡せ。《協同作業》)

手から手に、順次、手渡して物を運ぶことを言う。(→テングノクリ)

ノズケル（手渡す）

○ソリョー ノズケテ クレー。(それを取って渡してくれ。)

スケル（のせる・置く）

○ソノ ウエー スケトケ。(その上に置いておけ。)

ウガス（掘りかえす）

○イシュー ウガス。(石を掘りかえす。)

大きな物体について言う。自動詞は「ウゲル」である。

コジケル（かじかむ）

○テガ コジケテ イゴカン。(手がかじかんで動かない。)

これは「手の動作」とは言えない。が、手の作用としてここにあげた。かつての冬の寒さは格別で、学童など、かじかんだ手を脇にはさんだり、口に入れたりして温めた。

④ 足の動作

ケッパンズク（けつまずく）

○イタッ。ケッパンジータ。(痛い。けつまずいた。)

「けつまずく」の変化形であろう。

ヒコジル（引きずる）

○アシュー ヒコジリョール。(〈あいつは〉足を引きずっている。)

「ひこじる」は足とは限らない。長い物を引きずる場合にも言う。が、ここで代表させた。

タゴー（違える・違う）

○アシュー タゴータ。(足を違えた。)

第八章　語詞の世界　339

「たがう」は他動詞として用いられる。この語は、むろん足に限って用いられるのではない。手についても言う。

ヌベル（伸ばす・伸べる）

　○アシュー　ヌベテ　ミー。（足を伸ばしてみたら。）

　手についてこう言う場合は「ノバス」（伸ばす）が多い。

タテル（立つ）

　○ヒトリデ　タテッタ　デ。（自分で立ったよ。《幼児を見て》）

　この例の場合の「たてる」は自動詞である。ただし、この形で他動詞としても行われる。「ハター　タテル。（旗を立てる。）」はその例である。この場合は共通語と同じ用法である。

　自動詞として「タツ」（立つ）の用いられることもある。

　○アスケー　キガ　タットルジャロー。（あそこに木が立っているだろう。）

　「立つ」の行われる場合の実際は、「タットル」（立っている）の言いかたがほとんどである。

2．作　用

ニガル（腹が痛む）　**シブル**（腹が痛む）

　○ハラガ　ニガル。（腹が捩れるように痛む。）

　○ハラガ　シブル。（腹が張るように痛む。）

　同じ腹の痛みでも、「にがる」と「しぶる」とは痛みかたが違う。その違いをしいて言えば、「にがる」は、腹の局所が捩れるような痛さであり、「しぶる」は、全体が張るような痛さである。これを「シブリバラ」と言うこともある。やがて下痢も始まる。

ハシル（ぴりぴり痛む）

　○テガ　ハシル。（手〈の切傷〉が痛む。）

　主として切傷や歯の痛みを言い表す。「はしる」は、ぴりぴりとくる鋭い急激な痛みを言う。切傷は、切った直後の激しい痛みを言うことが多い。稀に頭痛についても言うことがある。

　○アタマガ　ハシル。（頭が痛い。）

こう言えば、その痛さの表現は極度のものである。なお、「ハシル」は中国全体に分布している（藤原　1990）。

ウズク（ずきずき痛む）　**ウバル**（膿んで痛む）
　○ハガ　ウズク。（歯がずきずき痛む。）
　○ウミタンガ　ウバル　ヨー。（膿んだ傷がすごく痛むよう。）
「うずく」は切傷についても言うが、歯の痛みを言うことも少なくない。熱をもち、腫れのくる底痛さである。「うばる」はそのさらに激しい痛みを言う。腫れが進み、高い熱を帯びた、堪えがたいほどの痛みである。なお、「ウズク」は西日本に広く分布しているかのようである（藤原　1990）。

このように、痛みを多様に言いわけているのが注意をひく。

ウミル（膿む）
　○キズガ　ウミトル。（切傷が膿んでる。）

ツヤス（膿を潰す）
　○ウミュー　ツヤータ。（膿を潰やした。）

クロクジル（黒あざになる）
　○ウッタ　トコガ　クロクジトル。（打身が黒あざになっている。）

ホガル（ほてる）
　○ベロガ　ホガッテ　イケン。（舌がほてって困る。《唐辛子で》）

コブレル（発育不良で変に小さくなる）
　○コンナー　コブレトル。（あいつはこぶれている。）
人だけでなく、野菜など植物についても言うことがある。人を軽蔑して、
　○コノ　コブレゴ　ガー。（この変体め。）
と言って、相手を罵倒することもある。

3．情　意

ホタエル（あわてる）
　○ホタエルケージャ。（あわてるからだ。《転んだ子に。父親》）

オブケル（驚く・びっくりする）
　○アンガェーニ　ユーケー　オブケル　ガノ。（不意に呼びかけるからびっ

第八章　語詞の世界　341

　　くりするがな。)
コクレル（いじける・ひねくれる）
　○イマ　コクレトル。(〈あいつは〉今いじけている。)
　ひねくれておし黙っていることを言う。他からのからかいやいじめに対しての、無言の抵抗であることもある。すぐ反応するのは女児に多い。
ハブテル（ふくれる）
　○ヨー　マー　ハブテルトモ　ハブテルトモ。(よくもまあ、ふくれるとも、ふくれるとも。《女児のふくれぶりに呆れて。苦笑の母親》)
　これも、不平・不満を表す無言の抗議でもある。また別に、鶏が卵を抱くことを「はぶてる」と言うことがある。羽をふくらまし、他にも反応せず、ひたすら卵を抱いている状態が似ているからなのか。
アズル（あがいて焦る）
　○ミチー　アゲルノニ　アズッタ　デ。(道に上げるのに難儀をしたよ。《トラクターを転倒させて。初老男》)
ヨロケル（疲労する・衰弱する）
　○オバーモ　チカゴラー　チート　ヨロケテ　ノー。(うちのばあさんもこの頃は少し弱ってなあ。《夫である老人のぐち》)
　「よろける」はまた、「疲労する」の意でも行われる。
　○キョーワ　アサガ　ハヤカッタケー　ヨロケタ。(今日は朝が早かったからくたびれた。《朝早くからの労働のために》)
アグ（飽きる・飽く）
　○モー　アェーダ。(もう飽きた。)　○マダ　アガン。(まだ飽きない。)
　ガ行五段活用である。

4．現　象
(1)　土地・他
ウゲル（崩れる）
　○タノ　ゲシガ　ウゲトル　ゾ。(田の土手が崩れているぞ。)
　大雨などによる被害の場合である。かなり大規模のものを言う。その状態

を「オーウゲ」(大うげ) と言うこともある。

ズエル（崩れる）

〇ヤマガ　ズエトル。（山が崩れている。）

これもほぼ同意であるが、ただこれは、ずり落ちるニュアンスがある。

ズヨケル（崩れる）

〇ニガ　ズヨキョール　デ。（荷が崩れているよ。《相手の荷を見て》）

この例は、背負った荷物の崩れる場合である。土地についても言うが、いずれにしても規模が少し小さい。

ユルゲル（揺らぐ）

〇ヤマガ　ユルゲルヨーナ　オトガ　スル。（山が揺らぐような〈大きな〉音がする。）

(2)　植物・他

イヤル（はびこる）

〇クサガ　イヤッテ　テニ　アワン。（草がはびこって、どうにもならない。《畠のなかの草が》）

手がつけられないような、見にくい状況を言う。頭髪も、手入れをしていないぱさぱさのものについては、こう言うことがある。

オゴル（はびこる）

〇クサガ　オゴッテ　ノー。（草がはびこってなあ。）

「いやる」よりも「おごる」のほうがおどろおどろしい。いずれの場合も畑作の困りものである。

アダレル（生りものが落ちる）

〇カゼガ　フキャー　カキガ　アダレテ　ノー。（風が吹くと柿が落ちてなあ。《驚いたり嘆いたり》）

ハシレル（はじける）

〇マメガ　ハシレル。（豆がはじける。）

大豆など、乾くと、豆の入った鞘が小さい音を立てて割れることがある。このことを言う。焚火の火のはじけることも、こう言うことがある。

ヒスクバル（乾いて縮まる・干竦ばる）

○イモガ　ヒスクバットル。（芋が乾いて縮んでいる。）
　縮んだものはしわがよって小さくなっている。こんなになることを言う。
シトル（湿る）
　○アサマー　ヨーニ　シトットル。（朝間はよく湿っている。）

(3)　家事・他

アマル（腐る）
　○コノ　メシャー　アマットル。（この飯は腐っている。）
　夏など、食べのこした食物がよく腐敗する。かすかに異臭を発する程度のことであるが、この状態が進めば酸味が出て「スエル」（饐える）となる。

スエル（腐る・饐える）
　○モー　スエットル。（もう腐っている。）

クミル（変質する）
　○コノ　コミャー　クミトル。（この米は変質している。）
　精白した米麦は、わずかに水分を含んでいて、容器に入れたまま永く保存しておくと変質しやすい。変質すると色も変わり、異臭もして、食用にならなくなる。殻のついたままであると、これが防げる。

クギル（焦げる）
　○モチガ　クギョール　デ。（餅が焦げているよ。）

クスボル（くすぶる）
　○クスブッテ　イケナー。（〈木が〉くすぶって困るよ。）

コガレツク（焦げつく）
　○ナベノ　ソケー　コガレチートラー。（鍋の底に焦げついているよ。）
　飯や煮物などが鍋の底に焦げつくことを言う。（→コガレ〈お焦げ〉）

ツグ（よそう・継ぐ）
　○メシュー　チーデ　クレー。（飯をよそってくれ。）
　この言いかたは、西日本に広く分布する（柴田　1995）。

ブル（漏る）
　○オケカラ　ミズガ　ブリョール。（桶から水が漏っている。）
　「漏る」の変化形であろう。むろん「雨がブル」とも言う。

ヒヤグ（乾く）

　　○アセガ　ヒヤグマデー　マテ。（汗が乾くまで待て。）

　発熱で「口がヒヤグ」とも言うが、洗濯物は「ヒル」（干る）である。なお、「空く」意味で「ヒヤグ」と言うことがある。別語か。「テガ　ヒヤグ。（手が空く。）」はその例である。（→テヒヤギ）

ミテル（なくなる・満てる）

　　○サトーガ　ミテタ。（砂糖がなくなった。）

　　○ハンマェーガ　ミテテ　シモータ。（飯米がなくなってしまった。）

　このように「みてる」はなくなることを言う。しかしながら、これに「満てる」をあてると、意味の推移の解釈がやや複雑になる。藤原与一氏は、「みてる」について、「満」「充」があてられもするとした上で、「中国地方の慣例では、ミテルはなくなってしまうことを言うものにほかならない。――いっぱいになってしまえば、もう、あとはどうしようもない。あとはなしである。（藤原　1997）」と述べている。ここで問題は、何がいっぱいになるのかと言うことである。上の例で言えば、「砂糖」や「飯米」がいっぱいになるとは考えられない。これは「無」になるのである。

　「満てる」は一定の量のあるものについて言う。上の砂糖も飯米も、保存に意を用いる、限度のある一定量のものである。その限りでは、子どもに与えた菓子や小遣い、台所で使う塩・味噌・醬油の類なども同様である。それに対して、広い意味での所有物が紛失した場合は「ノーナル」（無くなる）である。金や財布も例外ではない。

　では、何が「満てる」のか。「砂糖が満てた」の例で言えば、使用可能の限度量が「満てる」ことを表していよう。使用限度量が尽きるのは、物がなくなったときである。心しての使用が満てることは、それとして感深いことであった。「菓子が満てた」も「塩が満てた」も、同様に、特別の関心と、そして限りのある品であるからこそ言えることであった。むろんその品は、時をかけて使用を進め得る、いわば集合物であることは言うまでもない。

　人の死を「満てる」と言うことがある。

　　○オジーサンガ　ミテチャッタソーデ、（おじいさんがなくなられたそうで、

《弔問者のあいさつ》）

この場合は、寿命が「満てた」ことを言うのであろう。換言すれば「寿命が尽きた」ことである。言うまでもなく、寿命と言えば、授かった一定期間のものである。人誰しも、日び寿命を刻んでの生活である。その寿命が満てる日は当然来る。満てる時、すなわち死である。死を満てると言うとき、悲しみに変わりはないものの、天寿を全うしたさわやかな思いもあろう。

「シロミテ」（代満て）と言う語がある（既述）。田植えの終わった祝いである。「代」は苗を植えるべき田んぼである。植え進めて、やがてその田んぼのなくなったことを「代満て」と言うのである。何が満てるのか。そして何がなくなったのか。この例を見ても明らかであろう。「満てる」を「なくなる」と、単純に置きかえることはできない。なお、「ミテル」の語は中国四国に分布する（藤原　1990）。

二、形　　成

1．複合慣用句

(1)　名詞〈を格〉＋動詞

ニュースル（際立つ・荷をする）
　○ドーショーユーテ　イショーガ　ニュー　シトッター。（何と言っても衣装が際立っていたよ。《児童劇を評して》）
　プラス評価の語句である。一際目立つ晴れの状況を言う。

ハリョースル（人目につく・晴れをする）
　○ソノ　キモノガ　ハリョー　シター。（その着物が晴れをしたよ。《娘が着た祭りの晴れ着を評して。母親》）

オザーサマス（興ざめる・白ける・御座を醒ます）
　○セッカクジャッタノニ　オザー　サマータ　ノー。（せっかく期待していたのに、興ざめだったなあ。）
　期待外れの白けた気持ちを言う。古語の残存か。

タダチョーモツ（手持ちぶさたに過ごす・徒手を持つ）

○ワカェーモンガ　タダチョー　モッチャー　イケン。（若い者が徒手を持ってはいけない。《老人の教育観》）

例文のように、禁止・否定形式で行われるのが普通である。

タブコースル（一休みする・煙草をする）

○チョット　タブコー　ショー　ヤー。（ちょっと一休みしようよ。）

「ここらへんで　タブコジャ。（一休みだ）」のようにも言う。

ホガークー（ぼんやりする）

○コリャ。ホガークーナ。（これ。ぼんやりするな。《子に》）

ニシューククル（よそごとをする）

○コリャ。ニシュー　ククラッコーニ。（これ。よそごとをしないで〈早くしろよ〉。《手伝いに身が入らない子に。父親》）

成り立ちについては不明である。ぐずぐずして気の散る状態を言う。子どもについて言うことが多い。

ニンギョースル〈ニンゲツースルとも〉（手悪さをする）

○ソコデ　ニンギョー　スナ。（そこで手悪さをするな。）

例文は子どもへのたしなめである。「ニンゲツ」のほうが汚い。

ソビョーカウ（ちょっかいを出す・そびをかう）

○コマー　モンニ　ソビョー　カウナ。（小さい子にちょっかいを出すな。）

シゴースル（こらしめる）

○シゴー　シチャラニャー　イケン。（こらしめてやらなければ駄目だ。）

「しご」は「扱く」からのものか。はびこった畑の草などを引抜き、始末する場合にもこう言うことがある。

ギョーギュースル（しおきをする・行儀をする）

○ギョーギュー　セニャー　ナオラン。（しおきをしなければ直らない。）

質の悪いいたずらをした子などについて言う。体罰を伴うことがある。

クジューユー（ひつこく泣く・公事を言う）

○コノ　カー　クジュー　ユーテ　テニ　アワン。（この子は泣いてどうしようもない。）

ただ泣くと言うだけでなく、何かを要求してひつこくねだり、泣くことに

ついて言うことも多い。「〜言う」は「クル」(繰る)とも「タレル」(垂れる)とも言う。「クジュータレル(公事を垂れる)」とあれば、いっそう憎にくしい言いかたになる。

シニョーハル(意地悪をする・心根を張る)
　○シニョー　ハルバー　スルン　デ。(〈あいつは〉意地悪ばかりするのよ。《子どもの訴え》)

ヒザークム(あぐらをかく・膝を組む)〈既出〉
　○ヒザー　クミャー　エー。(あぐらをかけばいい。)

別に、以下のような比喩的な言いかたもできている。

トビューマワス(一休みする・鳶を舞わす)
　○チート　トビュー　マワソー　ヤー。(少し鳶を舞わそうよ〈一休みしようよ〉。)

田んぼの草取りのような、腰を曲げてする協同の作業の折りなど、腰を伸ばして一休みすることを言う。空を飛んでいる鳶を見あげようと言うのである。その折、都合よく鳶が飛んでいるわけではない。勝手に「鳶を舞わす」のである。軽妙な比喩がきいている。一同は笑いながら腰を伸ばす。

フデョーユー(穂をはらむ・筆を結う)
　○モー　フデョー　ユートラー。(もう筆を結っているよ〈穂をはらんでいるよ〉。)

稲が穂をはらむことを言う。その形状が筆に似ている。

ネコーツナグ(野糞をする・猫を繋ぐ)
　○イマ　アェーツァー　ネコー　ツナギョール。(今、あいつは猫を繋いでいる〈野糞をしている〉。)

野で糞をすることを言う。実際に「猫を繋ぐ」ことはないが、草叢での異常な行為を、こう譬えたものか。「油を売る」もよく言うが、このほうは広く知られていよう。

ホボローウル(嫁がかってに実家に帰る)
　○ヨメサンガ　ホボロー　ウッタゲナ。(〈あそこの〉嫁さんが無断で実家に帰ったそうだ。)

この種の言いかたは中国東部に多い（藤原　1990）。藤原与一氏は、中国の当該地域に、別に分布する「ホボローフル」が本来の形と見ている。「〜フル」ができると、いつとなく「〜フル」から「〜ウル」に置き換えたとしている（藤原　1976）。実家をめざす嫁はよくよくのことであったろう。前後の見さかいはなくなっている。畑仕事の出でたちのままに、腰につけた草取り用の竹籠（ホボロ）を振りながら実家へ走った。慣用句の成りたちはともかく、実際例は身近にもある。滑稽な句形成ながら、実情は深刻である。

(2)　名詞〈に格〉＋動詞

ソニスル（真に受ける）
　○アリョー　ソニ　シタン　カー。（あれを本気にしたのか。）

ヨニスル（仲間に入れる・与にする）〈既出〉
　○ワシモ　ヨニ　シテ　クレー。（俺も仲間に入れてくれ。）

カミーツク（神経にさわる）
　○コエガ　カミー　チーテ　イケン。（犬の泣き声が気になって困る。）

2．接　辞

(1)　接頭辞

サデコケル（転ける）
　○ワーッ。サデコケター。（わあ。転けたあ。）

サデカケル（掛ける）
　○ソケー　サデカケトケ。（そこへ掛けておけ。《物干し竿に》）

サデコム（取りこむ）
　○センタクモノー　サデコンドケ。（洗濯物を取りこんでおけ。）

「サデ」のつく動詞はこれですべてである。乱暴なニュアンスを添える。

ハネコケル（転ける）
　○ソコー　アルキャー　ハネコケル　ゾ。（そこを歩けば転けるぞ。）

「ハネ」のつく動詞はこれ1語である。これも勢いを添える。「サデコケル」と「ハネコケル」とでは、前者に重量感があり、後者に速度感がある。

ヒッチャクル（ひったくる）

第八章　語詞の世界　349

　○コリャ。ソガー　ヒッチャクンナ。（これ。そんなにひったくるな。）
　地方性の認められる語はこの程度である。少ないと言うべきか。いずれも品位はよくない。
(2)　接中辞〈カ〉
タテラカス（立たす）⟷ タテラス
　○ローカエー　タテラカス。（廊下に立たす。）
トンギラカス（尖らす）⟷ トンギラス
　○エンペツノ　サキュー　トンギラカス。（鉛筆の先を尖らす。）
タラカス（垂らす）⟷ タラス
　○モット　カミュー　タラカセ。（もすこし髪を垂らせ。《女の子に》）
オソラカス・オソロカス（恐がらせる）⟷ オソラス
　○コマーコー　オソロカスナ。（小さい子を恐がらせるな。）
(3)　接尾辞
チョートガル（怖がる）
ケナリガル（うらやましがる）
シンドガル（苦しがる）
　例のとおり、情意を表す形容詞の語幹に「ガル」がつくことによって、他者がその心情や状況にあることを、観察的に表す動詞となる。
　○コドモガ　チョートガルケー、（子どもが怖がるから、）
　むろん、該当の例は多い。
ボッタクル（追いたてる・追いタクル）
　○ソガー　ボッタクンナ。（そんなに追いたてるな。）
　「追う」を「ボー」と言うのも、この語の場合に限る。「タクル」も他に例が見あたらない。つまりこの語は、慣用的にまた化石的に残存しているのである。とことん追いつめるニュアンスがある。
ブチマース（叩きのめす・叩きまわす）
　○ブチマーチャル　ゾ。（叩きのめしてやるぞ。）
　「打つ」を「ブツ」と言うのもこの語に限る。いわばこれも、複合の慣用語のなかでのみ存立しているわけである。「まわす」も「たくる」も、かつ

ては独立の動詞として、複合動詞の後部要素として機能していたものであろう。が、ここではすでに化石的で、しかも接尾辞的なものになっている。

3．活用の一態
(1) ナ行変格活用

　ナ変活用の動詞がある。「死ヌル」「去ヌル」がそれである。
　　○ワシモ　シヌル　トキガ　キタ　カ。（俺も死ぬ時が来たか。）
　　○シヌリャー　ナク　モンモ　オロー。（死ねば泣く者もいよう。）
　終止形は連体形と同じ、「死ヌル」となっている。
　　○コンダー　イツ　イヌルン　ヤ。（今度はいつ帰るのかい。）
　　○ハヨー　イヌリャー　エーノニ。（〈あいつ〉早く帰ればいいのに。）
　「去ぬる」は「去る」の意を留めてはいるが、「帰る」とするのが実情に適っていよう。「死ヌル」同様、終止形は「去ヌル」である。両語とも、日常生活の基本語である。なおこの語は西日本への広い分布が知られている。

(2) サ行変格活用

　サ変活用動詞の未然形は「セ」である。
　　○ダーレモ　イコート　セン。（誰も行こうとしない。）

(3) ハ行四段動詞の音便形

　「買う」「笑う」など、いわゆるハ行四段動詞は「ウ音便」である。
　　○カサー　コーテ　キタ。（傘を買ってきた。）
　　○ミテモ　ワローチャー　イケン。（見ても笑ってはだめ。）
　ところで、共通語の「借りる」は、ここでは五段活用の「借る」である。したがってその音便形は、促音便の「借ッテ」である。「傘をカッテきた。」と言えば当然「借りて」の意である。「足りる」も同様で、ここではラ行五段に活用する「足る」である。「あの金で足ッタ（足りた）。」はその例である。なお、同じ上一段活用の「飽きる」も、ここではガ行五段の「飽ぐ」である。その音便形も、「アェーダ（飽イダ）」のようにイ音便となる。このような状況も、西日本に広い現象とされる。

(4) サ行四段動詞の音便形

　いわゆるサ行四段動詞のイ音便形については、「第二章二項」において詳述した。

結　　び

　以上、動詞分野について記述した。こうしてみると、動詞の世界も、存外に地方性と活力に満ちている。特殊な部類、例えば複合慣用句なども、注意すべきものが多い。このような記述をもってしても、当該地域に根を下ろした生活語の一端を把握することができよう。

　むろんその語の地方性は、当該域に限ってということではない。いちいちあたることはできていないが、その多くは、主として西日本に何らかの分布を持っている。例えば痛みを表す動詞の数かずや、その意味や由来が問題になる特定語の「満てる」（なくなる）など、西日本に広く分布している。ナ変動詞やウ音便が存するのも主として西日本である。このような傾向は、他分野の語についても、大なり小なり指摘できることである。

　それにしても、各語が地域の生活や風土に支えられて生息していることは言うまでもない。分布の広がりもさることながら、このような把握のしかたを通じて、当該方言の実質を追究することが肝要であろう。

文　献

藤原与一（1976）『瀬戸内海域方言の方言地理学的研究』（東京大学出版会）
藤原与一（1990）『中国四国近畿九州方言状態の方言地理学的研究』（和泉書院）
藤原与一（1997）『日本語方言辞書』下（東京堂出版）
国立国語研究所（1966〜1974）『日本言語地図』1〜6
柴田　武（1995）『日本語を考える』（博文館新社）
佐藤亮一他（2002）『方言の地図帳』（小学館）

第3節　形容詞・形容動詞分野

はじめに

　形容詞・形容動詞分野の記述にあたっては、前項の動詞分野の記述の方針に準じる。すなわち、原則として、共通語に行われる形容詞・形容動詞と、形式や意味を等しくするものは省略したい。紙幅の都合である。ただし、この区別は必ずしも厳密ではない。共通語と言っても、例えば古語と目される語で、現在状態は、はや影の薄いものがある。ところが、その語が当該地域ではなお盛んで、地域性を強く見せていることがある。また、共通語の流れとされる語であっても、形式や意味にずれの見られるものもあり、当然、地域に深く根を下ろしている語もある。共通語性を、厳密な意味で省略することはかなり困難である。要は、形容詞・形容動詞の世界を通して、地域の言語生活の一端をかいまみることにある。この目標に重点を置きたい。

一、形容詞分野

1．意味と用例
(1)　心　情

<u>キョーテー</u>〈<u>チョーテー</u>とも〉（恐ろしい・気疎い）
　　○ヤレヤレ。<u>チョーテー</u>　メニ　<u>オータ</u>　ジヨー。（なんとまあ。恐ろしい目にあったよう。）
　実体のあるものに対する恐怖感である。犬も狐もその対象である。幽霊とか墓場などとなると、言うこともあるが、かなり微妙である。これらは雰囲気を言う心情的な面が大きいからである。なお、この語が「気疎し」の古語に発することは明らかで、今日では、備後のほか、岡山・鳥取県下の、主として中国東部に分布している（藤原　1990）。「<u>キョートマシー</u>」とも言う。

サベシー（淋しい）
　○ヒトリ　オリャー　サベシー　ワー。（ひとり居ると淋しいよ。）
　雰囲気や環境からの淋しさを言うには、この語のほうがふさわしい。
ヨダケー（おっくうだ・よだけい）
　○オモーダキデモ　ヨダケー。（思うだけでもおっくうだ。）
　この形容詞も古語にゆかりがあり、西日本に点てんと何らかのの分布が見られる（藤原　1997）。
ハグイー〈ハギーとも〉（もどかしい・歯痒い）
　○ナカサレルバー　シテ　ハグーテ　イケン。（泣かされるばかりしてはがいくてならない。《子の意気地の無さを嘆く。母親》）
　「悔しい」の意でも用いられるか。
　○ハギー。（〈負けて〉悔しい。）
ケナリー（うらやましい・異なりい）
　○アノ　クツガ　ケナリー。（〈友達の〉あの靴がうらやましい。）
ヘヌリー（手ぬるい）
　○ヘージャー　ヘヌリー　ワー。（それでは手ぬるいよ。）
オカシー（変だ・いぶかしい）
　○コケー　ヤッテータノニ　オカシー　ノー。（ここに置いておいたのに変だなあ。《なくなっていることに不審》）
　むろん「笑いたくなる」の意でも用いられる。
ヤゲローシー（うるさい）（→ヤゲル）
　○ソコデ　サワグナ。ヤゲローシー。（そこで騒ぐな。うるさい。）
スバローシー（うっとうしい）（→スバル）
　○スバローシーケー　ソトデ　ナケ。（うっとうしいから外で泣け。《泣く子に。いらいらした親》）
　両語とも、何らかの接尾辞を指摘できそうであるが、今は明らかでない。

(2)　辛　労

シンデー（疲労や病気でつらい・心労い）
　○シンドー　ナッタラ　ヤスメ。（くたびれたら休め。）

○カジョー　ヒーテ　シンデー。（風邪をひいてつらい。）

ダリー〈**ダイー**とも〉（疲労や病気で手足を動かしづらい・怠い）

　　○アシガ　ダイー。（足がだるい。）

　　古語「たるし」の転とされる（広辞苑）。西日本に広い（藤原　1996）。

(3) 感　覚

クスバイー〈**クツバイー**とも〉（擽ったい）

　　○ソコー　クスグリャー　クツバイー。（そこを擽ると擽ったい。）

ヒズラシー（まばゆい・日つらし）

　　○ヒズラシー　ノー。（まばゆいなあ。《太陽を見て》）

　　なお、この言いかたは、東海にも分布しているが、備中にもある。これが当域にも関連していよう（『日本言語地図』1）。

ウズナイー（具合が悪い）

　　○キモノガ　タクナッテ　ウズナイー。（着物が重なって具合が悪い。）

　　厚着の衣類が、奥のほうで不自然に重なって気持ちの悪いことを言う。

(4) 難　易

イタシー（難しい・苦しい）

　　○コノ　モンダェーワ　イタシー。（この問題は難しい。）

　　問題そのものもさることながら、解くのに苦労することを言うのが「いたしい」である。共通語で「この問題は難しい」と言えば、問題の難度の高いことを言うほうに重点があるか。病気で「今日はイタシー。」と言えば、特に苦しいことを言う。また、「イタシー　コジャ。（難しい子だ。）」とも言うが、こうあれば、育てるのに難儀な子と言うことに重点があろう。

ミヤシー（易しい・容易な）

　　○コノ　モンダェーワ　ミヤシー。（この問題は易しい。）

　　ほぼ「いたしい」の反対である。解くのにわけはないことを言う。共通語で「易しい問題」と言えば、難度の低い問題である。安産を「ミヤスカッタ」と言うが、産そのものの安らかさと共に、容易な取りあげを言って、安堵と喜びの気持ちを表出する。「ミヤシー人」は、本人の性向と共に、つきあいの容易なことを言うニュアンスがある。

(5) 性　向

ショーラシー（しっかりしている・おとなしい・しおらしい）
　○マー　ショーラシー　ナー。（まあ、しっかりしているねえ。）
　主として子どもについて、従順でしっかりしていることを言う。いわば大人の立場からして、評価に堪える子である。親が子を、他家につかいに送りだす場合も、「ショーラシュー　セーヨ。（おとなしくしろよ。）」と声をかける。

トロクサェー（のろい・とろくさい）
　○トロクサェー　ヤツジャ。（のろまなやつだ。）
　なお、上項の「イタシー人間」「ミヤシー人間」もここでの項目である。

(6) 味

カラェー（辛い）
　○コノ　オツァー　カラェー。（この味噌汁は塩辛い。）
　○コノ　トンガラシャー　カラェー。（この唐辛子は辛い。）
　「辛い」は、「塩」と「唐辛子」の辛さについて言う。両者に辛さの違いがあることは言うまでもない。両者を特に区別する必要があるときは、「塩カラェー」と言い「唐辛子カラェー」と言う。「塩辛い」も、塩のきき過ぎた辛さを、特に「シオハイー」と言うことがある。柴田武氏は、古語に「塩映ゆし（しは〈唇〉はゆし）」があったことを指摘し、「シオハユイの形では西日本に点々と残っている」（柴田　1995）としている。なお、「塩からい」の「カライ」の分布も西日本に広い（『日本言語地図』1）。

アマェー（あまい・薄い）
　○コノ　オツァー　アマェー。（この汁は塩が薄い。）
　○コノ　サトーワ　アマェー。（この砂糖は甘い。）
　塩の薄いことを「あまい」と言っている。これも、甘味の「あまい」と特に区別する必要があるときは、「塩があまい」とか「砂糖あまい」とか言うのが普通である。

スイー（酸っぱい・酸い）
　○チート　スイー。（少し酸っぱい。）

この「スイー」は西日本に広く分布する(『日本言語地図』1)。

なお、この項に、便宜、次の2語も入れておこう。

ヒダリー(腹が減る・饑い)

　○ヒダリー。ナンズ　クワセー。(腹が減った。何か食わせろ。)

ヒモジー(腹が減る)

　○ヒルー　クートランケー　ヒモジューテ　ノー。(昼飯を食っていないから腹が減ってなあ。)

いずれも古老の物言いである。

(7) 状　態

アカェー(赤い・明るい)

　○コッチノ　ホーガ　アカェー。(こちらのほうが明るい。《電灯》)

「明るい」を指すこの言いかたが、西日本に一般的であることはよく知られていよう(『日本言語地図』1)。これが「赤い」を指すこともむろんである。

ジリー(ぬかる・しるい)

　○ミチガ　ジルー　ナットル。(道がぬかるんでいる。)

古語「しるし」の残存したものとされる(広辞苑)。

チーケー(露が多い・露けい)

　○チーケーケー　アルカレン。(〈草の〉露が多いから歩かれない。)

古語「露けし」の残存か。

ナリー(平らな)

　○ウエガ　ナルー　ナットル。(〈山の〉上が平らになっている。)

ヤウェー(柔らかい・柔い)

　○ヤウェー　モチジャ。(柔らかい餅だ。《つきたての餅》)

シウェー(噛み切りにくい・折って切り離しにくい・しぶとい)

　○コノ　スルミャー　シウェー。(このするめはしわい。)

　○コトシノ　カジャー　シウェー。(今年の風邪はしぶとい。)

セバクローシー(狭い)

　○セバクローシーノニ。ソトデ　アスベ。(狭いのに。外で遊べ。《子へ》)

「狭い」状態を言うだけでなく、狭いことに対する不快感がある。
ヨコズコーシー（横に張り加減だ）
　　○チート　ヨコズコーシー　ノー。（少し横に張り加減だなあ。）
　主として、人の体形について言う。横に太りぎみで、背丈との均衡を欠いている人が、その対象である。ほめことばにはならない。
オーケー（大きい）
　　○コッチノ　ホーガ　オーケー。（こちらのほうが大きい。）
コマェー（小さい）
　　○コマェー　モンワ　イクナ。（小さい子は行くな。）
　「コマイ」の言いかたは、西日本全域にある（『日本言語地図』1）。

2．形　成
(1)　複合形容詞
ノミエー（飲みやすい）
　　○コノ　クスリャー　ノミエー。（この薬は飲みやすい。）
カキエー（書きやすい）
　　○コノ　ペンワ　カキエー。（この万年筆は書きやすい。）
ハキエー（履きやすい）
　　○コノ　ジョーリャー　ハキエー。（この草履は履きやすい。）
　動詞の連用形に「エー（よい）」がついて作られる形容詞は多い。共通語の「～やすい」に相当する。
カキニキー（書きづらい）
　　○コノ　ペンワ　カキニキー。（この万年筆は書きづらい。）
ヨミニキー（読みづらい）
　　○コノ　ジャー　ヨミニキー。（この字は読みづらい。）
アルキニキー（歩きづらい）
　　○コノ　ミチャー　アルキニキー。（この道は歩きづらい。）
　動詞の連用形に「ニキー（にくい）」がついて作られる形容詞は多い。共通語の「～づらい」に相当する。その実例は例示の程度に止めた。

(2) 複合慣用句

　　① 　名詞（ガ格）＋形容詞（悪い・よい・ない）

グツガワリー（きまりが悪い）

　　○イマン　ナッテ　モノー　ユーナー　グツガ　ワリー。（今になってあいさつするのはきまりが悪い。）

フーガワリー（みっともない・世間体が悪い）

　　○フダンギジャケー　フーガ　ワリー。（普段着だからみっともない。）

キアェークソガワリー（気色が悪い）

　　○オモータダキデモ　キアェークソガ　ワリー。（思っただけでも気色が悪い。）

ジーガワリー（意地汚い）

　　○ジーガ　ワリー　コジャ。（意地汚い子だ。）

マンガワリー〈～エーとも〉（運が悪い・間が悪い、〈運がよい〉）

ビラガエー〈～ワリーとも〉（身形がよい、〈身形が悪い〉）

コラェージョーガエー（がまんづよい・堪え情がよい）

　　○コラェージョーガ　エー　コジャ。（がまんづよい子だ。）

コラェージョーガナー（堪え情がない）

イジガナー（意気地がない）

カェーショーガナー（甲斐性がない）

　　○カェーショーノ　ナー　ヤツジャ。（甲斐性のないやつだ。）

ミヤワセガナー（突拍子もない・見合わせがない）

　　○ミヤワセガ　ナー　コトー。（突拍子もないことを。）

　　② 　名詞（は係）＋形容詞（ない）

ワキャーナェー（簡単だ・訳はない）

　　○ソンクラェーワ　ワキャー　ナェー。（そのくらいのことは訳はない。）

シャーナェー（大丈夫だ・さしつかえない・世話はない）

　　○シャーナェーケー　コッチー　ケー。（大丈夫だからこちらへおいで。）

ミタコターナェー（見るに堪えない・見られたものではない）

　　○ミタコター　ナェー　ノー。（とても見られたものではないなあ。《子の取

第八章　語詞の世界　359

　り散らかしようを見て。親》）
　③　名詞（も係）＋形容詞（ない）
ヤッチモナェー（つまらない・薐次もない）
　〇ヤッチモナェー　コトー　スナ。（つまらないことをするな。）
トッピョーシモナェー（とんでもない・突拍子もない）
　〇トッピョーシモナェー　コトー　シテカラニ。（とんでもないことをしで
　　かして、ほんとに。）
　この２語は修飾部に立つことが多い。強調の効果が際立っている。
(3)　接頭辞
オッポロヌキー（ほろ温い）
　〇フラー　マンダ　オッポロヌキー。（風呂水はまだほろ温かい。）
カラギチャナェー（うす汚い）
　〇カラギチャナェー　ナリュー　シテカラニ。（うす汚い形をして。）
コサビー（小寒い）
　〇キョーワ　コサビーヨーナ。（今日は少し寒いようだ。）
(4)　活用の一態（カリ活用の残存）
　〇イカーデモ　エカリソーナ　モンジャ。（行かなくてもよさそうなものだ。
　　《わざわざ出かける妻を非難する。老夫》）
　〇マツリャー　タノシカリョータ。（祭りは楽しかったものだ。）
カリ活用の「〜かろう」「〜かった」は普通のことである。例文の場合は、
その連用形「〜リ」が、慣用のなかで、形に現れて残存している例である。
　〇ウレシカリャー、（嬉しければ、）
　〇ウレシケリャー、（嬉しければ、）
仮定形にはこの両形式があるが、上の「〜カリャー」は、古老にわずかに見
られるにすぎない。これも残存形式である。
　カリ活用連用形の原形「〜くあり」が、わずかに残存している。
　〇ヒトリ　オリャー　サベシュー　アル　ヨー。（１人居ると淋しいよ。）
古老の物言いで、しかもいくらか強調した表現になっている。
　〇ヤッパリ　サベシューワ　アッタ　ヨー。（やっぱり淋しかったよ。）

このように、間に「は」が入ると、いっそう強調された、しかも言いなれた表現になる。この形式のほうがよく聞かれる。

二、形容動詞分野

1．意味と用例

(1) 性　向

① プラス評価

ジマタナ（真面目な・誠実な）
　○ア̄リャー　ジマ̄タナ　ヒ̄トジャケー。（あの人は真面目な人だから。）

シンビョーナ（よく働く・辛抱な）
　○シ̄ンビョーナ　ヒトジャ。（よく働く人だ。）

ギジョーナ（几帳面な）
　○ギ̄ジョーナ　ヒトジャ。（几帳面な人だ。）

サッソクナ（すぐに応じる・腰の軽い・早速な）
　○ア̄レモ　サッ̄ソクナ　ヒ̄トジャケー。（あの人も早速な人だから。）

コーシャナ（物作りが巧みな・巧者な）
　○コ̄ーシャナ　ヒ̄トジャー　アル。（巧者な人だ、ほんとに。）

「世話好きな」「丁寧な」「素直な」もよく行われる。

② マイナス評価

アラマシナ（荒あらしい・荒く粗雑な）
　○ア̄ラマシナ　モ̄ンジャー　アル。（荒あらしい者だ、全く。）

ザッパクナ（雑な・雑駁な）
　○ア̄ェーツァー　ザッ̄パクナ　ヤ̄ツジャ。（あいつは雑なやつだ。）

ワガサナ（乱暴な・自分勝手な）
　○ワ̄ガサナ　コジャ　ノ̄ー。（乱暴な子だなあ。）

ガンボーナ（乱暴な）
　○ホ̄ンニ　ガ̄ンボーナ　コジャ。（ほんとうに乱暴な子だ。）

コーヘーナ（生意気な）

第八章　語詞の世界　361

　　○コーヘーナ　コトバー　ユー。（生意気なことばかり言う。）
　上の3語は、主として男児について言う。
コージクナ（融通のきかない・理屈っぽい）
　　○コージクナ　ヒトジャッタ。（融通のきかない人だった。）
スッチョーナ（ずるい・悪賢い）
　　○スッチョーナ　ヤツジャ。（ずるいやつだ。）
ノラーゾーナ（横柄な）
　　○ノラーゾーナ　ニンゲンジャ　ノー。（横柄な人間だなあ。）
ガェーナ（一概な）
　　○ガェーナ　ヒトジャッタ。（一概な人だった。）
イナゲナ（変な・いやらしい・異な）
　　○イナゲナ　ヤツジャ　ノー。（いやらしいやつだなあ。）
　この「いなげな」は、人以外のものについても用いられる。「〜顔」「〜天気」「〜話」「〜事」などがその例である。その点、関西の「けったいな」に、多くの部分重なるところがある。
ダラズナ（だらしない）
ソソクローナ（そそかしい）
ヨクドーナ（欲な）
　共通語的な「横柄な」「横着な」「ざまくな」「いちがいな」「下手な」なども日常のことである。概して、マイナス評価の語が多彩で注意される。

(2)　心　情

ムテンナ〈ムッテナとも〉（とんでもない・無点な）
　　○マー　ムテンナ　コッテ　ゴザンシテ　ナー。（まあ、とんでもないことでございましてねえ。《病気見舞いのあいさつ》）
「むてんな」は病気見舞いや弔問のあいさつに限って行われる語である。
タェーギナ（面倒な・くたびれてだるい・大儀な）
　　○タェーギナケード　イカニャー　ノー。（面倒なけれど行かねばなあ。）
　他にも、日常よく用いられる語に、「気がねな」「安気な」などがある。

(3) 状　態

マメナ（丈夫な・元気な）
　○オバーサン。マメナ　カナ。（おばあさん。丈夫なかね。）
　○オマメナラ　ヨー　アリマス　ガ。（お元気ならようございますけど。）
接頭辞「オ」をつけての懇ろな言いかたは、あいさつによく行われる。

ソクサェーナ（元気な・息災な）
　○オソクサェーナラ　ヨロシュー　アリマス。（お息災ならよろしくございます。）
久闊を叙するあいさつことばには、「息災な」の用いられることがある。

ユーナ（ゆっくりする・暇な・悠な）
　○キョーワ　ユーニ　シトル。（今日はゆっくりしている。）

コエギスナ（太りぎみな）

ヤセギスナ（痩せぎみな）
　○チート　コエギスナ　ノー。（少し太りぎみだなあ。）

ニーナ（新しい・新な）
　○ニーナ　フクー　キテ。（新しい服を着て〈いいねえ〉。《学童へ》）

ノサナ（角度が広い）
　○コノ　クワー　チート　ノサナ。（この鍬は少し角度が広い。）

ギンバナ（縄などの目が細かい）
　○ギンバニ　ノートル。（〈縄目を〉細かに綯っている。）

コヨーナ（小振りな）
　○チート　コヨーナ　ノー。（すこし小振りだなあ。《柿を見て》）

ハレヤカナ（目前が開けた・晴れやかな）
　○ハレヤカン　ナッタ　ナー。（〈木を切って〉晴れやかになったねえ。）

ハカイキナ（進捗が早い・捗いきな）
　○コリャー　ハカイキナ。（これは早い。《器具の機能を見て》）

なお、日常ごく普通に行わる共通語性の高い状態形容動詞に、「綺麗な」「結構な」「静かな」「面倒な」「不細工な」「退屈な」「暇な」「楽な」「元気な」「派手な」「地味な」「上手な」「下手な」などがある。その多くが、漢語

名詞に活用語尾のついた形で形成されていることに注意される。

２．形成——活用の一態

　形容動詞の活用は、いわば古態のナリ活用を残存的に見せている。終止・連体形が「〜ナ」であることも、すでにその表れである。連用形は、
　　○モ<u>ノスゴー</u>　キ<u>レーニ</u>　ア<u>ッタ</u>。（大へん綺麗だった。）
　　○ア<u>ンマリ</u>　キ<u>レーニ</u>　ナ<u>カッタ</u>。（あまりきれいでなかった。）
この例のように、「あった」「なかった」に続く場合も、「〜ニ」の形をとることがある。過去形式でなくても、「ない」には、
　　○ア<u>ンマリ</u>　ニ<u>ギヤカニ</u>　ナ<u>ェー</u>。（あまりにぎやかにない。）
のように、「〜ニ」の形でも続く。特に「〜ニワ」のように「は」がつけば「ない」に続きやすい。
　　○ア<u>ンマリ</u>　ゲ<u>ンキニャー</u>　ナ<u>ェー</u>。（あまり元気にはない。）
　また、「〜ニワ」とある場合は、「ある」にも、
　　○マ<u>ー</u>　キ<u>レーニャー</u>　ア<u>ル</u>。（まあ綺麗ではある。）
のように続けて言うことができるが、対照的なニュアンスが強い。
　若い層では、「〜にあった」に相当するところを、
　　○モ<u>ノスゴー</u>　キ<u>レーナカッタ</u>。（大へん綺麗だった。）
のように、「〜ナカッタ」の形式で言うことが多い。終止・連体の「〜ナ」に、形容詞カリ活の「カッタ」を活用したものであろう。一方、「〜になかった」のほうは、そのまま「〜ニナカッタ」である。
　仮定形は「ナラ」である。
　　○ゲ<u>ンキナラ</u>　イ<u>ッテ</u>　ミ<u>ユー</u>。（〈その時〉元気なら行ってみよう。）
「ナラ」の成立についてはとかくの論議があるが、「なれば」の転化形とみるのが実情に適しているのではないか。なお、問いの文末詞「ナラ」は別の成立にかかわるものである（第二章第２節　参照）。

結　　び

　以上、形容詞・形容動詞分野について記述した。この分野には、古語あるいは古語法と目されるものが目だつ。形容動詞分野では、性向に関する語、それもマイナス評価の語が多く、地域の人びとの意識のありようが注目される。それにしても、この分野には、共通語にかかわるものが少なくない。その点は他の分野でも同様であるが、ただ、地域語としても根を下しているかとみられる語が際立っている。これも当該分野語詞の特色であろうか。

文　献
藤原与一（1990）『中国四国近畿九州方言状態の方言地理学的研究』（和泉書院）
藤原与一（1996）『日本語方言辞書』上（東京堂出版）
藤原与一（1996）『日本語方言辞書』中（東京堂出版）
藤原与一（1997）『日本語方言辞書』下（東京堂出版）
国立国語研究所（1966）『日本言語地図』 1
柴田　武（1995）『日本語を考える』（博文館新社）
佐藤亮一他（2002）『方言の地図帳』（小学館）

第4節　副詞分野

はじめに

　日常の表現生活を豊かなものにする副詞の世界から、当該方言の生態を取りあげることにしたい。その記述の方針は、前節の形容詞・形容動詞分野の場合と変わらない。原則として、共通語に行われる副詞と、形式や意味を等しくするものは省略したい。紙幅の都合である。

　副詞は、人びとの、事に臨んでの心情を、いっそう細やかに表すのが本来の機能である。生活の実情に応じた心の綾を、いっそう具体的に表すのが副詞である。そのような副詞の活動を通して、当該地域に生きる人びとの内面生活に触れようとするのが、本節の趣旨である。この趣旨に沿えば、共通語性を避けることは、必ずしも有効ではない。国に広く分布する語でも、当該の地域に根づき、地域色に特色を見せるものもある。要は、副詞の世界を通して、地域の生活の一端を把握することにある。

(1) **程　度**

チート（少し）（──→分量）
　　○チート　ネジレトル　デ。（少し捻れているよ。《細い棒》）
　　○チート　ネツガ　アル。（少し熱がある。《額に触ってみて》）
　　この副詞はよく行われる。分量の項でも取りあげる。
　　○チーター　ネラレタ　カ。（少しは寝られたかい。）
　「チーター」は「チート・は」で、取りたての強調である。

マチート（もう少し）
　　○マチート　ヤスメ。（もう少し休め。）

マット（もっと）
　　○マット　ハヨー　カケレ。（もっと早く走れ。）

ヨケー（いっそう・余計）（──→分量）

○ソリョー ノンダラ ヨケー シンドー ナッタ。(それを飲んだら〈治るどころか〉いっそう苦しくなった。《薬》)

エット（精いっぱい・十分に）（⟶分量）
　○エット サガータ。(精いっぱい探した。《はぐれた人を》)
　○エット アスンダ。(十分に遊んだ。)

イッチ（いちばん）
　○ソレガ イッチ エー。(それがいちばんよい。)

シコギリ〈シコンギリとも〉（思うさま・醜ぎり〈醜の限り？〉）
　○シコギリ シバーチャッタ。(思うさま叩いてやった。)

ギョーサン（大げさに・仰山）（⟶分量）
　○ギョーサン ユーテモ ツマリャー セン。(大げさに言っても役には立たない。)

ドヒョーシ（けたはずれに・たいそう・突拍子）
　○ドヒョーシ オコラレタ。(たいそう叱られた。)

ホーラク（思うぞんぶん）
　○ホーラク クータ。(思うぞんぶん食べた。)

ヨーニ（すっかり）
　○ヨーニ クタブレタ。(すっかり疲れた。)
　○ヨーニ ヒガ クレタ ノー。(すっかり日が暮れたなあ。)

ワリアェー（割合・割と）　**ワリカタ**（割方・割と）
　○ワリアェー ウマェー ノー。(割とおいしいなあ。)

「大体」「大分」「大方」も、日常ごく普通に行われている。

(2) **分　量**

チート（少し〈少量〉）（⟶程度）
　○チート ワケテ クレー。(少しばかり分けてくれ。)

　上項で「チート」を、程度を表す副詞として取りあげた。ここでは、特に分量を表す場合に限って掲げることにする。両者の基本的な意義に差があるわけではない。

チョビット（少し〈少量〉）

○チョビット　イレテー。(ほんの少し入れてよ。)
　同じ少量を表す副詞でも、「チート」は程度を言うニュアンスがある。それに比べて「チョビット」は、ひたすら少量であることを言い、しぐさなどの伴うこともあっていっそう具体的である。
ヨケー〈ヨーケーとも〉(たくさん・余計)(⟶程度)
　○ヨケー　モロータ　ノー。(たくさん貰ったなあ。《子に》)
　○ヨーケー　ツカーサッテ　ナー。(たくさん下さってねえ。《お礼》)
「ヨーケー」のほうがやや品位のある言いかたである。上の程度の項でも「ヨケー」を取りあげている。両者は、基本的には同語であろう。ただ、アクセントおよび意味用法に、両者の違いが認められる。
エット(たくさん)(⟶程度)
　○エット　アル　ノー。(たくさんあるなあ。)
　上の「ヨケー」よりも地域になじんでいる。時に、幼ない感じを伴うこともある。その点、「ヨケー」は新しく、概して成人の物言いである。上項の程度でも取りあげた。その、程度の「ヨケー」は、アクセントと意味用法に若干の差異が見られる。なお、「エット」は中国のほぼ全域に分布している(藤原　1990)。
ギョーサン(たくさん・仰山)(⟶程度)
　○ギョーサン　トレタ　ノー。(たくさん穫れたなあ。《収穫》)
　量の多さを大げさに言い表す語である。それだけに品位はやや下がる。
　○マー　ギョーサンモナェーコト　ツカーサッテ　ナー。(まあ、たいそう
　　たくさん下さってねえ。《頂き物の量に感嘆して。お礼》)
　この「ギョーサンモナェーコト」のように、量の多さを大げさに強調した言いかたもできている。なお、この言いかたは、中部や関西のうちに、とあるが(藤原　1996)、播磨に多い「ヨーサン」とも関係があるか。
イッパェー(たくさん・一杯)
　○ワシャー　イッパェー　モットル。(俺はたくさん持っている。)
タント(たくさん)
　○タント　クエ　ヨ。(たくさんお食べよ。《老女が孫に》)

ほとんど幼児語になっている。情のある言いかたである。なお、この言いかたは、中部以東および近畿〈美作にも〉に分布、とある（藤原　1997）。が、備後にも見られることは上述のとおりである。

ナンボー（いくら）
　〇コリャー　ナンボー　スル　ン。（これはいくらするの。）
なお、この言いかたの類は西日本のものである（『日本言語地図』１）。

(3)　時　間
トーニ（とっくに・疾うに）
　〇トーニ　スンドル　デ。（とっくに終わっているよ。）
ヒサ〈**ヒーサ**とも〉（永らく・久しく）
　〇ヒサ　アワザッタ　ナー。（永く逢わなかったねえ。）
ナガシュー（永らく）
　〇ナガシュー　ゴブニン　シマシテカラニ。（永らくごぶさたしまして。）
ツメテ（いつも・詰めて）
　〇ツメテ　アリガトー　ゴザンシテ。（いつもありがとうございまして。）
サェーサェー（たびたび・再さい）
　〇サェーサェー　オセワン　ナリマシテ　ナー。（たびたびおせわになりましてねえ。《隣人へのあいさつ》）
以上３語は、あいさつに用いられるのが普通である。
イチーキ（いつも）
　〇イチーキ　ナキョール。（〈あの子は〉いつも泣いている。）
ネンジュー（いつも・年中）
　〇ネンジュー　キトル。（〈あの子は〉いつも来ている。）
ハー（もう・はや）（──→心情）
　〇ハー　イヌルン　カー。（もう帰るのか。《帰りじたくの友人に》）
イマサッキ〈**インマサッキ**とも〉（さっき・今先）
　〇イマサッキ　キタバージャ。（〈俺は〉さっき来たばかりだ。）
トキタマニ（たまに）
　〇トキタマニ　ミルケード　ノー。（たまに見かけるけれどなあ。）

第八章　語詞の世界

カタハズニ（かろうじて・やっとのことで）
　○カタハズニ　マニ　オータ。（かろうじて間に合った。《会合に》）
(4)　状　態
オッチラト（ゆっくり）
　○ドーゾ　オッチラト　オアガンナサェー。（どうぞごゆっくりおあがりなさい。《客に食事を出して。主婦》）
　品位のある言いかたである。客などに言うのが普通である。
ユーニ（気らくに）
　○ドーゾ　ユーニ　シテ　ツカーサェー。（どうぞ気らくにして下さい。）
　これも、招待した客などに言うのが普通である。品位がある。
ソロット〈ソローットとも〉（こっそりと・そっと）
　○ソロット　デテ　イッタ。（そっと出ていった。）
シレリシレリ（体をにじるように・そっと）
　○シレリシレリ　デテ　イッタ。（体にじるようして出ていった。）
体をそっとにじるように入り口へと動かし、しだいに出ていくさまを言う。
ヒトリデニ（しぜんに）
　○ヒトリデニ　ウゲータ。（しぜんに動いた。《止めてあった車が》）
テンデニ（勝手めいめいに・手に手に）
　○テンデニ　クヨールンジャ。（勝手めいめいに食っているんだ。）
イッコニ（いっぺんに・一度に）
　○イッコニ　クーナ。（いっぺんに食うな。《子に。母親》）
ソーニ（そこらじゅうに・一面に）
　○クリガ　ソーニ　オチトラー。（栗がそこらじゅうに落ちているよ。）
タッタ（しだいに・只？）
　○タッタ　ミジコーナル。（〈日が〉しだいに短くなる。）
ターサマ（そのまま・只様？）
　○ターサマ　ネル　ネー。（そのまま寝るのよ。）
　何の特別な準備もせず、そのまま次の行動に移るさまを言う。
ツルット〈ツルツルットとも〉（浅く短く眠るさま）

○ツルット　シタ。(一眠りした。)

「眠る」ことに関してしか用いない。

トロトロット（短い坂道を軽く降りるさま）

○ソコー　トロトロット　オリルト、(そこの坂道を軽く降りると、)

イゴイゴ（ごそごそ）

○コリャ。イゴイゴ　スナ。(こら。ごそごそするな。)

ヤセヤセ（こうるさく）

○ヤセヤセ　ユーナ。(〈くだらないことを〉こうるさく言うな。)

チャーチャー（ちゃらちゃらとうるさく）

○チャーチャー　ユーバージャ。(ちゃらちゃらうるさく言うばかりだ。)

ツーツー（懸命に骨折って）

○ツーツー　ユーテ、(さんざん苦労をして、)

上の3語は「言う」にかかる副詞である。

(5)　心　情

副詞はどの程度にしろ、心情の表現にかかわっている。そのなかでも、特に心情を濃く表出していると認められる語を取りあげた。

アンガェー（思いのほか・案外）

○コリャー　アンガェー　ヤシーン　デ。(これは思いのほか安いのよ。)

常識的な判断に相違する意外の思いを表している。

セッカク（せっかく）

○セッカク　キタノニ　ナー。ダーレモ　オッテン　ナェー。(せっかく来たのにねえ。誰もおられない。)

これも期待はずれの心境であろう。この言いかたの分布は広いが、当該地域でも著しく、心情表現に欠かせない。あえて取りあげた。

ゲニ〈**ゲニコト**とも〉（本当のところ・実に）

○ゲニ　モー　イノー　ヤー。(真面目なはなし、もう帰ろうよ。)

○ゲニコト　ワシャー　ホンマー　シランノジャ。(実のところ、俺は本当は知らないんだ。)

「ゲニ」は、このように冗談めいた前言を改めて、真面目な話しに立ちか

第八章　語詞の世界　371

えるような場合に用いられる。「ゲニ　ノー。ワシャー　ノー。……。(実はなあ。俺はなあ。……。)」のようにもあって、日常よく行われる。

ヨーヨー（やっとのことで・ようやく）
　○ヨーヨー　モドッタ　ジョー。(やっとのことで帰ったよう。)
　事をやっとやりとげた、安堵の思いがある。
ドーズコーズ（どうにか・どうにかこうにか）
ドーナリコーナリ（どうにか・どうにかこうにか）
　○ドーズコーズ　スンダ。(どうにかこうにか済んだ。)
ドーショーユーテ（何と言って・どうしようと言って）
　○ドーショーユーテ　ハナシン　ナラン。(何と言って話にならない。)
ドーショーニモ（何と言っても・どうしようにも）
ドーショモコーショモ（何と言っても・どうしようもこうしようも）
　○ドーショーニモ　ヤレン　ゾ。(どうしようにもたまらないよ。)
ホンニ〈ホンマ・ホンマニとも〉（本当に）
　○ホンニ　コマッタ　モンジャ。(本当に困ったもんだ。)
　ことがらを強調する意識がある。相手の言を受けて、「ホンニ　ナー。」のようにあいづちをうつことも多い。「ホンニ　ホンニ。」ともある。
イカニモ（たいそう）
　○イカニモ　ハヤカッタ　ノー。(たいそう早かったなあ。)
　予想を越えた現象を言う。形容詞を修飾するのが普通である。
ハー（もう・はや）（→時間）
　○ハー　ワスレトル。(もう忘れている。《相手の覚えの悪さに不満》)
　○イッタ　オモータラ　ハー　モドッテ　キタ。(行ったと思ったらもう帰ってきた。《予想以上に帰りの早いのに驚いて》)
　このような「ハー」には、話し手の意外感が表れている。
マンダ（まだ）
　○マンダ　モドットラン。(まだ帰っていない。)
　このような用法には、期待を裏切ったことに対する、話し手の不安や怒りの表出されることがある。

(6) 判断・見解

ヨイヨ（まったく）

　○ヨイヨ　ツマラン　デ。（まったく駄目だよ。）

　打消の言いかたと呼応して、話し手の否定的な判断を表す。

イッソ（まったく・少しも）

　○イッソ　フルゲニャー　ミエザッタ　ヨノー。（ちっとも古そうには見えなかったよなあ。《学芸会での児童の衣装》）

　これも、打消の言いかたと呼応して行われる。上の「ヨイヨ」に比べてこれは、主として対象の状態について判断するニュアンスがある。

ドーデ（どうせ・どっちみち）

　○ドーデ　イケン　ノー。（どっちみちだめだなあ。）

イッコーニ（少しも）

　○キガ　セクバーデ　イッコーニ　ハカドリャー　セン。（気がはやるばかりで、少しも捗らない。）

　打消の言いかたと呼応して行われるのは、上の例と同様である。ふさぎこんだ気持ちの表明である。

コロクニ・ロクスッポーニ（十分に・ろくに）

　○コロクニ　ミモ　セッコーニ。（ろくに見もしないで。《非難》）

　これも、打消の言いかたと呼応して行われるのが一般である。相手、または対象となった人物の行為を強く非難する言いかたである。

ズンド（あまり）

　○ズンド　ウレシューモ　ナェー。（あまり嬉しくもない。）

　打消の言いかたと呼応して行われる。欝屈した気持ちの表明である。

ヨー（能く）（──→可能法）

　○ワシャー　ヨー　ヨマン。（俺は読めない。）

　能力にかかわる不可能を表す。

ケッコー（うまく・結構）（──→可能法）

　○ワシデモ　ケッコー　ヨム。（俺でも読める。）

　能力にかかわる可能を表す。これらの可能法については、当該の先章で既

第八章　語詞の世界　373

説した。可能と不可能とが、異なった副詞によって言い分けられているのが注目される。

ケッカ（かえって・けっきょく・結果？）
　〇ケッカ　ソノ　ホーガ　エー。（かえってそのほうがよい。）

タチマチ（何よりも・忽ち）
　〇タチマチ　エンギガ　ワリーヨーナ　キガ　シテ　ナー。（何よりも縁起が悪いような気がしてねえ。）

(7) **疑問・推量**

ナシテ（なぜ）
　〇ナシテ　イカザッタン。（なぜ行かなかったの。）
　〇ナシテ　ナキョールン。（なぜ泣いているの。）
　疑問を表す言いかたである。「ナシテ　ヤー。」（なぜだい。）「ナシテモ。」（なぜでも。）のようにもあって、よく行われる。

テェーガェー（たぶん・大概）
　〇テェーガェー　ソージャロー。（たぶんそうだろう。）

結　び

　以上、当該方言に顕著な副詞を取りあげた。主として地域性の顕著な副詞を問題にしたが、それだけに――と言うべきか、地域に密着した生動のさまがいちだんとよく認められる。その形成も自在である。
　共通語の副詞とは、しぜん比較する姿勢をとることになったが、他域との比較の観点は希薄である。ここに取りあげた数かずの副詞は、また、何らかの分布の広がりを見せてもいよう。それにつけても思われることは、当該地域の副詞の実態は、実は、ここに取りあげたものばかりではない。省かざるを得なかった共通語関係のものを含めた総体が、当該域に行われる副詞であることは言うまでもない。このことは、他の分野についても同様である。その、全副詞語彙についての記述が、今後、推進されなければならない。

文　献

藤原与一（1990）『中国四国近畿九州方言状態の方言地理学的研究』（和泉書院）

藤原与一（1996）『日本語方言辞書』中（東京堂出版）

藤原与一（1997）『日本語方言辞書』下（東京堂出版）

国立国語研究所（1966）『日本言語地図』 1

あとがき

　ある老人と話した記録がある。昭和27年（1951年）の日付がある。一部を見よう。「ナント（ところで）兄さん。よう考ぇえてみてつかあさぇえ。わしゃあなあ。飲むけえなあ。せえでこがあに元気でおるんでござんすぞ。わしぐらぇえな年のもんで、こがあに元気なもなあおりませんぞ。せえでもなあ。わが身に似合うたように働かにゃあなあ。」秋の深まったわが家の囲炉裏で、この老人（矢城某）の話しは続く。この老人は、時に、近所の農家の畠仕事などに雇われていた。その折も、わが家の日雇いの農作業を終えて、一杯のふるまい酒に上機嫌であった。傍にいた妹（高校生）に向かっても、「嬢さん。ナント（まったく）笑うてつかあさることばあ言うんじゃが、笑うてつかあさんなよ。異なげな爺じゃけえいけませんがの。」と、話しに引きこむ。妹も傍にあって神妙である。思えば50年以上も前の記録であるが、その場のことは今も鮮明である。元気なその老人も、ほどなく世を去った。

　手元の記録はかなりの量にのぼる。そのすべては、上例の場合のように、村の人びとの日常に接して得た直接資料である。その1例1例にあたっていると、当時の、それぞれの話し手の肉声や表情がよみがえり、場面や状況が目に浮かぶ。言ってみれば、数年、数十年を経て、当の面めんと、久びさの対話を楽しむ気分であった。ただ、両親も健在で、頻繁に帰省していた当時からすれば、このほどはやや足が遠のいた。資料に登場する人たちも、その多くは故人である。したがって、資料が昭和時代に偏りがちなのもやむを得ない。が、それだけに、貴重な記録とも言えないことはない。

　本書は、村のことばと生活を活写することに多くの意を用いている。その趣旨は「まえがき」に述べたとおりである。そのねらいを実現するための一斑として、取りあげる例文・用例を厳選し、紙幅の許す限り掲出することに努めた。これらの例によって、しぜんのうちに実情を提示し、またそれが、真実を語ってくれることを願ったのである。

方言研究、特に生活語研究が、人とその生活の立場からする言語研究であることは、すでに「まえがき」でも述べた。その生活や生きかたに必然のことばが生活語である。ただ、生活と共に生きることばの研究は容易でない。ことばは記録し得ても、その生活史的背景へはなかなか視野が及ばないからである。このためには、研究に沈潜する、永年の研鑽が必要である。その意味では、研究対象地を出生地とする私には、多くの利点があった。言うまでもなく、私も生活の体験者だからである。ただ、その利点を生かしきれているかどうか、これについては、なお、反省点が残る。それにしても、私の、研究人としてのこれまでの研鑽は、この記述研究のためにあったかと、時に思わないではいられない。

　村は、たしかに過疎の地になった。あちこちに空き家が目につくのも寂しく、もの悲しい。小学校も廃校になってから久しい。ただ、そういう現実のなかにあっても、村おこしのために力を尽くしている人たちがいる。私のこの1書も、それらの人びとに交じって、村の文化と伝統を守り、そして後世に伝える、何らかの手だすけともなれば幸いである。

　　私事ながら、本書を、小野の土に帰した両親、父神部泉、母神部亀代の霊前に捧げる。

本書の出版にあたり、格別のご厚情をいただいた、和泉書院社長の廣橋研三氏にあつくお礼を申しあげる。

　　　　　2005年　師走

　　　　　　　　　　　　　　　　　　　　神　部　宏　泰

索　引

1. 事項索引

ア行

あいさつことばの形式化	1, 24
相手待遇の方法	44
相手の世界	127
改まり意識	26, 27, 30, 55
「行かレー」「来ラレー」	38
意思・思念の告知	136
陰在の文脈	164
ウチ社会	87, 89
詠嘆的な表出	104
詠嘆味	105
「得〜ず」の伝統	205
応答文	166
音節融合	246
女ことば	58

カ行

外向的で陽性	146
下位の文体	89
外面的拡散的な表現性	87
外面的社会的な性格	95
確認・判断の叙述	124
化石的	166
──な慣用法	110, 141
──な特殊形式	142
活用形式の世界	213
可能動詞	207
「カ」の透明性	102
観察的推量	187
勧奨表現	30
感声化	190
感声的な性格	76, 94
間接的な表現	43
慣用的な反語法	141
慣用の強調法	234
慣用の世界	234
完了態止め	8
基調的な安定性	87
疑問詞と呼応	108, 109
客観的な因果関係	170
客観的な告知	129
客観的傍観的表現	140
客体化形式	50
客体の世界への措定性	51
強調形式	224
強調的な指示性	121
共通語意識	27, 37, 66
共通語ふうの敬語	26
共通語ふうの表現	87, 98
局限化	85, 146
局限性	103
局限的	193
苦痛の強調	215
敬意表現	25
敬語基本形式	37
言語の社会性	85, 87
肯定判断	222
告知の作用	119

告知の「ジャ」	189	順行同化	248, 250, 251
告知・通告の意味作用	135	情意の機能体	104
語形にこだわった発音	250	上位の文体	87, 110
古語のタイムカプセル	24	常識的な推量	187
古態形式	234	状態の強調	215
古態の形式	218	状態の叙述	214
古態の順接形式	173	情の世界	193
古態法	220	親愛語	25
語頭濁音	260	心的距離	131
古風なニュアンス	61	心的距離感	93
		心的近接度	104

サ 行

		心的領域内	154
「サ」音の際立ち	37	心理的な作用の世界	149
サ行動詞の音便	249, 252	推量辞	187
残存の古形式	147, 227	生活語世界	71
三人称敬語	43, 45	生活と思想	40
三人称の世界	42, 51	生活のことば	221
山陽の言語基質	38, 40	生活の秩序と論理	234
使役助動詞	201	生活表現の世界	148
使役動詞	202	前件提示の主観性	181
自己中心的な推断表出	134	潜在的な敬意	251
自己の座標	138	潜在的脈絡	144
指示詞	149	相互同化	248, 250, 251
指示性	137	遡行同化	123, 253
自然体の敬意	46, 51	ソトの世界	87
自然の敬意	70	ぞんざいな表現効果	251
史的推移の軌跡	234		

タ 行

辞的性格	215		
史的背景	40	待遇表現	25
自問・独白の性格	105	体言化作用	43
自問ふうの表現	105	体言化の機能	103
終止・連体形+「ヤ」	110	体言化の働き	116
主観的な意識の世界	205	対話の場面状況	117
主観的な因果関係	170	「タル+ヤ」	113
主観的な告知	129	断定表現	182
主張・反駁の表現	142	地域性に適った敬語	29

地域の言語基質	41
地域の生活論理	41
地域の特殊性	60
中位以下の文体	93
中止的用法	218
抽象・間接の世界	42
長音化	246
長音省略	260
「〜テ」の客体性	43
伝達の意味作用	128
伝統と改新の活力	208
倒置的叙法	171
特殊な命令形式	174, 175
特定文末部	75
独白性	137
独白的	99
独白ふうの表現	104

ナ 行

内向的で陰性	146
内面的集中的な性格	95
「ナハル」の分布	34
——の痕跡	37
「ナラ」で結ぶ形式	111
「ナル＋ヤ」の形成	112
能力可能	205
能力不可能	203

ハ 行

発始句	153, 164
発始文	161, 163, 164
撥音挿生	256
発想と表現	2
発想の類型化	24
話し手の座標	131
反語的な慣用法	139
反語・反撥の表現	228
反撥の表現（法）	109, 110, 230
非人格・非作用の世界	46
否定判断	222
否定表現形式	213
否定表現の世界	209
批判・反撥の表現	138
鼻母音の音節化	256
表現上の脈絡	144
表現の外面	235
表現の心理と機微	234
不同化	249
文末決定性	75
文末詞	75, 96, 118
感声的な——	118, 120, 129
感性的な——	106
原生的——	76
自称起源の——	145
転成の——	129
文末重点構造	75
文末特定化傾向	190, 191
文末特定要素	75
文末の慣習的な用法	172
文末の抑揚	96
文脈指示	156, 157
母音の変相	261

マ 行

未来否定の「まい」	226
村の社会	221
（村の）道徳律	18, 20, 221
命令形（法）	33, 38, 55
「申す」の残存形式	64

ヤ 行

山口の基質	70

よいことば	29
拗音化	240, 243, 245
用語感情	40, 55
よそことば	225
呼びかけ・訴えかけ	76
呼びかけ性	75
呼びかけの詠嘆性	108

ラ 行

律儀な発音	251
類型的な発想	8
連母音の融合	238
老女ことば	31

ワ 行

和の情意	95

2．語詞索引

ア 行

アーサン（兄さん）	300, 301
アカェー（明るい）	356
アガリハナ（上がり端）	298
アグ（飽く）	341
アシアゲ（足上げ・踏み台）	320
アズル（あがく）	341
アゼウチ（畦打ち）	277
アゼヌリ（畦塗り）	277
アゼマメ（畦豆・黒豆）	281
アダレル（実が落ちる）	342
アッカ（酒）	319
アッポ（赤）	319
アトイレ（後入れ・後妻）	320
アマェー（塩味が薄い）	355
アマル（腐る）	343
アラマシナ（荒あらしい）	360
アリャー（あれ見ろ）	161
アリンゴ（蟻）	271
アルキニキー（歩きにくい）	357
アワダンゴ（粟団子）	292
アンガェー（案外・割に）	170, 370
アンゴー（阿呆）	302
アンビ（餡入り餅）	292
イーソ（稲括り）	279
イーツギ（言い継ぎ）	309
イエ（家・家屋）	311
イカズゴケ（未婚の人）	299
イカニモ（如何にも）	371
イガル（怒る・叫ぶ）	337
イゴイゴ（ごそごそ）	370
イゴク（動く）	335
イシガンツー（石の道）	265
イジガナー（意気地がない）	358
イタグワ（板鍬）	283
イタシー（苦しい）	354
イチーキ（いつも）	368
イッコーニ（少しも）	372
イッコニ（一度に）	369
イッソ（少しも）	372
イッチ（いちばん）	366
イナゲナ（異な）	183, 361
イヌノヘグサ（犬の屁草）	275
イヌル（去ぬる）	97, 335, 350
イネコナシ（稲熟し）	279
イマサッキ（今先）	368
イヤル（はびこる）	342
イラウ（触る・からかう）	330
イレブッツー（入れ仏事）	327
ウガス（掘り返す）	338
ウグロ（土龍）	277

ウゲル（崩れる）	341	オタビ（お旅）	315
ウシンガ（牛鍬）	277	オタフクミミ（お多福耳）	305
ウズク（傷が痛む）	340	オツ（お付け・汁）	16, 294
ウズナイー（難しい）	354	オツケ（お付け・汁）	294
ウチ（内・わが家）	310	オッチョ（化物）	319
ウチカタ（内方・わが家）	310	オッチラト（ゆっくりと）	56, 369
ウバル（膿んで痛む）	340	オッツキサン（お月さん）	267
ウベル（水をうめる）	335	オッポロヌキー（ほろ温い）	359
ウミル（膿む）	340	オトッツァン（お父さん）	300
ウムシメシ（蒸し飯）	291	オトデー（弟兄・兄弟）	299
ウムス（蒸す）	334	オドレ（貴様）	135
ウリー（潤い・慈雨）	4, 268	オナミ（雌牛）	285
エガオ（笑顔・愛想）	310	オニゴト（鬼ごっこ）	308
エグワ（柄鍬）	283	オニムシ（鬼虫・鍬形）	271
エズク（吐く）	336	オバーグラシ（叔母暮らし）	299
エゾーカス（からかう）	330	オヒーサン（お日さん）	266
エダキ（枝木・薪）	284	オブケル（驚く）	170, 340
エット（たくさん）	22, 366	オホッサン（お星さん）	267
エブ（絵札）	327	オモヤ（母屋）	296
エンエ（縁）	297	オンジ（陰地）	267, 280
エンニン（延引）	20, 310		
オーカゼ（大風・台風）	268	カ　行	
オーカン（往還）	312		
オーケー（大きい）	357	カーカ（合歓）	319
オージョースル（往生する）	202	カェーゴエ（買い肥）	283
オーデー（大出居）	297	カェーショー（甲斐性）	358
オーヌケ（大抜け・大雨）	267	ガェーナ（一概な）	361
オカシー（変な）	353	カカーザ（嬶座）	297
オコトオイー（お事多い）	14	カカサ（嬶さん）	301
オゴル（はびこる）	342	カガツ（摺り鉢）	295
オザーサマス（お座を醒ます）	345	カキエー（書きやすい）	357
オジーグラシ（叔父暮らし）	299	カキニキー（書きにくい）	357
オシャーサン（お世話さん）	6, 9	カクサン（嬶さん）	301
オジャミ（お手玉）	307	カグル（かなぐる）	337
オセ（大兄・大人）	318	カクレンゴ（隠れんぼ）	308
オソラカス（恐がらす）	349	カシコノテ（賢の手）	131
		カシコマル（畏まる）	335

索　引　381

カス（浸す）	334	キニョーバン（昨晩）	269
カズム（嗅ぐ）	337	キネリ（木練り・甘柿）	273
カタズミ（堅炭）	284	キビシャ（踵）	306
カタハズニ（かろうじて）	78,369	キビショー（急焼）	295
カチグリ（勝栗）	274	キビダンゴ（黍団子）	292
ガッソー（兀僧・乱れ髪）	304	キャクザ（客座）	298
カップリ（駒下駄）	289	ギョーギュースル（行儀をする）	346
カド（門・前庭）	298	ギョーサン（仰山）	21,233,367
カナオヤ（仮親）	300	キョーシナ（今日あたり）	104
カナゴ（仮子）	300	キョーテー（気疎い）	352
カバチ（顔）	305,311	キョーバン（今晩）	269
カミーツク（神経に触る）	348	ギリ（旋毛）	304
カミカザリ（神飾り）	312	キリゴ（いなご）	270
カモー（触る・からかう）	211,330	キリバン（切盤）	295
カラウス（唐臼）	298	キンカ（金柑・禿頭）	304
カラエー（辛い・塩味が濃い）	355	キンカイモ（金柑芋・馬鈴薯）	281
カラカミ（唐紙）	297	ギンバナ（縄目が細かい）	362
カラギチャナー（うす汚い）	359	クギル（焦げる）	343
カリゴエ（刈り肥）	283	クサヤ（草屋）	296
カル（借りる）	331	グシー（ゆるい）	219
カルコ（軽篭）	322	クジクリ（公事言い）	303
カワヤネ（皮屋根）	296	クジューユー（公事を言う）	346
ガンギ（雁木・溝）	283	クスバイー（擽ったい）	354
ガンボーナ（乱暴な）	360	クスボル（燻る）	343
キアェークソ（気色）	358	クズンボーラ（葛）	274
キーコ（食い粉・香煎）	320	クチナオ（蛇）	272
キーサシ（食い止し）	322	クチベロ（唇）	305
キグロ（木ぐろ）	284	グツガワリー（きまりが悪い）	358
キゴヤ（木小屋）	284,296	クド（かまど）	298
キコン（気好み）	15,175	クベキ（焼べ木・薪）	284
ギジョーナ（几帳面な）	360	クボ（窪・田）	276
キジリ（木尻）	298	クボナオシ（窪直し）	276
キタケ（北気・北風雨）	268	クマゼミ（熊蝉）	271
キチガェーアメ（狂い雨）	268	クマンバチ（熊蜂）	270
キツネズシ（狐鮨・稲荷鮨）	293	クミル（穀物が変質する）	343
キツネノヨメイリ（天気雨）	268	クヨシ（燻し）	283,319

グルモージ（蟻地獄）	271	コブ（昆布）	313
グロ（ぐろ）	283	ゴブニン（ご無音）	23,309
クロクジル（黒あざになる）	340	コブレル（発育不良になる）	340
ケーサ（今夜）	7,269	コメェー（小さい）	357
ゲシ（岸）	279	ゴムシン（ご無心）	10,309
ケシズミ（消炭）	284	コヨーナ（小振りな）	362
ケッカ（かえって）	373	コラエル（堪える・許す）	331
ケッコー（結構）	372	コラェージョー（堪え情）	358
ケッパンズク（蹴つまずく）	338	コリャー（これ見ろ）	152
ゲドー（外道・悪人）	302	コレ（こなた・お宅）	18,44,151
ケナリー（異なりい・羨ましい）	353	コロクニ（ろくに）	372
ゲニ（実に）	135,165,370	コロバェー（転び生え・自生）	322
ゲンゲ（蓮華）	274	ゴンゾー（權蔵・ならず者）	302
ケンビキ（肩癖）	307	コンナ（あいつ）	151
コエギスナ（肥えぎみな）	362	コンナ（あのこと）	153
コエジャク（肥杓）	283	ゴンニャク（蒟蒻）	294

サ 行

コエタゴ（肥桶）	283		
コー（～ないで）	176		
コーコー（香の物）	293	サェーサェー（再さい）	9,368
コージクナ（理屈っぽい）	361	サェータラ（才太郎）	217,311
コーシャナ（巧者な）	360	サガス（掻き交ぜる）	337
コーヘーナ（生意気な）	360	サカナズシ（魚鮨）	293
コガレ（お焦げ）	291	サコ（迫）	264
コガレック（焦げつく）	343	サコダ（迫田）	264,276
ゴキ（ご器）	294	サシクル（ごまかす）	330
ゴクナシ（穀梨）	274	サッソクナ（早速な）	360
コクレル（いじける）	341	ザッタ（～なかった）	223
コケル（転ける）	336	ザッパクナ（雑駁な）	360
コサビー（小寒い）	359	サツマイモ（薩摩芋）	281
コジケル（かじかむ）	338	サデカケル（掛ける）	348
コシットー（悪童）	303	サデコケル（転ける）	348
ゴゼン（ご膳・ご飯）	15,291	サデコム（取り込む）	348
コダニ（小谷・小川）	265	ザハェー（座配）	15
コッテー（特牛・雄牛）	285	サバク（散らかす）	332
コドモダマシ（子供騙し）	22	サバル（引っ張る）	338
ゴネン（ご念）	14	ザブ（牛の飼料）	285

サベシー（淋しい）	353	ジョーリ（草履）	288
サリャ（されば）	166	ジョーリキリ（草履切り）	272
サンチャ（山茶）	12, 295	ショテ（初手・始め）	102
ジー（意地）	358	ジリー（しるい・ぬかるむ）	207, 356
ジーキイモ（琉球芋・里芋）	281	シロカキ（代掻き）	276
ジーサ（爺さん）	299	シロミテ（代満て）	278
ジータレ（食いしんぼう）	303	シウェー（しぶとい）	356
ジーボー（食いしんぼう）	303	シンガェー（新開）	276
シーラ（糀）	280	ジンギ（神祇）	314
シオカラ（塩辛・腕白）	303	シンザェー（酸葉）	274
シゴ（処理・始末）	217	シンデー（心労い）	214, 353
シゴースル（こらしめる）	346	シンビョーナ（辛抱な）	360
シコギリ（醜ぎり）	366	シンモー（新亡・葬式）	317
ジジーババー（爺婆・春蘭）	275	スイー（酸い）	355
ジナクソ（でたらめ）	302, 311	スエル（饐える）	343
シニョーハル（心根を張る）	347	ズエル（崩れる）	342
シヌル（死ぬ）	350	ズクシ（熟柿）	273
シブル（腹が痛む）	339	スクモ（籾殻）	280
ジベタ（地面）	266	スケル（置く）	338
ジマタナ（誠実な）	360	スチャ（素茶）	295
シミル（凍みる）	78	スッチョーナ（ずるい）	361
シモザ（下座）	297	スッチョーボシ（不良帽子）	289
シャーナー（世話はない）	358	スネンボーズ（膝頭）	306
シャガム（かがむ）	336	スバル（いじける）	333
ジャコトニ（なんか〈副助詞〉）	192	スバローシー（うっとうしい）	353
シャジッポー（虎杖）	274	スモートリバナ（相撲取り花）	274
ジョー（場）	265	ズヨケル（崩れる）	342
ショーイ（醤油）	293	ズンド（あまり）	372
ショーガツモチ（正月餅）	292	セザッタ（〜しなかった）	224
ジョーギジャワン（定規茶碗）	295	セッカク（折角）	370
ジョーギバシ（定規箸）	295	セッキ（節季・年末）	268
ショーキビヤ（塩気部屋）	296	セド（背戸・裏庭）	298
ジョーゴダマ（龍髭の実）	275	セナコ（背子）	286
ショーズト（ふくらはぎ）	306	セバクローシー（狭い）	356
ショーノミ（醤油の実）	294	セロー（ねたむ）	331
ショーラシー（しおらしい）	355	センゴク（千石）	280

センタク（洗濯）	287		タシナー（足し無い・希少な）	21
センバ（千歯）	279		タジョー（誕生）	327
センブリ（千振り）	275		タダゴメ（粳米）	280, 292
ソ（それ・同類）	185		タダチョーモツ（徒手を持つ）	346
ゾエル（ふざける）	333		タチ（性格）	124
ソー（葬）	317		タチマチ（忽ち・直ぐに）	373
ソーニ（一面に）	369		タツミ（巽・東風）	268
ソギヤ（粉屋）	296		タッタ（ただ・じきに）	369
ソクー（束ねる）	337		タテル（立つ）	339
ソクサェーナ（息災な）	362		タニ（谷・低地域）	264
ソコマメ（底豆・落花生）	281		タヌク（水を弄ぶ）	337
ソソクローナ（そそかしい）	361		タヌシ（田螺）	271
ソニスル（真に受ける）	348		タブコースル（一服する）	346
ソバキリ（蕎麦切り）	291		ダミズ（駄水）	285
ソバエル（ふざける）	333		タモー（賜う・惜しむ）	93
ソラ（空・上）	265		ダヤ（駄屋）	285
ソロット（そろりと）	369		ダヤゴエ（駄屋肥）	285
ソンナラ（それなら）	176		タユー（太夫・神官）	315
			タラカス（垂らす）	349

タ 行

			ダラズナ（だらしない）	361
ターサマ（そのまま）	369		ダリー（怠い）	354
タウエズナ（田植綱）	278		ダル（人糞尿）	283
タェーガタェー（堪えがたい）	23		タレル（言う）	135
タェーガェー（大概）	373		チー（つい）	197
タェーギナ（大儀な）	139, 361		チーケー（露けい）	356
タェーヒゴヤ（堆肥小屋）	296		チート（すこし）	365, 366
ダオケ（駄桶）	285		チカジ（近路）	312
タカアシ（高足・竹馬）	308		チシャ（萵苣）	282
ダカェー（駄飼い）	285		チジュー（ちじれ髪）	304
タキ（丈・背丈）	304		チャーチャー（ちゃらちゃら）	370
ダキ（だけ〈副助詞〉）	162, 185, 226		チャクミ（茶汲み・湯呑み）	294
タクナル（変に重なる）	333		チャグチ（茶請け）	295
タグル（咳く）	336		チョーノグワ（手斧鍬）	283
タゴー（手足を違う）	338		チョーチンバナ（提灯花）	275
ダゴエ（駄肥）	285		チョコチョコギ（時折着）	286
タジナ（虎杖）	274		チョビット（少し）	366

チョンギース（きりぎりす）	271	
チリバネ（跳ね）	322	
ツーツー（苦労して）	370	
ツギ（継ぎ・布切れ）	288	
ツギアテ（継ぎあて）	288	
ツグ（継ぐ・装う）	343	
ツクネル（集めて放置する）	332	
ツクバム（つくばる）	336	
ツクレーモン（繕い物）	288	
ツチカケ（土掛け）	283	
ツツミ（堤・溜め池）	277	
ツドー（集う・事が重なる）	332	
ツドエル（寄せ集める）	332	
ツバエル（騒ぐ）	333	
ツバキ（唾液）	305	
ツマド（妻戸）	298	
ツミ（穀象虫）	271	
ツメテ（詰めて・いつも）	8, 368	
ツヤス（膿を潰す）	340	
ツリー（釣り井）	320	
ツルシガキ（吊し柿）	273, 313	
ツルット（うとうとと）	369	
ツレノー（連れなう）	330	
デー（出居）	297	
テゴ（手合力・手伝い）	308	
テコマ（手細ざらい）	283	
テシオ（手塩・小皿）	294	
テッキ（鉄灸）	297, 325	
テッペン（天辺・頂上）	264	
テヒヤギ（手乾ぎ）	320	
テボン（手盆）	296	
テマガェー（手間替え）	279	
テン（天）	266	
デンギ（連木）	295	
テングノクリ（手繰り）	322	
テンコツ（天こ辻・頂上）	264	
デンジ（田地）	276	
テンデニ（手に手に）	369	
テントーサン（天道さん）	266	
トーガキ（唐柿・無花果）	273	
ドーコ（銅壺）	298	
トーシ（通し・篩）	319	
ドーショーユーテ（何と言って）	371	
トース（唐臼）	280	
ドーズコーズ（どうにか）	371	
ドーナリコーナリ（どうにか）	371	
トーニ（疾うに）	368	
トーブン（当分・当時）	19	
トーミー（唐箕）	280	
トーヤ（当屋）	315	
トキタマニ（たまに）	368	
トク（徳利）	325	
トコー（とこう・申し分）	221	
トシトコサン（歳徳さん）	313	
ドズク（叩く）	331	
トットク（しまっておく）	332	
トビ（止め・返礼の品）	22, 309	
トビューマワス（鳶を舞わす）	347	
ドヒョーシ（突拍子）	232, 366	
トリコノフシ（足首）	306	
トリツケモチ（餡付け餅）	292	
トリャーゲル（しまう）	332	
ドロオトシ（泥落とし）	278	
トロクサェー（のろい）	355	
トンギ（片足とび）	308	
トンギラカス（尖らす）	349	

ナ 行

ナエクバリ（苗配り）	277	
ナエサゲ（苗提げ）	277	
ナェート（なりと〈副助詞〉）	175	
ナオス（直す・修理する）	332	

ナカウチ（中打ち・中耕）	283	ノクル（順次手渡す）	338
ナガシュー（永らく）	368	ノサガル（吊り下る）	338
ナカルマー（ないだろう）	227	ノサナ（角度がゆるい）	362
ナガヤ（長屋・離れ座敷）	296	ノズケル（手渡す）	338
ナシテ（なぜ）	373	ノノコ（布子）	286
ナシグル（こすって拭う）	337	ノフーゾーナ（横柄な）	361
ナス（返す）	331	ノミエー（飲みやすい）	357
ナスビ（茄子）	282	ノル（伸る・仰向く）	336
ナツマメ（夏豆・空豆）	281	ノロ（野ろ）	264
ナバラ（菜原・菜畠）	281		
ナベスケ（鍋敷き）	320	ハ 行	
ナラシ（慣らし・練習）	314	ハー（はや・もう）	48, 368, 371
ナリー（平らな）	356	バー（ばかり〈副助詞〉）	185, 202
ナルテン（南天）	274	バーサ（婆さん）	299
ナルト（平地）	265	ハェーゾーキ（灰笊筒）	283
ナンジャシ（何と言って）	12	バェータ（薪）	284
ナンダ（〜なかった）	224	ハェーフゴ（灰畚）	283
ナント（何と・ところで）	10, 83, 164	ハカイキ（捗いき）	320, 362
ナンボー（いくら）	218	ハキエー（履きやすい）	357
ニーナ（新な）	362	ハグイー（歯痒い）	353
ニガル（腹が痛む）	339	ハグル（めくる）	337
ニッコ（煮込み飯）	291	ハコゼン（箱膳）	294
ニュースル（得をする）	345	ハシレル（はじける）	342
ニューヨ（入用・入費）	327	ハシマ（箸間・間食）	290
ニラ（蜷）	271	ハシリ（走り・流し）	298
ニワ（庭・土間）	298	ハシル（傷が痛む）	339
ニンギョ（手悪さ）	346	バッチ（男の下穿き）	286
ヌキー（暖かい）	68	パッチ（面子）	307
ヌベル（伸べる）	339	ハツル（叩く）	135, 331
ネキ（根際・側）	266	ハデ（稲架）	279
ネコーツナグ（猫を繋ぐ）	347	ハデグエ（稲架の縦杭）	279
ネコワケ（猫分け・食べ残し）	290	ハデザオ（稲架の横竿）	279
ネズミトリ（鼠取り・青大将）	272	ハネ（撥ね・除外）	308
ネブカ（根深・葱）	282	ハネコケル（転ける）	348
ネラム（睨む）	336	ハブ（歯茎）	305
ネンジュー（年中）	368	ハブテル（ふくれる）	341

索 引 387

ハミ（蝮）	272
ハミジョーチュー（蝮焼酎）	272
ハヤリ（逸り・牛の発情）	285
ハランキョー（巴旦杏）	273
ハリッコ（張篭）	273
ハレ（晴れ・はれなこと）	345
バンガタ（晩方）	269
バンゲー（晩景）	269
バンゾー（伴僧・仲裁）	326
ハンデェー（飯台）	294
ハンボー（飯びつ）	294
ハンヤ（灰屋）	283, 296
ヒーケ（火埋け）	297
ヒーゴ（燕）	272
ヒガオ（日顔・陽光）	266
ヒカキ（火掻き）	297
ヒカワ（桧皮？）	296
ヒキタレ（不精者）	302
ヒコジル（引きずる）	338
ヒサ（久しく）	368
ヒザークム（膝を組む）	335, 347
ヒスクバル（干涑ばる）	343
ヒズラシー（日辛しい）	354
ヒダリー（饑い・ひもじい）	356
ヒッチャクル（ひったくる）	349
ヒデリ（日照り・旱魃）	266
ヒトゴト（人事・接待）	14
ヒトリデニ（しぜんに）	369
ヒモジー（饑い）	356
ビヤ（枇杷）	273
ヒヤケ（日焼け・日照り）	266
ヒヤグ（乾く）	344
ヒョーゲンジー（おどけ者）	303
ヒラェーコメ（拾い米）	291
ビラガエー（身形がよい）	358
ヒラッカ（日和り下駄）	289
フィーダケ（吹き竹）	297
ブエガオ（無笑顔・無愛想）	310
ブエン（無塩）	325
フケダ（深田）	276
ブゲンシャ（分限者）	327
フテェーグチ（額）	305
ブチマース（叩きのめす）	349
フデョーユー（筆を結う）	347
フトンゼンタク（布団洗濯）	287
ブル（漏る）	343
フルツク（ふくろう）	273
ヘートー（陪堂・乞食）	326
ベッチ（子牛）	285
ヘヌリー（手ぬるい）	353
ベロ（舌）	305
ホーシ（法師・土筆）	274
ホーチャク（化膿）	306
ホーチョーカゼ（包丁風）	268
ホーベタ（頬）	305
ホーラク（思う存分）	366
ボーロゼンタク（襤褸洗濯）	287
ホガークー（ぼんやりする）	197, 346
ホガル（火照る）	340
ボシ（帽子）	289
ホタエル（あわてる）	340
ボタモチ（牡丹餅）	292
ボッタクル（追いたてる）	349
ホド（ほど〈副助詞〉）	175
ボニ（盆）	5, 314
ボニトンボ（盆とんぼ）	271
ボニバナ（盆花・女郎花）	274, 314
ホボローウル（篭を振る）	347
ホヤ（火屋・電球）	318
ポンスー（阿呆）	302
ホンニ（本当に）	107, 371

マ 行

マェーダリ（前垂れ）	286
マェーノモーシ（前の申し）	314
マェーマェー（まいまい）	271
マシゲ（眉毛）	305
マシャク（間尺）	217
マゼメシ（交ぜ飯）	290
マチ（町・田）	276
マチート（もう少し）	365
マット（もっと）	365
マナバシ（真魚箸）	295
マハカ（真正面）	174
マヒョーシ（間拍子）	217
マメナ（丈夫な）	18,362
マンガ（馬鍬）	277
マンガチ（吾勝ち）	303
マン（間・運）	358
マンダ（まだ）	45,371
ミガラ（身柄）	304
ミコシグサ（神輿草）	275
ミチウチ（道打ち・道補修）	312
ミテル（満てる・無くなる）	344
ミミコー（耳だれ）	306
ミミタブラ（耳たぶ）	305
ミヤシー（容易な）	354
ムカーズネ（向こう脛）	306
ムカワリ（一周忌）	19
ムギワラボシ（麦藁帽子）	289
ムサシ（六指）	308
ムスビ（結び・握り飯）	293
ムテンナ（無点な）	20,361
メシゾーキ（飯笊笥）	294
メベートー（目陪堂・麦粒腫）	306
メンタシ（めでたい）	23
モーリ（周り・周囲）	298
モドリ（戻り・報い）	173
モドル（戻る・帰る）	93,170,335
モノイー（物言い・挨拶）	308
モミズリ（籾摺り）	280
モモタブラ（腿）	306

ヤ 行

ヤウェー（柔かい）	356
ヤゲル（騒ぐ）	333
ヤゲローシー（煩い）	353
ヤコー（憩う）	21
ヤセギスナ（痩せぎみな）	362
ヤセヤセ（こ煩く）	370
ヤッコメ（焼き米）	291
ヤッチモナー（臈次もない）	233,359
ヤレソレ（いざと言うとき）	216
ユーナ（悠な・暇な）	362
ユーニ（悠に・気楽に）	369
ユタン（油単・風呂敷）	325
ユリー（囲炉裏）	297
ユリーバタ（囲炉裏端）	298
ユルゲル（揺らぐ）	342
ユワエル（結ぶ）	337
ヨ（与・仲間）	308
ヨイヨ（全く）	211,372
ヨー（能く）	372
ヨーサ（夜さり・夜）	269
ヨーニ（すっかり）	366
ヨーハン（夕飯）	290
ヨーマ（でまかせ）	311
ヨーマツ（冗談）	213,311
ヨーヨー（ようやく）	371
ヨカル（寄りかかる）	336
ヨクシットー（欲張り）	302
ヨクドー（欲張り）	302
ヨクドーナ（欲張りな）	361

ヨコザ（横座・上座）	297
ヨコズコーシー（太りぎみな）	357
ヨズク（のぞく）	336
ヨソイキ（余所行き・外出着）	286
ヨダケー（よだけい・大儀な）	353
ヨナカリ（夜ながり・夜食）	290
ヨバレル（呼ばれる）	14,330
ヨブ（呼ぶ・招待する）	329
ヨミニキー（読みにくい）	357
ヨメザ（嫁座）	297
ヨモギダンゴ（蓬団子）	292
ヨリアェー（寄り合い）	308
ヨロケル（疲労する）	341

ラ行

ランキョー（辣韮）	282
ロクニ（陸に・楽に）	12, 56

ワ行

ワガサ（悪童）	303
ワガサナ（乱暴な）	360
ワカタ（吾方・自分の家）	310
ワキャーナー（訳はない）	358
ワケ（分け・食べ残し）	290
ワヤ（わやく・無茶）	311
ワラグロ（藁ぐろ）	279
ワラジョーリ（藁草履）	288
ワラヤ（藁屋）	296
ワラヤネ（藁屋根）	296
ワランズ（草鞋）	288
ワリアェー（割合・比較的）	366
ワリカタ（割方・割に）	366
ワルキ（割木・薪）	284

■ 著者紹介

神部 宏泰（かんべ　ひろやす）

1930年　広島県に生まれる
1960年　広島大学大学院博士課程（国語方言学）単位満了退学
現　在　兵庫教育大学名誉教授　文学博士
主　著　『九州方言の基礎的研究』（1969・風間書房・共著）
　　　　『隠岐方言の研究』（1978・風間書房）
　　　　『九州方言の表現論的研究』（1992・和泉書院）
　　　　『近畿西部方言の生活語学的研究』（2003・和泉書院）
住　所　〒675-0021　加古川市尾上町安田 897

研 究 叢 書　348

日本語方言の表現法　中備後小野方言の世界

2006年3月1日　初版第1刷発行（検印省略）

著　者　神　部　宏　泰
発行者　廣　橋　研　三
　　　　〒543-0002　大阪市天王寺区上汐 5―3―8
発行所　有限会社　和　泉　書　院
　　　　　　　　　電話 06-6771-1467
　　　　　　　　　振替 00970-8-15043

印刷／太洋社　製本／大光製本

ISBN4-7576-0357-6　C3381

研究叢書

書名	著編者	番号	価格
国語引用構文の研究	藤田 保幸 著	260	18900円
日本語史論考	西田 直敏 著	270	11550円
明治前期日本文典の研究	山東 功 著	274	10500円
日本語論究7 語彙と文法と	田島 毓堂／丹羽 一彌 編	297	13125円
改訂増補 国語音韻論の構想	前田 正人 著	299	6300円
近畿西部方言の生活語学的研究	神部 宏泰 著	302	11550円
助動詞史を探る	山口 堯二 著	304	9450円
今昔物語集の表現形成	藤井 俊博 著	306	9450円
語彙研究の課題	田島 毓堂 編	311	9450円
文化言語学序説 世界観と環境	室山 敏昭 著	316	13650円

（価格は5％税込）

生活語彙の開く世界

全16巻（全17冊）

室山敏昭 編
野林正路 編

和泉書院

第1巻	意味の原野（2分冊）	野林正路	続刊
第2巻	地名語彙の開く世界	上野智子	2940円
第3巻	身体語彙の開く世界	吉田則夫	
第4巻	育児語彙の開く世界	友定賢治	2940円
第5巻	親族語彙の動態と社会変動	町 博光	
第6巻	食物語彙と民衆の食文化	篠木れい子	
第7巻	衣服語彙の開く世界	酒井恵美子	
第8巻	風位語彙の開く世界	久木田恵	
第9巻	養蚕語彙の開く世界	新井小枝子	
第10巻	屋号語彙の開く世界	岡野信子	2940円
第11巻	性向語彙の開く世界	井上博文	
第12巻	副詞語彙の個人性と社会性	岩城裕之	
第13巻	方言語彙の動態と社会変動	灰谷謙二	
第14巻	移動性動作語彙の意味体系	荒田玲子	
第15巻	日本人の想像力と具象力	室山敏昭	
第16巻	意味の沃野	野林正路	

（巻数の網は未刊・価格は5％税込）